KB241294

독일어 의존통사론

- 공시적 및 통시적 기술 -

타르바이넨 저
이 점 출 역

한국문화사

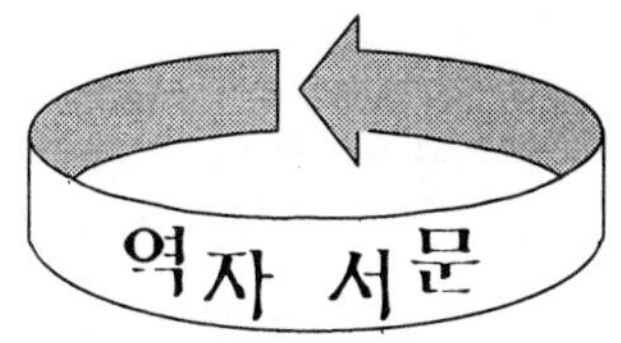

이 책은 Kalevi Tarvainen의 『Deutsche Satzstruktur und ihre Entwicklung. Dependenzgrammatik des Deutschen mit historischen Erläuterungen』(1986)을 완역한 것이다.

이 책에서 저자는 독일어 통사론을 Tesnière, Helbig, Engel 및 Fillmore의 이론을 바탕으로 의존문법(Dependenzgrammatik)/결합가이론(Valenztheorie)의 관점에서 기술하고 있으며, 언어사적인 자료들은 주로 Behaghel과 Dal에서 인용하였다. 의존문법은 문장성분들 사이의 지배와 의존관계를 연구하는 문법이론으로서 1959년 Tesnière의 체계적인 연구 이후로 특히 독일, 동구 및 북구에서 활발히 논의되고 있다. 의존문법은 현재 독일에서 가장 널리 보급된 문법연구 방향 중의 하나이며, 독일어와 영어, 프랑스어, 러시아어, 핀란드어, 헝가리어 등의 대조문법 기술과 외국어 수업을 위한 응용언어학적인 연구에도 도입되었다. 동사가 문장을 구성하기 때문에 의존문법은 동사를 문장의 구조적 중심으로 간주하며, 특히 어휘부를 강조하여 많은 결합가 사전이 편찬되었다. 독일의 응용언어학 분야에서, 특히 외국어 수업의 실용적인 목적을 위해서 발전한 의존문법은 우리도 역시 '외국어로서의 독일어' 수업에서 직접 활용할 수 있을 것이며 또한 한·독 대조문법 연구에도 이용할 수 있을 것이다.

이 책은 통사론 기술에서 현대 독일어와 독일어의 역사적인 변천과정을 새로운 방법으로 결부시키고 있다. 독일어 변천사는 그 자체보다는 현대 문법이론을 통해서 체계적으로 기술되는 현대 독일어 통사론의 이해를 위한 보조수단으로서 다루어졌다. 이러한 목적을 위해서 모든 통사적인 요소들은 먼저 현대 독일어로 기술되고 바로 이어서 언어사적으로 기술되었다. 모든 역사적인 논의들은 관련된 통사적인 개별 현상들을 보다 깊이 이해하는 데 사용된다. 이 책은 결국 우리에게 한 권의 책 안에서 현대 독일어 통사론과 역사적인 통사론을 모두 제공해 주는 독일어 문법에 관한 상세한 기술이다. 이 책을 보다 잘 이해하기 위해서는 어느 정도 독일어 변천사에 대한 사전 지식이 요구된다. 그래서 역자가 책 뒤에 부록으로 독일어

4

변천사를 간단하게 소개하였으니 참고하기 바란다.

이 책은 3부로 구성되어 있다. 제1부 "독일어 문장의 의존구조"는 다시 3장으로 나뉘어져 있다. 1장에서는 문장의 주성분으로의 술어에 관해서 논의된다. 술어는 하나의 어휘적인 동사내용을 표현하며, 이 동사를 인칭과 수, 태, 서법과 시제, 부정과 관련하여 실현시키는 정동사형이거나 또는 정동사를 취하는 동사군이다. 2장에서는 정동사 이외의 문장성분으로서 술어의 결합가에 결속된 보충어(즉 주어, 목적어, 부사보충어, 술어보충어)와 술어의 임의 첨가어(즉 부사첨가어, 술어첨가어, 임의 3격)가 논의된다. 3장에서는 문장성분의 규정성분(즉 부정사의 규정어, 술어적 형용사의 보충어, 소유의 3격, 부가어)이 논의된다. 제2부 "독일어 문장의 직선구조(어순)"에서 저자는 독일어 어순의 기술에서 문장구조의 의존관계를 테마-레마 구조와 연결시켜 설명하고 있다. 여기서는 독일어 어순의 본질, 동사형의 위치, 비동사적 문장성분의 위치, 문장성분의 규정성분의 위치가 논의된다. 제3부에서는 이 책에서 논의된 언어사적인 변천(즉 의존적인 문장구조와 직선적인 문장구조의 변천)이 다시 한 번 요약되고, 독일어 문장구조에 대한 주요 변화유형과 일반적인 변화원인이 논의된다.

이 책의 출판을 맡아 주신 한국문화사 김진수 사장님과 편집부원 여러분께 감사드리며, 자료 정리와 교정을 도와준 중앙대학교 대학원에 재학중인 이영미 양, 이대규 군, 홍석영 군, 김민정 양, 이재영 양, 신미숙 양에게 감사한다. 이 책이 관련분야의 연구에 조그마한 보탬이 될 수 있다면 역자로서는 더 이상의 기쁨이 없을 것이다. 이 책은 의존문법에 관한 전반적인 이론과 예문들을 제시하고 역사적인 변천에 대해 종합적으로 기술한 책으로서, 독어학을 전공하는 독어학도들, 의존문법에 관심이 있는 국어학자들과 특히 독일어 교사들에게 좋은 지침서가 되리라고 본다. 역자가 평소에 관심을 가져온 분야라서 번역을 시도해 보았으나 미흡한 점이 많으리라고 본다. 잘못된 부분은 앞으로 수정 보완해 나갈 것이므로 독자 여러분의 아낌없는 조언과 질정을 바란다.

2001년 10월 10일 역자 씀

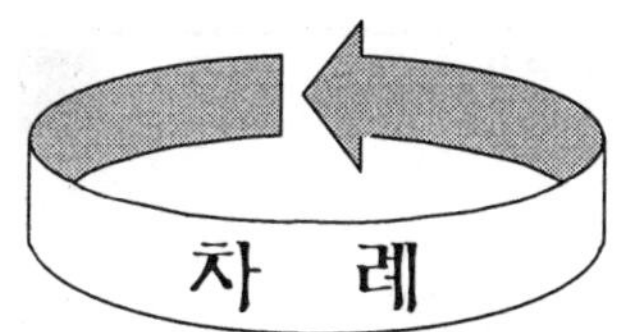

차 례

381   3부 ▸ 역사적인 변천의 요약

417   예문에서 제시된 문헌의 색인   423   참고문헌

429   부록 : 독일어 변천사   447   색인

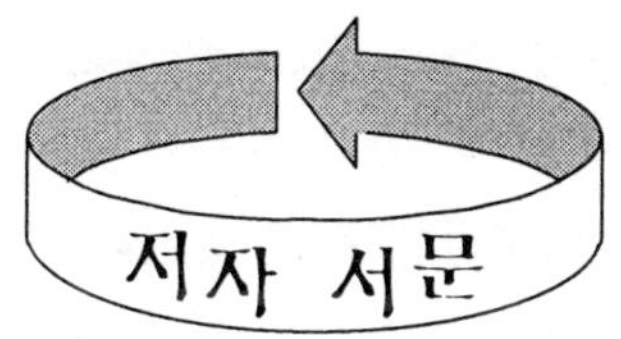

저자 서문

전통적인 역사적인 독일어 통사론은 인도 유럽어(=인구어)나 원시 게르만어로부터 신고지독일어(Neuhochdeutsch)에 이르기까지의 그 역사적인 변천을 엄격히 역사적인 방법으로 추구하며, 역사적인 변천 그 자체를 위해서 현대어는 다만 비체계적인 방법으로 그 발전의 종착점으로 표현된다. 이 책의 통사론 기술에서는 현대 독일어와 언어사적인 자료를 새로운 방법으로 상호 연결시키고자 한다. 언어사는 그 자체를 위해서가 아니라 현대의 문법이론을 가지고 체계적으로 기술되는 현대 독일어 통사론의 이해를 위한 수단으로서 다루어졌다. 이러한 목적을 위해서 모든 통사적 요소는 우선 현대어로 다루어지고 그 다음에 직접 언어사적으로 기술되어서 역사적인 해석은 관련된 통사적인 개별 현상들을 보다 깊이 이해하는 데 사용된다. 그러나 언어사에 관심이 없는 사람은 역사적인 논의를 무시하고 이 책을 현대 독일어 통사론으로 사용할 수도 있다. 이 책은 또한 역사적인 통사론의 교재로서도 사용될 수 있다. 특히 마지막 장에서는 전체적인 변천으로서의 언어사적인 변천이 다시 한 번 엄격히 통사적으로 요약되는데, 이때 또한 독일어 문장구조의 주요 변화유형과 통사론 변화에 대한 몇 가지 일반적인 원인들도 논의된다. 필자의 목표는 무엇보다도 독어학도들에게 한 권의 책 안에서 현대 독일어 통사론뿐만 아니라 역사적인 통사론도 제공할 수 있는 상세한 문법기술이다. 현대어와 언어사를 분리하여 기술하다보니 유감스럽게도 반복을 피할 수가 없게 되었다.

이 책의 제1부는 "독일어 문장의 의존구조"로서 『독일어 문장성분의 의존통사론. 언어사적인 논의와 함께』(Tarvainen 1979)라는 필자가 이전에 쓴 책의 완전 개정판이다. 제2부 "독일어 문장의 직선구조"에서는 필자가 독일어 어순의 기술과 설명에서 문장구조의 의존관계를 테마-레마 구조와 연결시키고자 노력하였다. 이때 필자는 어순의 의존기술에서는 Ulrich Engel을, 어순의 테마적인 기술에서는 무엇보다 Jürgen Lenerz를 근거로 하였다. 역사적인 설명과 예문들은 대부분 Ingerid Dal과 Otto Behaghel에서 인용되었고 또한 Robert Ebert 등과 같은 근대의 학자들도 인용되었지만, Jürgen Lenerz의 견해와 같은 아주 현대적인 견해는 더 이상 인용되지

10

않았다. 현대어의 문법에서는 보조수단과 자료수집으로서 특히 Helbig/Buscha, Jung 및 Duden을 사용하였다. 이 책은 주로 교재로서 사용될 수 있기 때문에 필자는 학문적인 주석을 대부분 표기하지 않았으며, 역사적인 예문들에 관한 출전의 표기로서는 단지 축약된 저자 이름과 간혹 책의 이름만이 인용되었는데, 이들은 책의 마지막에 있는 참고문헌에서 연도와 더불어 보다 상세히 설명된다. 예문에서는 중고지독일어(Mittelhochdeutsch)의 장모음을 표시하지 않았지만 문법적인 단어의 예에서는 표시하였다.

이 책을 쓰는데 필자를 도와준 모든 사람들에게 여기서 감사하는 것은 필자에게는 즐거운 일이다. 이 책에서 처음으로 출판된 부분(제2부, 제3부)을 Gerhard Helbig(라이프찌히대학) 교수와 Ahti Jäntti(탐페레대학) 교수가 읽고 그것에 대해서 필자에게 귀중한 수정안을 제시해 주었다. 또한 Jarmo Korhonen(오울루대학) 교수 역시 필자에게 좋은 조언을 해주었다. 교정에서는 무엇보다도 Marja-Leena Piitulainen(헬싱키대학) 교수가 도와주었으며 보충적으로 정서의 일부를 맡아준 석사 Marja Punkki 또한 필자를 도와주었다. 그밖에 이 책의 정서에 대해서는 Irma Hannula 여사에게 감사하며 읽기 힘든 필자의 원고를 인내심을 가지고 읽어준 데 대해 무한한 감사를 드린다. 필자를 도와준 모든 사람들에게 감사한다. 텍스트와 독일어 예문을 일일이 검토하여 교정했을 뿐만 아니라 오랜 작업과정에서 필자를 정신적으로도 도와준 필자의 사랑하는 독일인 부인 Annette에게 특별한 감사를 드린다.

1986년 8월 Jyväskylä에서 Kalevi Tarvainen 씀

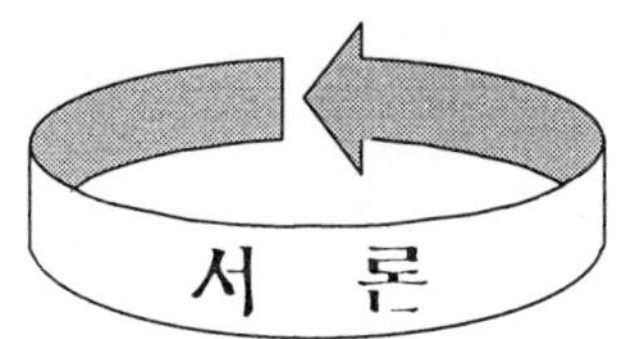

　문장의 통사구조는 1) 의존구조를 결정하는 문장구성요소(Satzteil)들을 통해서, 2) 직선구조를 나타내는 어순(Wortstellung)을 통해서 결정된다. 그밖에 특정한 문장구성요소들 사이의 형식적인 일치로서 나타나는 소위 일치(Kongruenz)가 문장구조를 고정시키는 데 기여한다. 또한 운율적인 수단들(강세, 억양)도 문장구조에 영향을 미치지만 이들이 통사적 수단으로 간주되는 것은 아니다.

　가장 중요한 문장구성요소는 문장성분(Satzglied)들이다. 술어로서의 동사와 술어에 종속하는 문장구성요소들이 문장성분의 구성원들이다. 비정동사적(nicht-finit=정동사가 아닌) 문장성분은 하나의 문장성분핵(Satzgliedkern)이나 혹은 규정성분(Bestimmungsteil)을 포함한 문장성분핵으로 이루어져 있다. 규정성분은 단독으로는 문장성분을 형성할 수 없으며 문장성분핵을 보다 자세히 규정한다. 그래서 문장 Peter/hängt/das schöne Bild/an die Wand(페터는 그 아름다운 그림을 벽에 건다)에서 문장성분은 술어 hängt와 목적어 das schöne Bild 그리고 부사보충어 an die Wand이다. 그에 반해 형용사 schöne는 규정성분(여기서는 부가어)이며 목적어 das schöne Bild의 문장성분핵을 형성하는 명사 Bild를 보다 자세하게 규정한다. 비정동사적인 문장성분들 사이의 관계는 다음과 같은 분류에서 나타난다.

　　　문장구성요소(Satzteil) =
　　1) 문장성분(Satzglied)
　　　　a) 문장성분핵(Satzgliedkern)　　　(*das Bild*)
　　　　b) 문장성분핵 + 규정성분　　　(*das schöne Bild*)
　　2) 규정성분(Bestimmungsteil)　　　(*schöne*)

　문장성분이 다루어지는 경우 일반적으로 문장성분핵을 의미하는 것이며 규정성분은 별도로 다루어진다.

　특히 주어와 술어 사이에는 (인칭과 수에서) 일치(Kongruenz)가 있으며 또한 문장성분핵과 그 규정성분 사이에서도 일치가 나타날 수 있다.

Ich (1인칭 단수) komme (1인칭 단수)
Ihr (2인칭 복수) kommt (2인칭 복수)

ein alter (1격 단수) Mann (1격 단수)
alte (1격 복수) Männer (1격 복수)

eines alten (2격 단수) Mannes (2격 단수)
alter (2격 복수) Männer (2격 복수)

어순(Wortstellung)은 문장구성요소들의 순서로서 문장의 직선구조를 규정한다. 예컨대 Peter/hängt/das Bild/an die Wand와 Jetzt/hängt/Peter/das Bild/an die Wand/라고 말할 수는 있지만 *Jetzt/Peter/ hängt/das Bild/an die Wand라고 말할 수는 없다.

1. 의존적인 문장구조

1.1. 문장구성요소들에 대한 개관

의존문법의 관점에서 문장은 상위요소, 즉 지배소(Regens)와 지배소에 종속하는 종속요소, 즉 의존소(Dependens)로 구성된다. 규정성분과 비교해 볼 때 문장성분핵은 지배소이고 규정성분은 그것의 의존소이다.

das Bild (지배소)
| } 문장성분 das schöne Bild의 계층적인 의존구조
schöne (의존소)

문장의 분절은 술어로서의 동사에서 출발한다. 항상 지배소인 술어(Prädikat)는 주성분으로서나 혹은 문장의 구조적 중심으로서 사용되며, 의존소로서 결합가에 결속된 보충어(=보족어 Ergänzung)와 임의 첨가어(=자유 진술어 freie Angabe)를 갖는다. 그래서 문장은 - 문장성분처럼 - 계층적인 구조를 갖는다.

Jetzt/hängt/Peter/das Bild/an die Wand.
(지금 페터는 그 그림을 벽에 건다)

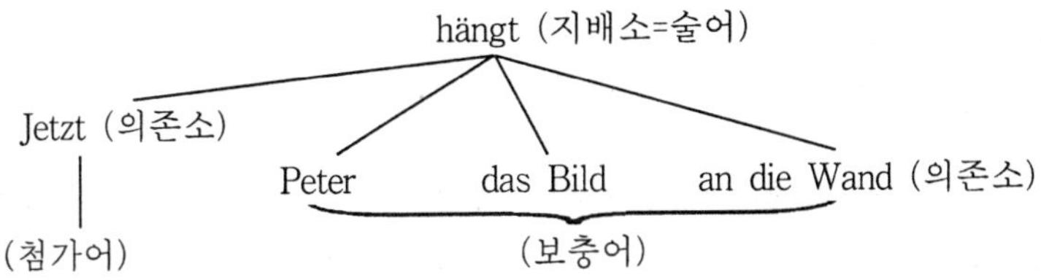

동사의 결합가(Valenz des Verbs)는 특정한 빈자리(Leerstelle)를 자신의 주변에서 개방할 수 있는 의미에 제약된 동사의 능력으로서, 이 빈자리는 의무적인(=맥락이 없는 문장에서는 삭제할 수 없는) 보충어나 혹은 수의적인(=특정한 조건에서는 삭제할 수 있는) 보충어로 채워질 수 있다. 첨가어는 결합가와는 상관없는 동사(=술어)의 추가적인 규정어이다. 보충어뿐만 아니라 첨가어도 역시 문장성분에 속한다.

보충어는 특정한 동사에서만 가능하며 동사하위부류 특수적이다. 이러한 동사의 하위부류는 예를 들면 주어와 4격 목적어 혹은 주어와 3격 목적어를 동사의 의미에 따른 보충어로서 요구하는 동사들이다(결합가=2 → 주어 + 4격 혹은 3격).

Ich besuche ihn. (ich와 ihn은 의무적이다: besuchen2→Nom+Akk)
(나는 그를 방문한다)
Ich danke (ihm). (ich는 의무적이고 ihm은 수의적이다: danken2→Nom+(Dat))
(나는 (그에게) 감사한다)

첨가어는 결합가(Valenz)에 의해서 특정한 동사에 결부되어 있는 것이 아니라 의미제약을 고려하여(manchmal은 의미적으로 sterben과 함께 나타날 수 없기 때문에 *Peter stirbt manchmal(페터는 가끔 죽는다)이라고 말할 수 없다) 상이한 결합가를 갖는 동사의 환경에서 자유롭게 나타난다. 따라서 첨가어는 동사하위부류 특수적이 아니다. 이들은 대부분 임의 부사첨가어지만 임의 3격 (이익의 3격과 손해의 3격) 역시 첨가어가 될 수 있다.

Heute arbeitet er. - arbeiten1→Nom
(오늘 그는 일을 한다)
Er hat mich *heute* gesehen. - sehen2→Nom+Akk
(그는 오늘 나를 보았다)
Ich habe ihm *heute* ein Buch gegeben. - geben3→Nom+Akk+Dat
(나는 오늘 그에게 책을 주었다) (heute는 시간의 부사첨가어이다)

Er öffnete *mir* die Tür. (이익의 3격)
(그는 나를 위해 문을 열어주었다)

Mir sind die Blumen verwelkt. (손해의 3격)
(내 꽃이 시들었다) (mir는 두 경우에서 임의 3격이다)

술어의 의존소는 그것이 보충어이든지 혹은 첨가어이든지 상관없이 문장성분이다. 문장성분가를 갖는 부정사, 형용사, 명사 및 부사의 의존소는 문장성분의 규정성분이며 전체 문장구조와 관련해서 볼 때 2등급의 의존소이다.

Er beschloss, *nach Oulu* zu fahren. (그는 오울루로 가기로 결심했다)
Der Mann ist *des Diebstahls* schuldig. (그 남자는 절도죄가 있다)
Mein alter Vater hilft mir *sehr* oft. (연로하신 아버님께서 나를 종종 도와주신다)

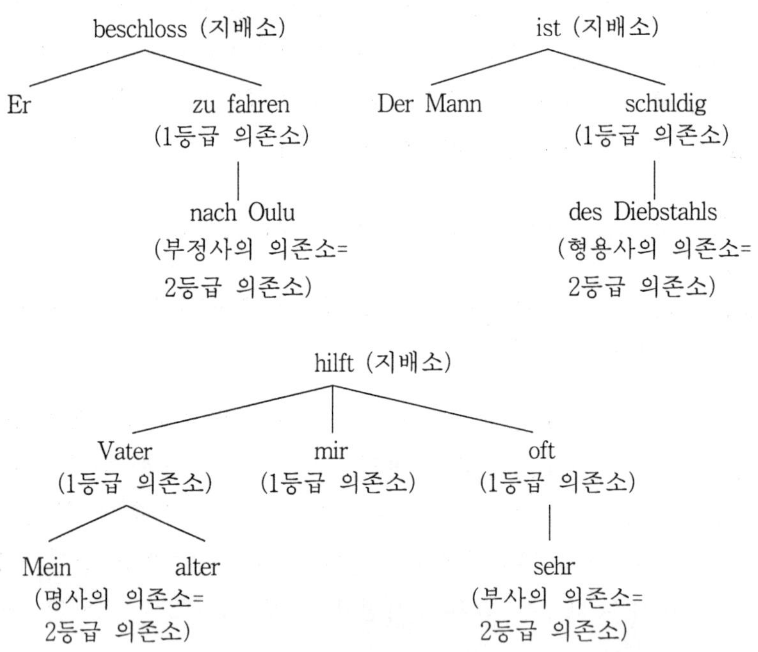

부정사의 규정어는 술어의 규정어와 일치한다. 즉 이들은 해당 술어동사에서 나타나는 규정어와 유사한 보충어와 첨가어이다. 형용사나 명사의 규정어는 형용사나 명사의 의미에 기인할 수 있다. 즉 이 규정어는 보충어로서 형용사나 명사에 의해 주변에 개방된 빈자리를 채울 수 있다(형용사의 결합가(Valenz des Adjektivs) 또는 명사의 결합가(Valenz des Substantivs). 그러나 이들은 대체로 결합가에 의해서 특정한 형용사나 명사에 결속되어 있는 것이 아니라 임의 첨가어로서 모든 임의의 형용사나 명사의 "추가규정어"(Zusatzbestimmung)가 될 수 있다(그러나 의미제약은 존재한다: *sehr tot).

Er ist *des Diebstahls* schuldig. (그는 절도죄가 있다)
(des Diebstahls는 형용사 schuldig의 보충어이다)

Er ist *sehr* alt. (그는 매우 늙었다)
(sehr는 형용사 alt의 첨가어이다)

Wir hatten Hoffnung *auf Frieden.* (우리는 평화에 대한 희망을 가졌다)
(auf Frieden은 명사 Hoffnung의 보충어이다)

Es war ein *herrlicher* Sommertag. (화창한 여름날이었다)
(herrlicher는 명사 Sommertag의 첨가어이다)

동사, 형용사, 명사 및 부사의 보충어는 그 관계어(Bezugswort)를 문법적(통사적) 및 의미적으로 규정하며 수형도(Satzbaumgraph)의 내부에서 하나의 고유한 교점을 형성한다. 그러나 문장구조 안에 있는 이러한 "정상적"인 보충어와 첨가어 이외에도 다수의 단어로 구성된 하나의 문장성분 내에서도 의존관계가 존재하는데 이 의존관계는 해당 단어의 "의미"에 기인하지 않는다. 예컨대 전치사는 전치사(전치사구)를 취하는 특정한 문법적 형태를 형성하기 위해서 순전히 형식적으로 "결합가에 제약된" 하나의 보충어를 요구한다. 우리는 이것을 문장성분 내부의 형식적 의존(satzgliedinterne formale Dependenz)이라고 칭할 수 있다.

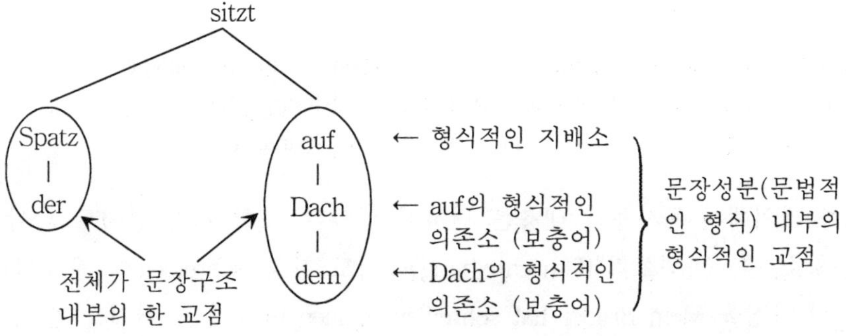

위의 도표에서도 나타나는 것은 관사가 명사적 문장성분의 정상적인 규정성분(부가어)이 아니라 명사의 문장성분 내부의 의존소라는 사실이다. 형식적인 보충어(부정사와 분사)는 복합동사의 형태 내부에서 특히 빈번하다(문장부정어 nicht는 술어동사의 형식적인 첨가어로 간주될 수 있다).

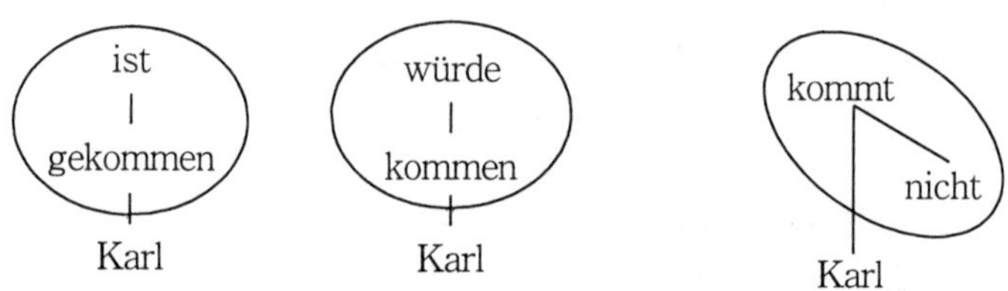

결합가이론은 의존문법의 한 부분이다. 결합가이론은 단지 지배소와 결합가에 결속된 보충어만을 포함하지만 임의 첨가어는 의존문법의 영역에도 속한다. 이러한 사실은 "정상적"인 의존뿐만 아니라 "형식적"인(문장성분 내부의) 의존(결합가)에도 해당된다.

1.2. 문장의 주성분으로서의 술어

술어는 하나의 어휘적인 동사내용을 표현하며 이 동사내용을 1) 서법(Modus), 2) 시제(Tempus), 3) 태(Genus verbi), 4) 부정(Negation)과 관련하여 실현시키는 정형동사이거나 혹은 부정형이 포함된 동사군이다. 술어는 대치검사(Substitution, Ersatzprobe)를 통해서 조사된다. 즉 술어의 기본형(직설법 현재)은 그것과 동일한 동사내용을 지니는 모든 형태와 통합소(Syntagma)가 조사될 때까지 동일한 동사의 다른 형태나 동사적 통합소를 통해서 대치된다. schreiben의 다음과 같은 동사형과 통합소가 술어이다.

> Mein Bruder schreibt - schrieb - hat geschrieben - hatte geschrieben - würde schreiben - würde geschrieben haben - dürfte/mag/kann/muss geschrieben haben - schreibt nicht - würde nicht schreiben usw.

이러한 대치에서 동사문의 내용은 변하지 않았다. 또한 여러 단어로 되어 있는 동사 통합소, 즉 "바꿔쓰기"(Umschreibung)에서도 항상 'schreiben'이 문제된다. 그러나 만일 문장을 Mein Bruder hat schreiben können(나의 형은 편지를 쓸 수 있었다)의 형식으로 변형하면 우리는 문장에서 두 개의 동사내용을 갖는다: 'imstande sein, in der Lage sein'(할 수 있다)과 'schreiben'(쓰다). 즉 이 대치에서는 동사문의 내용이 더 이상 불변적인 것이 아니고, 문장은 개념적(어휘적) 의미보유어로서 두 개의 동사를 나타낸다. 따라서 이 문장에서는 전체의 동사복합체 hat schreiben können이 술어로 간주될 수 없으며, 술어는 동사 통합소 hat können이고 부정형 schreiben은 목적어로서 이 통합소에 종속한다. 이에 반해 문장 Mein Bruder kann den Brief geschrieben haben(내 형이 그 편지를 썼을지도 모른다)에서는 일반적으로 단지 동사내용 'schreiben' 만이 표현되며 kann은 '가능성의 서법형태소'로서 간주될 수 있다: 'Mein Bruder hat *wohl* geschrieben(나의 형이 아마도 그 편지를 썼을 것이다). 술어는 전체의 통합소 kann geschrieben haben을 포괄한다. 문장 Mein Bruder hat schreiben können과 Mein Bruder kann geschrieben haben 사이의 통사적인 차이는 또한 그 의존도식(Dependenzstemma)에서도 표현된다.

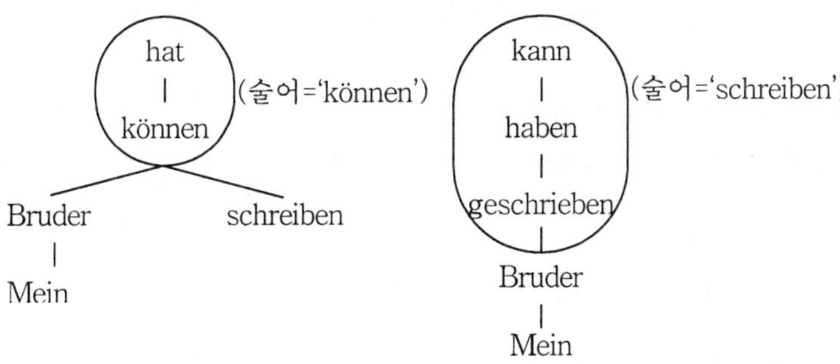

hat schreiben können은 고유한 의미보유어로서 화법동사(Modalverb)의 소위 어휘적인 사용이고('können'), kann geschrieben haben은 단어형태의 서법형태소(Modusmorphem)로서 소위 문법적인 사용이다('wohl').

1.3. 비정동사적 문장성분

비정동사적(nicht-finit) 문장성분은 일반적으로 치환검사(Permutation, Verschiebeprobe)(=문장에서의 위치변화), 대치검사(Substitution, Ersatzprobe)(=한 문장성분에서의 계열소 형성) 및 대용화(Anaphorisierung)(=지시적인 대명사 혹은 부사를 통한 대치)를 수단으로 규정된다. 치환을 통해서 문장성분은 부가어(Attribut)와 구별된다. 이에 반해 대치는 일반적으로 문장성분의 규정에서 사용될 뿐만 아니라 상이한 문장성분들 상호간의 구별에서도 사용된다. 이 방법에 따르면 문장성분은 치환될 수 있고 대치될(대용화될) 수 있는 복합체이며, 부가어는 일반적으로 치환될 수는 없지만 대치될 수 있는 복합체이다.

Peter	*hängt*	*das Bild*	*an die Wand.*	문장성분=
Das Bild	*hängt*	*Peter*	*an die Wand.*	치환 가능
An die Wand	*hängt*	*Peter*	*das Bild.*	("위치성분")

Peter   hängt das Bild   an die Wand.   ⎧ 문장성분=
   | | | ⎪
Der Junge   hängt das Gemälde   über die Couch.   ⎨ 대치 가능
   | | | ⎪
ER   hängt ES   DORTHIN.   ⎩ (대용화 가능)

Mein *alter* Vater hilft meinem Bruder *sehr* oft.   ⎧ 부가어=
        | | ⎪
Mein *guter* Vater hilft meinem Bruder *SO* oft.   ⎨ 대치 가능(대용화 가능)
*Mein Vater *alter* hilft meinem Bruder oft *sehr.*   ⎩ 치환 불가능

문장성분은 일반적으로 형식적이며 내용적인 성분이다. 즉, 문장성분은 특정한 형태와 특정한 지시내용을 갖는다. 형태에 따라서 문장성분은 다음과 같이 분류될 수 있다.

1) 명사적, 대명사적 및 부사적 문장성분

Ich denke *an meinen Freund/an ihn.* (나는 친구를/그를 생각한다)
Ich wohne *in Frankfurt/dort.* (나는 프랑크푸르트에서/거기에서 살고 있다)

2) 부정형 동사의 문장성분

Er muss *kommen* / beschloss *zu kommen.* (그는 와야만 한다/오기로 결심했다)
Er denkt *daran, das zu tun.* (그는 그것을 하려고 생각한다)

3) 문장형식의 문장성분

Ich weiß, *dass er kommt.* (나는 그가 온다는 것을 알고 있다)

대치될 수 없으며 내용상으로 비어있지만 보충어로서 동사에 의해 요구되는 순수한 형식적인 문장성분들도 존재한다.

Es regnet. - Jetzt regnet *es.* (es는 형식적인 주어이다. *Regnet)
(비가 온다 - 지금 비가 온다)

1.3.1. 술어의 보충어

술어의 보충어 혹은 결합가에 결속된 문장성분으로서는 주어, 목적어, 술어보충어 및 부사보충어가 있다.

주어(Subjekt)는 술어동사에 의해 요구되는 1격의 명사보충어(혹은 그 등가어)로

서 술어의 수와 인칭을 결정하며 1격의 인칭대명사나 지시대명사로 대용화될 수 있다.

Mein Bruder schrieb einen Brief. (내 형이 편지 한 통을 썼다)
ER/DER

목적어(Objekt)는 술어동사에 의해 요구되는 1격이 아닌 보충어로서 그 형태는 예컨대 격이나 전치사의 연결은 동사에 의해 결정되며 해당 격이나 동일한 전치사의 연결을 갖는 인칭대명사나 지시대명사 혹은 대명사적 부사(Pronominaladverb)로 대용화될 수 있다.

Mein Bruder schrieb *einen Brief/IHN.* (형태: 4격)
(내 형이 편지 한 통을 썼다)
Ich denke *an den Rhein/DARAN.* (형태: an + 4격)
(나는 라인강을 생각한다)

부사보충어(Adverbialergänzung)는 술어동사에 의해 요구되는 보충어로서 그 형태는 일차적으로 동사가 아니라 명사구(보충어) 자체의 의미에 의해서 결정되며 부사로 대치(대용화)될 수 있다.

Die Sitzung dauerte *drei Stunden/LANGE.*
(회의는 세 시간 동안/오랫동안 지속되었다)
Er fährt *an den Rhein/nach Deutschland/DORTHIN.*
(그는 라인강으로/독일로/그곳으로 갔다)

목적어와 부사보충어가 모두 전치사구조인 경우에는 부사보충어를 목적어와 구별하는 것이 중요하다. 부사보충어에서는 전치사가 일차적으로 술어동사가 아니라 명사구 자체에 의해서 결정되며 대용어(Anapher)는 부사이다(an den Rhein/nach Deutschland/DORTHIN). 목적어에서는 전치사가 동사에 의해서 결정되며 대용어는 대명사나 대명사적 부사이다(an den Rhein – DARAN).

술어보충어(Prädikativergänzung)는 동사에 의해 요구되는 명사적 보충어이거나 형용사적 보충어로서 주어(주격 술어보충어) 혹은 목적어(목적격 술어보충어)와 연관되며 es, so 또는 solcher로 대용화될 수 있다.

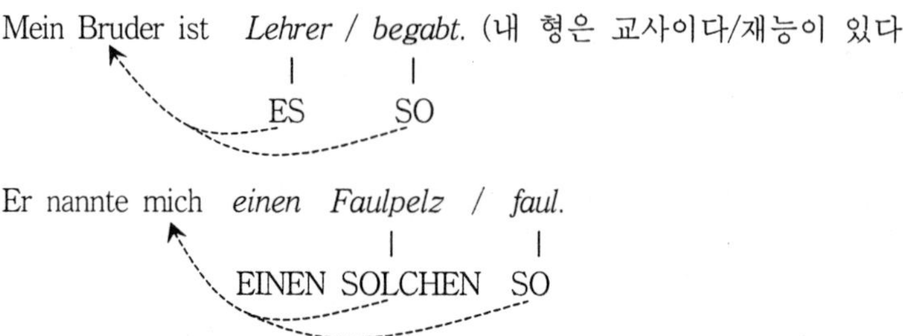

1.3.2. 술어의 임의 첨가어

술어의 임의 첨가어나 또는 임의 문장성분으로서는 부사첨가어, 술어첨가어 및
소위 임의 3격이 있다.

부사첨가어(Adverbialangabe)(=임의 부사어)는 술어의 임의 규정어로서 그 형태
(예컨대 전치사의 연결)는 동사가 아니라 명사구(첨가어)의 의미에 의해서 결정되
며 부사로 대용화될 수 있다.

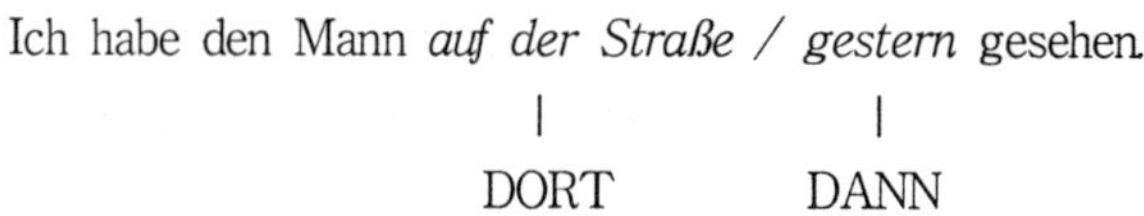

술어첨가어(Prädikativangabe)(임의 술어보충어)는 술어에서 임의로 등장하는 명
사적 규정어나 또는 형용사적 규정어로서 주어(주격 술어첨가어)나 목적어(목적격
술어첨가어)에 연관되며 solch(er)나 so로 대용화될 수 있다.

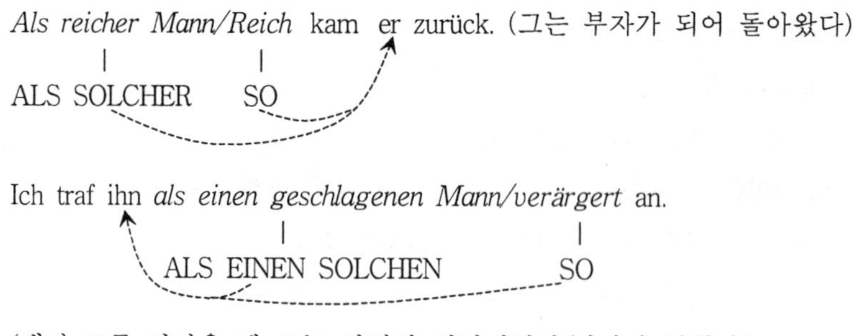

(내가 그를 만났을 때 그는 파멸한 인간이었다/화가나 있었다)

임의 3격(freier Dativ)은 술어의 환경에서 임의로 등장하며 3격의 인칭대명사나
지시대명사로 대용화될 수 있는 임의의 인칭첨가어이다.

Fall *mir* nur nicht auf. (관심의 3격 Dativus ethicus)
(나에게 관심을 갖지 마/참견하지 마)
Er öffnete *der Frau* die Tür. (이익의 3격 Dativus commodi)
        |
      IHR
(그는 그 부인을 위해서 문을 열어 주었다)

Der Frau sind die Blumen vertrocknet. (손해의 3격 Dativus incommodi)
  |
 IHR
(그 부인의 꽃이 시들었다)

1.4. 문장성분의 규정성분

문장성분의 규정성분에는 1) 부정사의 규정어, 2) 술어적 형용사의 비부가적 규정어, 3) 소유의 3격(Pertinenzdativ), 4) 명사, 형용사 및 부사의 부가어가 있다. 이들은 모두 대치(대용화)될 수 있다. 그리고 부정사와 술어적 형용사의 규정어, 소유의 3격은 임의로 치환될 수 있지만 부가어는 단지 예외적인 경우에서만 치환될 수 있다.

Er will *seinem Bruder* helfen.
    |
   IHM   부정사의 규정어=
                     대치 가능, 치환 가능
Seinem Bruder will er helfen.
(그는 그의 형을 도우려고 한다)

Er ist *an der Frau* interessiert.
    |
  AN IHR   술어적 형용사의 규정어=
                     대치 가능, 치환 가능
An der Frau ist er interessiert.
(그는 그 부인에게 관심이 있다)

Ich klopfe *dem Mann* auf die Schulter.
    |
   IHM   소유의 3격=
                     대치 가능, 치환 가능
Dem Mann klopfe ich auf die Schulter.
(나는 그의 어깨를 두드린다)

Ich bewundere sein Interesse *an der Sache.*
|
DARAN
(나는 그 일에 대한 그의 관심에 놀란다)

부가어=
대치 가능,
치환 불가능

**An der Sache* bewundere ich sein Interesse.
(예외) Er hat Interesse *an der Sache.*
An der Sache hat er Interesse.
(그는 그 일에 관심이 있다)

부정사의 규정어, 술어적 형용사의 보충어 및 소유의 3격은 치환이 가능하기 때문에 술어의 문장성분들과 동일하며 문장성분이라 명명될 수도 있다. 그러나 이들은 2등급의 문장성분이다. 왜냐하면 이들의 관계어(부정사, 술어적 형용사 및 명사)는 술어가 아니라 술어의 의존소이기 때문이다.

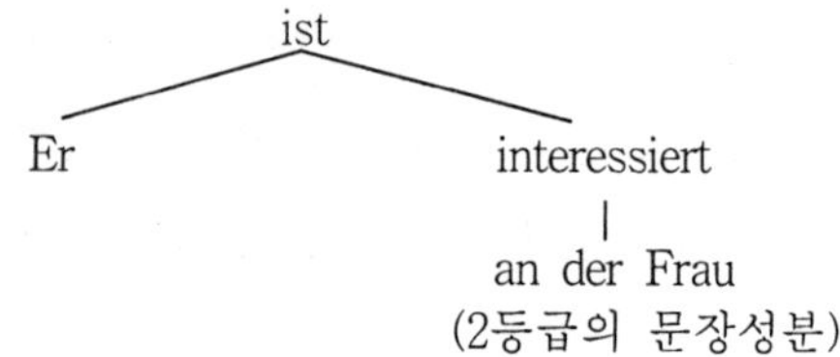

그러나 이러한 "2등급의 문장성분"은 동시에 또한 하나의 규정성분도 되며 전체가 대용화될 수 있다는 사실이 강조되어야 한다.

Er will *seinem Bruder helfen.* (그는 그의 형을 도우려고 한다)
DAS will er. (그는 그것을 원한다)

Er ist *an der Frau interessiert.* (그는 그 부인에게 관심이 있다)
DAS ist er.

이 책에서는 "2등급의 문장성분"이라는 표현이 사용되지 않으며 해당 규정성분의 하위집단을 위해서 "부정사의 목적어" 혹은 "술어적 형용사의 목적어"와 같은 명칭이 사용된다.

1.4.1. 부정사의 규정어

부정사에서는 보충어뿐만 아니라 첨가어도 나타난다.

Er will *mich im Hotel* treffen. (그는 호텔에서 나를 만나려고 한다)
(부정사 treffen의 보충어는 mich, 첨가어는 im Hotel)

부정사의 보충어는 - 그 형태에 따라서도 - 해당 술어의 해당 보충어와 비교될 수 있으며 부정사의 목적어, 부사보충어 및 술어보충어로 간주될 수 있다(주어에 대해서는 아래 참조).

Er will *mir* helfen. (목적어; Er hilft *mir*)
(그가 나를 도우려고 한다)
Er will *in München* wohnen. (부사보충어; Er wohnt *in München*)
(그는 뮌헨에서 살려고 한다)
Er will *Arzt* werden. (술어보충어; Er wird *Arzt*)
(그는 의사가 되려고 한다)

독일어에는 극소수의 경우에서만 부정사의 주어가 존재한다(lassen(=let), sehen (=see), hören(=hear), fühlen(=feel), spüren(=feel)에서). 이 경우에 술어의 주어 1격은 부정사의 주어 4격(부정사를 취하는 4격, Accusativus cum Infinitivo=AcI)에 해당한다.

Ich sehe *den Mann* lesen. (주어; *Der Mann* liest)
(나는 그 남자가 책을 읽는 것을 본다)

부정사의 첨가어는 전적으로 해당 술어의 첨가어와 비교될 수 있다. 이들은 부사 첨가어, 술어첨가어 및 임의 3격이다.

Er will mich *im Hotel* treffen.
(부사첨가어; Er trifft mich *im Hotel*)
(그는 나를 호텔에서 만나려고 한다)

Er will *als reicher Mann* zurückkehren.
(술어첨가어; Er kehrt *als reicher Mann* zurück)
(그는 부자가 되어 돌아가려고 한다)

Er will *seiner Frau* die Tür öffnen.
(임의 3격; Er öffnet *seiner Frau* die Tür)
(그는 자기 부인을 위해 문을 열어주려고 한다)

1.4.2. 술어적 형용사의 규정어

형용사의 비부가적 규정어는 대부분 보충어, 즉 형용사의 목적어와 부사보충어인데 이들 중에서 부사보충어는 아주 드물다. 목적어의 형태는 형용사에 의해 결정되고(술어에서 술어동사에 의해 결정되는 것처럼), 그 반면에 부사보충어의 형태는 그 안에 포함된 명사구의 의미에 의해 결정된다(술어에서 부사구의 의미에 의해 결정되는 것처럼).

> Er ist *an der Frau* interessiert. (목적어; 형태: an + 3격)
> (그는 그 부인에게 관심이 있다)
> Er ist *in* München/*an* diesem Ort/*auf* dem Lande ansässig.
> (부사어; 형태: 전치사는 명사에 따라서 바뀔 수 있다)
> (그는 뮌헨에서/이 지방에서/시골에서 거주한다)

술어적 형용사의 비부가적 규정어는 때때로 임의 첨가어, 즉 형용사의 임의 부사어가 될 수 있다(이 문제에 대해서는 여기서 자세히 다루지 않는다).

> Das Mädchen ist schön *im Gesicht*, aber nicht *an Gestalt*.
> (그 소녀는 얼굴은 아름답지만 몸매는 아름답지 않다)

1.4.3. 소유의 3격

특히 신체부위의 표현에서 "소유자"(Besitzer)를 표현하는 소유의 3격(Pertinenzdativ, possessiver Dativ)은 대부분 임의 3격, 즉 임의 문장성분에 속한다.

> Ich klopfe *dem Mann* auf die Schulter.
> *Dem Mann* klopfe ich auf die Schulter.
> (나는 그 남자의 어깨를 두드린다)

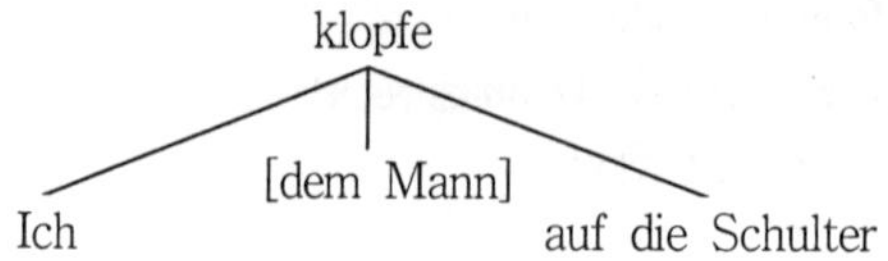

"정상적"인 문장성분처럼 소유의 3격 역시 치환가능하며 "임의성분"(즉 첨가어)인 것처럼 보인다. 즉 동사 klopfen은 3격 dem Mann이 아니라 부사보충어 auf die Schulter를 요구한다(비교: Ich klopfe auf den Tisch). 그러나 명사구 auf die

Schulter가 3격을 요구하기 때문에 이 3격은 이 문장에서 의무적이다. 문장 *Ich klopfe auf die Schulter는 거의 비문에 가깝다. 따라서 독일어 체계에서 소유의 부가어(2격이나 소유대명사)로 대치될 수 있는 소유의 3격을 결합가에 따른 명사의 규정성분으로 간주할 수 있으며, 소유의 3격에 대해 해당 부가어에서와 동일한 의존구조를 부여하는 것이 타당하다.

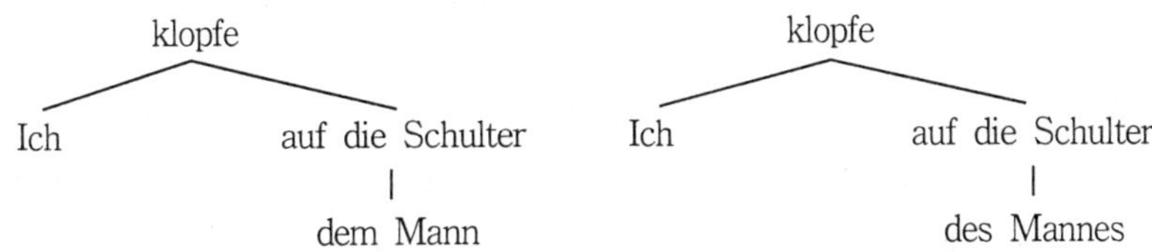

그러나 소유의 3격은 치환가능성으로 인해 2격과 같은 정상적인 부가어로 볼 수 없으며, (부정사와 술어적 형용사의 규정어처럼) 문장성분의 규정성분이라는 하나의 고유한 범주로 간주되어야 한다.

1.4.4. 부가어

부정사의 규정어, 술어적 형용사의 규정어 및 소유의 3격처럼 일반적으로 치환할 수 없는 부가어는 대부분 명사에 대한 첨가어이거나 드물게는 형용사와 부사에 대한 첨가어이다.

Kennst du diesen *alten* Mann? (명사에 대한 첨가부가어)
(너는 이 노인을 알고 있니?)
Er ist *sehr* höflich. (형용사에 대한 첨가부가어)
(그는 아주 공손하다)
Er kommt *sehr* bald. (부사에 대한 첨가부가어)
(그는 아주 빨리 온다)

명사의 부가어는 보충어가 될 수도 있으며 특히 동사 파생명사에서는 이들이 동사의 보충어에 해당하며 주어, 목적어, 부사보충어 및 술어보충어와 유사한 부가어로 나뉠 수 있다.

die Ankunft *des Zuges* (기차의 도착)
(주어와 유사한 부가어: *Der Zug* kommt an)

mein Dank *an diesen Mann* (이 남자에 대한 나의 고마움)
(목적어와 유사한 부가어: Ich danke *diesem Mann*)

seine Reise *nach Italien* (그의 이태리 여행)
(부사보충어와 유사한 부가어: Er reist *nach Italien*)

die Ernennung des Politikers *zum Botschafter* (그 정치인의 대사로의 임명)
(술어보충어와 유사한 부가어: Der Politiker wird *zum Botschafter* ernannt)

동사와 형용사에서 목적어와 부사어가 구별되는 것과 마찬가지로 동사에서 파생된 명사의 부가어에서도 목적어와 유사한 요소들과 부사어와 유사한 요소들을 구별할 수 있다. 예컨대 목적어와 유사한 부가어에서는 전치사나 격이 관계명사에 의해 결정되는 반면에(예: mein Dank an diesen Mann), 부사와 유사한 부가어에서는 전치사나 격이 부가적 명사에 의해서 결정된다(예: die Reise nach Italien/in die Stadt/aufs Land 이태리로의/도시로의/시골로의 여행).

형용사에서 파생된 명사에서의 보충어는 형용사의 목적어에 해당하는, 목적어와 유사한 부가어이다.

der Stolz des Mannes *auf seine Heimat*
(고향에 대한 그 남자의 자부심)
(Der Mann ist stolz *auf seine Heimat*)
(그 남자는 자기 고향에 대해 자부심을 가지고 있다)

동사와 형용사에서 파생되지 않은 명사도 보충어를 요구할 수 있다.

der Sohn/die Tochter/die Mutter/die Frau *des Mannes*
(그 남자의 아들/딸/어머니/부인)

1.5. 문장구성요소들의 의미격

위에서 약술한 비정동사적 문장구성요소, 즉 문장성분뿐만 아니라 문장성분의 규정성분까지도 순수하게 표층구조적으로, 다시 말해서 문법적인 개념과 언어학적인 조작(Operation)을 수단으로 정의되어 있다. 부사규정어에서는 물론 순수한 "언어적"인 정의에도 불구하고 언어외적인 지시기능, 소위 "의미"와 의미내용이 표현된다. 따라서 문장 Er wohnt auf dem Lande(그는 시골에서 살고 있다)에서 부사보충어는 문장의 맥락 없이도 (물론 통합소 auf dem Lande로서) 곧바로 하나의 장소를 표현하는 것으로 인식될 수 있다. 이에 반해서 예컨대 Er liest ein Buch(그는 책을 읽는다)에서의 목적어는 앞에서와 똑같은 어떤 "명확한" 것('책'이라는 개념 이외에)을 의미하지는 않는 것처럼 보인다. 그러나 목적어 ein Buch 역시 목적어는 "동사행위의 목표"를 표현한다는 목적어에 대한 일반적이며 전통적인 정의를 추측케 해주는 동사에 대한 어떤 관계를 가지고 있음에 틀림없다. 소위 격이론(Kasustheorie)은 이러한 의미역(semantische Rolle), 즉 의미격(semantischer Kasus)이나 심층격(Tiefenkasus)을 연구한다. 예컨대 통사적인 보충어의 논리·의미적인 내용으로 간주될 수 있는 다음의 의미역(통사적인 결합가에 대한 논리·의미적인 결합가)을 구별할 수 있다:

동사내용에 대해 일반적으로 필수적이며 능동적인 행위자(=동작주 Täter, Agens) 혹은 수동적인 상태보유자, 과정보유자 및 인지자 등(피동자, 피동주 Patiens)을 표현하며 통사적으로 대체로 주어나 목적어로 실현될 수 있는 행위자격(AGENS)과 피동자격(PATIENS).

> *Der Mann* liest ein Buch. (행위자격) (그 남자는 책을 읽는다)
> *Das Kind* schläft/gedeiht/sieht die Mutter. (피동자격)
> (그 아이는 잠을 잔다/성장한다/어머니를 본다)
> *Ihn/Ihm* schauderte vor der Kälte. (피동자격) (그는 추위에 오한을 느꼈다)

능동적으로 영향받는 어떤 것(통사적으로 특히 목적어)을 표현하는 대상격(OBJEKTIV).

> Ich habe *Fleisch* gegessen/*den Hund* geschlagen.
> (나는 고기를 먹었다/개를 때렸다)
> Er liest *ein Buch/in einem Buch.* (그는 책을 읽는다)

행위의 결과(통사적으로 목적어) 또는 발전과정이나 변화과정의 결과(통사적으로 대체로 술어보충어나 또는 주어)를 표현하는 결과격(RESULTATIV).

> Der Mann schrieb *ein Buch/an einem Buch.* (그는 책을 한 권 썼다)
> Sie hat *sechs Kinder geboren.* (그녀는 여섯 아이를 낳았다)
> Der Mann ist *alt/ein Dieb* geworden. (그 남자는 늙었다/도둑이 되었다)
> Japan hat sich *zu einer Industriemacht* entwickelt. (일본은 공업대국으로 발전하였다)
> Aus der Puppe hat sich *ein Schmetterling* entwickelt. (번데기에서 나비가 되었다)

의사소통적인 행위나 정신적인 행위의 주제나 대상을 표현하며 대체로 전치사 목적어의 형태를 취하는 주제격(THEMATIV).

> Er spricht/redet/liest/träumt *von ihr/vom Auto.*
> (그는 그녀/자동차에 관해서 말한다/언급한다/읽는다/꿈꾼다)
> Er spricht/reflektiert *über das Problem.* (그는 그 문제에 대해 말한다/숙고한다)
> Er fragte *nach meinem Namen.* (그는 내 이름을 물었다)
> Er denkt *an seine Frau.* (그는 자기 부인을 생각한다)

인지대상을 표현하며 대체로 통사적인 목적어로서 나타나는 인지대상격(PERZIPITIV).

> Ich sah/kannte *den Mann.* (나는 그 남자를 보았다/알아보았다)
> Ich hörte *ihm zu/sah ihn* an. (나는 그의 말을 경청했다/그를 주시했다)

우리가 추구하고자 원하거나 또한 거부하고자 하는 것(통사적으로 목적어)을 표현하는 목표격(FINATIV).

> Der Mann bettelte *um Geld.* (그 남자는 돈을 구걸했다)
> Er strebte *nach einer Versöhnung* mit ihr/erstrebte *eine Versöhnung.*
> (그는 그녀와의 화해를 위해 노력했다)
> Die Armee kämpfte *gegen den Feind*/bekämpfte *den Feind.*
> (군대는 적과 대항하여 싸웠다)

사건이나 상태에 대한 원인이나 또는 동기를 표현하고 대체로 통사적으로 전치사 목적어로서 실현되는 원인격(KAUSATIV).

> Er freut sich *an den Ferien/auf die Ferien/über die Ferien.*
> (그는 휴가를 즐긴다/휴가를 학수 고대한다/휴가를 기뻐한다)
> Er klagte *um sein verlorenes Glück.* (그는 그의 잃어버린 행복을 애석하게 여겼다)
> Ich erschrak *vor Kälte.* (나는 추위에 경악했다)

동사에 의해 표현되는 사태에 관여하는 사람이나 사물을 표현하는 (통사적으로 목적어) 동반격(=공동격 KOMITATIV).

> Ich habe *mit deinem Freund* gesprochen. (나는 너의 친구와 이야기했다)
> Er hat *ein reiches Mädchen* geheiratet. (그는 부유한 소녀와 결혼했다)
> Er ist *seinem Freund* in der Stadt begegnet. (그는 그의 친구를 도시에서 만났다)

어떤 것을 받거나 경험하는 사람이나 또는 행위의 결과를 체험하는 사람을 표현하는 (통사적으로 대체로 3격 목적어이지만 4격 목적어와 주어도 가능하다) 수신자격(ADRESSATIV).

Er gab *mir* Geld/zeigte *mir* das Buch/schrieb *mir* einen Brief.
(그는 나에게 돈을 주었다/나에게 책을 가리켰다/나에게 편지를 썼다)
Er lehrte *mich* Französisch/belieferte *mich* mit Ware.
(그는 나에게 프랑스어를 가르쳤다/나에게 상품을 공급했다)
Er dankte/half/diente/drohte/schmeichelte *mir.*
(그는 나에게 감사했다/나를 도왔다/시중들었다/위협했다/아첨했다)

이미 외부적인 형식에서 내용을 인식할 수 있는 (in München - 장소; lange - 시간 등) 부사보충어에서도 심층격을 정의할 수 있다.

Er fährt *nach Berlin*/kommt *von Berlin*/wohnt *in Berlin.* (장소격 LOKATIV)
(그는 베를린으로 떠난다/베를린에서 온다/베를린에서 산다)

Die Sitzung dauerte *lange.* (시간격 TEMPORATIV)
(회의는 오래 지속되었다)

Sie haben sich *schlecht* benommen. (양상격 MODATIV)
(그들은 나쁘게 행동했다)

그러나 이러한 "부사적"인 심층격의 다수는 목적어나 주어를 통해서도 실현될 수 있는데 이때 내용은 부사어에서처럼 그렇게 명백하게는 표층에서 나타나지 않는다.

Sie bewohnt *ein altes Haus.* (그녀는 낡은 집에서 산다)
Helsinki ist windig. (헬싱키에는 바람에 세다) (장소격 LOKATIV)

Ich verbrachte dort *zwei Tage.* (시간격 TEMPORATIV)
(나는 거기서 이틀을 보냈다)

Bomben zerstörten die Stadt. (도구격 INSTRUMENTATIV)
(비교: Die Stadt wurde *durch Bomben* zerstört.)
(폭탄이 도시를 파괴했다 - 도시가 폭탄에 의해 파괴되었다)

임의 문장성분의 배후에서도 상위 내용의 몇 가지가 발견될 수 있다. 그러나 해당 "심층격"은 술어에 대해 보충어에서와 유사한 관계를 갖지는 않는다. 왜냐하면 첨가어는 본래 하나의 새로운 서술문(Prädikation)을 나타내기 때문이다.

> *Aus dem Grund* helfe ich ihm. (원인격) (이런 이유로 나는 그를 돕는다)
> (비교: Ich helfe ihm. Das tue ich aus dem Grunde.)
> Ich bin *mit ihr* ins Kino gegangen. (동반격) (나는 그녀와 함께 영화관에 갔다)
> Ich habe ihn *in Berlin* gesehen. (장소격) (나는 그를 베를린에서 보았다)
> Sie singt *schön.* (양상격) (그녀는 아름답게 노래한다)

심층격을 통해서 문장성분뿐만 아니라 문장성분의 규정성분, 예컨대 동사에서 파생된 명사의 부가어도 의미적으로 설명할 수 있다.

> die Ankunft *des Mannes* in Berlin (행위자격) (그 남자의 베를린 도착)
> die Dankbarkeit *der Frau* (피동자격) (그 부인에게 감사하는 마음)
> ein Gespräch *über Frieden* (주제격) (평화에 대한 대화)

2. 직선적인 문장구조

독일어의 직선적인 문장구조나 어순(Wortstellung)에서 한편으로는 고정된 문법적인 구속성이 특징적이다. 즉, 정동사의 위치는 문장유형에 따라서 강하게 규정되어 있으며 동사의 부정형과 동사첨부어(Verbzusatz)의 위치도 이와 비슷하게 강하게 규정되어 있다. 다른 한편으로는 독일어의 어순이 상당히 자유롭다. 즉, 문장의 장(Satzfeld)(=중장 Mittelfeld)에서 문장성분은 다양한 위치를 취할 수 있다.

> Er *kommt* heute zu mir. (그는 오늘 나에게 온다)
> Heute *kommt* er zu mir.
> *Heute er *kommt* zu mir. (서술문에서 정동사의 위치는 두 번째)
>
> Ich weiß, dass er mir heute *hilft.* (나는 그가 오늘 나를 도울 것을 알고 있다)
> *Ich weiß, dass er heute *hilft* mir. (부문장에서 정동사의 위치는 문미)
>
> Er hat seinem Freund *geholfen.* (그는 자기 친구를 도왔다)
> *Er hat *geholfen* seinem Freund. (주문장에서 과거분사의 위치는 문미)
>
> Er gab *seinem Freund das Buch.* (그는 자기 친구에게 그 책을 주었다)
> Er gab *das Buch seinem Freund.* (두 어순이 가능하다)

독일어 어순의 특징은 소위 동사틀(verbaler Rahmen=Satzrahmen 문장틀, Satzklammer(ung) 문장괄호)이다. 주문장에서는 부정사와 분사가, 부문장에서는 정동사(finites Verb)가 문미에 위치함으로써 동사틀이 생겨난다.

> Er *ist* zu seinem Freund nach München *gefahren.*
> (그는 뮌헨에 있는 그의 친구한테 갔다)
> Ich weiß, dass er zu seinem Freund nach München gefahren *ist.*
> (나는 그가 뮌헨에 있는 그의 친구한테 갔다는 사실을 알고 있다)

명사적인 문장성분은 중장에서 다양한 위치를 취할 수 있기 때문에 진술내용의 테마적인 강조가 어순을 통해서 달성될 수 있다. 그래서 새로운 정보는 종종 알려진 정보 다음에 나타난다. 즉, 전자는 레마(Rhema)이고 후자는 테마(Thema)이다. 새로운 레마는 대체로 알려진 테마보다는 더 중요하므로 강조된다. 독일어 문장에서는 대체로 의존구조가 테마-레마 구조와 일치하는 것처럼 보인다. 더 정확히 말해서, 문장성분의 위치는 종종 그것이 보충어인지 혹은 첨가어인지, 그리고 경우에 따라서는 어떤 종류의 보충어인지에 따라서 결정되는 것처럼 보인다. 그래서 첨가어는 규칙에 따라서 술어보충어 앞에 나타나는데 그 이유는 첨가어가 문장내용에 있어서 그다지 중요하지 않기 때문이다. 이와 유사하게 3격 목적어는 대체로 4격 목적어 앞에 나타난다. 그것은 부분적으로는 아마도 인칭의 3격 목적어가 사물의 4격 목적어보다 더 잘 알려져 있기 때문일 것이다.

> Er war *in der Schule immer* ein guter Schüler.
> (그는 학교에서 항상 좋은 학생이었다)
> Er gab *dem Jungen ein Buch.* (그는 그 젊은이에게 책 한 권을 주었다)

전체적으로 볼 때 독일어의 어순이 종종 자유로운(frei) 것으로 간주된다. 우리가 독일어의 어순을 예컨대 명사적인 문장성분의 위치도 역시 강하게 규정하고 있는 영어와 비교해 본다면 그것은 맞는 말이다. 그러나 핀란드어와 비교해 보면 독일어의 어순은 결코 그렇게 자유롭지 못하다.

제 1 부 독일어 문장의 의존구조

A. 문장의 주성분으로서의 술어

술어는 항상 하나의 어휘적인 동사내용을 표현한다(예컨대 Er *dürfte* nach Hause *gegangen sein*(그는 집에 갔을지도 모른다)에서 'gehen'. 그러나 Er *hätte* nach Hause gehen *dürfen*(그는 집에 가도 괜찮았다)에서는 hätte dürfen이 술어이고 ['dürfen'], gehen은 목적어임['gehen']). 이 동사내용은 하나의 완전한 개념적인 내용을 가질 수 있거나 또는 하나의 상태에 대한 단순한 지시가 될 수 있다: Vater *schläft*(아버지께서 주무신다) (완전동사), Vater *ist* Lehrer(아버지는 선생이다) ("연사").

어휘적인 동사내용 이외에 술어는 항상 문법적인 기능도 갖는다. 술어는 언제나 동사의 인칭형태를 포함하는데 술어의 인칭(Person)과 수(Numerus)가 술어의 문법적인 기능에 속한다. 인칭과 수는 정동사에 의해 표현되지만 주어에 의해서 결정되며, 주어의 형태도 역시 인칭과 수를 표현한다(일치 Kongruenz). 술어가 단독으로 표현하는 문법적인 기능은 태(Genus verbi), 서법(Modus), 시제(Tempus) 및 부정(Negation)이다.

1. 인칭과 수

인칭과 수는 모든 정형술어 안에 포함되어 있는 범주들이다. 이들은 비록 주어에 의해 결정되지만 술어의 형태에 의해서 표현되므로 술어의 기능으로도 간주될 수 있다. 동사의 인칭형태는 현대 독일어에서 일반적으로 형식상 주어와 일치해야 하며 특히 인칭과 수에서 일치해야 한다. 정동사와 주어와의 이러한 일치(Übereinstimmung)를 일치(Kongruenz)라 일컫는다. 일치는 인칭범주와 수범주가 두 번씩, 즉 주어와 술어를 통해서 표현되는 것을 말한다.

Ich hole das Buch - *Er* hol*t* das Buch - *Die Jungen* holen das Buch.
(내가/그가/젊은이들이 책을 가져온다)

인구어에서 유래된 일치(Kongruenz)는 순수 문법적인 현상이다. 일치는 어휘의 통사적 기능과 통사적 관계가 어미를 통해 표현되는 사실에 기인한다. 그러나 때때로 주어의 의미내용과 형태가 상호 모순될 수도 있다. 주어의 내용이 술어의 인칭형태를 결정하는 경우에는 일치 대신에 소위 Synesis(희랍어 'Verstand') (="Constructio ad sensum")가 나타난다(역자주: Synesis란 술어가 주어의 문법적 형식이 아니라 주어의 의미에 따르는 구문을 말한다).

Gewiss *würden eine Menge* die Gelegenheit benutzen. (Zweig)
(많은 사람들이 분명히 그 기회를 이용할 것이다)
(주어는 단수이지만 술어와 내용은 복수임)

초기 독일어에서는 의미구문(Synesis)이 일치에 관한 많은 예외를 야기했지만 오늘날에는 일치가 거의 예외 없이 실현된다.

1.1. 인칭의 일치

인칭(Person)의 일치란 정동사가 인칭에서 주어와 일치하는 것을 말한다. 그러나 주어에서 상이한 인칭들이 나타나면 일치에서도 특수한 경우가 존재한다.

1) 주어에서 1인칭이 2인칭이나 3인칭과 연접접속사(und; sowohl - als auch; sowie)로 상호 결합되어 있으면, 술어는 처음부터 1인칭 복수로 되며 이때 두 주어의 인칭은 대체로 wir로 총괄된다.

Du und ich (=wir) *arbeiten* in der Bibliothek.
(너와 나(=우리)는 도서관에서 일한다)
Mein Freund und ich (=wir) *besuchen* die Ausstellung.
(나의 친구와 나(=우리)는 전시회를 방문한다)

주어가 2인칭과 3인칭으로 구성되어 있으면 정동사는 일반적으로 2인칭 복수로 되며 이때 두 주어의 인칭은 대체로 ihr로 총괄된다.

Mein Bruder und du (=ihr) hab*t* die Versammlung besucht?
(나의 형과 너(=너희)는 모임에 참석했었느냐?)
Ihr sowie sie (=ihr) hab*t* euch über das Geschenk gefreut?
(너희와 그녀(=너희)는 선물에 대해 기뻐했느냐?)

◆ 역사적인 변천

이 규칙은 이미 오래된 것이다. Behaghel(1923-32,3:45)이 중고지독일어(Mittel-hochdeutsch) 이후의 예문을 제시하고 있다.

> daz *du und diniu Kint* deste swecher *müezet* sin (Berthold)
> *du und deine Söne* mit dir *sollet* die missethat ewrs Priesterthums tragen (Luther)

고대어에서는 3인칭 복수도 나타났다.

> daß *du und die Tante* darüber von Vernunft kommen soll*en* (Iffland)
> (너와 아주머니는 그 문제에 관해서 이성을 회복해야 한다)

Helbig/Buscha(1984:30)와 Jung(1980:65)에 따르면 오늘날에도 3인칭 복수가 가능하다.

> *Er und du* werden kommen. (그와 너는 올 것이다)

주어에 1인칭이나 2인칭이 포함되어 있는 경우 고대어에서는 술어의 인칭이 주어와 가장 가까이 있는 성분을 통해서 규정될 수 있었다.

> do *ist Gabriel Muffel* und ich zu im kummen (Tetzel)
> was ich und *das ganze Publikum* schon lange von Ihnen *erwartet* (Lessing)
> ihr und *jedermann darf* darin arbeiten (Tieck)

2) 주어에서 상이한 인칭이 이접접속사(oder; entweder – oder; weder – noch)로 상호 결합되어 있으면, 정동사는 일반적으로 자신과 가장 가까이 있는 인칭에 따른다.

> Er oder *ich habe* es getan. (그 혹은 내가 그 일을 했다)
> Entweder er oder *ihr seid* daran schuld.
> (그 혹은 너희들이 그 일에 책임이 있다)
> Weder du noch *ich bin* es gewohnt.
> (너와 나 그 누구도 그 일에 익숙하지 않다)

◈ 역사적인 변천

초기 신고지독일어(Frühneuhochdeutsch)에서의 예는 다음과 같다.

> das weder ir noch *er* nymer *sölt* frölich werdn (Decameron)
> ob du oder *ich gelogen hab* (Sachs)

근대어에서 특히 연접접속사로도 이해될 수 있는 weder - noch에서는 1인칭 복수도 나타났다.

> weder er noch ich *wußten* den schönen Vers zu Ende. (Stifter)
> (그와 나 그 누구도 그 아름다운 시를 끝까지는 알지 못했다)

오늘날에도 복수가 가능하다.

> Weder du noch ich *sind* es gewohnt.
> (너와 나 그 누구도 그 일에 익숙하지 않다)

3) 1인칭이나 2인칭의 인칭대명사가 주어기능을 하는 관계대명사의 선행사 (Bezugswort, Korrelat)이면 일반적으로 1격의 인칭대명사가 관계문에서 반복된다. 이때 관계문의 술어는 반복된 대명사와 일치한다.

> Was denkst *du, der du* so etwas erlebt *hast*?
> (그런 것을 체험한 너는 어떻게 생각하니?)

◈ 역사적인 변천

역사적인 변천과정에서 관계대명사의 변천도 역시 반영해 주는 여러 단계를 여기서 관찰할 수 있다(319쪽 이하 참조).

1) 초기 고고지독일어(Althochdeutsch)에서는 아직도 원래의 관계대명사가 존재하지 않았으며, 관계대명사는 말하자면 인칭대명사(선행사) 안에 포함되었다. 이때 관계문의 술어는 당연히 인칭대명사와 일치했다.

> fater unser *thu pist* in himile
> (선행사는 호격; 고고지독일어: St. Gallen)

이러한 구조는 종종 중고지독일어(Mittelhochdeutsch)에서도 나타났다.

> mit dir *du* eine krone *bist* aller eren (Mystiker)

2) 이러한 구조는 초기 신고지독일어에서 비로소 더욱 빈번하게 사용되었지만, 이미 고고지독일어에서 관계대명사 der가 인칭대명사를 지시하였다. 이때 술어가 처음에는 선행사의 인칭을 따랐다.

> we *iu,* thie nu *lahhet* (Tatian)
> *mich* Armen, der nicht vil vbrigs *hab* (Sachs)

신고지독일어에서는 이러한 구조가 드물었으며 결국 사라졌다. 이제 술어가 관계대명사와 일치하기 시작했다.

> was kann ich tun, *der* selber hilflos *ist.* (Schiller)
> (의지할 데 없는 내가 무슨 일을 할 수 있겠는가)

3) 인칭대명사의 반복은 대략 1500년경부터 시작되었다.

> ach Gott der *du bist* ein Gott der Geister des Fleisches (Luther)

이미 18세기초에 이러한 구조가 일반적인 구조로 되었다. 문장(관계문)의 종류뿐만 아니라 선행사의 인칭도 역시 이 구조 안에서 표현된다.

1.2. 수의 일치

수(Numerus)의 일치란 단수의 주어에서는 정동사가 단수로 나타나고, 복수의 주어에서는 정동사가 복수로 나타나는 것을 말한다. 주어가 연접접속사를 취하는 병렬적인 성분으로 구성되어 있으면 술어는 일반적으로 복수로 나타난다.

> Die Rose blüh*t.* – Die Rosen blüh*en.*
> (장미가 핀다 – 장미들이 핀다)
> Die Mutter und das Kind wart*en* auf dem Bahnsteig.
> (어머니와 아이가 플랫폼에서 기다린다)

수가 명백하지 않은 경우에는 어려움이 뒤따른다. 그래서 내용적으로는 복수인 표상이 형식적으로는 단수인 주어와 결합할 수 있다(예: eine Menge Äpfel 많은 사과들). 역으로 형식적으로는 복수인 주어나 병렬적인 주어성분이 하나의 단위로 이해될 수 있다(예: zwei Pfund 2파운드; Haus und Hof 집과 정원(=전재산)). 가장 중요한 특수한 경우들은 다음과 같다.

1) 주어는 접속사로 상호 연결되어 있는 다수의 병렬성분으로 구성되어 있다.

a) und로 결합된 다수의 주어성분들은 이들이 단일개념으로 파악되는 경우에는 단수의 술어를 요구한다.

Haus und Hof ist mir lieb. (집과 정원이 내 맘에 든다)
Lachen und Schwatzen drang durch mehrere Türen.
(웃음소리와 잡담하는 소리가 여러 문을 통해서 흘러 나왔다)

◆ 역사적인 변천

이러한 예는 이미 오래 전부터 증명될 수 있다. 그러나 대체로 연접접속사로 형성된 주어 다음의 수는 고대어에서는 어순의 지배를 받았다.

1) 주어가 동사 뒤에 올 경우에는 술어가 원래 단수로 나타났다.

floz thar uz *bluat inti wazzar* (Tatian)
um sie *begunde* sorgen *wip unde man* (Nibelungenlied)

2) 주어가 동사 앞에 올 경우에는 병렬적인 성분들이 내용적으로 하나의 단일개념을 형성하는 경우에만 동사가 원래 단수로 나타났다.

vride unde suone si iu von uns bekant (Nibelungenlied)
(오늘날과 비교 : *Haus und Hof ist* mir lieb. Mir *ist Haus und Hof* lieb.)

그렇지 않은 경우에는 동사가 이미 이전부터 복수로 나타났다.

die *Etzel unde Sifrit* gesamene *hant* gepflegen (Nibelungenlied)

b) 다수의 단수 주어성분들이 이접접속사로 상호 결합되어 있으면 술어는 단

수로 나타난다.

Er oder seine Freundin geht einkaufen.
(그 또는 그의 여자친구가 쇼핑하러 간다)

◈ 역사적인 변천

고고지독일어와 중고지독일어에서는 이미 단수가 규칙이 되었다. 그러나 그 후에 복수도 빈번히 나타났지만 오늘날에는 복수가 다시 비일상적이 되었다.

ohne daß *Christian oder einer* von uns Bescheid *gaben* (Hoffmann)
(크리스티안 또는 우리들 중의 하나가 정보를 주지 않고서)

2) 책이나 신문 따위에서 정관사를 취하는 복수형 제목이 주어인 경우 ‘완전동사’는 복수로 나타나고 연사는 단수로 나타난다. 제목이 무관사이거나 또는 und로 상호 결합된 두 성분으로 구성되어 있으면 술어는 항상 단수로 나타난다.

“Die Räuber” *haben* immer eine starke Wirkung auf die Jugend ausgeübt.
(“군도”는 항상 젊은이들에게 강한 영향을 미쳤다)
“Die Räuber” *ist* ein Drama von Schiller.
(“군도”는 쉴러의 희곡이다)
“Gespenster” *erregte* tiefes Interesse bei den Zuschauern.
(“유령”은 관객들에게 깊은 관심을 유발했다)
“Hermann und Dorothea” *wird* heute noch gelesen.
(“헤르만과 도로테아”는 오늘날에도 읽혀진다)
“Hermann und Dorothea” *ist* unsere nächste Lektüre.
(“헤르만과 도로테아”는 우리들의 다음 번 읽을 거리이다)

필자가 역사적인 증거를 찾아내지는 못했다.

3) 주어가 집합명사이면 주어의 의미와 형식 사이에 모순이 나타난다. 주어가 부가어를 갖지 않으면 주어는 정상적인 일치규칙에 따라서 단수로 온다. 다시 말해서 의미구문(Synesis)이 불가능하다.

Die Menge stürmte das Rathaus. (군중들이 시청을 습격했다)

그러나 주어가 명사적인 부가어를 가지고 있으면서 주어와 부가어가 동일한 수를 갖지 않는 경우에는 술어의 수에서 불확정성이 나타날 수 있다. 가장 중요한 경우는 다음과 같다.

a) 단수 주어가 정확한 단수의 수량표현이고(1 Pfund, Gramm, Kilo(gramm) 등) 동격으로서 복수의 물질명사를 취하면, 술어는 일반적으로 주어에 따라서 단수로 오거나 드물게는 동격에 따라서 복수로 온다.

Ein Kilo(gramm) Linsen *reicht* (selten: *reichen*) für die Suppe.
(1킬로그램의 불콩이면 수프에 충분하다)

b) 주어가 Anzahl(상당수), Dutzend(다스), Masse(다수), Menge(다량), Mehrzahl (다수)과 같은 부정확한 단수의 수량표현이고 복수의 가산명사가 부가어로서 뒤따를 경우, 화자는 주어의 형태에 따라서 단수를 사용하거나 또는 의미(또한 부가어의 형태)에 따라서 복수를 선택할 수도 있다.

Eine Menge faule Äpfel *lag* (oder: *lagen*) unter dem Baum.
(많은 썩은 사과들이 나무 밑에 놓여 있었다)
Eine Menge fauler Äpfel *lag* (etwas seltener: *lagen*) unter dem Baum.
Eine Menge von faulen Äpfeln *lag* (etwas seltener: *lagen*) unter dem Baum.

특히 가산명사가 동격으로서 수량표현(주어)과 동일한 격으로 니타나는 경우 술어는 복수로 등장한다. 그렇게 함으로써 동격은 원래의 주어로서 쉽게 파악될 수 있기 때문이다. 2격 부가어와 전치사 부가어에서는 복수가 좀처럼 드물다. 왜냐하면 그러면 가산명사가 문법상 더욱 가시적으로 수량표현에 종속하고 또한 그 형태로 인해 아주 쉽게 주어로 파악될 수 없기 때문이다.

c) 주어가 정확한 복수의 수량표현이고 물질명사가 단수의 동격으로서 기능하는 경우 술어는 복수뿐만 아니라 단수로도 올 수 있다. 그러나 복수가 훨씬 빈번하다.

2 Kilo Fleisch *reichen* (viel seltener: *reicht*) nicht aus.
(2킬로 고기로는 충분하지 않다)

단수로 사용할 경우에는 2 Kilo Fleisch가 하나의 단위로서 ein Stück von 2 Kilo(2 킬로의 양)의 의미이다.

◈ 역사적인 변천

이전에는 집합적인 주어나 부가어에서 술어의 복수형이 오늘날보다는 훨씬 빈번했다. 또한 순수한 불일치도 가능했다. 다음과 같은 경우를 구별할 수 있다.

1) 주어가 집합명사인 경우에는 종종 의미구문(Synesis)이 우세했으며 따라서 술어는 주어의 복수의미에 따라서 복수로 나타났다. 두 가지 중요한 경우를 구별할 수 있다.

   a) 주어가 어떠한 2격 부가어도 취하지 않았다.

   das ganze Volk *steinigten* ihn (Luther)

그러나 의미구문(Synesis) 이외에 일치(Kongruenz)도 역시 나타났다.

   daz liut in *wolte* vahen (Kudrun)

오늘날에는 술어가 주어와 일치해야 한다.

   Das Volk *steinigte* ihn. (그 민족은 그를 돌로 쳐죽였다)

   b) 주어가 복수의 2격 부가어를 취했다.

주어가 명사화된 수량형용사이거나 또는 명사적인 대명사인 경우 술어는 부가어에 따라서 종종 복수로 나타났다. 그러나 주어에 따른 단수형도 가능했다.

   ez *lagen* unter benken vil *guoter knehte* (Wolfram)
   es *leben* selbst in unseren Landesmarken *der Sassen* viel (Schiller)
   vil boten *wart* von im gesand (Wolfram)

현대어에서는 viel, wenig, genug 등과 같은 단어를 형용사적 부가어로 간주한다. 이때 복수의 관계어(=주어)가 수를 결정한다.

   Es *waren wenig/wenige Zuhörer* da. (소수의 청자만이 참가하였다)
   Viele Menschen waren unterwegs. (많은 사람들이 여행중이었다)

주어가 복수의 부가어를 갖는 집합명사인 경우 복수의 술어가 오늘날에도 여전히 가능하다.

Eine Menge *faule Äpfel/fauler Äpfel lagen* (neben: *lag*) ...
(많은 썩은 사과들이 ... 놓여 있었다)

c) 단수 주어가 부가어로서 대명사 manch를 취하는 경우 그것은 집합명사로 파악될 수 있다. 고대어에서는 의미구문(Synesis)이 빈번했으며 술어는 복수로 나타났다. 오늘날에는 일치시키는 것이 규칙이다.

manec edel ritter wert *empfiengen* in (Wolfram)
Wenn *mancher* Mann *wüßte*, wer *mancher* Mann *wäre*, *gäb' mancher* Mann manchem Mann manchmal mehr Ehre. (만일 많은 사람들이 많은 사람들이 누구인지를 알고 있다면 많은 사람들은 많은 사람들을 종종 더욱 존중할 것이다)

2) 고대어에서는 복수 주어에서 술어가 대부분 단수였으며 의미구문(Synesis)이 고려되지 않았다. 여기서 순수한 불일치가 나타났다. 특히 주어가 수사를 부가어로 취하는 경우 술어는 단수로 나타났다. 더 나아가 주어가 동사 다음에 올 경우에는 항상 동사가 단수로 나타났다.

driu groziu fiwer gemachet *was* (Wolfram)
im *kom* von Gruonlanden *helde* zen handen (Wolfram)

오늘날에는 낡은 표현인 Was wünschen gnädige Frau?에서 술어의 복수 사용은 존칭 Sie의 복수로 소급된다: Was wünschen Sie, gnädige Frau? (마나님, 무엇을 원하십니까?)

3) 명사적 술어보충어에서 술어는 주어뿐만 아니라 술어보충어와도 일치한다.

Meine Mutter *ist* Lehrerin. (나의 어머니는 교사이다)
Meine Tanten *sind* Lehrerinnen. (나의 아주머니들은 교사이다)

이때 술어는 항상 술어보충어와 일치해야 한다는 인상이 쉽게 생겨난다. 주어와 술어보충어가 수에서 서로 일치하지 않을 때 술어의 수와 관련하여 불확실성이 나타날 수 있다. 즉 술어가 주어를 따라야 하는지 또는 술어보충어를 따라야 하는지?

주어 또는 술어보충어가 복수로 오는 경우 오늘날에는 복수로 하는 것이 규칙이다.

> Der Rest *sind Invaliden.* (나머지는 부상병들이다)
> Besonders *Rechtschreibefehler waren* ihm ein Greuel.
> (그는 특히 철자오류가 딱 질색이었다)
> Alles, was du sagst, *sind* leere *Ausreden.*
> (네가 말하는 모든 것은 뻔한 변명들이다)

◈ 역사적인 변천

술어가 주어 대신에 술어보충어를 따를 수 있는 오늘날의 사용에 대한 증거들은 초기 신고지독일어 이후로 존재한다. 이전에는 연사가 대부분 주어를 따랐던 것으로 보인다.

> der Termin, den man ihm setzt, *sind acht Tage* (Lessing)
> (사람들이 그에게 설정한 기한은 일주일이다)
> *Got ist* alliu dinc (Mystiker)
> also tieren *iro horn sint* schirm (Notker)

2. 태

2.1. 태의 본질

술어는 능동태(Aktiv)와 수동태(Passiv)의 두 가지 태(Genus verbi)를 갖는다.

> Der Lehrer *öffnet* die Tür. (능동태) (선생님이 문을 연다)
> Die Tür *wird* vom Lehrer *geöffnet.* (수동태) (문은 선생님에 의해 열린다)

1) 능동과 수동은 객관적인 현실에서의 동일한 사태(동일한 행위)를 표현한다 ('das Öffnen der Tür' 문을 여는 행위). 이들은 상이한 기술방향에 의해서 구별된다. 능동은 행위자 중심적이며 사건과 더불어 사건담당자의 표현으로서 주어를 주시한다(예: *Der Lehrer* öffnet die Tür). 수동의 표현형태는 사건담당자(Geschehensträger)로부터 시선을 돌려서 목적어나 상황(장소, 시간 등) 또

는 사건을 주시한다.

Die Tür wird geöffnet. (문이 열린다)
Dort/Am Abend wurde getanzt. (거기서/저녁에 춤을 추었다)
Es *wurde getanzt.* (춤을 추었다)

그러나 과정보유자(Vorgangsträger)는 수동문에서도 표현될 수 있다. 즉 능동문은 때때로 수동문으로 변형가능하며, 이때 능동문의 의무적인 주어는 수동문에서 수의적인 전치사 표현으로 변형된다.

Der Lehrer öffnet die Tür – Die Tür wird (*vom Lehrer*) geöffnet
(선생님이 문을 연다 – 문은 선생님에 의해 열린다)

2) "능동"(Aktiv)이란 표현은 주어가 실제로 능동적으로 행동하는, 즉 행위자
   (Agens)의 의미역(semantische Rolle)을 표현하는 문장으로 소급된다.

Fritz schlägt den Hund. (타동사) (프리츠가 개를 때린다)

그러나 주어가 '능동적'이 아니라 예컨대 한 상태 안에 머물러 있는, 즉 피동자
(Patiens)의 심층격을 대표하는 문장들 역시 능동적이라고 일컬어진다.

Vater schläft. (아버지가 주무신다)
Die Rosen blühen. (장미가 피어 있다)

능동은 모든 동사에서 가능하며 동사의 의미와는 상관없는 표현방식이다. 이에 반해 많은 동사에서는 그 의미로 인해서 수동적인 관점이 불가능하다: blühen(피어 있다), regnen(비가 온다), kosten(값이 얼마이다), wiegen(무게가 얼마이다), enthalten (포함하다) 등. 다른 술어들에서는 수동적 관점 그 자체가 가능함에도 불구하고 수동이 배제된다: sein(to be), stehen(서 있다), sitzen(앉아 있다), liegen(놓여 있다) 등. 그러면 수동의 관점은 수동의 대용형태를 통해서 표현된다.

Die Tür muss *geschlossen werden.* (수동에서의 부정사 목적어)
(문이 닫혀져야 한다)

Die Tür *ist zu schließen.* (*sein* + *zu* + 부정사)
(문이 닫혀져야 한다)
Man freut sich daran. (man + 능동적인 술어)
(사람들은 그 일에 대해 기뻐하고 있다)

수동형성이 가능한 동사에서도 수동적인 관점이 종종 다른 구조로 표현된다(수동의 경쟁형태/대용형태).

(Die Tür *wird geöffnet.*) - *Man öffnet* die Tür.
(문이 열린다 - 사람들이 문을 연다)
(Das Schauspiel *wurde aufgeführt.*) - Das Schauspiel *gelangte zur Aufführung.*
(연극이 상연되었다 - 연극이 상연되었다)

수동의 대용형태(Ersatzform)와 경쟁형태에서는 수동적인 관점이 일반적으로 원래의 수동에서처럼 술어동사에 의해서만 나타나는 것이 아니고 전체의 구조로 소급될 수 있다(예컨대, Man freut sich).

3) 지금까지 우리는 소위 과정수동(Vorgangspassiv)에 대해서 이야기하였다. 그러나 독일어 문법에서는 소위 상태수동(Zustandspassiv)도 존재한다.

Die Tür *wird geöffnet/geschlossen.* (과정수동) (문이 열린다/닫힌다)
Die Tür *ist geöffnet*(=offen)/*geschlossen*(=zu). (문이 열려 있다/닫혀 있다)

상태수동은 사건(Geschehen)이 아니라 사건의 결과로서의 상태를 표현한다는 점에서 능동뿐 아니라 과정수동과도 구별된다. 상태수동은 또한 통사적으로도 과정수동과 구별된다. 과정수동은 분석적(analytisch)인 술어에 대한 하나의 아주 명백한 형태를 표현하는데, 이 술어의 구성성분들은 문법적인 본래의 의미를 상실하였다. 이에 반해 상태수동에서 분사는 형용사적인 특성을 가지며 형용사적 술어보충어에 근접한다. 하지만 상태수동은 형태상으로는 해당 과정수동의 복합시제에서 worden을 삭제함으로써 생겨난다.

Die Tür *ist geöffnet worden.* → Die Tür *ist geöffnet.*
(문이 열려졌다 → 문이 열려져 있다)

언어사적으로 볼 때 상태수동은 술어적인 구조로서 과정수동의 변천에 대한 출발점을 형성한다.

2.2. 수동문의 구조

과정수동에서 우리는 일반적으로 소위 인칭수동과 비인칭수동을 구분한다. 인칭수동은 인칭에서 술어와 일치하는 하나의 주어를 갖는다. 비인칭수동은 문법적인 주어를 갖지 않는다.

대부분의 타동사는 하나의 인칭수동문을 갖는데, 수동변형에서 능동문의 4격 목적어가 수동문의 주어가 되고 능동문의 주어가 수동문에서 수의적인 전치사구로 바뀐다. 의무적인 결합가는 한 개 줄어들지만 전체 결합가(Gesamtvalenz)는 불변이다.

Der Lehrer lobt *den Schüler*. (선생님이 그 학생을 칭찬하신다)
- *Der Schüler* wird (vom Lehrer) gelobt.

Der Lehrer lobt *mich*. (선생님이 나를 칭찬하신다)
- *Ich* werde (vom Lehrer) gelobt.

수동문에서 주어가 없고 술어가 3인칭 단수로 와야만 비인칭수동이 된다. 수동변형에서 그대로 보존되는 3격, 2격 및 전치사 목적어를 취하는 동사에서 비인칭수동이 형성된다. 더 나아가 능동에서 유일한 보충어로서 주어를 갖는 수동가능한 1가 동사(소위 절대동사)에서의 수동도 역시 비인칭수동이다. 비록 인칭수동의 경우에서보다는 드물지만 능동문의 주어가 수동문에서 수의적인 전치사 보충어로 될 수 있다. 비인칭수동은 "무주어 수동"으로, 인칭수동은 "유주어 수동"으로 일컫는 것이 더 좋을 것 같다.

1) 목적어가 있는 무주어 수동

Der Lehrer hilft *dem Schüler*. (선생님이 그 학생을 돕는다)
- *Dem Schüler wird* (vom Lehrer) geholfen.

Der Lehrer gedachte *des Toten*. (선생님은 고인을 기억했다)
- *Des Toten* wurde (vom Lehrer) gedacht.

Der Lehrer sorgt *für Ordnung*. (선생님은 질서를 염려한다)
- *Für Ordnung* wird (vom Lehrer) gesorgt.

2) 목적어가 없는 무주어 수동

> *Die Zuschauer* klatschten. (관객이 박수를 쳤다)
> - Es wurde (*von den Zuschauern*) geklatscht.

> Dort tanzte man. (거기서 사람들은 춤을 추었다)
> - *Dort* wurde getanzt. (dort = 부사첨가어)

수동문의 전장(Vorfeld)에 어떤 문장성분도 없는 경우에는 자리메꿈어(Platzhalter) 'es'가 그 자리에 와야 한다. (이것은 절대적인 문두에서만 가능하다.)

> *Es* wurde ein Teilproblem gelöst. (일부의 문제가 해결되었다)
> *Es* wurde für Ordnung gesorgt. (질서가 염려되었다)
> *Es* wurde hier getanzt. (그러나: Hier wurde getanzt.) (여기서 춤을 추었다)
> (비교: Warum wird auch sonntags gearbeitet?) (왜 일요일에도 일하니?)
> Wird auch sonntags gearbeitet? (일요일에도 일하니?)
> Ich weiß sicher, dass da getanzt wurde.)
> (거기서 춤을 추었다는 것을 나는 확실히 알고 있다)

상태수동은 일반적으로 인칭수동이며 해당 과정수동과 동일한 문법적인 주어를 갖는다.

> Die Tür ist geöffnet. (문이 열려져 있다)
> (- Die Tür ist geöffnet worden - Man hat die Tür geöffnet)

상태수동이 비인칭수동인 경우는 드물다. 이것은 3격 목적어를 취하는 몇몇 동사에서만 가능하다. 이때 3격 목적어는 수동문에서 그대로 보존된다.

> *Dem Freund* ist damit geholfen. (이를 통해서 그 친구를 도왔다)
> Mit der pünktlichen Planerfüllung ist *unserem Staat* genützt.
> (정확한 계획실행을 통해서 우리 나라에 도움이 되었다)

von(durch)을 갖는 전치사구가 상태수동에서는 드물다.

> Die Straße ist *von Lampen* beleuchtet. (거리는 등불로 밝혀져 있다)
> Die Thesen sind *von ihm* gebilligt. (그 논제는 그에 의해 승인되었다)
> (*Das Fenster ist von ihm geöffnet.)
> (*Das Insekt ist von ihm gefangen.)

◈ 수동구조의 변천

인구어는 능동에서뿐만 아니라 수동에서도 고유한 종합적(synthetisch)인 형태를 가졌는지도 모른다. 이 두 가지 태 이외에 세 번째 태인 중간태(Medium)가 존재했는데, 이것은 주로 오늘날의 능동 재귀동사에 해당하지만 수동태로 사용되었던 것이 확실하다("중간수동" Mediopassiv). 이러한 고대 인구어의 중간수동이 게르만어들 중에서는 고트어에서만 몇 가지 잔재 속에 남아 있었다: nimada 'ich werde genommen'. 다른 게르만어들은 이전부터 sein/werden + 과거분사의 결합을 통한 분석적(analytisch)인 수동을 형성했다. 독일어에서는 동사 werden이 사용되었던 반면에(Das Buch wurde gelesen), 영어에서는 to be가 수동의 조동사가 되었다(The book was read). 변천의 출발점은 타동사 과거분사의 수동적 의미였다. 과거분사가 sein/werden의 주격 술어보충어로서 기능했다(Der Baum ist gefällt/Der Baum wird gefällt; 비교: Der Baum ist/wird groß). 그 후에 sein/werden + 과거분사의 결합은 하나의 단위로서 파악되었으며 행위의 표현이 되었는데, 그 행위의 결과로서 형성된 상태가 과거분사 안에 포함되어 있다. 수동구조의 변천에서 여러 단계들을 구별할 수 있다.

1) "완료태(perfektiv) 대 지속태(durativ)의 동작태(Aktionsart) 대립이 아직도 강력한 체계적인 의미를 가지고 있었던 초기 게르만어에서는 두 조동사 sein과 werden의 분할이 이러한 원칙에 의해서 결정되었던 것처럼 보인다. 즉 sein은 수동적인 상태를 표현하기 위해서 사용되고 werden은 수동적인 과정을 위해서 사용된다"(Dal 1966:128f.). Dal에 의하면 이러한 관계가 고트어와 초기 독일어에서 존재했던 것 같다. 그렇다면 이 관계가 오늘날의 소위 상태수동과 과정수동으로의 분할과 일치했는지도 모른다.

2) 초기 고고지독일어에서는 아마도 라틴어 시제체계의 영향인지는 모르지만 분할이 이미 다르게 진행되었다. 조동사 sein은 현재에서, werden은 미래에서 사용되었다. 과거에서는 두 동사가 동일한 의미로서 나란히 사용되었다.

   min tohter fon themo tiuvale *giweigit ist* (vexatur: Tatian)
   arslagan wirdit Christ ('wird erschlagen werden': Isidor)
   ther heilant *was gileitit* in wuostinna (Tatain)
   tho Krist *giboran ward* (Otfrid)

sein은 그밖에 여전히 수동적인 상태를 표현하기 위해서 사용되었다.

> duri *warun bislozzan* (Tatian)
> want er *giwuntoter was* (Otfrid)

3) 고고지독일어 시대 말경에는(Notker) 새로운 규칙이 도입되었다. 즉 그 당시 werden은 더 이상 미래가 아니라 현재에서 사용되었다. 조동사 sein은 현재완료와 과거완료를 위해 유보되었으며, 이들은 오늘날에 와서 완성된 능동적인 현재완료와 과거완료에 따라서 형성되었다. 능동완료형 er ist gekommen(그가 왔다)에 상응하여 수동구조인 er ist geschlagen(그가 얻어맞았다) 역시 현재완료의 의미를 포함하였다. sein-완료형에 대한 첫 번째 예들은 Otfrid에서 유래하며 Notker 이후로 이 새로운 구조가 규칙이 되었다.

> *ist* gibet thinaz von druhtine *gihortaz* (Otfrid)
> mir *ist* selten *geschenket* bezzer win (Nibelungenlied)
> nie keine Bulle so schmälich *empfangen ist* (Luther)
> *geschlossen ist* das Bündnis mit dem Feind vor wengen Stunden (Schiller)

방언과 일상어에서는 오늘날에도 종종 정상적인 ist worden-완료형 대신에 ist-완료형이 나타난다. 그러나 Behaghel(1923-32,2:209)에 따르면 이러한 신고지독일어의 예들은 고대의 sein-완료형과 아무런 관계가 없다.

4) werden이 현재와 과거에서 사용된 이후로 현재완료와 과거완료가 추가적으로 형성되었다: ist/war worden. 가장 오래된 예는 Wolfram에서 유래하였는데, 이 구조는 아주 천천히 사용되었으며 루터의 성경에서도 드물게 나타났다.

> daz Gahmuret *gepriset* vil *was worden* (Wolfram)

이 옛날 구조는 오늘날 상태수동으로 계속 남아있으며 수동태 변천의 시발점을 우리에게 상기시켜 준다.

5) 이미 고고지독일어에서 미래를 위한 하나의 새로운 형태가 생겨났다. 이 형태는 능동미래의 모형에 따라 형성되었으며 처음에는 scal + 부정사로 형성되었다.

in dhes dagum *scal* iuda *werdhan gihaldan* (Isidor)

수동형의 werden-미래는 초기 고고지독일어에서 유래하지만 오늘날에는 드물게 사용되는 형태이다.

dem alle hohe Augen *werden genidriget werden* (Luther)

6) 수동은 원래 타동사에서만 가능했으며 수동 바꿔쓰기는 타동사 과거분사의 수동적인 의미에 기인한다. 그럼에도 불구하고 수동은 이미 고고지독일어의 자동사에서도 나타났으며, 처음에는 3격과 2격 목적어를 취하는 동사에서 그리고 Notker 이후로는 절대동사에서도 나타났다.

than *is imu giholpen* (Heliand)
thes er iu *ward giwahinit* ('das wurde euch schon früher erwähnt': Otfrid)
zu *wirt* aber wiselicho *gesungen* (Notker)

Dal에 따르면 비인칭수동이 즉시 인칭수동으로 소급될 수는 없다. "이 경우에 우리는 3격과 2격이 4격과 똑같이 수동에서 1격으로 나타나리라는 것을 기대해야만 할 것이다. 비인칭수동이 등장한 초기에도 이러한 가정은 맞지 않는 것처럼 보인다. 오히려 우리는 sein과 werden을 취하는 다른 비인칭구조와 관련하여 하나의 독자적인 변천을 가정해야 할 것이다"(Dal 1966:130f.).

7) 자리메꿈어 es(예: *es* wird getanzt)가 고대 작센어와 고고지독일어에서는 아직 나타나지 않았다.

ward blindun *gobotid* (Heliand)

중고지독일어에서도 es는 일반적으로 나타나지 않았으며 니벨룽엔의 노래 (Nibelungenlied)에서는 ez가 몇 번 등장한다.

ezn wart nie geste mere baz gepflegen.
ez enkunde baz gedienet nimmer heleden sin.

동사의 첫 번째 위치가 의문문의 표지가 되었으며 서술문에서는 불가능하였기 때문에 자리메꿈어의 사용이 점점 증가하게 되었다.

3. 서법과 시제

3.1. 서법과 시제의 본질

서법(Modus)이란 화자태도의 표현으로서 동사적 진술의 적용정도(Geltungsgrad)를 표현하는(현실적, 비현실적, 추측 등) 동사의 굴절형태 안에 포함된 진술방법을 말한다: kommt; käme; würde kommen; dürfte kommen 등.

시제(Tempus)란 화자의 관점에서 바라본, 동사의 굴절형태 안에 표현된 사건의 시간적 배열을 말한다(발화행위와 비교하여 동시성[현재], 전시성[과거], 후시성[미래]): kommt; kam; wird kommen.

서법과 시제는 문법적인 서법내용과 시간내용이 직선적으로 일치하지 않는 형식적인 범주이다.

1) 서법은 일반적으로 고유한 서법내용을 가지고 있다.

Lange *lebt* der König (직설법)≠Lange *lebe* der König (접속법I)
(그 왕은 오래도록 살고 있다 - 왕이 오래 사시기를(=국왕 만세))

그러나 때때로 상이한 서법이 서로 교체될 수 있다.

Was auch *geschieht/geschehe*, wir sind vorbereitet. (직설법/접속법I)
(무슨 일이 일어나든지 간에 우리는 준비가 되어 있다)

2) 시제는 일반적으로 고유한 시간내용을 가지고 있다.

Mein Bruder *wohnt* auf dem Lande.≠Mein Bruder *wohnte* auf dem Lande.
(내 형은 시골에서 살고 있다≠내 형은 시골에서 살았다)

그러나 시제는 여러 가지 시간내용을 가질 수 있으며 반대로 시간내용은 여러 가지 시제를 통해서 표현될 수 있다.

1) Was *machst* du? 2) Was *machst* du heute Abend?
(너 뭐하니? - 너 오늘 저녁에 뭐 할 거니?)
(현재시제: 1) 현재, 2) 미래)

1) Ich *fahre* morgen nach Köln. 2) Ich *werde* morgen nach Köln *fahren*.
   (나는 내일 쾰른으로 떠난다 - 나는 내일 쾰른으로 떠날 것이다)
   (미래: 1) 현재시제, 2) 미래시제)

시간내용은 종종 문법적인 시제형태를 통해서가 아니라 어휘적인 문맥요소(특히 시간부사어)를 통해서 표현된다.

> *Soeben lädt* ein Frachter 500 Fernrohre aus.
> (Soeben + 현재시제 = 현재)
> (한 운송업자가 방금 500개의 망원경을 하적하고 있다)

> *Morgen lädt* ein Frachter 500 Fernrohre aus.
> (Morgen + 현재시제 = 미래)
> (내일 한 운송업자가 500개의 망원경을 하적할 것이다)

> *Neulich lädt* ein Frachter 500 Fernrohre aus.
> (Neulich + 현재시제 = 과거)
> (최근에 한 운송업자가 500개의 망원경을 하적했다)

3.2. 독일어 서법체계와 시제체계

독일어에는 원래 네 가지 서법이 있다: 직설법(kommt), 접속법 1 (komme), 접속법 II 또는 비현실화법(käme/würde kommen) 및 명령법(komm(e)). 그밖에 추측("가능성"), 양보, 소원, 주장 등을 위한 분석적인 "화법동사의 서법"이 있다(예컨대, Er *dürfte* [heute] kommen. 그가 오늘 올 지도 모른다). 원래의 서법뿐만 아니라 "화법동사의 서법" 역시 여러 가지 시제를 갖는다.

1) 직설법(Indikativ)은 화자의 진술을 일반적으로 적용되는 것으로, 즉 현실적(wirklich)인 것으로 표현한다. 직설법은 언어발화의 일반적인 형식이다. 직설법은 6개의 상이한 시제를 갖는다: 현재, 과거, 현재완료, 과거완료, 미래 I 및 미래 II.

> 현재 (Präsens):   Ich *lache*
> 과거 (Präteritum):   Ich *lachte*
> 현재완료 (Perfekt):   Ich *habe gelacht*
> 과거완료 (Plusquamperfekt): Ich *hatte gelacht*

미래 I (Futur I) :	Ich *werde lachen*
미래 II (Futur II) :	Ich *werde gelacht haben*

2) 접속법 I (Konjunktiv I)은 간접화법의 서법으로서 간접화법 이외에 명령에서
   나 특정한 부문장에서 사용된다.

   Er sagte, dass er krank *sei.* (그는 그가 아프다고 말했다)
   Lange *lebe* der König. (왕이 오래 사시기를(=왕 만세))
   Was auch *geschehe*, wir sind vorbereitet.
   (무슨 일이 일어나든지 간에 우리는 준비가 되어 있다)

접속법 I 은 4개의 형식적인 시제를 갖는다: 현재, 현재완료, 미래 I 및 미래 II.

   현재: Er sagte, sie *komme.*
   현재완료: Er sagte, sie *sei gekommen.*
   미래 I :   Er sagte, sie *werde kommen.*
   미래 II : Er sagte, sie *werde* morgen *gekommen sein.*

3) 접속법 II (Konjunktiv II = Irrealis)는 가장 넓은 의미에서 비현실을 표현하기
   위한 서법이지만 특정한 인칭에서는 간접화법의 표지로서도 사용된다.

   Wenn ich Geld *hätte, ginge* ich heute ins Theater.
   (만약 내가 돈이 있다면 나는 오늘 극장에 갈텐데)
   Wenn mein Vater doch *käme!*
   (만약 내 아버지께서 오신다면)
   Er sagte, sie *kämen* heute nicht.
   (그는 오늘 그들이 오지 않을 것이라고 말했다)

접속법 II 는 2개의 시제를 갖는다: 현재(전통적인 과거)와 현재완료(전통적인 과
거완료). 이외에 접속법 II 는 würde를 통해서 형성되며 종종 "조건법"(Konditionalis)
이라고 일컬어지는 분석적인 시제를 갖는다(이것은 실제로 단순시제와 의미가 동
일하다).

   현재(과거):   *käme/würde kommen*
   현재완료(과거완료): *wäre gekommen/würde gekommen sein*

4) 명령법(Imperativ)은 단지 하나의 시제, 즉 현재만을 갖는다(그것은 항상 미래

의 일이다).

현재: *Komm(e)!* (와라!)

5) 화법동사의 서법(Modalverbmodus)은 여러 화법동사에 의해 형성되며 이들에서도 또한 다양한 시제를 갖는다.

a) 추측(Vermutung)의 화법동사 서법은 dürfen, können, mögen, müssen, werden을 통해서 형성된다.

Er *dürfte/mag/kann/wird/muss* diese Woche Nachtschicht *haben.*
(그는 이번 주에 야간근무를 할 지도 모른다/할 것임에 틀림없다)

가능성의 서법에 대한 문법적인 시제계열소는 다음과 같다(괄호 안의 형태는 단지 특정한 동사와 특정한 문맥에서만 사용된다).

현재	과거	현재완료	과거완료
(kann sein)	(konnte sein)	kann gewesen sein	konnte gewesen sein
mag sein	mochte sein	mag gewesen sein	mochte gewesen sein
dürfte sein	–	dürfte gewesen sein	–
(muss sein)	(musste sein)	muss gewesen sein	musste gewesen sein
wird sein	–	wird gewesen sein	–

과거형태인 현재완료와 과거완료는 주동사(Hauptverb)의 완료부정사를 통해서 형성되며 이때 조동사는 현재나 과거로 나타난다.

b) 가설적인 양보(hypothetische Einräumung)의 조동사는 mögen이며 서법은 두 가지 시제를 갖는다: 현재와 과거.

현재: Was auch *geschehen mag/möge,* wir sind...
     (무슨 일이 일어나더라도 우리는 ...)
과거: Was auch *geschehen mochte,* wir waren...
     (무슨 일이 일어났더라도 우리는 ...)

c) 요구(Aufforderung)와 소원(Wunsch)의 화법동사는 mögen, sollen, wollen이

다. 명령법의 사용에서는 mögen과 sollen이 나타나고 비현실적 소원의 표현으로는 möchte/wollte + 부정사가 사용된다. 이 두 경우에서 서법은 하나의 시제, 즉 현재를 갖는다.

Er *möge(mag)/soll kommen.* (그가 왔으면/그는 와야 한다)
Möchte/wollte er doch *kommen* (만일 그가 온다면 (얼마나 좋을까))

d) 비현실(Irrealität)은 sollte와 wollte를 통해서 표현되며 이때 화법동사의 서법은 현재와 현재완료의 두 시제를 갖는다.

Es wäre falsch, *wollte* man die Sache *leugnen.* (현재)
(사람들이 그 일을 부인한다면 그것은 잘못일 것이다)
Wenn er *kommen sollte,* sage ihm, dass … (현재)
(만일 그가 온다면 그에게 …라고 말해라)
Sollte ich etwas *übersehen haben,* so … (완료)
(만일 내가 무엇을 간과했을 경우에는 …)

e) 주장(Behauptung)의 화법동사는 wollen과 sollen이다. wollen에서의 진술은 주어와 관련되고 sollen에서의 진술은 주어 이외의 다른 사람의 주장을 표현한다.

Er *will* sie später wieder *getroffen* haben.
(그는 그 후에 그녀를 다시 만났다고 주장한다)
Er *soll* noch eine Schwester *haben.*
(그는 또 한 명의 여동생이 있다는 소문이다)

wollen의 주장은 네 개의 시제를 갖는 반면에, sollen의 주장은 단지 현재와 현재완료 두 시제만을 갖는다. 시제계열소는 다음과 같다. 이때 괄호 안의 형태는 단지 특정한 동사와 특정한 문맥에서만 가능하다.

현재	과거	현재완료	과거완료
(will sein)	(wollte sein)	will gewesen sein	wollte gewesen sein
soll sein	–	soll gewesen sein	–

3.3. 서법내용과 시제내용의 표현

위에서 약술한 서법과 시제는 다양한 문법적인 서법내용과 시제내용을 표현하기 위해서 사용된다. 서법내용은 '현실', '비현실', '추측', '가설적 양보', '요구와 소원', '주장과 의견'이다. 시제내용은 특히 직설법의 시제를 통해서 표현되는 '현재', '과거', '미래'이다.

3.3.1. 현실

현실(Wirklichkeit)의 서법은 또한 정상적인 중립적 서법으로도 간주될 수 있는 직설법이다. 직설법은 사건을 현실적이며 실제적인 것으로 제시한다. 다시 말해서 직설법은 실제적인 것과 현실적으로 제시된 것을 표현한다.

Ich *helfe* ihm, wenn er darum *bittet.*
(그가 도와 달라고 부탁한다면 나는 그를 도울 것이다)

직설법의 시제를 기술하기 위해서 다양한 시제자질이 사용된다: 행위시, 발화시 및 관찰시. 행위시(Aktzeit, Ereigniszeit=사건시)는 행위의 객관적인 실제시간이다. 행위시는 우리가 - 대체로 발화시와 관련하여 - 현재, 과거 및 미래로 표현하는 시간내용을 나타낸다. 발화시(Sprechzeit)는 "주어진 문장이 화자나 필사에 의해 실제로 발화되는 시간"이다(Helbig/Buscha 1984:144). 관찰시(Betrachtzeit, Bezugszeit 관련시, Referenzzeit 지시시)는 "화자가 동사행위를 관찰하는(바라보는) 시간"이다(Helbig/Buscha 1984:144).

Bis Sonnabend hat er sich das Buch gekauft.
(토요일까지는 그가 그 책을 사게 될 것이다)

"heute"는 발화시이며 "Sonnabend"는 관찰시이고 행위시는 "heute"와"Sonnabend" 사이에 놓여 있다.

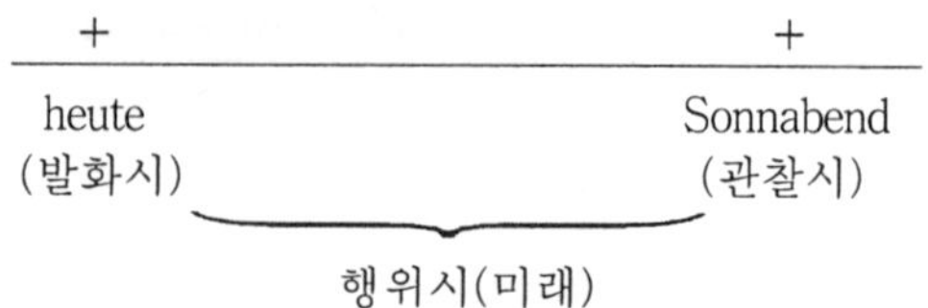

3.3.1.1. 현재

독일어에는 그 형태가 행위시로서 현재의 순간을 명백하게 표현하는 현재 시제가 존재하지 않는다. 행위시가 완전히 혹은 부분적으로 발화시와 일치하는 현재 시제로서 무엇보다도 현재(Präsens)가 사용되는데, 현재는 물론 문맥의 도움을 통해서만 현재(Gegenwart)를 표현할 수 있다.

Er *schreibt jetzt.* (그는 지금 편지를 쓰고 있다)

현재의 시제에서는 세 가지 성분, 즉 행위시(Aktzeit: A), 발화시(Sprechzeit: S) 및 관찰시(Betrachtzeit: B)와 관련하여 여러 가지 변이형을 구별할 수 있다.

1) 행위시=발화시=관찰시 (A=S=B)

Ich *schreibe* einen Brief. (나는 편지를 쓰고 있다)

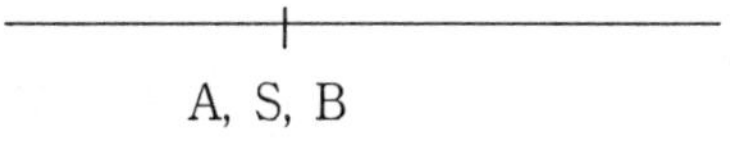

A, S, B

이 예문은 누군가가 이 문장을 발화하는 상황문맥 안에서만 명백하다. 사태는 과거에서 시작하여 미래에까지 미치지만 또한 시간첨가어(jetzt 지금, gerade 방금)를 통해서 명백하게 될 수 있는 발화의 순간 안에 존재한다.

Was *machst* du, Karl? - Ich *schreibe* einen Brief.
(카알, 너 뭐 하니? - 나는 편지를 쓰고 있어)
Meine Eltern *wohnen* auf dem Lande.
(나의 부모님은 시골에서 살고 계신다)
Mein Vater *schläft jetzt.* (나의 아버지께서 지금 주무신다)

◈ 역사적인 변천

현재에 대한 이 첫 번째 의미변이형이 처음으로 형성되었다.

des herre da hie *lit* erslagen (Hartmann)

사태가 발화순간에 존재하는 것을 표현하고자 할 경우에는 고고지독일어에서부터 초기 신고지독일어에 이르기까지 sein(현재형) + 현재분사로 구성된 현재 "진행형"이 사용되었다.

    die *wartende sint* (Mystiker)

2) 발화시 중(während) 및 이전(vor)에 있는 행위시: 관찰시=발화시

    Ich *warte* schon zwei Stunden.
    (나는 벌써 두 시간 동안 기다리고 있다)

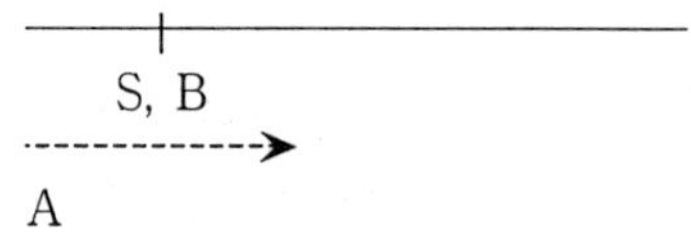

현재는 시간첨가어와 더불어 사태가 과거의 특정시점에서 시작하여 현재까지 존재한다는 사실을 표현한다.

    Meine Eltern *wohnen seit 1960* in Köln.
    (나의 부모님은 1960년 이후로 쾰른에서 살고 계신다)
    Wie lange warten sie schon?
    (그들은 벌써 얼마 동안 기다리고 있는가?)

◆ 역사적인 변천

현재의 이러한 용법 역시 이미 고고지독일어와 중고지독일어에서 존재했다.

    so lango beidon wir thin ('warten' : Ludwigslied)
    ich *erkenne lange* wol ir muot (Hartmann)

그러나 중고지독일어와 신고지독일어에서는 여기서 현재완료도 나타났다.

    ich *han* für war/hie *gesezzen* manec jar (Wolfram)
    ich *hab* schon lang auf den Ruf des Herrn *gewartet* (초기 신고지독일어)

3) 발화시 중, 이전 및 이후(nach)의 행위시: 관찰시=발화시

    Die Erde *bewegt sich* um die Sonne. (지구는 태양 주위를 돈다)

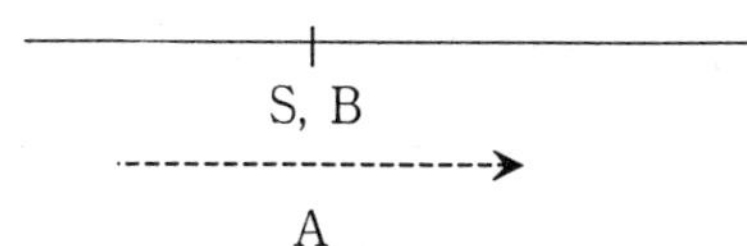

현재는 또한 그 자체 어떠한 객관적인 시간과도 연계되지 않은 보편적인 사태와 관습에 관련될 수 있다("일반적인 현재 또는 비시간적인 현재").

> Die Erde *bewegt sich* um die Sonne. (지구는 태양 주위를 돈다)
> Silber *ist* ein Edelmetall. (은은 귀금속이다)
> Ich *rauche* nicht. (나는 담배를 피지 않는다)

◈ 역사적인 변천

이러한 현재 역시 오래된 것이다.

> salige *sint*, them mildi *wirdit* hugi (Heliand)

4) 행위시=발화시: 발화시 이전의 관찰시

> Wie *war* doch Ihr Name? (당신 이름이 뭐라고 했지요?)

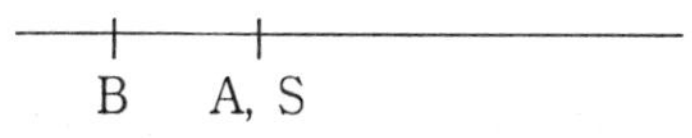

일상어에서는 현재에 적용되는 사태를 위해서 현재 대신에 과거도 사용될 수 있다. 화자는 이전에 존재하는 상황(=관찰시)을 기준으로 하여 회고하면서 이후에 존재하는 상황에 맞춘다.

> Wie *war* doch Ihr Name? (당신 이름이 뭐라고 했지요?)
> Wer *war* hier noch ohne Fahrschein? (여기서 아직 차표가 없는 사람이 누구였지요?)
> Fräulein, ich *bekam* noch ein Glas Bier. (아가씨, 맥주 한 잔 더 주세요)

3.3.1.2. 과거

과거(Vergangenheit)의 절대적인 시제는 과거(Präteritum)와 현재완료(Perfekt)이다. 이들은 전통문법에 따라서 특히 관찰시와 관련하여 서로 구별된다. 현재완료는 사태를 현재와 관련시키는 반면에, 과거의 사태는 현재에 대한 어떠한 의미도 갖지 않는다. 물론 몇몇 연구자들은 (예컨대 Hans Glinz) 독일어에서 과거와 현재완료가 이들의 "시간관계"에서 전혀 구별되지 않는다는 견해를 피력하고 있다. 이에 반해 이 책에서의 기술은 전통적인 견해에서 출발한다. 과거시제로서는 현재완료와 과거 이외에도 현재('역사적인 현재 Präsens historicum')가 사용된다. 상대적인 시제로서는 무엇보다도 과거완료(Plusquamperfekt)가 사용된다.

1) 발화시 이전의 행위시: 관찰시=행위시

Er *kam* vor drei Wochen aus dem Ausland. (그는 3주전에 외국에서 왔다)

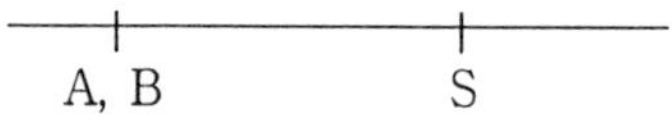

현재에 대한 의미를 더 이상 갖지 않는 과거사태의 표현에 대한 정상적인 시제는 과거(Präteritum, Imperfekt)이다. 과거는 원래 독일어에서 유일한 현실적인 시제, 즉 단독으로 특정한 행위시(과거)를 표현할 수 있는 시제이다. 그러나 현재완료 역시 과거의 표현으로서 나타난다.

a) 과거(Präteritum)는 과거사건들의 연관적인 묘사에 사용되는 이야기(Erzählung)의 특수한 시제이다. 과거는 회상적으로 과거사를 지시한다.

Plötzlich *wachte* sie auf. Es *war* halb drei. Sie *überlegte*, warum sie aufgewacht war. Ach so! In der Küche war jemand gegen einen Stuhl gestoßen. Sie *horchte* nach der Küche. Es *war* still. (Böll) (갑자기 그녀는 잠에서 깨어났다. 2시 반이었다. 그녀는 왜 자신이 잠에서 깨어났는지를 생각했다. 아! 부엌에서 누군가가 의자에 부딪혔다. 그녀는 부엌을 향해 귀를 기울였다. 조용해졌다.)

특히 남부독일의 일상어와 남부독일 색채를 띤 문학어에서는 이야기체 형식(Erzählform)으로서 현재완료도 역시 사용된다.

Gestern *bin* ich hier *angekommen.* Bald *habe* ich einen alten Freund *angetroffen.* Wir *sind* zusammen in eine Bierstube *gegangen* ... (어제 나는 여기에 도착했다. 곧 나는 옛날 친구를 만났다. 우리는 함께 맥주집으로 갔다.)

b) 일회적인 과거의 사건을 위해서는 과거와 현재완료가 사용된다.
Er *hat* gestern den ganzen Tag *gearbeitet.* (그는 어제 온종일 일했다)

Er *arbeitete* gestern den ganzen Tag. (그는 어제 온종일 일했다)

동사 sein, haben 및 화법동사는 주로 과거로 사용되지만 다른 동사들에서는 일상어에서 현재완료가 선호된다.

Wir *waren* gestern in der Stadt und *haben eingekauft.*
(우리는 어제 그 도시에 있었으며 쇼핑을 했다)
Herr Meier *hatte* gestern starke Kopfschmerzen und *ist* deshalb nicht zur Arbeit *gegangen.* (마이어씨는 어제 심한 두통을 앓았기 때문에 일터로 나가지 않았다)
Er *war* gestern in Frankfurt. (드물게는: *ist gewesen*)
(그는 어제 프랑크푸르트에 있었다)
Er *konnte/durfte* um 5 Uhr nach Hause gehen.
(kaum: Er *hat* um 5 Uhr nach Hause gehen *können/dürfen.*)
(그는 5시에 집으로 갈 수 있었다/가도록 허락 받았다)

c) 과거의 반복적인 사건이나 일반적으로 통용되는 사실에 대해서는 대부분 과거가 사용된다.

Richard Ⅲ. *hinkte.* (라차드 3세는 다리를 절었다)
Mein Großvater *las* regelmäßig seine Zeitung.
(나의 할아버지께서는 규칙적으로 신문을 읽으셨다)
Die deutschen Kaiser *wurden* in Frankfurt *gekrönt.*
(독일의 황제는 프랑크푸르트에서 대관식을 올렸다)

2) 발화시 이전의 행위시: 관찰시=발화시

Ich *habe* mein Studium *beendet.* (나는 학업을 마쳤다)

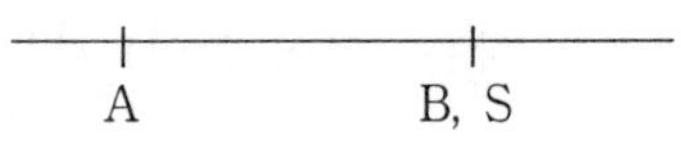

이러한 과거에 대한 정상적인 시제는 현재완료이지만 부수적인 형태로서 특정한 경우에는 과거와 현재가 나타날 수 있다. 발화시에 적용되는 행위의 종결이 표현된다. 과거사가 화자의 현재와 관련된다. 여러 가지 경우들을 구별할 수 있다.

a) 사건이 과거에 완료되었지만 그 결과는 화자의 현재에까지 미친다. 문장에 어떠한 시간 규정어도 나타나지 않는다. 시제는 종종 현재로 바꿔 쓸 수 있는 현재완료이다.

Das Kind *ist eingeschlafen.* (=Es schläft jetzt.)
(아이가 잠이 들었다. (=아이가 지금 잠을 자고 있다))
Es *hat geschneit.* (=Der Schnee liegt auf der Erde.)
(눈이 왔다. (=눈이 땅위에 쌓여 있다))
Es *hat geregnet.* (Man sieht es an den nassen Straßen.)
(비가 왔다. (사람들은 젖은 거리를 보고 그것을 안다))

b) 사건이 방금(eben) 종결되었으며 이러한 사실은 jetzt(지금), eben(방금), soeben(방금)과 같은 부사를 통해서 표현된다. 시제는 일반적으로 현재완료이다.

Wir *haben eben* ein Telegramm *bekommen.* (우리는 방금 전보를 받았다)
Er *ist soeben gekommen.* (그가 방금 왔다)

현재완료형이 비교적 복잡하기 때문에 이러한 경우에도 종종 과거가 사용된다.

Er *kam soeben.* (Er *ist soeben gekommen* 대신에) (그가 방금 왔다)
"Sie *sahen soeben...*" (beim Fernsehen) (그들은 방금 보았다(TV에서))

현재완료 대신에 이러한 부사와 함께 종종 현재도 사용된다.

Ich *erfahre soeben* (=*habe soeben erfahren*), dass er nicht kommt.
(나는 그가 오지 않는다는 사실을 방금 <u>안다</u>/알았다)
Eben treffe ich einen Schulfreund. (나는 방금 학교친구를 <u>만난다</u>)
Ich *höre (eben),* du bist krank. (나는 네가 아프다는 것을 (방금) <u>듣는다</u>)

c) 종결된 사건을 표현하는 완료의 특성에 따라서 현재완료는 일반적으로 대화(Dialog) 및 사실을 강조하는 확인에서 (대부분 시간규정어 없이) 사용된다.

Hast du ihn *gesehen?* – Ja, ich *habe* ihn *gesehen.*
(너 그를 보았니? – 그래, 내가 그를 보았어)
Du *hast* eine schlechte Arbeit *geschrieben.* (너는 좋지 않은 논문을 썼다)
Das *hat geklappt.* (그 일이 성취되었다)
Was *ist* denn *passiert?* (도대체 무슨 일이 일어났어?)

여기서도 종종 haben, sein 및 화법동사의 과거가 사용된다.

Wo *warst* du? – *Konnte* er dich sehen? – *Warst* du in England?

(어디에 있었니? - 그가 너를 볼 수 있었어? - 너 영국에 있었니?)
Er *war* dort und *hat getan*, was er *konnte.*
(그는 거기에 있었으며 그가 할 수 있는 일을 다 했다)

3) 발화시 이전의 행위시: 관찰시=발화시(Ⅱ)

... da *kommt* ('kam') plötzlich ein Radfahrer.
(... 그때 갑자기 자전거를 탄 사람이 <u>온다</u>/왔다)

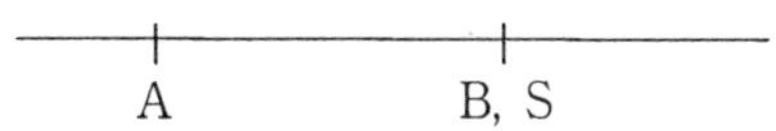

A   B, S

시제형태로서 과거가 특징적인 이야기(Erzählung)에서는 묘사를 생동감 있게 하기 위해서 때때로 과거에서 현재로 넘어간다. "그것은 화자가 자신의 묘사에서 침착한 회상의 영역으로부터 직접적인 체험의 영역으로 빠져 들어간 사실을 인식시킨다"(Schulz/Griesbach 1970:45). 그래서 관찰시가 발화시와 일치하였다. 그러나 여기서는 현재완료와는 달리 다만 현재에 대한 '가상의' 관계만이 표현된다. 묘사의 정점을 지난 후에 화자는 다시 과거로 되돌아간다. (화자는 또한 과거의 사건을 전적으로 현재로도 보고할 수 있는데, 이때 현재는 다시금 직접적인 경험의 문체수단으로서 사용된다.)

Neulich fuhr ich mit meinem Wagen nach Köln. Es war viel Verkehr auf der Straße, und ich musste vorsichtig fahren. Als ich an einer Straßenkreuzung ankam, da *kommt* doch plötzlich ein Radfahrer von links und *fährt* gegen meinen Wagen. Ich *halte* sofort und *sehe*, dass er Gott sei Dank unverletzt *ist*. Danach setzte ich meinen Weg fort. Doch dauerte es noch lange, bis ich meine Aufregung überwunden hatte.
(최근에 나는 내 차로 쾰른으로 갔다. 거리에는 많은 차들이 있었으므로 나는 조심해서 운전을 해야만 했다. 내가 교차로에 도착했을 때 자전거를 탄 사람이 갑자기 왼쪽에서 <u>나와서</u> 내 차와 <u>부딪친다</u>. 나는 즉시 <u>멈추고</u> 다행히 그가 다치지 <u>않은</u> 것을 <u>본다</u>. 그리고 나서 나는 차를 계속해서 몰았다. 그러나 내가 흥분을 가라앉히는 데까지는 오랜 시간이 걸렸다)

이러한 역사적인 현재(Präsens historicum)는 종종 "극적인 현재"라고 일컬어진다. 역사적인 현재는 또한 과거의 침착하고 신중한 이야기 속에서도 나타날 수 있으며, 특히 학문적인 텍스트와 역사·문학적인 기록 및 역사적인 확인에서 나타날 수 있다("인용적인 현재" zitierendes Präsens).

Die deutsche Dichtung des 10. und 11. Jahrhunderts *bedient sich* der lateinischen Sprache. (10세기와 11세기의 독일문학은 라틴어를 <u>사용한다</u>)
49 v. Chr.: Cäsar *überschreitet* den Rubikon. 44. v. Chr.: Cäsar *wird ermordet.*
(기원전 49년에 시저는 루비콘강을 <u>건넌다.</u> 기원전 44년에 그는 <u>살해된다</u>)
1914 *beginnt* der erste Weltkrieg. (1914년 1차 세계대전이 <u>발발한다</u>)

4) 발화시 이전의 행위시; 행위시 이전의 관찰시

Das *sollte sich* allerdings als Trugschluss *erweisen.*
(그것은 물론 궤변으로 판명되었다)

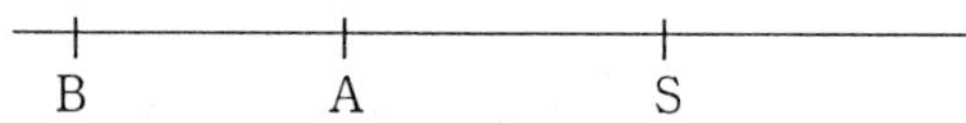

여기서는 "과거 속에서의 미래"가 문제된다. "미래로 표현되는 사태는 발화행위의 순간과 비교해서는 과거이지만, 그 이전의 시점과 비교해서는 미래이다"(Welke 1965:104). 이러한 미래시제는 sollte + 부정사와 과거(Präteritum)이다. 이러한 시제는 그 주시제가 과거인 이야기에서 나타난다.

Das *sollte sich* allerdings als Trugschluss *erweisen.*
(그것은 물론 궤변으로 판명되었다)
Das *erwies sich* später allerdings als Trugschluss.
(그것은 나중에 물론 궤변으로 판명되었다)
Später *sollte* ich mehr über ihr Leben *erfahren.*
(나중에 나는 그들의 생활에 대해 더 많이 듣게 되었다)
Später *erfuhr* ich mehr über ihr Leben.
(나중에 나는 그들의 생활에 대해 더 많이 들었다).

sollte + 부정사구조가 항상 미래의 의미(과거 속에서)를 가지는 반면에, 과거에서의 미래관계는 일반적으로 시간부사어를 통해서 표현된다. 이러한 용법은 현재 속에서의 미래와 현재의 시간내용과 비교할 수 있다.

5) 발화시 이전과 두 번째 행위시(A′) 이전의 행위시(A): 관찰시=두 번째 행위시
　(발화시 이전에 있는)

Nachdem wir die Arbeit *beendet hatten*(A), fuhren(A′) wir nach Hause.
(우리는 일을 마친 후에 집으로 갔다)

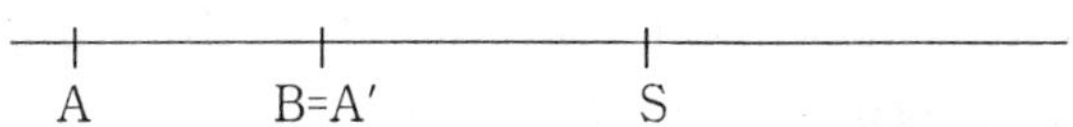

여기서는 소위 상대적인 시제가 문제된다. 즉 과거의 사태는 현재나 과거가 될 수 있는 다른 사태보다 먼저 일어난다. 원래의 상대적인 시제는 과거완료이다. 과거완료는 문어에서 과거나 현재완료와 관련하여 단지 상대적으로만 사용된다.

Nachdem wir die Arbeit *beendet hatten*, fuhren wir nach Hause.
(우리는 일을 마친 후에 집으로 갔다)
Ich bin zum Direktor gegangen. Ich *hatte* ihn vorher um eine Unterredung *gebeten.*
(나는 사장에게 갔다. 나는 사전에 그에게 면담을 요청했었다)

현재와 미래에 대한 상대적인 시제로서는 현재완료가 사용된다.

Nachdem wir die Arbeit *beendet haben*(A), fahren wir nach Hause(A′).
(우리는 일을 마친 후에 집으로 간다)
Nachdem er die Prüfung *bestanden hat*, wird er Medizin studieren.
(그는 시험에 합격한 후에 의학을 공부할 것이다)

그러면 발화시(S)는 행위시 A′(=관찰시 B) 앞에 놓인 행위시 A보다 앞선다.

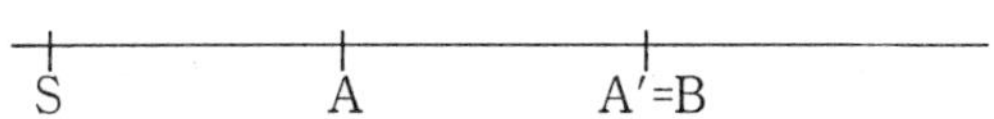

◆ 과거시제 용법의 변천

원시 게르만어에서는 단지 하나의 과거시제, 즉 과거(Präteritum, 인구어의 Perfekt)만이 존재했다. 과거시제를 통해서 과거의 모든 행위들, 즉 오늘날 현재완료와 과거완료를 통해서 표현되는 그러한 행위들까지도 표현되었다. 아직 현재완료나 과거완료가 존재하지 않았던 고트어에서도 과거를 통해서 과거의 모든 행위들이 표현되었다.

thanuh *atberun* du imma usliƀan (Mt. 9,2; Luther: und sihe, da *brachten* si zu ihm einen Gichtbrüchigen) (그때 그들은 통풍환자 한 사람을 그에게 데려왔다)

Usiddja unhulƀo us dauhtr ƀeinai (Mk. 7,29; Luther: der Teufel *ist* von deiner Tochter *ausgefahren*) (악마가 너의 딸의 몸에서 나갔다)

그 후에 후기 게르만어에서는 현재완료와 과거완료가 분석적인 조동사구조로서 형성되었는데, 이것이 독일어에서는 최초의 전래 이전에 시작되었다.

1) 원래 현재완료의 과제는 과거에 종결된 행위를 현재와 관련시키는 것이었으며, 완전히 지나간 행위는 처음부터 항상 과거로 표현되었다. 그래서 과거는 오늘날 현재완료나 과거완료가 사용되는 몇몇 경우에서도 사용된다.

   a) 과거는 또한 현재에 대한 상대적인 시제였다.

   nu bit ich iuch, als sie mich *bat* ('gebeten hat'; Hartmann)

   b) 오늘날 현재완료가 일반적인 규칙인 대화와 사실을 강조하는 확인에서 중고지독일어에서는 대체로 과거가 사용되었다.

   gisahi du minan herron zi mettinu?
   ('hast du gesehen'?: 중고지독일어)

2) 12세기에는 대화와 대화상황에서 현재완료가 과거를 대체하기 시작했다. 이러한 사실은 원래의 보고에서는 과거가 나타나지만 대화에서는 현재완료가 나타나는 중고지독일어 서사시(Epik)에서 명백하다.

   der künec si gruozte schone; er sprach: sit willekomen/wer iuch her *habe gesendet*, des'n *han* ich niht *vernomen.* (Nibelungenlied)

그러나 중고지독일어에서는 특히 완료적인 동사에서 과거도 종종 나타났다. 무엇보다도 sein과 화법동사의 과거가 (오늘날과 마찬가지로) 사용되었다: Wo warst du? (너 어디에 있었니?)

3) 14세기 초기 이후로는 남부방언으로 된 텍스트에서 과거의 서술시제(Erzähltempus) 로서도 현재완료가 나타난다.

   und vile schare *sint* zuo ime *gesammenet,* also daz er uf steic in ein schiffelin (Beheim; vgl. Luther: es *versammelte sich* viel Volks zu ihm ...)

루터는 그의 성서번역에서 과거를 사용했지만 그 밖의 경우에서는 서술시제로서 현재완료도 사용했다.

> da *sind* wir zu unserer lieben Frau *gelaufen* und *haben* sie zur Mittlerin *gemacht.*
> (그때 우리는 우리의 사랑하는 부인에게 달려가서 그녀를 조정자로 삼았다)

남부방언과 이에 근거하는 일상어에서는 16세기와 17세기에 과거가 현재완료에 의해 완전히 밀려나서 과거의 서술시제로서도 오직 현재완료만이 나타났다. ich war, ich hatte와 같은 잘 알려진 형태들까지도 없어지고 ich bin gewesen, ich habe gehabt가 사용되었다. 현재완료가 과거가 수행했던 이전의 과제를 완전히 계승했기 때문에, 이전에 현재완료가 수행했던 과제를 위해서는 - 꼭 필요한 경우에는 - 두 조동사를 취하는 하나의 새로운 표현이 사용된다. 이 표현이 원래 절대적으로 사용되는 새로운 과거완료이다(*hat* abgeschlossen *gehabt* = *hatte* abgeschlossen).

> Er *hat* die Arbeit schon *abgeschlossen gehabt.* (그는 그 일을 이미 마쳤다)
> Die Studenten *sind zurückgekehrt gewesen.* (학생들이 되돌아왔다)

북부독일의 일상어에서도 과거는 그 의미를 상실했지만 어느 정도는 보존될 수 있었다. 형태 war, hatte가 북부 독일어에서는 규칙이 되었다. 이와 마찬가지로 화법동사 및 gehen(가다), finden(발견하다), sagen(말하다)과 같이 자주 등장하는 몇몇 동사들에서는 과거가 완료의 부수형태로 나타나서 동일한 화자에게서 두 가지 형태가 동시에 나타날 수 있었다: ich konnte - ich habe gekonnt; ich sagte - ich habe gesagt; ich fand - ich habe gefunden; ich ging - ich bin gegangen. 그러나 북부 독일어에서는 이러한 동사들과 보통 현재완료가 나타나는 대화(예: Was sagte er?)에서도 과거가 사용된다는 사실에 유의해야 한다. 중부독일에서는 북부의 과거와 남부의 현재완료가 혼합되어 현재완료적인 과거완료가 생겨났다.

> Ich *bin* beim Bäcker *gewesen.*   (남부독일)
> Ich *war* beim Bäcker.   (북부독일) } 'bin gewesen'
> Ich *war* beim Bäcker *gewesen.*   (중부독일)

4) "과거완료(Plusquamperfekt)는 그 형성방식에 의하면 원래 선행한 행위의 결과로서 간주되는 과거의 상태를 표현한다."(Dal 1966:135f.)

> thar sah si truhtin stantan joh *habeta* inan *funtan* (Otfrid)

원래 이러한 형용사적이며 절대적인 용법 이외에 과거완료는 이미 고고지독일어에서 또한 과거에 대한 상대적인 시제로서도 나타났다.

tho *argangana warun* ahtu tagu, ward imo ginemnit namo Heilant (Tatian)

오늘날에는 과거완료가 과거에 대한 정상적인 상대적 시제이지만 - 특히 중부독일의 일상어에서는 - 현재완료를 위한 절대적인 시제로서도 나타난다.

Als ich ihn *gesehen hatte*, erkannte ich ihn.
(내가 그를 봤을 때 나는 그를 알아보았다)
Ich *war* beim Bäcker *gewesen.* (중부독일어='war', 'bin gewesen')
(나는 제과점주인 집에 있었다)

그러나 과거에 대한 상대적인 시제로서 이전의 과거도 역시 나타났다. 이런 과거를 새로 생긴 과거완료가 완전히 몰아낼 수는 없었다.

Als ich ihn *sah*, erkannte ich ihn.
(내가 그를 봤을 때 나는 그를 알아보았다)

고고지독일어에서는 과거완료가 부문장에서 거의 나타나지 않았다. 중고지독일어에서도 과거가 과거에 대한 정상적인 상대적 시제였다.

남부독일 방언에서는 과거완료가 완전히 사라졌다. 그 이유는 조동사 hatte/war가 habe gehabt/bin gewesen에 의해 밀려났기 때문이다. 이전에 과거완료가 수행했던 과제를 위해서 두 조동사를 취하는 새로운 구조가 형성되었다. 이 구조는 물론 현재완료를 위해서 절대적으로도 사용되었다(앞쪽 참조). "주문장에 현재완료나 과거완료가 오고 부문장에서 표현된 사건이 주문장의 사건보다 선행한다면, 부문장에서 상대적인 시제로서 소위 대과거(Vorvergangenheit)가 ... 나타날 수 있다." (Helbig/Buscha 1984:160)

Nachdem ich ihn schon *gesehen gehabt habe*, ist er verschwunden.
(내가 그를 이미 보고 난 후에 그가 사라졌다)

5) 현재는 과거시제로서 두 가지 방법으로 사용된다. 첫째, 방금 완결된 사건이 종종 현재로 표현되고 둘째, 그것이 역사적인 현재로서 나타난다.

a) 고고지독일어와 중고지독일어에서는 방금 완결된 사건의 표현으로서 말하

기 동사에서는 주로 현재가 사용되었다.

so thu *telis* ('so erzählst du'; Heliand)
von dem *sagt* man mir maere, er si ein valschaere (Wolfram)

이후에는 현재가 이러한 동사로부터 다른 동사에까지 확장되었다.

Eben *treffe* ich einen Schulfreund. (나는 방금 학교친구를 <u>만난다</u>)

b) 역사적인 현재(Präsens historicum)

1) 극적인 현재가 예컨대 고대 북부의 사가문체(Sagastil: Saga는 아이슬란드를 중심으로 12~14세기에 발달한 고대 게르만 전설 (역자주))에서는 널리 보급되어 있었음에도 불구하고 고고지독일어에서는 드물었다(단 하나의 예).

gode lob sagede, her *sihit* thes er gereda ('er sagte Gott Lob, er sieht das, was er begehrte': Ludwigslied)

그밖에 현재는 묘사를 생동감 있게 하기 위해서 원래 12세기 이후에 비로소 나타났으며 그것도 처음에는 드물게 주로 문학작품에서 나타났다.

er tet daz unde sprach ... und er *get* dar und *tuot* den kasten *uf.* (Berthold)

중고지독일어 시대 말경에 극적인 현재가 더욱 빈번해졌으며, 오늘날에는 일상어에서 상당히 자주 사용되고 또한 문학작품에서도 드물지 않다. 16세기와 17세기에는 이러한 용법이 증가하였으며 아마도 라틴어의 영향을 받았을 것이다.

2) "임의의 시간 뒤에 있는 과거는 현재에서도 여전히 존재하는 하나의 사실을 창조했다: 특히 '인용적인 현재'가 문제된다"(Behaghel 1923-32,2:252). 이러한 현재는 이미 고고지독일어에서 나타났다.

iz *sprichit* Hieronymus (Otfrid)
Johannes *zeuget* von jm, *rüffet* und *spricht* (Luther)

◈ 현재완료 및 과거완료 형태의 변천

인구어에는 세 가지 종합적인 과거시제 즉 과거, 현재완료 및 과거완료가 존재했다. 이 세 가지 형태 중에서 현재완료만이 그대로 보존되었다. 오늘날의 형태에서 볼 때 강변화 동사의 과거가 현재완료에 해당한다. 오늘날의 현재완료와 과거완료는 조동사 haben과 sein을 통해 형성된다: Er hat das Buch gelesen(그는 책을 읽었다); Er ist gefallen(그는 전사했다). avoir(=have)와 être(=be)가 조동사인 프랑스어에서도 현재완료와 과거완료가 이와 유사하게 형성되었다: Ses parents sont morts(그의 부모님이 돌아 가셨다); Avez-vous lu ce livre?(당신은 이 책을 읽었습니까) 여기서 프랑스어가 독일어에 영향을 끼쳤을지도 모른다.

1) 술어보충어로서 타동사의 과거분사가 haben의 목적어와 관련되어 있는 구조들은 haben으로 형성된 과거형에 토대를 두고 있다.

> *phigboum habeta* sum *gipflanzotan* in sinemo wingarten.
> (*arborem* fici *habebat* quidam *plantatam* in vinea sua;
> 'Ein Mann hatte einen Feigenbaum gepflanzt in seinem Garten'; Tatian)
> (한 남자가 자기 정원에 심어진 무화과나무 한 그루를 가지고 있었다)

여기서 동사 haben은 본래의 의미인 'halten(유지하다), besitzen(소유하다)'을 가지며, 과거분사는 형용사적으로 사용되고 형용사의 굴절어미도 갖는다. 고고지독일어에서는 eigan도 역시 haben과 경합하였다. "이러한 구조의 결합체에서는 재해석이 일어난다. 원래 순수한 형용사로서 선행하는 행위의 결과로서의 상태를 표현했던 분사가 이 행위 자체의 표현으로 이해되고, 동시에 목적어에 대한 술어로서 분사가 소유했던 수동적 의미는 - 분사가 주어와 관련되고 주어활동의 표현으로 이해됨으로써 - 능동적인 이해에 의해 밀려난다"(Dal 1966:121). 이런 새로운 이해에 따르면 문장 Ich habe den Brief geschrieben(내가 그 편지를 썼다/나는 쓰여진 그 편지를 가지고 있다)에서 목적어 den Brief는 더 이상 habe에 종속하는 것이 아니라, 하나의 새로운 복합동사 형태로 이해되는 habe geschrieben에 종속한다. 이제 점차로 분사의 굴절어미도 탈락했으며 분사는 더 이상 굴절어미가 지시했던 목적어와 관련되지 않았다. Otfrid의 시대에 이 새로운 구조가 이미 모든 타동사로 보급되었으며 이 구조는 타동사로부터 즉시 미완료적인 자동사로 확대되었다(이미 Notker에서).

nu *habent* sie dir ubelo *gedanchot*
habe ich *geweinot*

2) sein으로 형성된 현재완료(과거완료)는 능동적인 의미를 갖는 분사가 sein의 주격 술어보충어로서 기능했던 구조로 소급된다.

Er *ist gefallen.* ('Er ist ein Gefallener')
(그는 전사했다 - 그는 전사한 사람이다)

분사가 처음에는 형용사처럼 굴절하였다.

argangana warun ahtu tagu (Tatian)

"그러면 여기서도 분사의 의미내용이 변화한다. 분사는 더 이상 상태가 아니라 과거에 놓여있는 행위를 표현하며 조동사와 결합하여 하나의 단일한 동사형으로 변한다. 그리고 나서 굴절어미가 탈락한다: druhtin was irstantan (Otfrid)"(Dal 1966:123).

3) 조동사 haben과 sein이 분할되어 원래 haben은 타동사와 미완료적인 동작태를 갖는 자동사에서 사용되고 sein은 완료적인 동작태를 갖는 자동사에서 사용되었다. 이러한 기본적인 분할은 오늘날까지 유지되고 있다. 그러나 시간이 지남에 따라 적지 않은 변화가 일어났다.

a) 점차적인 변화를 표현하는 소수의 자동사에서는 오늘날 조동사의 사용에서 동요가 일어나고 있다.

Er *ist* (selten: *hat*) *gealtert.* (그는 늙었다)

대부분의 이런 동사들에서는 이전에는 haben도 사용되었지만 오늘날에는 sein만 가능하다: wachsen(성장하다), schwinden(사라지다), schwellen(붓다), gedeihen((식물이) 자라다). 이에 반해 몇몇 동사들에서는 이전에는 sein도 사용되거나 또는 sein만 사용되었지만 haben이 관철되었다. dämmern(밝아지다)과 dunkeln(어두워지다)에서는 오늘날 단지 haben만 나타나지만 중고지독일어에서는 sein만 사용되었다.

b) 동사 liegen(누워 있다), sitzen(앉아 있다), stehen(서 있다)의 조동사는 현대 문어에서 단지 haben뿐이다. 이들은 전적으로 미완료적이며 사건의 순수

한 경과나 진행을 표현한다. 이전에는 이들이 종종 부정사에서도 이미 접두사 ge-를 통해서 표현되었던 완료적인 의미를 지녔었다: 'sich legen'(눕다), 'sich setzen'(앉다), 'aufstehen'(일어서다) (bi dem brunnen ich gesaz 'setzte mich'; Walther). 따라서 이 동사들에서는 haben-완료뿐만 아니라 sein-완료도 나타났다. 즉 이들이 미완료적이면 haben이 사용되고 완료적이면 sein이 사용되었다.

ich *han* für war/hie *gesezzen* manec jar. (Wolfram)
do er *was gesezzen* ('als er sich gesetzt hatte'; Hartmann)

"이 동사들의 완료적인 의미가 사라진 후에 공통어(Gemeinsprache)와 북부독일의 민중어(Volkssprache)에서는 haben이 유일한 조동사로서 통용되었다. 이에 반해 완료적 의미가 좀더 잘 유지되었던 남부에서는 이 동사들에서 sein이 일상적인 조동사가 되었다. 따라서 sein의 사용은 남부독일의 작가들에서도 발견된다"(Dal 1966:124): Er ist gestanden/gelegen/gesessen. stehen과 sitzen의 경우 Luther와 Opitz에서는 아직도 두 가지 동작태가 존재했기 때문에 두 조동사가 나타난다. stehen의 경우 남부 독일어에서는 완료적 동작태가 부분적으로는 오늘날까지 보존되었다: *Er ist gestanden* 'Er hat sich gestellt'(그는 일어섰다).

c) 소수의 이동동사들에서는 이들이 두 동작태(Aktionsart)를 가질 수 있기 때문에 아주 오래 전부터 haben뿐만 아니라 sein도 발견된다. 이동동사가 이동을 순수한 진행으로 표현하면 이들은 미완료적(imperfektiv)이며 haben을 요구한다. 이에 반해 순간적인 시작이나 종결단계 또는 이동의 공간적인 목표가 표현되면 이들은 완료적(perfektiv)이며 sein을 요구한다. 이러한 조동사의 본래 사용이 소수의 이동동사에서는 오늘날까지 보존되었다.

Wir *haben* (neben: *sind*) früher oft *gesegelt.*
(우리는 이전에 자주 돛단배를 탔다/항해했다)
Wir *sind* über den See *gesegelt.*
(우리는 돛단배로 호수를 건너갔다)

그러나 조동사 sein은 본래의 영역을 넘어서서 확장되었다. "이제 주어가 한 장소에서 다른 장소로의 이동의 결과로서 옮겨지는 것을 동사가 표현하는 곳에서는 어디서나 sein이 사용된다. 이동동사가 완료적으로 이해되면 이들은 항상 이와 같은 장소변화의 순간을 포함한다. 그러면 이 순간(Moment)이 조동사로서 sein의 선택에 대해 본질적인 것이 되었으며, 그 결과 sein은 또한 미완료적인 동사로까지 전

이된다"(Dal 1966:126). 따라서 항상 장소변화를 표현하는 미완료적인 동사 folgen
(따라가다)은 오늘날 이전에 사용했던 haben 대신에 sein으로 구성된다: der Hund
ist seinem Herrn gefolgt(그 개가 자기 주인을 따라갔다). 그 후에 동사 sein은 명백
한 장소변화가 아닌 경우들에서도 나타나기 시작했다.

> Wir *sind* nicht *gegangen.* (우리는 가지 않았다)
> Wir *sind gelaufen/gefahren/geritten/geflohen.*
> (우리는 달렸다/차를 탔다/말을 탔다/도망갔다)

특히 남부방언에서는 동사 sein이 이러한 경우들에서 거의 항상 통용되었으며,
표준어(Hochsprache)에서도 동사 sein이 대체로 유일한 조동사가 되었다. 그래서
gehen(가다), fahren(차 타고 가다)의 경우 sein만이 가능하다. 우리는 다음과 같이
말한다: Es *ist* ihm gut gegangen(그는 잘 지내고 있었다); Die Uhr *ist* gut
gegangen(시계는 잘 갔다); Wie viel *bist* du schon gefahren?(너는 벌써 얼마만큼
차 타고 갔니?) 루터는 여전히 다음과 같이 기록할 수 있었다: *haben* wir nicht in
einerlei Fußstapfen gegangen?(우리가 똑같은 발자국을 따라 가지 않았습니까?)

d) 동사 sein은 고지독일어(Hochdeutsch)에서는 항상 조동사 sein을 요구한다.
이것은 매우 특이한 현상이다. sein은 분명히 미완료적인 동사이다. 다른 게르
만어에는 항상 haben(have, ha)이 사용되었으며 저지독일어(Niederdeutsch)에
서도 haben이 사용되었다. 중부독일어(Mitteldeutsch) 방언에서도 haben이 고
대어에서 상당히 빈번하게 출현했다. 루터는 여전히 다음과 같이 기록할 수
있었다: er *hat* gewest. 그러나 고지독일어에서는 sein이 관철되었다. 그밖에
sein이 강력하게 보급되는 경향이 있는 상부독일어(Oberdeutsch)에서 처음으
로 sein에 대한 예가 발견된다. 그러나 분사 gewesen(gewest)은 비교적 늦게,
즉 동작태 구별에 대한 생각이 활발하지 않았던 시대에 나타났다. 이것이 부
분적으로는 sein이 haben과 구성될 수 없는 이유를 설명해줄지도 모른다.

e) 원래의 타동사가 자동사로 될 수도 있고 역으로 자동사가 타동사로 될 수
도 있다. 이러한 사실이 조동사의 사용에서 변화를 불러 일으켰다. 동사
rennen(달리다)과 sprengen(돌진하다)에서는 원래 Pferd(말)가 목적어로서 나
타났거나, 아니면 적어도 이들이 haben을 요구한 이유를 덧붙여 생각할 수 있

었다. 이들은 후에 자동사로 느껴졌으며 다른 자동사 이동동사처럼 다루어졌다. 즉 sein은 이미 중고지독일어에서 나타났다. 다른 한편으로는, sein으로 완료를 형성하는 자동사가 종종 접두사를 통해서 타동사가 되었으며 고정된 합성어(=비분리동사)에서는 haben과 결합되었다. 그러나 18세기까지는 sein이 유지되었다.

ich *bin* die Stadt *umfahren* und *umgangen.* (Goethe)
(나는 그 도시를 우회하여 돌아갔다)

고정되지 않은 합성어(=분리동사)에서는 아직까지도 sein과 haben 사이에 동요가 있다(이전에는 sein이 규칙이었다).

Er *hat/ist* mich um Geld *angegangen.*
(그는 나에게 돈을 달라고 졸랐다)

f) 현재완료와 과거완료에서도 haben과 sein 사이에 동요가 있었다. 부문장에서는 조동사가 생략될 수 있기 때문에 현재완료나 과거완료가 과거분사로만 구성된다. 이것은 특히 후기 중고지독일어와 초기 신고지독일어에서의 경우이지만 오늘날에도 이런 경우가 나타날 수 있다.

... so er doch *gesagt,* das ... (Luther)
... die ich *gesehen* und meistens selbst *erfahren* (Schiller)

3.3.1.3. *미래*

여기서는 미래(Zukunft)의 사태가 다루어진다. 행위시(Aktzeit) 다음에는 두 가지 변이형이 존재한다: 1) 사태의 시작이 미래에 놓여있다(Er wird die Arbeit morgen beenden. 그는 그 일을 내일 끝낼 것이다). 2) 미래의 특정한 시점 하에 있는 사태를 이미 종결된 것으로 생각한다(Morgen hat er die Arbeit beendet. 그는 그 일을 내일 끝낼 것이다).

1) 발화시 이후의 행위시: 관찰시=행위시

Er *wird* die Arbeit morgen *beenden.*
(그는 그 일을 내일 끝낼 것이다)

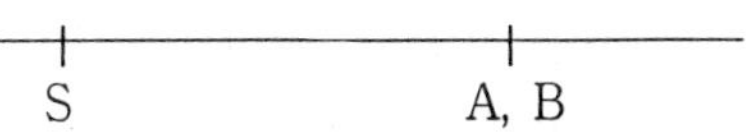

a) 미래 I 은 이미 단독으로도 사건이나 상태가 미래에 일어나는 것으로 간주한다. 그러나 미래 I 은 미래의 의미를 조금도 변화시키지 않는 수의적인 시간첨가어와 결합될 수 있다.

Ich *werde* meine Maßnahmen ganz nach den seinen *richten.*
(나는 나의 조치를 전적으로 그의 조치에 맞출 것이다)
Ich *werde* morgen nach Köln *fahren.*
(나는 내일 쾰른으로 갈 것이다)

여기서는 미래사건의 표현이 문제되기 때문에 미래(Futur)는 직설법의 다른 시제와 동일한 현실관계를 가질 수 없다. "미래를 통해서 표현되는 것은 문장에서 기술된 사태가 미래에 나타나리라는 것을 우리가 기대하거나 염려하는 사실이다"(Schulz/Griesbach 1970:49). 미래가 이러한 양태적인 부수의미를 가지고 있기 때문에, 특히 문장에서 시간첨가어가 나타나는 경우에는 순수한 시간적인 의미에서 종종 현재(Präsens)가 사용된다.

Ich *fahre* morgen nach Köln.(나는 내일 쾰른으로 간다)

보다 강한 양태성분이 있는 경우에는 더욱 강조적인 형태로서 미래가 선호된다.

Das *werde* ich auf keinen Fall *tun.*
(나는 어떠한 경우에도 그 일을 하지 않을 것이다)
(보다 약한 표현: Das *tue* ich auf keinen Fall.
(나는 어떠한 경우에도 그 일을 하지 않는다)

b) 특히 시간첨가어가 원래 미래를 지시하거나 또는 화자가 미래사건의 확신을 강조하고자 할 경우에는 현재가 미래의 시간단계를 표현한다.

Anfang nächster Woche *fahre* ich nach Italien.
(다음 주 초에 나는 이탈리아로 간다)

완료적인 동사의 현재는 "자동적으로" 미래를 지시한다.

Wir *treffen* uns am Bahnhof.(=미래) (우리는 역에서 만난다)
Wir *treffen* uns morgen am Bahnhof. (우리는 내일 역에서 만난다)

시간첨가어를 통해서 표현되는 것은 사태가 가까운 미래에 일어나거나(jetzt 지금, jeden Augenblick 매 순간), 또는 기술된 사태가 미래에서 비로소 시작된다는 것이다.

> Ich gehe *jetzt* in die Stadt. (나는 지금 도시로 간다)
> *In einem Monat* haben die Kinder Ferien. (한 달 후에 아이들은 방학을 맞는다)

부문장에서 미래는 대부분 현재형으로 표현된다.

> Wenn du *dich beeilst*, so wirst du ihn noch einholen/so holst du ihn noch ein.
> (네가 서두른다면 너는 그를 따라잡을 것이다)
> Ich werde ihn gut empfangen, wenn er *kommt.*
> (그가 온다면 나는 그를 잘 대접할 것이다)
> Ich warte, bis du *kommst.* (네가 올 때까지 나는 기다릴 것이다)
> (그러나: Ich wünsche, dass du ihn *sehen wirst.*
> (나는 네가 그를 만나게 되기를 기원한다)

2) 발화시와 관찰시 사이에 있는 행위시; 발화시와 행위시 이후의 관찰시

> Morgen *hat* er die Arbeit *beendet.* (내일 그는 그 일을 마칠 것이다)

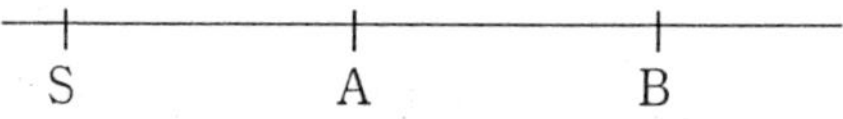

여기서는 우리가 특정한 시점에서 이미 종결되었다고 생각하는 미래의 사태가 표현된다. 이런 미래의 본래 시제는 매우 드물면서 대체로 현재완료로 대체되는 미래 II 이다(wird beendet haben). 이런 용법에서는 미래 II 뿐만 아니라 현재완료도 의무적인 시간첨가어를 요구한다(morgen 내일, bald 곧, bis Sonnabend 토요일까지).

> Morgen *wird* er die Arbeit *beendet haben.* = Morgen *hat* er die Arbeit *beendet.*
> (내일 그는 그 일을 마칠 것이다)

> In einer halben Stunde *habe* ich den Brief *geschrieben/werde* ich den Brief
> *geschrieben haben.* (반시간 안에 나는 그 편지를 쓸 것이다)

> Bis du zurückkehrst, *habe* ich den Brief *geschrieben/werde* ich den Brief
> *geschrieben haben.* (네가 돌아올 때까지 나는 그 편지를 쓸 것이다)

◈ 미래형의 변천

인구어에서는 아마도 종합적인 미래형이 존재했을 것이다. 초기 게르만어에서는 현재가 미래로도 사용되었기 때문에 미래를 표현하기 위한 특별한 시제가 존재하지 않았다. 그러나 점차로 분석적인 미래(조동사 + 주동사)가 형성되었는데, 이 미래가 고대의 현재와 나란히 사용되었다. 독일어에서는 조동사가 오늘날에는 werden이지만 이전에는 sollen, wollen, müssen도 사용되었다. 영어, 스웨덴어, 네덜란드어에서는 화법동사가 미래의 조동사로 사용되었다(He will come; Han skall komma).

1) 고고지독일어와 중고지독일어에서는 미래의 정상적인 시제가 현재였다. 그밖에 화법동사에 의한 바꿔쓰기(Umschreibung), 특히 sollen과 wollen을 갖는 구조가 등장했다.

> min gheist *scal wesan* undar eu mittem (Isidor)
> ir *sult* ir willekomen *sin* (Nibelungenlied)
>
> then alten satanasen *wilit* er *gifahan* (Otfrid)
> ir *welt* iuch alle *vliesen* (Nibelungenlied)
> das Königreich *will* noch sein *werden* (Luther)

이 두 조동사 중에서 sollen이 wollen보다 더욱 빈번하게 사용되었다. 초기 신고지독일어에서 이들은 순수한 미래의 의미로서는 아주 드물게 사용되었다. 예컨대 Luther에서도 sollen과 wollen이 나타났지만 정상적인 미래는 werden-바꿔쓰기였다. sollen과 wollen이 미래의 조동사로서 관철되지 않았다는 것은, 예컨대 대체로 영어의 경우에서처럼 이들이 새로운 기능과 더불어 이전의 양태적 내용을 상실하지 않았다는 사실에 기인할 것이다. 이에 반해 방언에서는 wollen과 sollen이 부분적으로는 아직도 보존되고 있다. 그래서 몇몇 북부독일 방언에서는 sollen-구조가 나타나고 더욱이 네덜란드어에서는 sollen이 미래의 조동사이다(hij zal komen). 표준어에서는 sollen과 wollen이 화법조동사이지만 때때로 양태적 의미가 너무 약해서 표현들이 거의 순수한 미래로 간주될 수 있다: das Feuer will ausgehen(불이 꺼질 것이다/꺼지려고 한다); heute Nachmittag soll ein Konzert sein(오늘 오후에 음악회가 있을 것이다); was soll daraus werden?(그것이 무엇이 될까?)

2) sollen과 wollen을 통한 바꿔쓰기 이외에 고고지독일어와 중고지독일어에서는

미래의 müssen-구조도 나타났다.

wirfe ich dich den tieren, die *müezen* dich schiere *vrezzen* (Arnold)

접속법 I 역시 고고지독일어에서는 때때로 미래의 의미를 가질 수 있었다(Behaghel 1923-32,2:258).

ni *zirinne* herrin fona Judae (Isidor)

3) 동사 werden이 미래조동사로 발전하게 된 것은 시제와는 상관없이 werden이 현재분사와 더불어 행위의 시작(기동태(inchoative Aktionsart)나 시동태(ingressive Aktionsart))을 표현했던 경우들에서 출발한다.

tho *ward* mund siner sar *sprehhanter* ('Dann begann sein Mund sofort zu sprechen': Otfrid) (그리고 나서 그의 입은 즉시 말하기 시작했다)
als iz *wart tagende* (Tristan)
da *ward* das ganze Heer *laufend* und schrien und flohen (Luther)
vgl. *wirdit ... sprehhanter* 'beginnt zu sprechen'

이런 구조에서 현재분사는 원래 werden의 주격 술어보충어이며 형용사처럼 굴절한다. werden은 그 자체의 의미에 따라서 일찍부터 sein의 미래로 사용되었기 때문에(비교: *Er wird Arzt* 'Er wird Arzt sein'. 그는 의사가 될 것이다), 이 구조는 werden이 현재로 오는 경우 쉽게 미래의 의미를 가질 수 있었다.

thie ... min furlougnit inti min *scamenti wirdit* (confusus me fuerit: Tatian)
er *wirt* mich gerne *sehende* (Tristan)

이미 고트어에서는 warþan + 현재분사가 그리스어 미래형의 대응물로서 나타났다. 중고지독일어에서 이 구조는 점차로 빈번하게 사용되기 시작했다. 그러나 고고지독일어 말엽부터 이 구조에서 현재분사와 더불어 부정사도 나타났다.

so *wirdo* ich *anahareen* ('anrufen': Notker)
Moses aber *ward zittern* (Luther)

이 구조는 또한 부정사를 통해서도 처음에는 행위의 시작을 표현했으며, werden은 과거로 올 수도 있었다. 그러나 werden의 현재 + 부정사는 곧 werden + 현재분사처럼 미래의 의미를 얻게 되었다. 이 두 구조는 중고지독일어 말엽까지 유지되었다. 중고지독일어에서는 동일한 텍스트에서 현재분사뿐만 아니라 부정사도 역시 나타날 수 있었다.

> so *wirt* dir got *wagende* mit der rehten wage
> so *wirt* dir got mit der rehten wage *wegen* (Schwabenspiegel)

초기 신고지독일어에서는 현재분사가 점차로 부정사에 의해서 밀려났다. 현재분사가 부정사에 의해 밀려났다는 사실은 적어도 부분적으로는 발음상의 변화로 소급될 수 있을 것이다. 몇몇 방언에서는 현재분사의 -ende가 -enne로 동화되었으며 그 후에 -e가 탈락하였다. 그래서 분사가 발음상 부정사와 일치했다: 중고지독일어 bindende > bindenne > binden. sollen과 wollen이 부정사와 결합하는 유사한 영향도 역시 부정사의 보급에 기여했을지도 모른다.

4) 이미 고고지독일어에서 현재완료가 미래의 사용에서 나타났다. 미래 II 가 초기 신고지독일어에서 생겨났지만 순수한 미래의 의미로서는 드물었다. Luther 에서 이미 미래 II 가 증명될 수 있다.

3.3.2. 신중한 유보

현실을 표현하기 위해서 직설법 이외에 또한 접속법 II 와 würde-바꿔쓰기도 사용된다. 이 서법을 통해서 신중함, 의혹 및 공손한 요청이 표현된다. 즉 일종의 '신중한 유보'(vorsichtige Zurückhaltung)가 표현된다. 이 서법은 항상 직설법으로도 대체될 수 있지만 직설법은 좀 딱딱하고 차가운 느낌을 준다.

> So *wäre* es besser. (비교: So *ist* es besser)
> (그래서 그것이 더 좋겠지요 - 그래서 그것이 더 좋다)
> Ich *würde* es Ihnen *empfehlen.*
> (나는 그것을 당신에게 추천하는 바입니다)
> Ich *hätte (möchte)* gerne eine Tafel Schokolade.
> (나는 한 조각의 초콜릿을 원합니다)
> *Würden* Sie mir wirklich das Geld *geben?*
> (당신이 정말로 나에게 그 돈을 주실 겁니까?)
> *Dürfte* ich Sie um Brot *bitten?*
> (내가 당신에게 빵을 부탁해도 되겠습니까?)

Wir *hätten* gerne mit Ihnen *gesprochen.*
(우리는 기꺼이 당신과 이야기하고 싶었습니다)
Ich *wünschte,* dass sie *nachgäben.*
(나는 그들이 포기하기를 바랍니다)

접속법의 이러한 용법은 이미 중고지독일어에서도 나타났다.

mir *waere* herberge not (Hartmann)
die maere *wesse* ich gerne (Nibelungenlied)

"원래 일반적인 성질의 조건('falls es möglich wäre'(가능하다면)와 같은)이 머리 속에 떠오르게 됨으로써"(Dal 1966:149) 이러한 접속법의 "직설법적"인 사용은 아마도 조건구조 안에 있는 접속법으로 소급될 수 있을 것이다.

이런 접속법을 통해서 또한 겸손하고 회의적인 진술도 표현된다. 그 자체 객관적인 사실이며 직설법을 통해서도 표현될 수 있는 애써 도달한 결과의 표현이 문제된다.

Da *wären* (=sind) wir endlich. (우리는 마침내 도착했다)
Das *wäre* (=ist) *getan.* (그 일이 드디어 끝났다)
Das *hätten* (=haben) wir endlich *überstanden.*
(우리는 마침내 그것을 극복했다)

이러한 접속법이 이미 루터에서도 발견된다.

das *wären* die drei Capitel de Jacob (=hec sunt 3 capita de Jacob)

3.3.3. 비현실

여기서는 가장 넓은 의미에서 비현실적인 표현이 문제된다. 비현실(Irrealität)의 서법은 접속법Ⅱ, 접속법Ⅱ의 würde-바꿔쓰기, 몇몇 sollen-서법과 wollen-서법이다. 이들을 통해서 화자가 단지 상상만 하지 아직 나타나지 않았거나 전혀 나타날 수 없는 사태가 표현된다.

1) 접속법Ⅱ와 würde-구성은 비현실적 조건구조에서 사용된다.

Wenn ich Geld *hätte, ginge* ich heute ins Theater.

(내가 만일 돈이 있다면 나는 오늘 극장에 갈텐데)
(ich habe aber kein Geld, also kann ich nicht ins Theater gehen.)
(그러나 나는 돈이 없다. 그래서 나는 극장에 갈 수 없다)

Wenn Sie Medizin *studierten, würden* Sie bestimmt ein guter Arzt *werden.*
(당신이 의학을 공부한다면 확실히 좋은 의사가 될 것이다)
(der Sachverhalt kann möglicherweise verwirklicht werden.)
(그 사태는 아마도 실현될 수 있을 것이다)

Ich *hätte* gestern mit euch fahren *können,* wenn ihr mir rechtzeitig Bescheid *gesagt hättet.* (만일 너희들이 나에게 제때에 알려 주었다면 나는 어제 너희들과 함께 갈 수 있었을 텐데)
(der Sachverhalt war möglich, hat sich aber doch nicht verwirklicht.)
(그 사태는 가능했지만 실현되지는 않았다)

접속법 II(또는 würde-구성)는 주문장에서뿐만 아니라 부문장에서도 나타난다. 하지만 조건은 부문장을 통해서뿐만 아니라 부사어 및 그와 유사한 것을 통해서도 표현될 수 있기 때문에 주문장에서만 접속법이 나타날 수도 있다.

Ohne seine Beziehungen *wäre* er nicht Minister *geworden.*
(그는 그와의 관계가 없었다면 장관이 되지 못했을 것이다)
Bei schönem Wetter *gingen* wir jetzt spazieren.
(날씨가 좋다면 우리는 지금 산책을 갈텐데)
Ich *hätte* den Brief *geschrieben,* aber ich hatte keine Zeit.
(나는 편지를 써야만 했었지만 시간이 없었다)

주문장에서는 단순한 접속법 II가 대부분 würde-구성으로 대체된다. 접속법 II와 직설법 과거가 일치하는 경우나(약변화 동사들에서처럼) 또는 접속법의 형태가 통상적이 아닌 경우에는 부문장에서도 종종 würde-바꿔쓰기가 사용된다.

Wenn ich *flüchten würde* (oder: *flüchtete),* könnte ich meine Freiheit gewinnen.
(만일 내가 도망간다면 나는 자유를 얻을 수 있을 것이다)

Wenn ich *fliehen würde,* könnte ich meine Freiheit gewinnen.
(*flöhe*는 *beföhle, spönne, stänke, hülfe, kennte, nennte*처럼 낡았다.
그러나: Wenn er *käme,* ... (*käme*는 아직도 사용된다)

몇몇 경우에는 접속법 II가 또한 sollen/wollen + 부정사로 대체될 수도 있다.

Es wäre falsch, *wollte* (=*würde*) man diese Sache *leugnen.*
(사람들이 이 일을 부정한다면 그것은 잘못이 될 것이다)

Es *sollte* (=*würde*) mich *freuen,* wenn es mir gelungen wäre, dir einen Gefallen zu tun.
(내가 너에게 호의를 베풀 수 있었다면 그것은 나를 기쁘게 할텐데)

그러나 sollen-구성은 불확실한 조건도 역시 표현할 수 있다. 이때 이 구성은 접속법에 근접하지만 접속법과 동일한 것은 아니다.

Wenn er *kommen sollte,* sage ihm, dass ich nicht warten konnte.
(만일 그가 오게 된다면 내가 기다릴 수 없었다는 것을 그에게 말해 주라)

의심스런 질문에서도 sollen-구성은 접속법과는 다른 고유한 양태적 의미를 갖는다.

Sollte auch sein Leben so *aussehen?* (그의 삶 역시 그렇게 보이는가?)
Sollte ich etwas *übersehen haben?* (내가 무엇을 간과했던가?)

◆ 역사적인 변천

접속법 II가 고대어에서도 이미 비현실적 표현으로서 사용되었다.

ni *wari* dese fon gote, ni *mohti* tuon thes iowiht.
('Wäre dieser nicht von Gott, könnte er es nicht tun': Tatian)

was *hülfe* es den Menschen, so er die ganze Welt *gewünne* (Luther)

wollen과 sollen에 의한 바꿔쓰기가 중고지독일어에서 나타났다.

der pfaffe swam genote: er *wolde sin genesen,* ob im ieman hülfe (Nibelungenlied)

unt naemet ir den lip, daz *solde* ich wol *verkiesen* (Nibelungenlied)

wen man meinen Raht *folgen solte,* so *solten* alle Potenthaten befehl *ausgeben* (Liselotte)

중고지독일어에서는 주문장에서 müssen도 역시 나타났다.

ob ich gewalt des hete, si *müese werden* min wip (Nibelungenlied)

중고지독일어에서는 würde-바꿔쓰기가 아주 드물었다.

ob daz kint *wurde wainen* (Nonne von Engelthal)

würde-구성이 조건구조의 주문장에서는 이미 15세기에 상당히 빈번하게 나타났지만, 부문장에서는 근대에 이르기까지 회피되었다. "신고지독일어는 근대에 이르기까지 가설적인 복합문의 부문장에서 würde-바꿔쓰기를 회피하고, 주문장의 würde를 통해서 동일형태를 피해갔다. 개별적인 바꿔쓰기가 발견되지만 특이하게도 상위문의 würde와 나란히 나타나지는 않는다"(Behaghel 1923-32,2:245).

ob nu hie die alte wettermecherynn *sagen würde* ..., soltu antworten (Luther)

오늘날에는 würde-바꿔쓰기가 조건 부문장에서 약변화 동사 및 비일상적 접속법을 갖는 강변화 동사(예: beföhle)에서 가능하다. 비록 주문장에서도 würde-바꿔쓰기가 나타나지만 그것이 즐겨 사용되는 것은 아니다. (즉 Wenn ich flüchten/fliehen würde, würde ich ...가 아니라 Wenn ich fliehen würde, könnte ich ...가 사용된다.)

2) 접속법과 würde-구성은 화자가 그것의 실현에 아무런 영향력도 끼치지 않는 비현실의 소원도 역시 표현할 수 있다. 문장이 갖는 소원의 성격은 종종 부사 doch를 통해 강화된다.

Wenn mein Vater doch *käme!* (아버지께서 오시면 좋으련만)
Wenn ich diesen Fehler doch nicht *gemacht hätte!*
(내가 이러한 실수를 하지 않았으면 좋으련만)
Wenn du ihn *kennen würdest!* (네가 그를 알고 있으면 좋으련만)
Wenn alles so *bleiben würde* (besser: *bliebe*)!
(모든 것이 그렇게 되었으면 좋으련만)

würde-바꿔쓰기는 조건 부문장에서와 동일한 경우에, 즉 약변화 동사와 비일상적인 접속법 II를 갖는 강변화 동사에서 나타난다. 접속법 II와 würde-바꿔쓰기 이외에 가끔 비현실적 소원의 표현으로서 möchte + 부정사와 wollte + 부정사도 등장

한다.

> *Möchte* er doch *kommen!* (그가 온다면 얼마나 좋을까)
> *Wollte* er doch *kommen!* (그가 온다면 얼마나 좋을까)

◆ 역사적인 변천

소원의 접속법Ⅱ가 초기 독일어에서는 드물었다. Heliand, Tatian, Otfrid에서는 소원의 접속법Ⅱ가 전혀 나타나지 않았으나 Notker에서는 후속하는 접속법을 취하는 wolti got의 형식으로 나타났는데 이 형식은 그 후로도 계속 유지되었다(오늘날: Wollte Gott, dass er käme).

> *wolti got* habetin wir deheina (Notker)
> *wolte got,* waere ich der sigenünfte wert (Walther)
> *wolt Gott,* wir würden doch zu Knechten und Megden verkauft (Luther)

중고지독일어에서 접속법이 계속 확장되었지만 혼자 오는 경우는 더물었다. 문장의 소원의 성격은 대부분 감탄사나 부사어를 통해서 분명해졌다.

> *het* ich nu die sinne (Nibelungenlied)
> *owe, gesaehe* ich si under kranze (Walther)
> *owe, gelebte* ich noch den tac (Neidhart)
> *wan waere* diu rede e *geschehen* (Wolfram)
> (*wan*, 원래 'warum nicht', 고고지독일어 *wanta ni*)

신고지독일어에서도 유도적인 감탄사가 나타나거나 혹은 문장 내에서 부사(doch, nur)가 사용된다.

> frommer Stab, *o, hätt'* ich nimmer mit dem Schwerte dich *vertauscht!* (Schiller)
> *Käme* er *doch!* (그가 온다면)
> *Wüßte* ich es *nur!* (내가 그것을 알고 있다면)

중고지독일어에서 소원의 접속법Ⅱ에 대한 바꿔쓰기로서는 이미 möchte + 부정사와 드물게는 sollte + 부정사가 나타났다.

> *Möhte* ich *verslafen* des winters zit (Walther)
> *Möhte* ich *getragen* wapen (Wolfram)

owe, solde ich dich wider an den Rin wol gesunden *senden* (Nibelungenlied)

오늘날에는 wollte + 부정사와 möchte + 부정사가 등장한다. 소원의 접속법 II 를 위해서는 würde + 바꿔쓰기가 상당히 늦게 나타났다.

3) 접속법 II 와 würde-바꿔쓰기는 또한 다양한 비현실적 비교문장과 결과문장에서도 나타난다.

a) 부문장 유도어 als ob, als(드물게는 als wenn, wie wenn)를 취하는 비현실적 비교문장에서는 접속법 II 가 정상적인 서법이다. 접속법 II 이외에도 좀 드물긴 하지만 접속법 I 과 직설법이 사용된다(würde-바꿔쓰기는 조건문에서와 동일한 조건하에서 나타난다).

Er tut so, als ob er sie nicht *sähe(sehe, sieht)*.
(그는 마치 그녀를 보지 못한 것처럼 행동한다)
Er tat so, als ob er sie nicht *sähe(sehe, sah)*.
(그는 마치 그녀를 보지 못한 것처럼 행동했다)

Er tut so, als ob er sie nicht *gesehen hätte(habe, hat)*.
(그는 마치 그녀를 보지 못했던 것처럼 행동한다)
Er tat so, als ob er sie nicht *gesehen hätte(habe, hatte)*.
(그는 마치 그녀를 보지 못했던 것처럼 행동했다)

Er benimmt sich, als ob nichts *geschehen wäre*.
(그는 마치 아무 일도 일어나지 않았던 것처럼 행동한다)
Er gibt so viel Geld aus, als *wäre* er Millionär.
(그는 마치 백만장자인 것처럼 많은 돈을 지출한다)

Die Jungen begutachteten den Motor, als *seien/wären* sie schon Techniker.
(소년들은 마치 그들이 이미 기술자인 것처럼 자동차를 검사하였다)

Du siehst aus, als ob du *fliehen/flüchten würdest*(aber: *kämest*)
(너는 마치 도망가는 것처럼 보인다)

◈ 역사적 변천

비현실적 비교의 원래 접속사는 sam(e)와 als (wie)였다. 이 서법은 시제일치 (Consecutio temporum)의 규칙을 취하는 접속법 I 과 접속법 II 였다. 즉 현재시제의

주문장 다음에는 접속법Ⅰ이 오고, 과거시제의 주문장 다음에는 접속법Ⅱ가 왔다
(als ob + 접속법Ⅱ는 이미 중고지독일어에서도 간혹 나타났다).

> die bluomen uz dem grase dringent, same sie *lachen* (Walther)
> mir was die wile, als ich enmitten in dem meien *waere* (Walther)
> stund ein Lamm, wie es erwürget *wäre* (Luther)

화법동사의 구조, 예컨대 sollte + 부정사(조건구조에서처럼)가 바꿔쓰기로서 등
장했다.

> si lach in der geschicht, als ob si *slafen solde* (Tristan)

오늘날에는 würde-바꿔쓰기가 조건구조에서와 동일한 조건하에서 사용된다.

> Du siehst aus, als ob du *fliehen/flüchten würdest.*
> (너는 마치 도망가는 것처럼 보인다)
> (그러나 *als ob du kommen würdest*보다는 *als ob du kämest*가 더 좋다)

오늘날에는 다시 접속법Ⅰ도 나타나며(과거 다음에서도) 간혹 직설법도 나타난
다.

> und dann ist es mir, als ob sie nie *gewesen sind* (Hebbel)
> (그리고 나서 나에게는 그들이 결코 존재하지 않았던 것처럼 보인다)

b) (all) zu를 갖는 형용사나 또는 비교급과 관련되는 접속사 als dass를 취하
는 비교문장에서는 오늘날 접속법Ⅱ(또는 würde-바꿔쓰기)가 사용된다.

> Peter ist zu klug, als dass er diesen Fehler *beginge.*
> (페터는 너무 영리해서 이런 실수를 범하지 않는다)
> Er ist zu jung, als dass er das verstehen *könnte.*
> (그는 너무 어려서 그것을 이해할 수 없다)
> Peter ist zu klug, als dass er so was *machen würde.*
> (페터는 너무 영리해서 그런 일을 하지 않는다)

접속법Ⅰ도 역시 비교급을 지시할 수 있다.

> Er wusste nicht mehr, als dass Karl gestern in Zürich *angekommen sei.*

(그는 카알이 어제 취리히에 도착했다는 사실 이외에는 더 이상 알지 못했다)

직설법도 역시 나타난다.

Die Diskussion war zu interessant, als dass jemand nach Hause *gegangen wäre (ist)*.
(그 토론이 너무나 흥미진진하여 아무도 집에 가지 않았다)

◈ 역사적인 변천

als daß(이전에는 denn daß도 역시)를 취하는 비교문장에서 원래의 서법은 접속법 I 이였다.

es ist uns besser, ein Mensch sterbe für das Volk, denn daß das ganze Volk *verderbe*
(Luther) (전 민족이 파멸하기보다는 한 사람이 민족을 위해서 죽는 것이 우리에게는
더 낫다)

die Erklärung ist viel zu weitläufig, als daß sie ... zu brauchen *sei* (Lessing)
(그 설명은 너무나도 자세하여 ... 요구될 수 없다)

접속법 II 와 직설법은 신고지독일어에서 비로소 나타났다.

c) 오늘날에는 ohne dass를 취하는 비현실적인 결과문에서 접속법 II 가 나타
나지만 드물게는 직설법도 가능하다.

Er stand da, ohne dass er *gewagt hätte*, sich von der Stelle zu bewegen.
(그는 그 자리에 서서 움직이려고 하지 않았다)

Der kleine Junge fing plötzlich an zu schreien, ohne dass er einen Grund dafür
hatte/gehabt hätte. (어린 소년이 아무런 이유 없이 갑자기 소리를 지르기 시작했다)
Ich gehe mit ihm, ohne dass er mir besonders *gefiele/gefällt*.
(나는 그가 특별히 내 마음에 들지 않음에도 그와 함께 간다)

◈ 역사적인 변천

접속사 ohne daß는 18세기에 비로소 오늘날의 의미로 사용되었으며 그 이전에는
daß ... nicht와 동일한 의미로 사용되었다. 초기 신고지독일어에서 현재시제의 주문
장 다음의 서법은 접속법 I 이였다.

er kehret nie von einer Reise wieder, daß ihm nicht ein Drittel seiner Sachen *fehle.*
(Goethe) (그가 여행에서 돌아올 때에는 언제나 그의 물건의 1/3이 없어진다)

die Liebe, die wohl, ohne daß sie *wanke*, auch einen Stoß vertragen kann (Rückert)

과거시제의 주문장 다음에서는 오늘날과 마찬가지로 접속법 II가 사용되었다.

kaum verging ein Tag, daß nicht irgend etwas Neues und Unerwartetes *angestellt*
worden wäre. (Goethe) (어떤 새로운 일이나 예기치 않았던 일이 일어나지 않았던 날
은 하루도 없었다)

sie schien aufmerksam auf das Gespräch, ohne daß sie daran *teilgenommen hätte.*
(Goethe) (그녀는 대화에 참여하지 않으면서도 대화에 관심을 갖는 것처럼 보였다)

현대어에서 비로소 직설법(Indikativ)이 나타난다.

4) 접속법 II 는 비현실적 양보문에서 나타난다. 양보문의 부문장 유도어
   (Einleitewort)는 일반적으로 wenn ... auch, selbst wenn, auch wenn(und wenn)
   (드물게는 wenngleich, wennschon)이다. 주문장에서도 접속법 II 나 würde가 온
   다.

Wenn du mir auch hundert Mark *gäbest, ich würde* es nicht *tun.*
(네가 설령 나에게 100마르크를 준다고 할지라도 나는 그것을 하지 않을 것이다)

Und wenn du mir die beste Gelegenheit zur Reise *gäbest, ich könnte* nicht fahren.
(네가 비록 나에게 여행을 위한 가장 좋은 기회를 준다고 할지라도 나는 갈 수 없을
것이다)

Selbst wenn (=Auch wenn) ich es *wüsste, ich würde* es nicht *sagen.*
(내가 비록 그것을 알고 있다고 할지라도 나는 그것을 말하지 않을 것이다)

접속사 so는 일반적인 관계대명사나 부사와 마찬가지로 비현실적 양보문을 시작
할 수 있다.

So gern ich mit dir *ginge,* so muss ich doch zurückbleiben.
(내가 아주 기꺼이 너와 같이 가고 싶지만 나는 남아 있어야 한다)
Was er mir auch *gegeben hätte,* ich hätte es nicht getan.
(그가 나에게 무엇을 주었다 할지라도 나는 그것을 하지 않았을 것이다)

위에서 언급한 접속사들은 현실적인 양보문에서도 사용될 수 있다(Wenn er auch mein Freund ist ... (그가 비록 내 친구이지만 ...)). 이에 반해 접속사 obgleich, obwohl, obzwar, wiewohl은 비현실적 양보문이 아니라 현실적인 양보문만을 시작할 수 있다(Obwohl er im Unrecht war ... (그가 틀렸음에도 불구하고)).

◈ 역사적 변천

유도어로서 접속사를 취하는 비현실적 양보문에서 접속법Ⅱ가 이미 고고지독일어와 중고지독일어에서 나타났다.

> und ob er danne *fuorte* ein ganzes küneges her ... (Nibelungenlied)

> und wenn die welt voll Teufel *wär'* und *wollt'* uns gar verschlingen, so fürchten wir uns nicht so sehr (Luther) (비록 세계가 온통 악마로 가득 차서 우리를 집어삼키려고 하더라도 우리는 그렇게 두려워하지 않는다)

현실적 양보문을 유도했던 바로 그 접속사들(처음에는 ob, wenn, wie 후에는 복합접속사들)이 또한 비현실적 양보문의 유도어로서도 사용되었다. 오늘날의 분할은 상당히 늦게 나타났는데, 그 분할에 따르면 비현실적 양보문의 유도어로서는 보통 wenn ... auch, wenngleich, wennschon, selbst wenn, auch wenn만이 나타난다.

3.3.4. 추측

추측(Vermutung)은 조동사를 통해서 표현되었다. "가능성"(Potential)의 조동사로서는 dürfen(dürfte), mögen, können, müssen 및 werden이 있다. 동사 können과 müssen은 현재와 과거에서 특정한 동사와 특정한 문맥에서만 가능성의 의미를 갖지만, dürfen(dürfte), mögen 및 werden은 가능성의 조동사로서 훨씬 자주 사용된다. 진술내용의 확실성 정도에 따라 가장 강한 조동사에서 가장 약한 조동사로의 순서는 müssen, werden, dürfen, mögen, können이다. dürfte werden의 가능성은 단지 두 가지 시제(현재와 현재완료)만을 갖지만, müssen, mögen, können의 가능성은 네 가지 모든 시제를 갖는다(물론 müssen과 können의 경우 현재와 과거는 드물게 사용된다). 시제계열소는 다음과 같다.

현재	과거	현재완료	과거완료
könnte sein (kann sein)	(konnte sein)	kann gewesen sein	konnte gewesen sein
mag sein	mochte sein	mag gewesen sein	mochte gewesen sein
dürfte sein	–	dürfte gewesen sein	–
(muss sein) (müsste sein)	(musste sein)	muss gewesen sein	musste gewesen sein
wird sein	–	wird gewesen sein	–

Er *könnte (kann)* 20 Jahre alt *sein.* (그는 20세쯤 될 것이다)

Der dort hinten *konnte* es *sein.* (저 뒤에 있는 남자가 그 사람인 것 같았다)

Die Kerle *können* das zufällig *beobachtet haben.*

(그 사내들이 그것을 우연히 관찰했을지도 모른다)

Sie *konnte sich* doch nicht damit *abgefunden haben,* dass er sie hatte verlassen wollen.

(그가 그녀를 떠나려고 했다는 사실에 대해 그녀는 순응하지 않았을지도 몰랐다)

Er *mag* etwa 40 Jahre alt *sein.* (그는 대략 40세쯤 될 것이다)

Er *mochte* etwa 40 Jahre alt *sein.* (그는 대략 40세쯤 될지도 몰랐다)

Er *mag* damals 19 Jahre alt *gewesen sein.* (그는 그 당시 19세쯤 되었을지도 모른다)

Was *mochte* in ihm *vorgegangen sein?* (그의 내심에 무슨 일이 일어났던 것이었을까?)

Er *dürfte* diese Woche Nachtschicht *haben.* (그는 이번 주에 야간근무를 할지 모른다)

Er *dürfte* letzte Woche Nachtschicht *gehabt haben.*

(그는 지난 주에 야간근무를 했을지도 모른다)

Ziemlich abgegriffen ist das Blatt. Folglich *muss* es zu einem oft gelesenen Buch *gehören.* (책장이 상당히 닳았다. 따라서 그 책은 종종 읽혀지는 책임에 틀림없다)

Wenn aber Vater ... sogar weinte, dann *musste* es etwas Entsetzliches *sein.*

(아버지께서 우시기까지 하셨다면, 그것은 놀랄만한 일임에 틀림없었다)

Da *muss sich* das Fräulein *verhört haben.* (그때 그 아가씨가 오해했음에 틀림없다)

Aber es *musste* ein großes, ein scheußliches Verbrechen *gewesen sein,* das war gewiss, und das ganze Dorf *musste* auf seltsame Weise darin *verstrickt sein.*

(그러나 그것은 대형의 무서운 범죄였음에 틀림없었으며 그것은 확실히 그랬다. 온 마을이 이상한 방법으로 그 범죄에 연루되었음에 틀림없었다)

Er *wird* (jetzt) im Büro *sein.*

(그는 (지금) 사무실에 있을지도 모른다)

Er *wird* gestern die Stadt *verlassen haben*
(그는 어제 도시를 떠났을지도 모른다)

추측은 또한 직설법 + 양태어(Modalwort)를 통해서도 표현될 수 있다. 양태어는 수의적으로 화법동사나 werden의 가능성을 강화시킬 수도 있다.

Das *hat* er *wohl gemacht.* (그가 아마 그것을 했을 것이다)
Es *dürfte/wird wohl (vielleicht)* möglich *sein.* (그것이 아마도 가능할지 모른다)

◈ 역사적인 변천

가능성을 나타내는 화법동사 서법의 역사적인 변천은 아직도 연구되지 않았다. dürfen, müssen이 16세기에 나타난 반면에 mögen은 이미 중고지독일어에서 가능성의 표현으로 사용되었던 것 같다. können에 대해서는 어떤 증거도 존재하지 않는다.

ez *mac* wol lüge *wesen* (Nibelungenlied)
ze wissen, wer die fraw *sein möcht* (Decameron)
es *möchten* vieleicht funffzig Gerechten in der stad *sein* (Luther)

der Narr *dörft* so bald ein unschuldigs *treffen* (Fischart)
darumb *muss* das der heubt teuffel selb *gesagt haben* (Luther)

dürfte, möchte, müsste를 취하는 가능성(Potential)은 신중한 진술에서 아마도 접속법 II로 소급될 수 있지만 이 접속법은 또한 추측을 표현할 수도 있다.

So *wäre* es vielleicht besser. (=So dürfte es besser sein.)
(그래서 그것이 아마도 더 낫겠지요)

werden의 가능성은 직설법 미래의 특별한 사용을 나타낸다. 16세기 초부터 가능성을 나타내는 사용에서 미래 I이 나타났던 것처럼 보인다.

billich, götlich und recht *wirt sein*, daß du die Elsli nemen solt (Manuel)
du *wirst* ohne Zweiffel sehr reich *seyn* (Weise)

미래 II가 늦어도 루터에 의해서는 추측으로 사용되었다.

die Könige haben sich mit dem Schwerte verderbt, und einer *wird* den andern *geschlagen haben.* (그 왕들은 칼에 의해 해를 입었다. 한 왕이 다른 왕을 칼로 내리쳤을지도 모른다)

"이런 가능성은 오늘날의 방언에서 널리 전파되었으며 마인츠, 바젤, 에거지방(= 보헤미아)의 방언에서와 같이 미래의 바꿔쓰기가 없는 방언에서도 널리 전파되었다"(Behaghel 1923-32,2:264).

3.3.5. 가설적인 양보

양보(Einräumung)는 일반적으로 지주문(Trägersatz)에서 언급된 사태에 대해 불충분한 반대이유를 언급하는 양보문으로 표현된다. 양보문은 주문장 형식을 취하고 있는 부문장이 될 수도 있지만 또한 주문장이 될 수도 있다. 더 나아가 양보문은 일반적인 대명사나 양보접속사에 의해 유도되는 부문장으로 나타날 수도 있다. '양보' 자체는 서법내용의 원래의 경우가 아니다. 그러나 양보문의 형식에서 특징적인 것은 종종 가설적인 부가의미이다. 이러한 '가설적인 양보'가 여기서는 서법내용으로 간주되어 다루어진다.

1) 양보의 부문장이 주문장 형식을 취하면 그 술어는 접속법 I 이다. 이런 문장들에서는 보통 두 가지 또는 몇 가지 가능성들이 대안으로서 주어지거나(leicht oder schwer, 쉽든지 어렵든지 상관없이), 또는 문장에서 양보부사(noch, auch, gleich 등)가 나타난다.

Die Prüfung *sei* leicht oder schwer, du wirst sie bestehen.
(시험이 쉽든지 어렵든지 상관없이 너는 시험에 합격할 것이다)
Der Berg *sei* noch so hoch, wir werden ihn besteigen.
(그 산이 아무리 높을지라도 우리는 그 산을 오를 것이다)

접속법 대신에 또한 möge/mag + 부정사가 올 수도 있다.

Man *möge sagen/mag sagen/sage*, was man will, ich werde es trotzdem tun.
(사람들이 무슨 말을 하더라도 나는 그것을 할 것이다)

과거에서의 서법은 mochte + 부정사뿐이다.

Wir *mochten tun*, was wir wollten, immer war es dem Direktor nicht recht.
(우리가 무슨 일을 했더라도 그것은 사장이 보기에는 항상 옳은 일이 아니었다)

Man *mochte rechnen,* wie man wollte, es reichte nicht.
(우리가 어떤 방법으로 계산을 했더라도 그것은 충분하지 않았다)

◈ 역사적인 변천

이전부터 이런 양보문에서는 접속법 I 이 정상적인 서법이다.

> diu werlt *ste* kurz oder lanc (Hartmann)
> es *sei* auch was es will, so muß es doch vergehn (Opitz)
> ein Volk, dem das geboten wird, ist schrecklich, es *räche* oder *dulde*
> die Behandlung (Schiller)

mögen-바꿔쓰기는 신고지독일어에서 처음으로 나타났다.

> ich *mag mich* auch *befinden,* wo ich will ... (Lessing)
> (내가 어느 곳에 있더라도 ...)

2) 주문장에서 양보의 접속법 I 은 특정한 어법(Wendung)에서만 나타나는데, 이
   어법은 보통 접속법 I 을 갖는 부문장도 역시 포함한다. 주문장은 명령문에 근
   접한다.

> Nun, so *sei* es. (좋아, 그렇게 해 두자)
> *Sei* dem, wie ihm wolle. (사정이 어떻든 간에)
> *Komme,* wer wolle, ich bin nicht zu sprechen. (누가 오든지 간에 나는 말할 수 없다)

또한 möge/mag + 부정사도 가능하다.

> *Möge/Mag kommen,* was da wolle (will) (무슨 일이 일어나더라도)

3) 일반적인 대명사나 부사가 auch, immer, auch immer를 가지고 종속접속사나
   대명사를 형성할 수 있는데(was auch immer, was auch, was immer, wie auch
   immer, wann auch immer, wo auch immer, wer auch immer 등), 이들은 양보
   의 특성('가설적인 양보')을 갖는다. 양보는 주로 부문장의 유도어를 통해 표
   현되며 이때 술어의 서법은 중요치 않으며 바뀔 수도 있다. 현재(미래)로서는
   직설법, 접속법 I, mag/möge + 부정사가 나타난다.

Was auch *geschieht/geschehe/geschehen mag/geschehen möge,* wir sind vorbereitet.
(무슨 일이 일어나더라도 우리는 준비가 되어 있다)
Wie gut es auch *sei,* ich tue es nicht.
(그것이 아무리 좋을지라도 나는 그것을 하지 않는다)
Was auch immer/Was auch/Was immer *geschieht,* wir sind vorbereitet.
(무슨 일이 일어나더라도 우리는 준비가 되어 있다)

또한 현재완료로서도 직설법, 접속법 I, mag/möge + 완료부정사가 나타난다.

Was er auch *getan hat/getan habe/getan haben mag/getan haben möge,* ich helfe ihm.
(그가 무슨 일을 했더라도 나는 그를 도울 것이다)

과거로서는 단지 직설법과 mochte + 부정사만 나타난다.

Was auch *geschah/geschehen mochte* ... (무슨 일이 일어났더라도 ...)

◈ 역사적인 변천

이러한 양보절의 원래의 서법은 접속법 I 이다.

ich wil nider an den se, swie ez mir *erge* (Nibelungenlied)

그러나 이미 초기 신고지독일어에서 직설법도 역시 나타났다.

der halben alle werck, wie gut sie *seynd,* ... seynd vmbsunst (Luther)

mögen을 취하는 서법은 이미 중고지독일어에서 나타났다.

swaz ime ze libe *müge geschehen* (Walther)
und hilfet mich viel kleine swaz ich sie *geloben mac* (Walther)

3.3.6. 주장과 의견

화자는 자신의 진술을 주장(Behauptung)이나 의견(Meinung), 특히 자기 자신의
주장이나 의견으로서 또는 다른 사람의 주장이나 의견으로서 특징 지울 수 있다.
보통 이러한 주장이나 의견은 소위 간접화법으로 표현되지만(Er sagte, er komme
morgen. 그가 내일 오겠다고 말했다), 또한 화법동사의 서법을 통해서도 표현될 수
있다(Er *will* sie später getroffen haben. 그는 그녀를 그 후에 만났다고 주장한다;

Er *soll* auch gepredigt haben. 그도 역시 설교를 했었다는 소문이다). 술어의 직설법 + 양태어를 통해 주장을 표현할 수도 있다(*Angeblich* hat er gestern angerufen. 그가 어제 전화했다고 주장한다).

3.3.6.1. 간접화법

간접화법(indirekte Rede)은 화자가 다른 사람의 진술이나 의견 또는 이전의 자신의 진술이나 의견을 말하는 간접적인 표현이다. 특히 간접화법의 유도동사, 부문장 및 대명사 변화가 간접화법의 표지로서 사용된다. 그밖에 부문장 술어의 서법도 사용되는데 이 서법은 문어체의 규칙에 따라서 보통 접속법 I(II)이다. 그러나 접속법은 중요하지 않으며 의무적이 아니고 직설법으로 대체될 수도 있다. 간접화법의 특징은 주로 유도동사와 부문장 형태로 표시되기 때문이다. 이에 반해 부문장 유도어(=종속접속사)가 없거나 반복된 유도동사가 없는 연속적인 다수의 부문장에서는 접속법이 중요하며 간접화법에 대한 실제의 표지가 된다.

1) 간접화법의 문장구조
  a) 간접화법의 유도동사

간접화법은 보통 상위문의 동사, 특히 말하기 동사에 직접 종속한다: sagen(말하다), antworten(대답하다), fragen(질문하다), auffordern(요구하다), anordnen(명령하다) 등.

> Die Frau *sagte* : "Ich bin krank."
> - Die Frau *sagte,* dass sie krank sei(wäre, ist).
>   (그 부인은 자신이 아프다고 말했다)

의견, 생각, 느낌 또는 인지의 동사가 다른 한 집단을 형성한다: meinen(생각하다), glauben(믿다), denken(생각한다), hören(듣다), fühlen(느끼다) 등.

> Die Frau *dachte* : Ich bin krank.
> - Die Frau *dachte,* dass sie krank sei.
>   (그 부인은 자신이 아프다고 생각했다)

이 집단의 몇몇 동사들에서는 술어가 대체로 접속법으로 오지 않기 때문에 부문장이 보통 종속적인 화법으로 간주되지 않는다.

Die Frau *wusste*, dass er krank war. (*wissen, beweisen, sehen ...*)
(그 부인은 그가 아팠던 사실을 알고 있었다)

b) 간접화법의 부문장 형식

간접 진술문(부문장 유도어가 있는 경우와 없는 경우):

Er sagte mir, *dass er sie besucht habe.*
              er habe sie besucht.
(그가 그녀를 방문했었다고 나에게 말했다)

간접 의문문:

Ich fragte ihn, *wen er besucht habe.*
                wann er sie besucht habe.
                ob er sie besucht habe.
(나는 그가 누구를/언제 그녀를/그녀를 방문했는지를 물었다)

간접 요구문:

Ich bat ihn, dass er sie *besuchen möge/solle.*
             er *möge/solle* sie *besuchen*
(나는 그가 그녀를 방문해 주기를 요청했다)

간접화법은 또한 여러 문장들로 구성될 수 있으며, 이들 중 첫 번째 문장만이 유도동사에 직접 종속한다. 나머지 문장들은 주문장의 형태를 취하지만 술어는 접속법으로 온다.

Er sagte, *er habe sie gesehen. Sie seien zusammen ins Kino gegangen ...*
(그는 그가 그녀를 만났으며 그들이 함께 극장에 갔었다고 말했다 ...)

2) 간접화법의 서법

서법은 문어규칙에 따라서 접속법 I 이지만 접속법 I 과 직설법이 발음상 일치할 때에는 접속법 II 로 대체된다. 그러나 접속법 이외에 직설법도 나타나며 그밖에 간접 요구문에서는 solle(möge) + 부정사가 나타난다. 특히 간접화법의 유도동사가 현재로 올 경우에는 직설법이 나타난다. 유도동사가 과거로 오거나 혹은 간접화법이 부문장 유도어가 없는 형식을 취할 경우에는 접속법을 사용하는 것이 규칙이다(그

러나 직설법도 가능하다). 소위 보고화법에서는 접속법이 간접화법을 표시하기 위
한 유일한 수단이므로 접속법은 필수적이다. 보고화법(berichtete Rede)에서는 유도
어가 없으며 주문장 형식을 취하는 여러 부문장들이 간접화법의 유도동사 없이 연
속적으로 나타나기 때문이다.

> Die Frau sagt, dass der Mann zu spät *kommt(komme/käme)*.
> (그 부인은 그 남자가 너무 늦게 올 것이라고 말한다)
> Die Frau sagte, dass der Mann zu spät *komme(käme/kommt)*.
> (그 부인은 그 남자가 너무 늦게 올 것이라고 말했다)
> Die Frau sagt(e), der Mann *komme* zu spät.
> (그 부인은 그 남자가 너무 늦게 올 것이라고 말한다(말했다))
>
> Karl schrieb mir, dass Luise zu ihrem Vater nach Berlin *gefahren sei*. Wegen ihrer
> Reise *habe* er gestern mit mir nicht ins Theater gehen *können,* denn er *habe* noch
> Luises Koffer zum Bahnhof bringen *wollen.* Nächste Woche *komme* Luise wieder
> zurück und *werde* ihn *besuchen.*
> (카알은 나에게 다음과 같은 편지를 보냈다: 루이제가 베를린에 있는 그녀의 아버지
> 에게 갔다. 그녀의 여행 때문에 그는 어제 나와 같이 극장에 갈 수 없었다. 왜냐하면
> 그는 루이제의 가방을 역까지 나르려고 했기 때문이다. 다음주에 루이제가 다시 돌아
> 와서 카알을 방문할 것이다)

접속법 I 이 접속법으로서 분명치 않거나 혹은 접속법 형식이 비일상적인 경우에
만(2인칭 단수와 복수에서처럼: kommest, kommet) 문어에서 접속법 II 가 사용된다.
정상적인 강변화 동사와 약변화 동사에서 3인칭 단수에서는 보통 접속법 I 이 나타
나고, 다른 인칭에서는 접속법 II 가 나타난다. sein(2인칭 복수를 제외한)에서와 화
법동사의 1인칭과 3인칭 단수에서는 접속법 I 이 널리 쓰인다.

> Die Frau sagte, dass er zu spät *komme*.
>   dass du zu spät *kämest* (zu alt *seist)*
>   dass wir (sie) zu spät *kämen.*
>   dass ich zu alt *sei.*
>   dass wir zu alt *seien.*
>   dass ihr zu alt *wäret.*
>   dass ich (er) gehen *müsse.*

3) 주문장과 부문장의 시제

주문장과 부문장의 동시성:

> Sie sagt(e): "Ich lese gerade einen Roman von Tolstoi."
> (그녀가 "나는 지금 톨스토이가 쓴 소설책을 읽고 있다"라고 말한다)
> Sie sagt(e), dass sie gerade einen Roman von Tolstoi *lese/läse/liest.*
> (그녀는 지금 톨스토이가 쓴 소설책을 읽고 있다고 말한다)

부문장의 전시성:

> Sie sagt(e): "Ich habe den Roman schon früher gelesen."
> (그녀가 "나는 그 소설책을 이미 이전에 읽었다"라고 말한다)
> Sie sagt(e), dass sie den Roman schon früher *gelesen habe/hätte/hat.*
> (그녀는 그 소설책을 이미 이전에 읽었다고 말한다)

부문장의 후시성:

> Sie sagt(e): "Ich werde kommen." (그녀가 "나는 올 것이다"라고 말한다)
> Sie sagt(e), sie *werde/würde kommen(wird kommen).*
>   sie *komme/käme(kommt).*
> (그녀는 자기가 올 것이라고 말한다)

◆ 간접화법 서법의 역사적인 변천

간접화법의 부문장은 dass-문장이나 유도어 없는 부문장 또는 간접 의문문이며, 이들은 전달, 경험 및 의견을 표현하는 동사들에서 목적어로서 기능한다. 이러한 부문장의 서법에서는 시간이 지남에 따라 많은 변화가 일어났다.

1) 말하기 동사(예: sagen 말하다, antworten 대답하다) 다음에서의 서법은 주관적인 추측을 표현하는 동사(예: dünken 생각하다, meinen 의견이다, glauben 믿다) 다음에서와 마찬가지로 처음에는 항상 접속법이었다. 부문장의 술어가 현재시제의 유도동사 다음에서는 접속법 I 이고, 과거시제의 유도동사 다음에서는 접속법 II였다(=시제의 일치 Consecutio temporum).

   si quad, si *wari* sin thiu ('Sie sagte, sie sei seine Dienerin': Otfrid)

   kristen, juden, heiden jehent, daz diz ir erbe *si* (Walther) mich dunket, daz diu maere iu niht rehte *sin geseit* (Nibelungenlied)

erfahren(경험하다), wissen(알다), verstehen(이해하다), beweisen(증명하다), sehen (보다), hören(듣다)과 같은 동사들(이들은 원래 간접화법의 유도동사에 속하지 않는다) 다음에서는 이들이 실제적인 것을 표현하기 때문에 직설법이 왔다.

forstuontun, thaz her gisiht *gisah* in templo (Tatian)
der schifman horte, daz er *ranc* mit sorge und daz in minne *twanc* (Wolfram)

2) 신고지독일어 시대에는 이전에 직설법은 요구하던 그러한 동사들 뒤에서도 목적어문의 표지로서 접속법을 사용하기 시작했다.

weil sie Daniel überwiesen hatte, daß sie falsche Zeugen *wären* (Luther)
(그녀는 그들이 거짓 증인이라는 사실을 다니엘에게 알렸기 때문에)

freilich weiß jedermann, daß Wärme die Fibern *ausdehne* oder *erschlaffe*. (Herder)
(물론 모든 사람들은 열이 섬유를 팽창시키거나 이완시키는 사실을 알고 있다)

daß sie zweckmässig *sei,* hat die Ausführung bewiesen. (Goethe)
(그것이 합목적적이라는 사실을 그 실행이 증명했다)

Dal(1966:143)에 따르면 이 용법이 문어에서는 부분적으로 오늘날까지 유지되어 왔으나 오늘날의 정상적인 서법은 직설법이다.

3) 18세기 이후로 일상어에서 현재형의 주문장 다음에서는 직설법이 일상적이 되었지만, 과거형의 주문장 다음에서는 접속법이 유지되었다. 오늘날에는 불확실성을 표현하는 동사들에서도 직설법이 관철되었다: er glaubt/meint/ fürchtet, dass sie verreist ist(그는 그녀가 여행을 떠났다고 믿는다/생각한다/염려한다). 문학작품에서도 직설법의 이 새로운 용법이 일상적이 되었다.

ich stelle mir vor, daß eine Einwilligung des Himmels darin *liegt.* (Lessing)
(나는 그 안에 하느님의 동의가 있다고 생각한다)

außerdem sagt alle Welt, daß es mir vollkommen ähnlich *sieht* (Lessing)
(그밖에 세상 사람들은 그것이 완전히 나를 닮은 것처럼 보인다고 말한다)

übrigens vermute ich, daß die Geschichte ... *eingefädelt worden ist.* (Rosegger)
(더욱이 나는 역사가 ... 꾸며졌다고 추측한다)

"현재시제 다음에 직설법이 나타나는 것은 여기서 여타의 부문장 유형에서처럼 아마도 직설법 현재형이 동사행위의 실현을 필연적으로 표현하는 것은 아니라는 사실에서 설명될 것이다. 완료적인 동작태를 갖는 동사에서 현재시제는 보통 아직 실현되지 않은 미래의 사건을 표현한다. (...) 이러한 방법으로 ich glaube/hoffe/fürchte, dass er kommt(나는 그가 오리라고 믿는다/희망한다/염려한다)와 같은 구조가 설명된다. 그 후에 직설법은 이러한 표현에서 지속적인 의미를 갖는 동사로 전이되었다: ich glaube, dass sie schläft(나는 그가 잠자고 있다고 믿는다). 이 문장에서는 부문장 동사가 현재의 의미를 갖는다. 이에 반해 직설법 과거는 항상 실제의 사건을 표현하기 때문에 단순한 추측이 표현되어야 하는 곳에서는 어떠한 경우에도 직설법 과거가 사용될 수 없었다"(Dal 1966:143f.).

4) daß가 없는 문장에서는 현재시제의 주문장 다음에서도 오늘날 접속법이 일상적이다. 왜냐하면 이 경우에는 접속법이 간접적인 부문장의 유일한 표지이기 때문이다.

ich muß daher fast glauben, es *gebe* wirklich so etwas. (Heyse)
(그래서 나는 실제로 그런 것이 존재한다는 사실을 거의 믿지 않을 수 없다)

오늘날에는 보통 직설법이 오는 wissen과 같은 동사 다음에서도 접속법이 올 수 있었다.

wußte Baldar, da *müsse* er hinab (Rosegger)

소위 보고화법(berichtete Rede)에서 접속법을 사용하는 것은 이 용법의 계속적인 변천으로 간주된다.

Die Grippewelle dieses Jahres hat auch Frankreich erreicht. Dies *sei* jedoch kein Grund zur Beunruhigung, äußerte ein Stellvertreter des Ministers für Gesundheitswesen. Die Krankheit *beginne* zwar häufig mit recht hohem Fieber, *nehme* dann jedoch einen verhältnismäßig leichten Verlauf und *klinge* meistens in fünf bis sieben Tagen *ab.* (Zeitung; Lockwood 1966:137)
(유행성 감기가 금년에는 프랑스에도 전염되었다. 하지만 이것은 불안해할 아무런 이유가 되지 않는다고 보건복지부장관의 한 대리인이 말했다. 이 병은 종종 고열을 동반하면서 시작되지만 비교적 가볍게 진행되고 대체로 5일에서 7일 지나면 점차로 사라진다고 그는 말했다)

5) 접속법의 사용에서 처음에는 시제의 일치(Consecutio temporum)가 규칙이 되었다: 현재시제의 주문장 다음에서는 접속법I이 오고 과거시제의 주문장 다음에서는 접속법II가 온다. 현재시제의 유도동사 다음에서 직설법이 접속법을 밀어낸 후에도 과거시제의 주문장 다음에서는 원래의 접속법II가 대부분의 방언에서 그대로 보존되었다. 단지 알레만어에서만 접속법 I 이 사용되었다. 문어에서는 18세기 말엽부터 접속법 I 이 형태상 직설법 현재와 구별되는 경우에는 접속법I이 사용되고 그밖에는 접속법II가 사용되었다.

6) 종속의문문에서의 변천은 종속서술문에서의 변천과 비교될 수 있다. 문장내용이 실제적인 것이면 서법은 원래 직설법이었다. 내용이 불확실하거나 특히 ob-문장에서는 항상 접속법이 온다.

> hoeret wunder, wie mir *ist geschehen* (Walther)
> fraget danne, wer wirdig *si* (Tatian)
> ihr Zweifel, ob ich derartige Fragmente wohl *dürfe* drucken lassen (Lessing)

신고지독일어에서는 접속법이 간접의문문에 대한 일반적인 표지가 되었으나, 마침내 현재시제의 유도동사 다음에서는 직설법이 정상적인 서법이 되었다.

> du siehst, wie ungeschickt ich in diesem Augenblick *sei* (Goethe)
> (내가 이 순간에 얼마나 미숙한가를 너는 보고 있다)
> da fragt niemand, was einer *glaubt* (Schiller)
> (사람들이 무엇을 믿고 있는가를 그때 아무도 묻지 않는다)

3.3.6.2. 화법동사 서법

화법동사 wollen과 sollen은 또한 화자 이외의 다른 사람의 주장을 표현할 수도 있다. wollen에서는 진술이 주어와 관련되고, sollen에서는 진술이 주어 이외의 다른 사람의 주장으로서 표현된다. wollen의 주장은 네 가지 시제를 가지며(will sein/wollte sein/will gewesen sein/wollte gewesen sein), 이들 중에서 현재완료(will gewesen sein)가 가장 자주 나타난다. sollen의 주장은 단지 두 가지 시제만 갖는다: 현재(soll sein)와 현재완료(soll gewesen sein).

> Paul Roth *will* es genau *wissen,* dass die sowjetische Politik auf friedliche Koexistenz ausgerichtet sei. (파울 로트는 쏘련의 정치가 평화공존을 목표로 하고 있었다는 사실을 정확히 알고 있다고 주장한다)

Er *will* sie später wieder *getroffen haben.*
(그는 그녀를 그 후에 다시 만났다고 주장한다)
Sie *wollte* es nicht *gewesen sein.*
(그녀는 그것이 아니었다고 주장했다)
Sie *soll* noch eine Schwester *haben.*
(그녀는 여동생이 또 한 명 있다는 소문이다)
Er *soll* auch *gepredigt haben.* (그도 역시 설교를 했었다는 소문이다)

이러한 서법의 역사적인 변천은 아직도 연구되지 않았다.

3.3.7. 요구와 소원

요구(Aufforderung)는 보통 한 사람 또는 여러 사람들에게 직접 하기 때문에 2인칭(단수와 복수)에서 나타난다. 이런 직접적인 요구의 서법은 독일어에서 명령법인데 명령법에는 또한 몇 가지 바꿔쓰기(Umschreibung)도 존재한다. 동사서법이라고 일컬어질 수 있는 다른 서법과는 달리 명령법(Imperativ)은 본래 고유한 문장유형, 즉 서술문(Konstativsatz) 및 의문문(Fragesatz)과 비교될 수 있는 요구문(Aufforderungssatz)을 대표하며 문장서법으로 간주될 수 있다.

요구가 화자를 포함하거나(1인칭 복수) 또는 간접적으로 제3자(3인칭 단수와 복수)에게 행해지면 요구는 접속법 I 을 통해서나 화법동사의 바꿔쓰기를 통해서 표현될 수 있다. 소원(Wunsch)은 오늘날 보통 명령법이나 또는 화법동사의 서법을 통해서 표현된다.

1) 요구(Aufforderung)와 명령(Befehl) 또는 금지(Verbot)의 본래 인칭은 2인칭의 단수와 복수이다. 서법은 명령법이나 접속법 I (3인칭 복수)인데, 접속법I은 공손한 표현으로 작용하며 이미 명령법의 한 형태로 간주될 수 있다.

   Sprich nicht so laut! (그렇게 큰 소리로 말하지 말아라)
   Geht nach Hause! (집으로 가거라)
   Bring du mir das Buch! (그 책을 나에게 가져와라)
   Fahren Sie nicht so schnell! (그렇게 빨리 운전하지 마시오)

공손한 요구에서는 명령법과 더불어 대체로 bitte나 양태부사(doch, doch einmal)가 사용된다.

Bitte, geben Sie mir das Buch! (미안하지만 그 책을 나에게 주세요)
Geben Sie mir *bitte* das Buch! (미안하지만 그 책을 나에게 주세요)
Komm doch einmal her! (여기 한 번 와봐)
Helfen Sie mir *doch!* (나 좀 도와주세요)

직접적인 요구가 술어의 명령법을 통해서만 표현될 수 있는 것은 아니다. 직접적인 요구는 다른 수단을 통해서도 표현될 수 있는데 이때 요구는 전체 구조에서 생겨나며 특히 억양(Intonation)과 강세(Betonung)에서 발생한다. 이제 더 이상 술어의 문법적 기능만이 문제되는 것은 아니지만 완벽하게 하기 위하여 여기서 이러한 수단들을 간단히 논의하고자 한다.

a) 요구는 서술문(Konstaivsatz, Aussagesatz)으로 표현되는데, 서술문의 술어는 현재나 또는 미래로 온다(술어가 강하게 강조된다).

Ihr *geht* jetzt! (너희들 지금 가거라)
Du *gehst* jetzt! (너 지금 가거라)
Du *wirst* jetzt nach Hause *gehen!* (너 지금 집으로 가거라)

b) 요구는 의문문으로 표현되는데 의문문의 술어는 직설법 현재 또는 미래로 온다.

Gehst du nun bald? (너 이제 곧 갈 거지?)
Wirst du gleich still *sein!* (너 즉시 조용히 해)
Werdet ihr jetzt endlich *arbeiten!* (너희들 이제 드디어 일해라)

c) 공손한 부탁은 서술문이나 의문문으로 표현되는데 이들의 술어는 접속법 II이다.

Ich *hätte* gerne von Ihnen eine Auskunft.
(나는 당신으로부터 하나의 정보를 얻고자 합니다)
Wären Sie so freundlich, mir das Salz herüberzureichen?
(미안하지만 저에게 그 소금을 넘겨 줄 수 있습니까?)
Dürfte ich dich um einen Gefallen bitten?
(내가 너에게 부탁을 하나 해도 괜찮겠니?)

d) 요구는 비인칭수동으로 표현될 수 있다(직설법 현재).

Jetzt *wird geschlafen!* (지금 자거라)

e) 명령은 자립적인 dass-문장으로 표현될 수 있으며 이때 명령은 강조된 ja 를 통해서 강화될 수 있다.

Dass du pünktlich zu Hause bist! (너 정시에 집에 있어라)
Dass ihr ja keine Dummheiten macht! (너희들 제발 어리석은 짓 하지 말아라)

f) 다양한 등급의 요구(요구, 강요 및 명령)는 또한 다양한 화법동사 + 부정사 로도 표현된다.

Du *sollst* still *sein!* (너, 조용히 해)
Du *musst* jetzt still *sein!* (너 지금 조용히 해라)
Ihr *dürft* nicht so laut *schreien!* (너희들 그렇게 크게 소리지르면 안 돼)
Wollt ihr endlich still *sein!* (너희들 이제 조용히 해야해)

g) 화법동사 구성 대신에 또한 haben/sein + 부정사도 사용될 수 있다.

Du *hast dich vorzusehen!* (너 미리 준비해둬야 한다)
Die Tür *ist* sofort zu *öffnen!* (문을 즉시 열어야 한다)

h) 생략된 구조도 역시 요구의 표현으로 사용된다: 부정사, 분사, 명사 및 부사.

Vorsehen! (주의) Aufpassen! (주의) Einsteigen! (승차)
Nur nicht weich werden! (양보하지 말아라)
Durch vorsichtiges Fahren Unfälle verhüten! (조심스런 운전으로 사고를 예방해라)
Bitte Tür schließen! (문 좀 닫아 주세요)
Bitte, Platz nehmen! (자리에 좀 앉으세요)

Vorgesehen! (주의) Stillgestanden! (차렷) Aufgepasst! (주의)
Nicht zuviel geschwatzt! (너무 수다떨지 말아라)
Rauchen verboten! (금연)

Vorsicht! (조심) Achtung! (주의) Vorsichtig! (조심) Still! (조용히)
Vorwärts! (앞으로) Lauter! (좀 더 큰 소리로) Halt! (멈춰)

소원은 명령법을 통해서 표현될 수 있지만 2인칭에서는 때때로 möge + 부정사 로도 표현된다.

Bleib gesund! (건강하길)
Mögest du gesund *bleiben!* (몸 건강하길 바란다)
Mögest du den ersten Schritt *tun!* (첫 걸음을 내딛길 바란다)

◆ 역사적인 변천

2인칭 단수와 복수에서의 요구는 오래 전부터 명령법으로 표현되었다.

> *cruzo* les nan, *cruzo* (Otfrid)
> *habe* dine mannes sinne und minne (Tristan)

이에 반해 금지는 원래 인구어에서 소위 명령법(Injunktiv: 미래의 의도를 표현하는 명령법(역자주))을 통해서 표현되었는데 이것이 후에 접속법과 일치하였다. 원시 게르만어에서는 금지의 서법 역시 접속법이었는지 모른다. 왜냐하면 고트어의 금지에서는 단지 접속법 I만이 나타났기 때문이다: ni maurþrjais 'du sollst nicht töten' (살인하지 말라). 초기 고고지독일어에서는 접속법이 금지에서 아직도 가능했지만 이미 동일한 텍스트에서 명령법이 나타날 수 있었다.

> ni *slahes*, ni *huoros*, ni *tues* thiuba. ('du sollst nicht töten, du sollst nicht ehebrechen, du sollst keinen Diebstahl begehen.': Tatian)
> – '살인하지 말라. 간음하지 말라. 도적질하지 말라)

> niowiht ni *nemet* ir in wege (Tatian)

그밖에 고고지독일어에서 이미 명령법이 금지에서도 사용되었다. 고고지독일어에서는 명령법이 없는 동사들에서만 접속법이 사용되었다. ni wolles는 오랫동안 유지되었다. 또한 sein(고고지독일어 wesan)에서도 원래는 명령법이 없었으나 고고지독일어에서 명령법 형태 wis와 weset가 형성되었다. "접속법 형태 sīs(t), sīt도 역시 (명령법 wis, weset와 더불어) 많이 사용되었다. 접속법 형태 sīt는 중고지독일어에서 명령법으로 이해되었으며 이전의 명령법 형태 west는 완전히 배제되었다. 그 후에 사람들은 이전의 wis, bis 대신에 sīt로부터 신고지독일어 단수 sei를 만들었다"(Dal 1966:139).

명령법의 대체구조로서 몇몇의 화법동사 구성들이 이미 고고지독일어에서 나타났다.

> thu *scalt thih heffen* filu frua (Otfrid)
> ni *tharft* es drof *duellen* (Otfrid)

서술문의 직설법에 대한 예들은 신고지독일어에서 처음으로 발견된다.

so *werden* Sie doch so gut *sein* und ihm die Parol *mitbringen.* (Weise)
(친절을 베푸셔서 그에게 그 표어를 갖다 주세요)

rafft zusammen – du *bleibst,* Kosinsky – packt eilig zusammen (Schiller)
(코진스키, 그대는 가만히 있고 – 너희들은 끌어 모아서 빨리 한데 싸라)

대체형식의 변천에 대해서는 아직도 철저히 연구되지 않았다.

소원(Wunsch)은 오랜 옛날부터 명령법 이외에 화법동사의 서법을 통해서 표현
되었다. 처음에는 müssen(접속법 I)+부정사가 나타나고, 나중에는 mögen(접속법 I)
+부정사가 나타났다.

so *muezest* du min niemer *werden.* ('So mögest du nie die Meine werden': Walther)
(그래서 네가 결코 내 부인이 되지 않기를)
du *müssest weinen* Tränen der Menschlichkeit. (Klopstock)
(너는 동정심에서 울어 나오는 눈물을 흘리기를)
Mögest du gesund *bleiben.* (신고지독일어) (계속 건강하기를)

2) 3인칭에서의 요구나 소원은 간접적으로 제3자를 목표로 한다. 서법으로서는
접속법 I이나 또는 화법동사의 구성이 나타난다.

a) 접속법 I은 오늘날 특히 고정된 어법(=성구)에서 나타난다.

Es *lebe* der König! (왕 만세)
Der Herr *segne* dich und *behüte* dich!
(주님이 그대에게 축복을 내리시고 그대를 보호해 주시기를)

여기서 접속법 I은 소원을 표현한다. 그러나 접속법 I은 또한 요구를 포함할 수
도 있다.

Er *gehe* nach Hause! (그가 집으로 갔으면/보내라)
Er *komme* her! (그가 이리 왔으면/오도록 해라)
Man *mache* Raum! (장소를 마련했으면/마련해라)

사용설명서, 요리법 등에서도 접속법 I이 명령법으로 사용된다.

Zuerst *schäle* man die Kartoffeln, *wasche* sie und *lege* sie auf einen Suppenteller. Dann
zerreibe man sie auf dem Reibeisen zu einem Brei... (우선 감자의 껍질을 벗기고 그것

을 씻은 후 수프접시 위에 놓으세요. 그리고 나서 감자를 강판에 갈아서 죽이 되도록 하시오 ...)

b) 3인칭 단수에서는 화법동사의 서법들 중에서 특히 möge와 mag을 갖는 구조가 나타난다. möge + 부정사는 소원의 표현으로서 접속법 I 과 유사한 고정된 어법에서 나타난다. 또한 학문적인 텍스트에서도 이러한 화법동사의 서법들이 나타난다.

Gott *möge* ihm *helfen! Möge* ihm Gott *helfen!*
(신이 그를 도와주시기를)
Möge er noch lange *leben!* (그가 앞으로 장수하기를)

Das Zeichen y *möge* die zu suchende Größe *bezeichnen.*
(=bezeichne die zu suchende Größe)
(기호 y가 찾아야 하는 단위를 나타낸다고 하자)

접속법 möge는 종종 직설법 mag으로 대체된다.

Die Frage *mag/möge* er mit sich selbst *erörtern.*
(그는 이 문제를 자신 자신과 논의해야 할 것이다/논의하기 바란다)
Darüber *mag* die knappe Wiedergabe eines Gesprächs Auskunft *geben.*
(대화의 간단한 재현은 그것에 대한 정보를 줄 수 있을 것이다)

종종 mögen의 서법은 양보에 접근한다.

Er *mag* nur *kommen.* (그가 제발 오기만 한다면)

3인칭 단수에서는 동사 mögen 이외에 sollen도 역시 나타난다.

Gott *soll* uns *helfen!* (신이 우리를 꼭 도와주실 것이다)
Er *soll nachgeben!* (그가 양보해야 할 것이다)
Das Zeichen y *soll* die zu suchende Größe *bezeichnen.*
(기호 y가 찾아야 하는 단위를 나타낸다고 하자)

화자가 청자에게 제3자에 대한 명령전달을 위임하는 경우에도 sollen의 서법이 사용된다.

Er *soll* sofort *kommen.* (그는 즉시 와야 한다)

3인칭 복수에서는 보통 mögen이 사용되지만 이 구성이 빈번히 사용되는 것은 아니다.

> *Mögen* die sich *hinsetzen,* die Ausschuss machen. (Welke1965:113)
> (위원회를 구성하고 있는 사람들은 착석하기 바랍니다)
> *Mögen* sie nur *kommen!* (그들이 제발 오기만 한다면)

특히 제3자에게 명령을 전달할 때에는 sollen + 부정사도 역시 나타난다.

> Die Jungen *sollen* sofort zu mir *kommen.*
> (그 소년들은 즉시 나한테 와야 한다)

◈ 역사적인 변천

3인칭에서는 단수에서뿐만 아니라 복수에서도 접속법 I 이 원래의 서법이었다.

> der himelkeiser *bewar,* frouwe, iuwer ere (Hartmann)
> alle die sin ouch willen haben, die *hüeten sich* vor unrechtem guote (Berthold)

오늘날에는 단수에서만 접속법 I 이 명령법으로 사용된다. 복수에서는 접속법 I 이 직설법과 동일하게 되었기 때문이다. 그러나 복수는 오늘날 명령법의 2인칭 단수와 복수에 대한 공손한 표현으로 사용된다. 접속법 I 의 이러한 사용은 3인칭 복수가 공손한 표현으로서 2인칭 복수를 대체했던 17세기부터 유래한다. 초기 신고지독일어에서는 접속법 I 이 복수에서도 일반적으로 사용되었다. 예컨대 루터에서 접속법I이 자주 나타났다.

> Es *werden* Lichter an der Feste des Himmels und *scheiden* Tag und Nacht.
> (하늘의 성체에서 빛이 형성되어 낮과 밤을 갈랐다)

화법동사의 서법 중에서 가장 먼저 müssen(접속법 I) + 부정사가 나타났으며, 그 다음에는 이미 고고지독일어에서 mögen이 나타났다. mögen이 나중에 müssen을 완전히 밀어내었다.

> fon got er *muazi haben* munt (Otfrid)
> *müeze* mich doch got *bewarn* (Walther)
> so *müsse* die ganze Stadt von meiner Zagheit *sagen* (Gryphius)

queman mag uns thaz in muat ('Mögen wir das bedenken', eig. 'Komme uns das in den Mut': Otfrid)
nu *mügen* sie doch *bedenken* die gemeinen not, wie al diu werlt mit sorgen ringe (Walther)
mag er's dereinst vor Gott *verantworten,* wenn er kann (Hoffmann)

3) 1인칭 복수에서의 요구는 화자를 포함한다. 서법으로서 보통 접속법 I, lasst uns + 부정사, wollen + 부정사가 사용된다.

Gehen wir! Lasst uns gehen! (갑시다)
Sprechen wir nicht mehr davon! (그것에 대해 더 이상 말하지 맙시다)
Wollen wir eine Tasse Kaffee *trinken!* (커피 한 잔 합시다)

◆ 역사적인 변천

고트어와 고고지독일어에서는 1인칭 복수에 대한 명령법, 소위 권유법(Adhortativ)이 있었는데, 이것은 외형상 직설법 현재와 일치하였다. 고트어에서 권유법은 긍정적인 요구문에서 나타났다: wisam waila 'lasst uns fröhlich sein', galeiþam 'gehen wir'. 이에 반해 동사가 부정되어 있으면 단지 접속법 I 만이 나타났다: ni slepaima 'schlafen wir nicht'. 고고지독일어의 가장 초기 문헌에서도 권유법이 -mēs 위에서 나타났으며 이와 더불어 9세기 이후로는 접속법 I 도 나타났다.

faramēs, bittemēs (aber auch *singēm*)

10세기와 11세기에 권유법은 완전히 사라졌다. 중고지독일어에서는 접속법이 살아 남아서 많이 사용되었다.

nu *binden* uf die helme. (주어 없이: Nibelungenlied)
gen wir zuo des meien hochgezite (Walther)

이 접속법은 중고지독일어 시대 말엽까지 유지되었으나 초기 신고지독일어 문학작품에서는 더 이상 나타나지 않았다. 접속법은 18세기에 스위스인들에 의해 새로이 사용되었다. "그 후 접속법은 다시 문어에서, 특히 문학작품에서 아주 일반적이 되었다"(Behaghel 1923-32,2:230).

gehen wir denn. (Voß)
bleiben wir von den Soldatenhaufen. (Schiller)

오늘날 접속법은 일상어에서도 1인칭 복수 요구문의 빈번한 형태이다.

화법동사의 서법들 중에서 가장 오래된 서법은 이미 고고지독일어에서 나타났던 sollen + 부정사구조이다.

> wir *sculun* unsich *samanon* zi rehteron redinon joh quedemes in rihti (Otfrid)
> "ir edelen ritter balt, da *suln* wir hine *gan*" (Nibelungenlied)

14세기에 wollen에 의한 바꿔쓰기가 처음에는 중부 독일어에서 나타났으며 그 다음에는 상부 독일어에서도 나타났는데, 이것이 오늘날에는 일반적이 되었다.

> *wir wullen* si *bidden* (Spiel von den zehn Jungfrauen)

14세기에 또한 laßt uns + 부정사구성도 처음에는 저지 프랑크어와 중부 프랑크어에서 나타났으며 나중에는 전체 중부 독일어에서 나타났다.

> *lasset uns* die spielsteine *holn* (Spiel von den zehn Jungfrauen)

이 구성은 문어에도 침투되었으며 오늘날까지 사용된다.

4) 오늘날 1인칭 단수에서 소원의 표현으로서 - 사람들은 습관적으로 자기 자신에게 요구하지 않는다 - möge + 부정사가 드물게 나타난다.

> *Möge* ich euch helfen *können.* (내가 너희들을 도울 수만 있다면)
> *Möge* ich ihn nie *wiedersehen.* (나는 그를 다시는 보지 않았으면)

◈ 역사적인 변천

1인칭 단수에서 소원의 원래 서법은 접속법I이다. 접속법I은 아주 오랜 옛날부터 중고지독일어 시대까지 소수의 동사들에서 사용되었다.

> *bimīde* ih thaz wizi ('möge ich der Strafe entgehen': Otfrid)
> (내가 벌을 받지 않기를)

중고지독일어에서는 이 접속법의 사용이 소멸되었다. 직설법의 어미와 접속법의 어미가 일치했기 때문이다(고고지독일어에서 직설법은 bimīdu, 접속법은 bimīde, 중

고지독일어에서는 둘 다 bemīde). 신고지독일어에서는 접속법이 발음상 직설법과
구별되는 경우에만 일반적으로 접속법이 사용되었다.

> ich *sei,* gewährt mir die Bitte, in eurem Bunde der dritte (Schiller)
> (내가 너희들 도당에서 세 번째가 되기를 요청한다)

그러나 가끔 직설법과 비슷한 형태들로 발견되었다.

> *gesteh* ich es nur (Goethe) (솔직히 말하자면)

오늘날에는 접속법이 매우 드물게 사용된다. 접속법 대신 möge + 부정사가 나타
난다. 화법동사 구성은 이미 고고지독일어에서 나타났는데 가장 오래된 구조는
müssen + 부정사이다.

> so *muoze* ih psalmum *singen* (Notker)
> mit saelden *mueze* ich hiute *uf sten* (Walther)

4. 부정

문장 또는 단어의 내용은 부정어(Negationswort, Negationsträger)를 통해서 부정
될 수 있다: nicht, nie, niemals, kein, keineswegs, keinesfalls, niemand 등. 대부분의
부정어는 부정의 의미를 가질 뿐만 아니라 문장성분 또는 문장성분의 일부(=부가
어)로서도 요구된다. 즉 부정어는 결합가에 따른 문장성분(주어, 목적어, 부사보충
어)으로서나 또는 결합가와 무관한 임의 문장성분(부사첨가어)과 부가어로서 요구
된다. 이들은 '정상적인' 문장성분들과는 달리 아마도 부정의 문장성분(부정 보충어
와 부정 첨가어)으로 간주될 수 있을 것이다.

> *Niemand/Nichts* kann mir helfen. (부정 주어)
> (누구도/어떤 것도 나를 도울 수 없다)
> Ich höre *nichts/*kenne *niemanden* hier. (부정 목적어)
> (나는 여기서 아무 것도 듣지 못한다/아무도 모른다)
> Er ist *nirgendwo* und überall. (부정 부사보충어)
> (그는 어디에도 없으면서 또한 도처에 있다)
> Er sah seinen Freund *nirgendwo.* (부정 첨가어)
> (그는 자기 친구를 어디에서도 보지 못했다)

Ich habe *kein* Geld. (부정 부가어) (나는 돈이 없다)

이러한 부정어는 의존도식에서 고유한 교점, 즉 술어동사나 또는 다른 문장성분의 의존소(Dependens)를 구성한다.

이에 반해 문장부정어 nicht는 문장성분가를 갖지 않은 순수한 부정어이다. nicht는 동사를 부정하기 때문에 술어의 일부로 간주될 수 있다. 그러면 부정은 술어의 문법적 기능이며 부정어 nicht는 문장성분 내부의 의존에 따라서 술어의 내부에 있는 순수한 문법적인 첨가어이다.

Er *konnte nicht* eher kommen. (그는 더 일찍 올 수가 없었다)
Ich *habe* die Hoffnung *nicht aufgegeben.* (나는 희망을 포기하지 않았다)

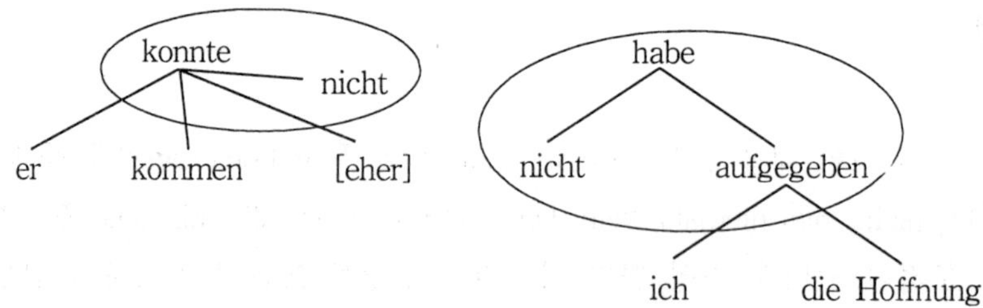

nicht가 술어가 아닌 다른 문장성분을 부정하는 경우 nicht는 물론 술어의 일부로 간주될 수 없다(특수부정, Sondernegation).

Ich traf ihn *nicht* heute, sondern gestern.
(내가 그를 만난 것이 오늘이 아니라 어제였다)

◈ 역사적인 변천

1) 초기 고고지독일어의 문장부정어(Satznegation)는 동사 앞에 오며 인구어에서 유래한 ni였다.

enti imo hilfa *ni* quimit (Muspilli)

부정어 ni는 부정대명사나 부사 앞에 반복될 수 있었는데, 이로 이해 새로운 부정의 대명사나 부사가 발생하게 되었다: nio, nioman, niomer, niowiht. 그 결과 ni와 부정의 대명사나 부정의 부사로 구성되는 이중부정이 발생하게 되었다.

> dar *nist neoman* siuh (Muspilli)

부정의 부사나 또는 대명사가 동사 앞에 오는 경우 부정어 ni가 빠질 수도 있었다.

> *nihein* tharbeti thar suertes (Otfrid)

Otfrid에서 niwiht('nichts') 이외에는 동사가 부정되지 않았다.

> thoh sie *niwiht* fuartin 'obgleich sie nichts äußerten'

2) 후기 고고지독일어에서 대명사 niowiht(ni + iowiht) 'keineswegs', 'gar nicht'가 부정의 정상적인 강화로 발전되어서 정상적인 부정이 이중부정 ni – niowiht (neowiht, niwiht)로 되었다.

> *ni* balg ina *neowiht* ('er zürnte nicht': Heliand)
> *ni* zaweta imo es *niawiht* ('es gelang ihm nicht': Otfrid)

중고지독일어에서는 몇몇 경우를 제외하고 이중부중 ne – niht가 규칙이 되었다.

> ich *ne* weiz, waz mir scillet inz ore (Alexanderlied)
> (부문장 목적어가 동사와 밀접하게 연결된다)

> dune darft niht jehen, daz du in ir herze *enmügest* (Walther)
> (화법동사에서는 종속적인 부정사가 생략되었다)

3) nicht가 필수적인 된 이후로는 이전의 부정어 ne가 불필요한 것으로 간주되어 점차적으로 사라졌다. ne가 1300년경 고지독일어에서는 아주 드물었으나 15세기 말경에도 간혹 나타났다.

4) 이중부정은 그 후로도 지속되었으며 보통 nicht와 하나 또는 여러 부정의 대명사나 부사로 구성되었다.

ichn gehorte *nie* solhes *niht* gesagen (중고지독일어)
wem *niemand nicht* gefällt (Logau)
wie er spricht, spricht dir *niemand nicht* (Lessing)
nirgends keine Seele war zu sehen (Goethe)
mit der Zeit will *niemand nicht* davon wissen (Goethe)
das disputiert ihm *niemand nicht* (Schiller)

Dal에 따르면 이러한 용법이 많은 방언에서는 오늘날에도 존재한다. 문어에서는 이중부정이 허용되지 않는다. 왜냐하면 오늘날 다수의 부정어는 서로 상쇄되기 때문이다. 이러한 사실은 라틴어문법의 영향에서 기원할 수 있다.

| B. 비정동사적 문장성분

1. 술어의 결합가에 결속된 보충어

1.1. 주어

1.1.1. 주어의 구조적 위치

전통적인 견해는 비정동사적(nicht-finit) 문장성분들 중에서 주어(Subjekt)에 특수지위(Sonderstellung)를 부여하였다. 이 견해에 따르면 주어는 술어동사와 함께 소위 주어-술어 관계(Subjekt-Prädikat-Beziehung)를 형성한다. 주어와 술어는 상호 제약하는 문장의 주성분이다. 따라서 주어는 예컨대 목적어처럼 술어의 보충어(Ergänzung)로 간주되지 않는다.

Der Vater liest. (아버지께서 읽으신다)

(Der Vater는 liest를 제약하고, liest는 der Vater를 제약한다)

결합가 이론(Valenztheorie)에서는 주어가 대체로 특수지위를 갖지 않으며, 예컨대 목적어처럼 술어의 보충어이다.

결합가 이론의 견해에 대한 논증:

1) 주어 없는 문장, 즉 전통적인 의미에서의 주어-술어 관계가 없는 문장이 있다. 그렇기 때문에 주어-술어 관계가 문장구조에 대한 절대적인 전제조건으로 간주될 수는 없다: Heute wird getanzt(오늘 춤을 춘다). Mich friert(나는 춥다).

2) 주어와 목적어가 동일한 논리·의미적인 의미를 가질 수 있다: Ich friere와 Mich friert. 첫 번째 문장에서의 주어와 두 번째 문장에서의 목적어가 상태보유자(Zustandsträger)(=피동자격 Patiens))이다.

3) 주어는 의미적으로 대체로 술어에 종속한다. 즉 술어는 목적어의 내용을 결정하는 방법과 동일한 방법으로 주어의 의미내용도 결정한다: *Der Tisch schreibt einen Brief(주어가 술어와 양립하지 않는다); *Der Junge schreibt den Tisch(목적어가 술어와 양립하지 않는다).

하지만 주어는 한 가지 관점에서 특수지위를 갖는다. 즉 주어는 술어의 정동사와 일치(Kongruenz)하는 유일한 문장성분이다. 술어의 다른 보충어들보다 훨씬 더 많은 주어가 술어(Prädikat)에서 나타난다는 사실도 또한 유의해야만 한다.

1.1.2. 주어의 본질

주어는 술어동사에 의해 요구되는 1격 명사나 대명사 내지는 그들의 등가어(Äquivalent)(부문장이나 부정사)로서, 술어의 수와 인칭은 일치(Kongruenz)(혹은 의미구문 Synesis)의 의미에서 주어에 의해 결정되며 주어는 1격 인칭대명사나 혹은 지시대명사에 의해서 대용화될 수 있다.

Das Kind spielt auf dem Hof. (*Es* spielt.)
(그 아이가 뜰에서 놀고 있다)
Die Kinder spielen auf dem Hof. (*Sie* spielen.)
(아이들이 뜰에서 놀고 있다)
Ich spiele auf dem Hof. (나는 뜰에서 놀고 있다)
Dass du gekommen bist, freut uns alle. (*Es* freut uns.)
(네가 왔다는 사실이 우리 모두를 기쁘게 한다)

Seinen Ausführungen zu folgen war sehr schwer. (*Es* war schwer.)
(그의 실행을 따르는 것은 매우 어려웠다)

문법적 주어(grammatisches Subjekt)는 표층구조의 현상이며 그 배후에는 심층구조("심층구조격")의 다양한 관계들이 내재해 있다.

1) 주어는 능동적인 행위자(Täter, Agens)나 또는 수동적인 상태보유자(=피동자 Patiens)를 표현한다.

   Der Mann schlägt den Hund. (행위자격) (그 남자가 개를 때린다)
   Der Mann schläft. (피동자격) (그 남자는 잠을 잔다)

2) 주어는 능동적으로 영향을 받는 사물이나 사람을 지칭할 수 있다(대상격 Objektiv).

   Das Fenster zerbrach. (비교: Ich zerbrach *das Fenster.*)
   (창문이 깨졌다 - 내가 창문을 깼다)

3) 주어는 발전과정이나 변화과정의 결과를 표현할 수 있다(결과격 Resultativ).

   Aus der Puppe hat sich *ein Schmetterling* entwickelt.
   (번데기에서 나비가 되었다)

4) 주어는 무엇을 받는 사람을 표현한다(수신자격 Adressativ).

   Ich habe von ihm heute einen Brief bekommen.
   (나는 오늘 그로부터 편지 한 통을 받았다)

5) 주어는 또한 시점이나 시간도 표현할 수 있다(시간격 Temporativ).

   Dieser Augenblick/Dieses Jahr hat mir große Freude gebracht.
   (이 순간이/금년이 나에게 커다란 기쁨을 가져다 주었다)

6) 주어는 어떤 일이 일어나는 장소를 표현할 수 있다(장소격 Lokativ).
   Helsinki ist windig. (비교: Es ist windig *in Helsinki.*)
   (헬신키는 바람이 많다 - 헬신키에서는 바람이 많이 분다)

7) 주어는 도구나 수단을 지칭할 수 있다(도구격 Instrumentativ).

Bomben haben Dresden zerstört. (비교: Der Feind hat Dresden *mit Bomben* zerstört.)
(폭탄이 드레스덴을 파괴하였다 - 적군이 드레스덴을 폭탄으로 파괴하였다)

8) 주어는 사건 그 자체를 표현할 수 있다(논리적인 술어).

Gestern ist hier *ein Mord* geschehen. (비교: Man *hat* jemand *ermordet.*)
(어제 여기서 살인사건이 발생했다 - 사람들이 누군가를 살해했다)

9) 주어는 지시적인 내용이나 심층격 내용이 없는 순수 형식적이 될 수 있다.

Es regnet. (비가 온다)

1.1.3. 주어의 종류

1격 명사나 대명사, 예외적인 2격, 부정사, 성분문장, 내용이 없는 형식적인 es, 부정의 인칭주어 man이 주어가 될 수 있다.

1.1.3.1. 1격 주어

명사 대신에 명사화된 형용사도 주어로 나타날 수 있다.

Die Sprache lebt. (언어는 살아있다)
Das Neue ist wertvoll. (새로운 것은 가치가 있다)

1격이 주어의 본래 격이다.

1.1.3.2. 2격 주어

오늘날에는 2격 주어가 낡은 표현이다. Jung(1980:75)에 따르면 2격 주어가 고대어에서 나타나며, Duden(1984:574)에 의하면 고대어나 혹은 시에서 사용된다.

Der Schöpfungstage sind nicht sechs. (Jung)
(천지창조의 날은 6일이 아니다)
Es war vielmehr *deines Bleibens* nicht zu Hause. (Th. Mann)
(=Du wolltest nicht bleiben. 오히려 너는 집에 머물고자 하지 않았다)

◈ 역사적인 변천

1) 초기 신고지독일어에서는 아직도 양이나 부피가 정해지지 않은 전체의 일부를 표현하는 부분의 2격(partitiver Genitiv)이 주어로서 나타났다.

> *seines Gesanges* erschallet noch (Klopstock)
> es sind *deren* unter ihnen gewesen (Claudius)
> Erinnerungen, *deren* uns ja aus jedem Alter bleiben (Paul)
> und *solcher Stellen* waren überall (Ludwig)
>
> *des glastes* under diu verswant (중지고독일어)

초기 신고지독일어에서는 부분의 2격 대신에 von-구조도 사용되었는데, 이 구조는 18세기에 빈번하게 나타났으며 아마도 프랑스어에서 기원할 수 있을 것이다.

> gestern, denkt, gingen *von seinen Leuten* vorbei. (Goethe)
> (그는 그의 부하들 중의 일부가 어제 지나갔다고 생각한다)
> es war *von Luthers Geist und Mannheit* auf ihn übergangen. (Alexis)
> (루터의 정신과 남성다움의 일부가 그에게로 옮아갔다)

2) 고트어와 고고지독일어에서는 단순부정사 ni를 갖는 부정문에서나 혹은 부정의 내용을 갖는 문장에서 2격 주어가 종종 나타났는데, 이것은 아마도 인구어의 고풍인지도 모른다.

> ni was im *rumis* ('Es war für sie kein Raum da'; 고트어)
> (그들을 위한 자리가 없었다)
> ioch brast *thes wines* ('Und es fehlte an Wein'; 고고지독일어)
> (포도주가 부족했다)

3) nicht가 부정어가 된 이후로는 2격 주어가 더욱 빈번하게 되었다. 하지만 2격은 본래 술어가 아니라 nicht에 종속하였다(원래 'nichts'):

> *din* ist niht ganz gebliben. (원래 'nichts von dir'; Ecke)

우리는 토마스 만의 위의 예문 Es war vielmehr deines Bleibens nicht zu Hause (오히려 너는 집에 머물고자 하지 않았다)에서도 그러한 2격 주어를 갖는다.

1.1.3.3. 부정사 주어

zu 없는 부정사(단순 부정사) 뿐만 아니라 zu 있는 부정사도 주어로 올 수 있다.

1) 주어로서 사용되는 zu 없는 부정사는 대부분 대문자를 취하는 명사처럼 표기 되지만 관사를 갖는 일이 드물며 부가어(Attribut)를 취할 수도 없다. zu 없는 부정사는 대체로 속담(Sprichwort)이나 다른 고정된 어법에서 사용된다.

> *Irren* ist menschlich. (과오는 누구에게나 있는 법이다)
> *Schenken* macht Freude. (선물을 하는 것은 기쁨을 가져다 준다)
> *Geben* ist seliger als Nehmen. (주는 것이 받는 것보다 복이 있다)

zu 없는 부정사가 규정어(Bestimmung)를 갖는다면 그것은 동사로 간주되며 소 문자로 표기된다. 여기서도 zu 없는 부정사는 고정된 어법에서 사용된다.

> *Unrecht leiden* ist besser als Unrecht tun.
> (부당한 것을 참는 것이 부당한 것을 행하는 것보다 낫다)

2) 부정사가 자신의 규정어를 갖는 경우 대부분 zu 있는 부정사가 사용된다.

> *Viel Kaffee zu trinken* ist der Gesundheit nicht zuträglich.
> (커피를 많이 마시는 것은 건강에 좋지 않다)

부정사구조가 후장에 오는 경우 전장이나 중장에 있는 상관사(Korrelat) es는 부 정사구조를 지시한다.

> *Es* ist der Gesundheit nicht zuträglich, *viel Kaffee zu trinken.*
> Der Gesundheit ist *es* nicht zuträglich, *viel Kaffee zu trinken.*
> (커피를 많이 마시는 것은 건강에 좋지 않다)
>
> *Es* freut mich, *dich wieder gesund zu sehen.*
> Mich freut *es, dich wieder gesund zu sehen.*
> (네가 다시 건강하게 된 것을 보는 것이 나를 기쁘게 한다)

중장에 상관사 es가 있는 경우 주어는 이 형식어(Formwort)와 부정사구조로 구 성된다(예컨대: es, dich wieder gesund zu sehen). 문두에 있는 es는 어순에 의해 요 구되는 자리메꿈어(Platzhalter)로 간주될 수도 있다.

◈ 역사적인 변천

1) 단순부정사가 처음에는 목적어나 혹은 부사어로서 나타났음에도 불구하고 -
   단순부정사는 원래 동사의 명사형이다(고고지독일어에서 1격과 4격은 neman,
   2격은 nemannes, 3격은 nemanne) - 단순부정사는 이미 가장 초기에도 주어로
   서 기능하였다.

   ist mir wairþ *galeiþan* (고트어)

또한 규정어를 취하는 부정사도 이미 초기에 나타났다.

   oba iz arloubit si *in sambaztag wola tuon* (Tatian)
   vil groezliche danken wart da niht verdeit (Nibelungenlied)
   jeder Leidenschaft ohne allen Widerstand nachgeben ist niedrig. (Schiller)
   (아무런 저항 없이 모든 정열에 굴복하는 것은 저속하다)

오늘날 단순 부정사는 - 규정어가 있든지 없든지 간에 - 거의 고정된 어법에서
만 나타난다.

2) zu 있는 부정사는 본래 주어로서 등장할 수 없었다. 왜냐하면 zu는 원래 부정
   사 목적어를 동사와 결합하거나 또는 부정사를 명사나 형용사와 결합하는 기
   능을 가졌기 때문이다.

   Dem Armen zu helfen ist Pflicht.
   (그 가난한 사람을 돕는 것은 의무이다)
   Die Sache zu durchschauen ist schwierig.
   (그 문제를 통찰하는 것은 어렵다)

"이러한 구조들은 아마도 예컨대 die Sache ist schwierig zu durchschauen(그 문
제는 통찰하기가 어렵다); dies ist leicht zu verstehen(이것은 이해하기가 쉽다)에서
처럼 부정사가 술어적 형용사의 보충어로 오는 구조의 재해석(Umdeutung)을 통해
서 생겨났던 것처럼 보인다. 주어는 부정사에 대한 목적어로 재해석되고 부정사는
술어결합체에 대한 주어가 된다"(Dal 1966:110). Dal에 의하면 주어로서의 순수 부
정사가 재해석에 기여하였다(비교. Schiller: jeder Leidenschaft nachgeben ist niedrig.
모든 정열에 굴복하는 것은 저속하다). 이러한 재해석은 이미 고고지독일어에서 증
명될 수 있다.

ist kuot *zesagenne dina genada* (Nokter)

1.1.3.4. 부문장 주어

부문장 중에서 주어로 나타나는 것은 dass-문장, 간접 의문문, 소위 일반적인 부문장(generalisierender Nebensatz)이다.

Dass du meinen Brief nicht beantwortet hast, wundert mich.
(네가 내 편지에 답장하지 않았다는 사실이 나를 놀라게 한다)
Ob er die Arbeit übernehmen wird, ist noch unsicher.
(그가 그 일을 떠맡을지 안 맡을지는 아직 불확실하다)
Woher das Gerücht stammt, ist unbekannt.
(그 소문이 어디에서 유래하는가는 알려져 있지 않다)
Wer [=Derjenige, der] *der beste ist*, gewinnt.
(가장 우수한 사람이 승리한다)
Was in der Zukunft geschieht, hat immer die Menschen interessiert.
(미래에 발생하는 일이 사람들을 항상 흥미롭게 했다)

부문장이 주문장 다음에 있을 때 주문장에 종종 대명사 es가 온다. 이 es가 중장에서는 수의적인 형식어로서 주어의 형식적인 일부이며 전장에서는 의무적인 자리메꿈어이다.

Es wundert mich, *dass du meinen Brief nicht beantwortet hast.*
Mich wundert (*es*), *dass du meinen Brief nicht beantwortet hast.*
(네가 내 편지에 답장하지 않았다는 사실이 나를 놀라게 한다)
Es erhält den Preis, *wer das Rennen macht.*
(승리한 사람은 보상을 받는다)
Es ist unbekannt, *woher* das Gerücht stammt.
(그 소문이 어디서 유래하는가는 알려져 있지 않다)
(일반적인 부문장과 보충의문문의 중장에서는 es가 불가능하다)

부문장이 주문장 앞에 있을 때 주문장에서는 주어문에 관련되는 수의적인 대용대명사 (das)가 올 수 있다(주어의 재수용).

Dass du meinen Brief nicht beantwortet hast, (*das*) wundert mich.
(네가 내 편지에 답장하지 않았다는 사실, 그것이 나를 놀라게 한다)
Woher das Gerücht stammt, (*das*) ist unbekannt.

(그 소문이 어디서 유래하는가는 알려져 있지 않다)
Was wirklich geschah, (*das*) blieb unbekannt.
(실제로 무슨 일이 일어났는가는 알려져 있지 않았다)

◆ 역사적인 변천

이미 고고지독일어에서 부문장 주어가 나타났다(173쪽 이하에 있는 접속사 daß 와 ob의 생성을 참조할 것).

noh tanne ware reht, *thaz tanne uber mi reht urteilda gienge* (Notker)

1.1.3.5. 익명의 주어 *man (einer)*

대명사 man은 인칭주어의 일반화에 사용된다. 물론 대명사의 배후에는 다양한 뉘앙스를 갖는 내용들이 내재해 있을 수 있다.

Man denkt heute anders darüber. ('die Leute', 'irgendwelche Leute')
(사람들은 오늘날 그것에 대해 다르게 생각한다)
So benimmt *man* sich nicht. ('ein anständiger Mensch')
(품위 있는 사람은 그렇게 행동하지는 않는다)
Man schlug die Tür zu. ('irgendjemand') (누군가가 문을 닫았다)
Man hatte sich so auf den Urlaub gefreut, und da wurde *man* krank. ('ich')
(나는 휴가를 학수 고대했지만 휴가 때 병이 났다)

일상어에서는 대명사 einer도 나타나지만 man이 보다 빈번하게 쓰인다.

Das muss *einer* wissen. (사람들은 그것을 알아야만 한다)

◆ 역사적인 변천

익명의 주어 man은 명사 Mann에서 기원하며 이미 고고지독일어에서 나타났다.

mit geru scal *man* geba infahan (Hildebrandslied)

"명사에 대한 연상이 오랫동안 남아있었기 때문에 man은 인접한 문장에서 대명사 er로 재수용 되었다"(Dal 1966:86).

wann *man* ein Ding recht lernt und kann, so mag *er* sich wohl rühmen des. (Fischart)
(사람이 어떤 것을 제대로 배워 할 수 있을 경우 그는 그것을 자랑해도 괜찮다)

오늘날에는 대명사 man이 man으로 재수용 된다.

Man konnte essen, was *man* wollte. (사람들은 그들이 원하는 것을 먹을 수 있었다)

인접한 문장의 3격과 4격에서는 einer의 유형이 이전에도 사용되었으며 오늘날에
도 사용된다.

macht *man* das, was *einem* so einfällt. (Lessing)
(사람들은 자기 머리 속에 떠오르는 것을 행한다)

이러한 사실로부터 einer는 1격에서도 대명사 man 대신에 나타날 수 있다는 결
론이 나온다.

Wenn *einer* eine Reise tut, so kann *er* was erzählen.
(사람이 여행을 하면 무엇인가를 이야기 할 수 있다)

1.1.3.6. 형식적인 주어 es

몇몇 동사와 동사구조에서는 순수한 형식적인 주어, 즉 문중에서도 의무적으로
(드물게는 수의적으로) 나타나는 소위 비인칭 대명사 es(Jetzt regnet *es*. 지금 비가
온다)가 나타날 수 있다. 이 대명사는 몇몇 동사에 의해서 요구되며 결합가에 결속
된 동사의 보충어(Ergänzung)로서 간주될 수 있다. 하지만 비인칭 대명사 es는 의
미내용을 갖지 않으며 대치될 수도 없는 순수한 형태·통사적이며 형식적인 보충
어이다: *Es* regnet (es는 외부세계의 어떤 대상도 지시하지 않는다). es가 문두에 오
면(*Es* wird getanzt; Jetzt wird getanzt는 아님) 그것은 동사의 결합가를 토대로 동
사에 의해서 요구되는 것이 아니라 어순규칙에 의해서 요구된다. 따라서 es는 술어
의 보충어나 형식적 주어로 간주되는 것이 아니라 통사적 첨가어(syntaktische
Angabe)로 간주되어야 한다.

비인칭 주어의 사용은 es가 의무적인지 혹은 문중에서 수의적인지에 따라서 두
그룹으로 분류될 수 있다.

1) es가 모든 위치에서 의무적이다.

a) es는 특히 날씨를 나타내는 비인칭 동사에서 나타난다.

Es regnet – *Es* gießt – *Es* schneit – *Es* nieselt – *Es* hagelt
(비가/폭우가/눈이/보슬비가/우박이 온다)
Es donnert – *Es* wetterleuchtet – *Es* blitzt – *Es* dämmert
(천둥이/번개가/번개가 친다/날이 밝아진다)
Es dunkelt – *Es* klärt sich auf – *Es* tagt
(어두워진다/날씨가 갠다/날이 샌다)
Jetzt regnet *es.* (지금 비가 온다)
Im Herbst friert *es* oft in der Nacht.
(가을에는 밤에 종종 얼음이 언다)

특히 동사들이 전용의 의미로 사용될 때 이러한 동사들의 몇몇 경우에서는 정상적인 주어도 역시 사용될 수 있다: Der Morgen/Der Abend dämmert(아침이 밝아온다/저녁이 어두워진다); Die Blüten schneiten von den Bäumen(나무에서 눈꽃이 내렸다). 이러한 "내용적 주어(inhaltliches Subjekt)"(=통사적 목적어)가 es와 더불어 나타날 수도 있다: Es regnet Bomben/Anfragen/Vorwürfe(폭탄이/문의가/비난이 비오듯한다). 여기서는 결합가가 증가된다.

b) es는 형용사적 술어보충어, 특히 날씨를 나타내는 표현에서 나타난다.

Es ist kalt/warm/windig/regnerisch/hell/dunkel/spät.
(날씨가 춥다/따뜻하다/바람이 분다/비가 온다/날이 밝다/어둡다/늦다)
Es war immer noch warm. (날씨가 여전히 따뜻했다)
Wie weit ist *es* noch bis Jena?
(예나까지는 아직도 거리가 얼마나 남았느냐?)

werden의 명사적 술어보충어에서는 es가 의무적이다.

Es wird Frühling. – Bald wird *es* Frühling.
(봄이 된다 – 곧 봄이 될 것이다)

c) 소위 우연적인(okkasionell) 비인칭 동사에서 es가 나타난다. 여기서는 보통 인칭주어를 요구하지만 비인칭 주어가 사용될 수도 있는 동사들을 말한다.

Es klopft. (비교: *das Mädchen* klopft.)
(문을 두드리는 소리가 난다 - 그 소녀가 문을 두드린다)
Es läutet - *Es* klingelt - *Es* raschelt - *Es* spukt
(종이 울린다/초인종이 울린다/바스락 소리가 난다/유령이 나온다)
Es duftet/riecht nach etwas. (향기가 난다/무슨 냄새가 난다)

이러한 동사들이 비인칭적으로 사용될 때 es는 모든 위치에서 의무적이다.

Es spukt - Hier spukt *es* - In diesem Haus soll *es* spuken.
(유령이 나온다/여기서 유령이 나온다/이 집에서 유령이 나온다고 한다)

d) 예컨대 es gibt(있다)와 같은 고정된 어법의 특정한 동사에서는 es가 의무적
으로 나타난다.

Es gibt Menschen/Tiere/Staaten/Bücher, die ...
(... 한 사람들/동물들/국가들/책들이 있다)
Ihm *geht es* gut. (그는 잘 지낸다)
Es mangelt/fehlt uns an Geld. (우리는 돈이 없다)
Beim Kredit *kommt es* auf die Größe der Firma *an*.
(신용대부를 할 때에는 회사의 크기가 중요하다)
Wie *heißt es* im Text? (텍스트에는 어떻게 되어 있습니까)

2) es가 문중에서는 수의적이다.

a) 육체적이며 심리적인 감정동사와 형용사구조에서 es가 나타난다.

Es friert mich/fröstelt mich/hungert mich/dürstet mich/schläfert mich.
(나는 춥다/오한이 난다/배고프다/갈증이 난다/졸린다)
Es schwindelt mir. (나는 어지럽다)
Es graut mir vor der Kälte. (나는 추위가 무섭다)
Es ist mir kalt/schlecht. (나는 춥다/기분이 좋지 않다)

본래의 상태보유자(Zustandsträger)(=피동자격)는 4격 목적어나 3격 목적어로 표
현되며, 이들 이외에 다른 문장성분들도 나타날 수 있다. 문중에서는 es가 수의적이
되며 대체로 삭제된다.

In dieser Kälte fröstelte (*es*) ihn. (이런 추위에서 그는 오한이 났다)
Mich friert/fröstelt. (나는 춥다/오한이 난다)

Mir ist kalt/schlecht. (나는 춥다/기분이 좋지 않다)

b) 하루의 시간, 계절 및 그와 유사한 것을 표현하는 어법에서 sein의 명사적 술어보충어와 더불어 es가 나타난다. 대명사 es는 문두에서만 의무적이고 문중에서는 대체로 사용되지 않지만 때때로 나타날 수도 있다.

Es ist bald Weihnachten. Bald ist (*es*) Weihnachten.
(곧 성탄절이 온다)
Es ist Tag/Nacht/Montag/Frühling/Sommer.
(낮이다/밤이다/월요일이다/봄이다/여름이다)

◈ 역사적인 변천

1) 날씨를 나타내는 비인칭 동사들이 가장 오래된 집단을 형성한다. 하지만 그러한 동사들에서도 es가 본래부터 있었던 것은 아니다. 고트어와 고대 북구어에서는 아직 주어가 없었다: 고대 북구어 varar 'es wird Frühling', rignir 'es regnet'; 고트어 rignoda 'es regnete'. 이에 반해 고고지독일어에서는 항상 iz가 왔다: iz abandet(Tatian).

2) 형용사적 술어보충어와 명사적 술어보충어에서도 이미 고고지독일어에서 es가 나타났다.

tho *iz* aband ward (Tatian)
thoh *iz* wari spati (Otfrid)

오늘날 es는 sein의 형용사적 술어보충어에서는 의무적이며 명사적 술어보충어에서는 (문중에서) 수의적이다. werden의 술어보충어에서는 그것이 명사적이든 형용사적이든 간에 항상 의무적이다.

3) 우연적인 비인칭 동사에서 es의 사용은 중고지독일어 시대에서 유래한다. 그러한 구조는 아마도 비인칭적인 날씨의 표현에서 기원할 수 있을 것이다.

da sluoc er an, daz *ez* erhal (Hartmann)

4) 육체적이며 심리적인 감정동사에서 es가 고고지독일어에서는 아직 사용되지 않았다.

mih hungirit - mih slaferot - mir swintilot

중고지독일어에서도 주어가 없는 것이 규칙이 되었지만 때때로 es가 나타나기도 했다. 이러한 몇몇 동사들은 인칭적으로도 사용되었다: ich friere/fröstele/hungere (selten)/dürste(selten). 동사 hungern(배고프다)은 고고지독일어에서 이미 인칭적으로 사용되었으며, ahnen(예감하다)과 träumen(꿈꾸다)은 18세기에 비로소 인칭적으로 사용되기 시작했다.

1.1.4. 무주어문

대부분의 문장들이 주어를 가지고 있지만 주어가 없을 수도 있다는 의미에서 주어가 의무적인 것은 아니다.

1) 자동사의 수동 및 자동사로 사용된 동사(소위 비인칭수동)의 수동에서는 주어가 없다.

Dann wurde gesungen. (그리고 나서 노래를 불렀다)
Dem Jungen wurde geholfen. (그 소년을 도왔다)
Des Toten wurde gedacht. (그 고인을 생각했다)
Für Ordnung wurde gesorgt. (순서를 배려했다)

문두의 es는 동사가 아니라 어순(Wortstellung)에 의해서 요구되기 때문에, es는 문법적인 주어가 아니라 결합가의 관점에서 볼 때 통사적인 임의 첨가어(freie Angabe)이다: Es wurde dem Jungen geholfen(그 소년을 도왔다).

2) 육체적이고 심리적인 감정동사에서는 종종 주어가 없다.

Mich friert/fröstelt. (나는 춥다/오한이 난다)
In dieser Kälte fröstelte (es) ihn. (이런 추위에 그는 오한이 났다)

문두에서는 형식적인 주어가 어순 때문에 의무적이다: Es friert mich(나는 춥다).

3) 명령문에서는 주어가 없지만 강조하기 위해서 주어가 사용될 수도 있다.

Sprich! Sprecht! (말해라)
Helft *ihr* dem alten Mann, ich kann es leider nicht.

(너희들은 그 노인을 도와라. 유감스럽게도 나는 그 노인을 도울 수가 없다)

공손한 표현에서는 주어가 항상 사용된다.

Sprechen *Sie!* (말씀하십시오)

4) 직설법 현재의 경우 특정한 어법의 1인칭에서 주어가 없으며, 그 밖의 일상어
에서도 종종 주어가 없다.

bitte/bedaure/danke. (부탁합니다/유감스럽습니다/고맙습니다)
Er kann nicht lesen, *geschweige* denn schreiben.
(그는 읽을 줄도 모르는데 하물며 쓸 줄이야)
Weiß schon – Bin schon fertig
(나는 이미 알고 있다 – 나는 벌써 준비가 되었다)

일상어에서는 2인칭과 3인칭에서도 주어가 없을 수 있다.

Hast recht. (너 말이 옳다)
Kannst glauben. (너는 믿을 수 있다)
Mag sein. (그것은 그럴지도 모른다)
Ist in Ordnung. (모든 것이 잘 되어 있다)

◈ 역사적인 변천

1) 이미 고고지독일어의 비인칭 수동에서는 주어가 없었다.

ward blindun gibotid (Heliand)
besunder wart gegangen (Hartman)

니벨룽엔의 노래에서는 *ez*가 자리메꿈어(Platzhalter)로서 몇 번 나온다.

ezn wart nie geste mere baz gepflegen

2) 육체적이며 심리적인 감정동사에서는 주어가 고고지독일어에서는 없었으며
형식적인 es는 중고지독일어에서 유래한다.
3) 명령문에서는 주어 없는 술어가 본래적인 술어이다. 오늘날 강조하기 위해 사
용되는 주어는 중고지독일어에서 유래하는데, 그 당시 주어는 술어 앞에서 뿐
만 아니라 술어 뒤에서도 나타날 수 있었다.

du merke mine lere (Hartmann)
her keiser, sit ir willekomen (중고지독일어)

4) 명령적인 권유법(Adhortativ)과 접속법에서는 원래 주어가 나타나지 않았다:
faramēs, bittemēs(고고지독일어: 권유법); singēm(접속법).

nu binden uf die helme (Niebelungenlied)

그러나 중고지독일어에서는 주어가 훨씬 빈번하게 사용되었으며 오늘날에는 주
어가 규칙이 되었다.

gen *wir* zuo des meien hochgezite. (Walther)
Gehen *wir* nach Hause. (집으로 갑시다)

5) 인칭과 수가 동사어미에서 표현되었기 때문에, 고고지독일어 직설법 현재의 1
인칭 단수에서 가끔 주어가 없었다. 많은 경우에 이것은 라틴어의 영향에서 기
원할 수 있다. 왜냐하면 가장 오래된 주석에서도 주어가 이미 나타났기 때문이
다. 중고지독일어에서는 주어가 오늘날의 문어(Schriftsprache)에서와 마찬가지
로 특정한 어법에서만 없었다. 질풍노도(Sturm und Drang) 시대의 문학작품에
서도 그러했듯이 오늘날의 일상어에서는 주어가 보다 빈번하게 탈락한다.

schicke dir hier einen alten Götzen. (Goethe)
(나는 너에게 여기서 하나의 오래된 우상을 보낸다)

wir도 역시 탈락할 수 있다.

wußten wohl, du würdest Entschuldigung finden. (Goethe)
(우리는 네가 구실을 발견하리라는 것을 알고 있었다)

6) "대명사 du는 전접적인 위치에서 동사형과 밀접하게 결합한다. 중고지독일어
와 초기 신고지독일어에서는 nimestu와 같은 붙여쓰기(Zusammenschreibung)
가 일상적이었는데, 동사어미 -t는 바로 대명사의 전접(Enklise)을 통하여 생
겨났다. 이것은 동사 다음의 위치에 있는 대명사가 특히 빈번하게 없어진다는
사실을 설명한다"(Dal 1966:70).

hast in der bösen Stunde geruht, ist dir die gute doppelt gut. (Goethe)
(네가 좋지 않은 시간에 쉬었다면 좋은 시간은 너에게 갑절이나 좋을 것이다)

da bist ja wieder. (Schiller) (네가 그래 다시 왔구나)

오늘날에도 여전히 일상어에서는 대명사가 탈락할 수 있는 것처럼 술어 앞에 있
는 대명사는 탈락할 수 있었다.

wirst mich stets geduldig finden. (Heine)
(너는 내가 항상 인내하고 있다는 것을 발견하게 될 것이다)

1.2. 목적어

1.2.1. 목적어의 본질

목적어(Objekt)는 술어동사에 의해 요구되는 1격 이외의 보충어이며, 그 형태(예
컨대 격이나 전치사 결합)는 동사에 의해서 결정되고 해당 격의 대명사 혹은 대명
사적 부사(Pronominaladverb)로 대용화될 수 있다.

Mein Bruder schreibt *einen Brief/ihn.* (*einem Brief)
(나의 형은 한 통의 편지를 쓴다)
Ich denke *an den Rhein/daran.* (*zum Rhein)
(나는 라인강을 생각한다)
Ich glaube *an Gott/an Ihn.* (*Gott) (나는 신의 존재를 믿는다)
Darf ich *gehen?/Das* darfst du. (나는 가도 되겠습니까?/너는 가도 된다)
Ich sehe, *dass er kommt/es.* (나는 그가 오는 것을 본다)

목적어가 전치사구조인 경우 목적어를 부사어(Adverbial)와 어떻게 구별할 수 있
는가 하는 문제가 제기된다. 대치(Substitution)와 대용화(Anaphorisierung)를 통해
서 구별이 가능하다.

Er denkt ⎧*an den Rhein.* (목적어) - Er fährt ⎧*an den Rhein.* (부사어)
　　　　　 ⎪*zum Rhein　　　　　　　　　　　 ⎪zum Rhein
대　 치 ⎨*nach Deutschland　　　　　　　　　 ⎨nach Deutschland
　　　　　 ⎪*an Deutschland　　　　　　　　　　⎪*an Deutschland
　　　　　 ⎩*in die Stadt　　　　　　　　　　　⎩in die Stadt
　　　　　　　　 |　　　　　　　　　　　　　　　　　　 |
대용화 ⎧*daran　　　　　　　　　　　　　　 ⎧*daran
　　　　 ⎩*dorthin　　　　　　　　　　　　　 ⎩dorthin

부사보충어의 전치사는 일차적으로 동사가 아니라 명사구의 의미에 의해서 결정된다: 전치사는 명사에 따라 변화한다(in die Stadt(도시로); aufs Land(시골로)). 부사보충어의 전치사는 명확하게 인식할 수 있는 의미를 갖지만(*an* den Rhein - *in* den Rhein), 전치사 목적어의 전치사는 의미적으로 다소간 비어 있다. 부사보충어의 대용어(Anapher)는 대명사나 대명사적 부사가 아니라 부사(Adverb)이며, 전치사 목적어의 대용어는 전치사를 갖는 대명사이거나 대명사적 부사이다.

부사보충어는 격형태(Kasusform)를 취할 수도 있다.

Die Sitzung dauerte *drei Stunden.* (그 회의는 세 시간 지속되었다)

격목적어(Kasusobjekt)와는 달리 이러한 부사보충어는 부사로 대치될 수 있다.

Die Sitzung dauerte *lange.* (그 회의는 오래 지속되었다)
(비교: Ich verbrachte *zwei Monate/sie* dort. - 목적어)
(나는 그 곳에서 두 달을 보냈다)

술어동사가 목적어에 부여하는 형태는 여러 가지가 될 수 있다. 명사적 목적어(Nominalobjekt)는 4격, 3격, 2격 혹은 전치사격으로 온다. 부정사 목적어와 부문장 목적어는 대부분 명사적 목적어, 특히 4격 목적어와 전치사 목적어의 등가어(Äquivalent)이지만, 이들이 몇몇 동사에서는 목적어가 될 수 있는 유일한 가능성이다. 형태에 따라서 다음의 목적어(하위목적어)를 구별할 수 있다.

4격 목적어: Ich schreibe *einen Brief.* (나는 편지를 쓴다)
3격 목적어: Ich helfe *meinem Bruder.* (나는 내 형을 돕는다)
2격 목적어: Wir gedachten *des Verstorbenen.* (우리는 그 고인을 생각했다)
전치사 목적어:
        an: Ich dachte *an meine Mutter.* (나는 내 어머니를 생각했다)
                Er schreibt *an einem Buch.* (그는 책을 쓰고 있다/집필중이다)
        auf: Er wartete *auf seinen Freund.* (그는 그의 친구를 기다렸다)
                Das beruhte *auf einem Irrtum.* (그것은 오류에 기인하였다)
        aus: Der Roman besteht *aus drei Teilen.* (그 장편소설은 3부로 구성된다)
        bei: Ich bleibe *bei meiner Meinung.* (나는 나의 의견을 고집한다)
        für: Ich interessiere mich *für moderne Malerei.*
                (나는 현대 회화에 관심이 있다)
        gegen: Er wehrte sich *gegen die Vorwürfe.* (그는 그 비난에 저항하였다)

in: Er hat sich *in das Mädchen* verliebt. (그는 그 소녀에게 반했다)
  Ich übe mich *im Schwimmen.* (나는 수영연습을 한다)
mit: Der Referent begann *mit dem Vortrag.*
  (그 보고자는 강의를 시작하였다)
nach: Er fragte *nach dem Weg.* (그는 길을 물었다)
über: Mein Bruder dachte *über seine Erlebnisse* nach.
  (나의 형은 자신의 경험들을 심사숙고했다)
  Die ganze Nacht grübelte ich *über der/die Lösung der Aufgabe.*
  (밤새도록 나는 그 과제의 해결책을 골똘히 생각했다)
um: Mein Bruder sorgt sich *um seine Zukunft.*
  (나의 형은 자신의 미래를 걱정한다)
von: Wir sehen *von weiteren Maßnahmen* ab.
  (우리는 다른 조처들을 도외시한다)
vor: Er fürchtet sich *vor der Prüfung.* (그는 시험을 두려워한다)
zu: Ich gehöre *zu seinen Anhängern.*
  (나는 그의 추종자들 중의 한 사람이다)

부정사 목적어:
  ohne zu: Mein Bruder muss *gehen.* (나의 형은 가야 한다)
    (어떤 명사적 대응물도 갖지 않는다)
  mit zu: Mein Bruder weigerte sich *zu kommen.*
    (나의 형은 오기를 거부하였다)
    (어떤 명사적 대응물도 갖지 않는다)
    Der Lehrer achtet *darauf, verständlich zu sprechen.*
    (선생님은 이해하기 쉽게 말하려고 유의한다)
    (전치사 목적어의 등가어)
AcI-목적어: Ich sah *ihn kommen.* (나는 그가 오는 걸 보았다)
    (4격 목적어의 등가어; 부정사 목적어의 하위부류)
부문장 목적어: Er antwortete, *dass er nicht komme.*
    (그는 자신이 오지 못한다고 대답했다) (4격 목적어의 등가어)
    Er fragte, *ob ich komme.*
    (그는 내가 올 지 안 올 지 물었다) (전치사 목적어의 등가어)

동사는 또한 두 개의 목적어를 요구할 수도 있다. 독일어에는 동사가 두 개의 명
사적 목적어를 갖는 다음과 같은 경우들이 있다.

4격 + 3격: Er beschrieb *mir den Vorgang.* (그는 나에게 그 과정을 서술하였다)
4격 + 4격: Er lehrte *mich Französisch.* (그는 나에게 프랑스어를 가르쳤다)

4격 + 2격: Der Herr beschuldigt *seinen Diener des Diebstahls.*
                 (주인은 자기 하인에게 절도죄를 씌운다)
4격 + 전치사: Deine Erzählung erinnert *mich an ein Erlebnis.*
                 (너의 이야기는 나에게 하나의 경험을 생각나게 한다)
3격 + 전치사: Ich danke *dir für deine Hilfe.*
                 (나는 너에게 너의 도움에 대해 감사한다)
전치사 + 전치사: Sie sprachen *mit uns über ihre Probleme.*
                 (그들은 우리와 함께 그들의 문제에 대해 이야기했다)

두 개의 목적어를 취하는 이러한 기본형에 목적어들 중의 하나가 부정사이거나
부문장인 그러한 경우들이 추가될 수 있다.

> Ich lehrte *ihn lesen.* (나는 그에게 읽는 법을 가르쳤다)
> Der Offizier befahl *den Soldaten, in der Kaserne zu bleiben.*
> (장교는 병사들에게 병영에 남아있으라고 명령했다)
> Wir verdanken *ihm, dass wir das Auto bekommen haben.*
> (우리가 자동차를 얻게된 것은 그의 덕택이다)

세 개의 목적어를 갖는 경우는 드물며 아주 명확한 것은 아니다.

> Der Schüler entgegnete *dem Lehrer auf dessen Frage, dass er aufgepasst habe.*
> (그 학생은 선생님의 질문에 대해 그가 주의하였다고 선생님께 대답했다)
> (비교: Der Schüler antwortete dem Lehrer, als dieser fragte, dass er aufgepasst habe.)
> (그 학생은 선생님이 질문했을 때 그가 주의하였다고 선생님께 대답했다)

> Er übersetzt *das Buch aus dem Deutschen ins Finnische.*
> (그는 그 책을 독일어에서 핀란드어로 번역한다)

목적어는 또한 부사보충어(Adverbialergänzung)나 술어보충어(Prädikativer-
gänzung)와 함께 나타날 수도 있다.

> Er legte *das Buch auf den Tisch.* (그는 그 책을 책상위에 놓았다)
> Ich nannte *ihn einen Faulenzer.* (나는 그를 게으름뱅이라고 불렀다)

목적어는 항상 결합가에 결속된 문장성분(Satzglied)이지만 의무적이 될 수도 있
고 수의적이 될 수도 있다.

Sie ähnelt *ihrer Mutter*. (의무적) (그녀는 그녀 어머니를 닮았다)
Ich warte (*auf dich*). (수의적) (나는 (너를) 기다린다)

주어와 마찬가지로 목적어도 역시 표층구조의 현상인데 그 배후에는 심층구조 (Tiefenstruktur)의 다양한 관계들이 내재해 있다. 하지만 독일의 언어내용학파 (inhaltsbezogene Grammatik)가 목적격(Zielgröße=4격 목적어), 향격(Zuwendgröße=3격 목적어), 속격(Anteilgröße=2격 목적어), 처격(Lagegröße=전치사 목적어)의 범주를 가지고 시도했던 바와 같이 개별 목적어에 정확한 내용을 부가하는 것은 매우 어렵다. 특히 4격 목적어는 직접 목적어로 표현되며, 3격 목적어는 간접목적어로서 4격 목적어에 대립된다. 그러나 의미가 유사한 동사에서 4격 목적어와 3격 목적어가 동일한 내용을 가지고 있는 경우들이 있다.

Er unterstützt *mich*. - Er hilft *mir*. (수신자격)
(그는 나를 돕는다 - 그는 나를 돕는다)

그러나 표층구조의 목적어 배후에서 다양한 내용적인 역할(Inhaltsrolle)을 구분할 수 있다(보다 자세한 것은 하위 목적어, 특히 4격 목적어를 참조할 것).

1) 목적어는 동사행위가 영향을 주는 대상을 표현한다(대상격 Objektiv 혹은 "피동 목적어"(affiziertes Objekt); 4격이나 전치사구).

Ich trage *die Tasche*/lese *in einem Buch*.
(나는 가방을 운반한다/책을 읽는다)

2) 목적어는 동사행위에 의해 야기되는 대상을 표현한다(결과격 Resultativ 혹은 "결과 목적어"(effiziertes Objekt); 4격이나 전치사구).

Ich binde *einen Kranz*/schreibe *an einem Buch*.
(나는 화환을 엮는다/책을 집필중이다)

3) 목적어는 무엇을 받거나 경험하는 사람을 표현할 수 있다(수신자격 Adressativ).

Der Vater gab *mir* kein Geld/schrieb *mir* einen Brief.
(아버지는 나에게 돈을 주지 않았다/나에게 편지를 썼다)
Er half/drohte *mir*. (그가 나를 도왔다/협박하였다)

4) 목적어는 통보적인 행위나 정신적 행위의 주제 또는 대상을 표현할 수 있다
(주제격 Themativ).

Er spricht/träumt *von mir.* (그는 나에 대해 이야기한다/꿈을 꾼다)
Er fragte *nach meinem Namen.* (그가 나의 이름을 물었다)

상기의 격역할(Kasusrolle)은 전통적인 "목적어"의 내용영역에 대한 예들이다. 하지만 목적어는 또한 명확히 "목적어가 아닌" 내용을 가질 수도 있다.

1) 목적어는 피동자(보통 주어)의 역할에서나 혹은 심층구조의 명사적 술어(보통 술어보충어)의 역할에서도 올 수 있다.

Mir (mich) graut, wenn ich an morgen denke.
(내가 내일을 생각하면 두렵다)
Ich gehöre *zu seinen Anhängern.* (Ich bin sein Anhänger.)
(나는 그의 추종자들 중의 한 사람이다 - 나는 그의 추종자이다)

2) 목적어는 장소(장소격 Lokativ)나 시간(시간격 Temporativ)을 표현할 수 있다.

Sie bewohnt *ein eigenes Haus/*wohnt *in einem eigenen Haus.*
(그녀는 자신의 집에서 살고 있다)
Sie verbringen *einige Tage* an der See.
(그들은 바닷가에서 몇 일을 보낸다)

3) 목적어는 도구(도구격 Instrumentativ)를 표현할 수 있다.

Die Jungen spielen *Ball/mit einem Ball.*
(소년들은 공을 가지고 놀고 있다)

1.2.2. 목적어의 종류

1.2.2.1. 4격 목적어

4격 목적어는 목적어들 중에서 통사적인 특수지위를 갖는다. 즉 4격 목적어는 대부분의 동사에서 수동변형시 수동문의 주어가 되지만, 다른 목적어는 수동변형에서 변하지 않는다.

Er sah *den Mann.* - *Der Mann* wurde von ihm gesehen.

(그는 그 남자를 보았다 - 그 남자는 그에 의해 보여졌다)
(비교: Ich helfe *dem Mann*. - *Dem Mann* wird von mir geholfen.)
(나는 그 남자를 돕는다 - 그 남자는 나의 도움을 받는다)

4격 목적어를 갖는 동사들을 타동사라고 일컫는다. 타동사는 그 수가 매우 많으며 두 가지 주요집단, 즉 단순동사와 복합동사로 나뉜다. 단순동사가 먼저 생겼다: binden(묶다), treffen(만나다), tragen(나르다) 등. 복합동사에서의 타동성은 종종 전철(Vorsilbe)에서 기원할 수 있기 때문에 자동사도 복합동사의 토대가 될 수 있다: bedienen(시중들다), erreichen(도달하다), durchschauen(검사하다) 등.

내용에 따라서 4격 목적어를 여러 집단으로 구분될 수 있다.

1) 4격은 심층격(Tiefenkasus) 중의 하나인 대상격(Objektiv)의 실현형식이다. 대상은 동사행위로부터 능동적으로 영향을 받는다(소위 피동 목적어 affiziertes Objekt).

Ich esse *das Brot*. (나는 빵을 먹는다)
Ich tötete *den Mann*. (나는 그 남자를 죽였다)

2) 4격은 행위의 결과를 표현한다(결과격 Resultativ; 소위 결과 목적어 effiziertes Objekt):

Ich schreibe *einen Brief*. (나는 한 통의 편지를 쓴다)
Sie hat *einen Sohn* geboren. (그녀는 아들을 낳았다)

3) 4격은 통보적인 행위나 정신적인 행위의 주제 또는 대상을 표현할 수 있다(주제격 Themativ).

Wir haben *die Frage* besprochen/erörtert.
(우리는 그 문제를 협의하였다/토론하였다)

4) 4격은 인지대상을 표현한다(인지대상격 Perzipitiv).

Ich sah/erkannte *den Mann*. (나는 그 남자를 보았다/알아보았다)

5) 4격은 무엇을 받는 사람을 표현할 수 있다(수신자격 Adressativ).

Er belieferte *mich* mit Ware. (그는 나에게 상품을 공급하였다)

6) 4격은 동사내용에 참여하는 사람을 지칭할 수 있다(동반격 Komitativ).

Er hat *ein reiches Mädchen* geheiratet.
(그는 부유한 처녀와 결혼하였다)

7) 육체적이고 심리적인 감정동사에서 4격 목적어는 원래의 상태보유자(Zustands-träger)를 표현할 수 있으며, 그것이 보통 주어의 역할을 한다(심층구조: 피동자격 Patiens):

Mich fröstelt. (비교: Er fröstelt vor der Kälte.)
(나는 오한이 난다 - 그는 추위 때문에 오한이 난다)

비록 4격 목적어에서 포함관계가 논의되지만 4격은 피동자격(보통 주어)을 표현한다.

Die Luft enthält *Sauerstoff*. (공기는 산소를 포함하고 있다)
(본래: In der Luft ist Sauerstoff. (공기 중에는 산소가 있다))
Die Messehalle umfasst *5000 Menschen*.
(박람회 전시장은 5000명을 수용한다)

8) 4격 목적어는 장소를 표현할 수 있다(장소격 Lokativ).

Sie bewohnt *ein eigenes Haus*. (그녀는 자신의 집에서 살고 있다)
Wir besteigen *einen Berg*. (우리는 산에 오른다)

9) 4격 목적어는 시점이나 시간을 표현할 수 있다(시간격 Temporativ).

Wir verbrachten dort *einen Monat/einige Tage*.
(우리는 그곳에서 한 달/몇 일을 보냈다)

부사보충어(Adverbialergänzung)는 부사로 대치될 수 있기 때문에, Es dauerte einen Tag(하루가 걸렸다)이라는 문장에서의 einen Tag(하루)은 부사보충어이다: Es dauerte lange/stundenlang(오랫동안/몇 시간 걸렸다).

10) 4격 목적어는 도구를 표현한다(도구격 Instrumentativ).

Die Jungen spielen *Ball/mit dem Ball.*
(소년들이 공을 가지고 놀고 있다)

11) 4격은 대체로 어간이 동일한 형태나 혹은 의미가 유사한 명사의 형태에서 보
통은 자동사인 술어내용을 표현하는 내용의 4격(=동족 목적어)이 될 수 있다.

Er hat *einen tiefen Schlaf* geschlafen. (그는 깊은 잠을 잤다)
Er hat *einen gerechten Kampf* gekämpft. (그는 정당한 싸움을 했다)
Er starb *einen schrecklichen Tod.* (그는 끔찍한 죽음을 맞이했다)
Wir tanzten *einen Walzer.* (우리는 왈츠를 추었다)

12) "내용이 없는 기능동사(Funktionsverb)"에서 동사적 명사는 4격 목적어로서 과
정(사건) 그 자체를 표현한다(논리적 술어).

Er hält morgen *eine Rede/eine Vorlesung.*
(그는 내일 연설한다/강의한다)

13) 4격 목적어는 순수한 형식적인 es로 구성될 수 있다.

Ich habe *es* eilig. (나는 바쁘다)
Ich meine *es* gut mit dir. (나는 너에게 호의를 가지고 있다)
Er wird *es* weit bringen. (그는 성공할 것이다)

이중 4격 목적어는 드물지만 동사는 두 개의 4격 목적어를 요구할 수도 있다.

a) lehren(가르치다)과 kosten(비용이 들다):

Er lehrte *mich die Lieder Schuberts.*
(그는 나에게 슈베르트의 가곡을 가르쳤다)
Das kostet *mich einige Mark/mein Leben.*
(그것은 나에게 몇 마르크의 비용을 요구한다/나의 목숨을 요구한다)

하지만 이러한 동사들에서도 이미 "3격 목적어와 4격 목적어를 갖는 보통의 구
조에 대한 강한 경향이 존재한다"(Duden 1984:623).

Lange hatte er scheinbar vergeblich sich bemüht, ihn zu belehren/*ihm* die Sprache zu
lehren. (H. Hesse) (오랫동안 그는 그를 가르치려고/그에게 언어를 가르치려고 노력했

지만 외관상 헛수고였다)
Das kann *mir* den Hals kosten. (Brecht)
(그것은 나의 파멸의 원인이 될 수도 있다)

Duden에 따르면 lehren의 수동에서 3격은 "이미 상당히 고정되었다."

Mir/Mich ist Dankbarkeit gelehrt worden. (나에게 감사하는 마음을 가르쳐 주었다)
(비교: *Wir* sind gelehrt worden, *dankbar zu sein.*) (우리는 감사하는 마음을 배웠다)

b) fragen(질문하다)과 드물게는 bitten(부탁하다)에서 4격의 인칭목적어 이외
에 두 번째의 4격 목적어로서 대명사적 사물목적어가 온다.

Was soll ich *den Lehrer* fragen? (내가 선생님에게 무엇을 물어봐야 합니까)
Das bitte ich *dich.* (나는 너에게 그것을 부탁한다)

fragen의 특정한 어법에서도 두 개의 명사적 4격 목적어가 온다.

Er fragte *den Jungen schwierige Dinge.* (그는 그 소년에게 어려운 것을 질문하였다)

c) abfragen(물어보다)과 abhören(캐묻다):

Ich frage (höre) *den Schüler (dem Schüler) die Vokabeln* ab.
(나는 그 학생에게 단어를 물어 본다)

두 목적어의 정상적인 결합은 "사물의 4격, 사람의 3격" 결합이다(우리는 이 결
합을 3격 목적어와 관련하여 보다 상세하게 다룰 것이다).

Er bot *mir seine Hilfe* an. (그는 나에게 그의 도움을 제공하였다)
Ich sage *ihm die Wahrheit.* (나는 그에게 진실을 말한다)

"4격 + 2격"의 결합에서 4격은 사람을, 2격은 사물을 표현한다.

Der Richter klagt *den Mann des Mordes* an. (판사는 그 남자를 살인죄로 기소한다)
Man hat *ihn seiner Freiheit* beraubt. (사람들은 그에게서 그의 자유를 박탈하였다)

4격 목적어와 더불어 전치사 목적어도 올 수 있다.

Deine Erzählung erinnert *mich an ein Erlebnis.*
(너의 이야기는 나에게 하나의 경험을 기억나게 한다)
Er schrieb *einen Brief an seinen Sohn.*
(그는 그의 아들에게 편지를 썼다)

◆ 역사적인 변천

타동사의 큰 집단은 전체적으로 잘 보존되었다. 하지만 몇 가지 변화가 일어났다.

1) 원래 절대적으로 뿐만 아니라 수의적으로도 4격 목적어를 요구하는 몇몇 동사들은 수의적인 4격 목적어를 상실하고 오로지 자동사로만 사용되었다. 예컨대 weinen(울다), klagen(불평하다), zürnen(화내다), singen(노래하다) 따위가 이전에는 내용적으로 대부분 원인격(Kausativ), 즉 원인을 나타내는 4격과 결합될 수 있었다.

weinota *then bruader* ('weinte über den Bruder'; Otfrid)
thie *inan* beton wollent ('die ihn anbeten wollen'; Otfrid)
ich mac wol klagen *min schoene wip* (Hartmann)
traure *mein verlornes Glück* (Goethe)
ich will *dich* weinen (Kleist)

현재는 전철동사(beweinen 애도하다, beklagen 애도하다, anbeten 숭배하다)가 타동사 기능을 떠맡거나 혹은 옛날 동사가 전치사 목적어와 결합된다: um jmd. klagen(누구를 애도하다), um/über jmd. weinen(누구를 애도하다).

2) 동사가 항상 특정한 목적어와 결합하면 그 목적어를 생략해도 오해가 발생하지 않는다. 따라서 목적어 Pferd(말)가 sprengen(돌진하다), reiten(말을 타다), rennen(질주하다)(본래 rinnen 'laufen'(달리다)의 원인격)과 같은 동사들에서 종종 표현되지 않았기 때문에 이러한 동사들이 점차적으로 자동사로 간주되었다.

3) 몇몇 경우에서 4격은 시간이 흐름에 따라 3격과 경합하였다. 예컨대 rufen(부르다), betten(눕다), schirmen(덮다)에서의 4격은 원래의 3격을 몰아내었다. rufen의 경우 남부 독일어에서는 아직도 나타나는 옛날의 3격에 대한 예들은 다음과 같다.

do begund *im* schirmen der gast (Nibelungenlied)
rief *allen seinen Knechten* (Luther)
bettet ich *mir* in die Hölle (Luther)

다른 경우에서는 4격이 얼마동안 원래의 3격과 경합하였지만 다시 3격에 의해
밀려나게 되었다. 그래서 고고지독일어에서는 일반적으로 3격을 지배했던 helfen
(돕다)에서 중고지독일어에서는 4격이 보다 빈번하게 나타났으며, 신고지독일어에
서는 비인칭 주어에서 18세기까지 4격과 3격이 동등하게 사용되었다.

was hülfs *den Menschen*, so er die ganze Welt gewünne. (Luther)
was helfen *mich* tausend bessere Empfindungen (Schiller)

folgen(뒤따르다)과 schmeicheln(아첨하다)에서 종종 4격이 나타났다.

daß wir alle *Werk und Wort Christi* folgen möchten (Luther; 오늘날까지 *gefolgt von*
의 결합에서는 분사가 타동사로 사용된다: *ein Hauptmann, von der Wache gefolgt* (보
초의 감시를 받고 있는 대위)

es hat *mich* übrigens sehr geschmeichelt. (Lessing)
(더욱이 그것은 나를 매우 기쁘게 해주었다)
(비교: 오늘날: *Er fühlte sich geschmeichelt.* (그는 자부심을 느꼈다))

17세기와 18세기에는 begegnen(만나다)에서도 종종 4격이 사용되었다.

wo bist du *das Gewissen* so geschwind begegnet (Goethe)
wie wir selber *sie* oft im Leben begegnet haben (Heine)

소수의 경우에서 본래의 4격이 3격에 의해 밀려났다. 예컨대 trotzen(반항하다)에
서의 3격지배는 18세기에 처음으로 나타났다.

mich zu trotzen (Lessing)

4) 대부분의 단순자동사의 타동화는 2격 목적어의 소멸에서 기원하는데, 이때 이
   전의 2격 목적어는 4격 목적어로 대체되었다(전치사 목적어가 훨씬 빈번하게
   나타난다). 니벨룽엔의 노래에서는 sie heten noch goldes가 여전히 사용되었
   으나 오늘날에는 sie hatten noch Gold(그들은 아직도 금을 소유하고 있었다)

라고 말한다. 우리는 이러한 경우들을 2격 목적어와 관련하여 다룰 것이다.

5) 복합동사의 타동화는 대체로 전철에서 기원한다: bedienen(시중들다), beweinen(애도하다), belächeln(미소짓다), besteigen(오르다); ereilen(급습하다), erwerben(습득하다), erbitten(청구하다), erleben(경험하다); verantworten(책임지다), vertreten(대표하다); durchschauen(검사하다), überfallen(습격하다). 특히 자동사로부터 많은 새로운 타동사를 형성했던 전철 be-를 언급할 수 있다.

6) 특히 4격 목적어가 (주어 대신에) 상태보유자(=피동자격)를 표현하는 육체적이거나 심리적인 감정동사에서는 4격 목적어가 유일한 보충어로서 나타날 수 있다: Mich friert/fröstelt/hungert/dürstet/schläfert(나는 춥다/오한이 난다/배가 고프다/목이 마르다/졸리다). 이러한 동사들에서는 4격과 3격이 서로 경합하지 않을 수 없었다. 초기 신고지독일어에서는 종종 3격이 나타났지만, 3격이 관철되는 경우는 드물었다: mir hungert/dürstet/jammert/gelüstet/kümmert(나는 배가 고프다/목이 마르다/마음이 아프다/갈망하다/염려된다). 오늘날에는 4격만이 가능하다.

irrenden Rittern kümmert es nie (Tieck)

schaudern(두려워하다), grauen(무섭다)에서는 아직도 3격과 4격의 사용이 고정되지 않았으며, schwindeln(어지럽다)에서는 3격이 나타난다: mir/mich schaudert(나는 두렵다); mir/mich graut(나는 무섭다); mir schwindelt(나는 어지럽다).

7) 내용의 4격에서는 보통 어간이 동일한 명사가 술어동사의 내용을 반복한다: einen Schlaf schlafen(잠을 잔다). 하지만 동사의 개념과 명사의 개념이 완전히 일치하지 않는 경우들도 있다: einen Walzer tanzen(왈츠를 추다)(동사는 일반적인 개념을 표현하고 목적어는 그 개념의 명사화를 표현한다). 이것이 마침내 개념관계가 보다 느슨한 표현을 유도한다: Wut schnauben(화가 나서 씩씩거리다), Blut weinen(피눈물을 흘리다). 이러한 비유적인 표현들은 18세기의 문학작품에서, 특히 Klopstock과 그에 의해 영향받은 작가들에게서 나타난다.

zwar blutete er, aber er *blutete Gnade.* (Klopstock)

(그가 피를 흘렸지만 은총의 피를 흘렸다)
Ruhe sprach sein ganzes Gesicht. (Klopstock)
(그의 온 얼굴이 평온함을 말했다)
sein Auge *funkelt Wut.* (Wieland) (그의 눈이 분노의 불꽃을 내었다)
die *duften Jugend.* (Goethe) (그들은 젊음의 향기를 발산한다)
Ruhm hast du *gedürstet.* (Schiller) (너는 명성을 갈망했다)
(오늘날: *nach Ruhm dürsten* 명성을 갈망하다)

8) 독일어에서는 이중 4격 목적어가 항상 드물었다.

a) lehren에서는 이 구조가 이미 원시 게르만어에서 존재했다.

laisida *ins manag* (고트어)
er lerta *sie otmuati* (Otfrid)
nu lere *mich die rede* (Hartmann)

중고지독일어에서는 수동변형에서 사물의 4격이나 사람의 4격이 문장의 주어가
될 수 있었다.

er was diu buoch geleret (Konrad v. Würzburg)
sage uns, wie *der name* dich geleret si (Konrad v. Würzburg)

오늘날에는 (초기 신고지독일어 이후로) lehren의 수동에서 이미 상당히 고정된
사람의 3격도 역시 나타난다: mir(neben: mich) ist Dankbarkeit gelehrt worden(나에
게 감사하는 마음을 가르쳐 주었다). 만일 사물 목적어가 부문장이나 부정사로 구
성되면 인칭 목적어는 종종 수동문의 1격 주어가 된다(중고지독일어에서처럼).

Ich bin gelehrt worden, *dass dies meine Pflicht ist.*
(나는 이것이 내 의무라는 가르침을 받았다)
Wir sind gelehrt worden, *dankbar zu sein.*
(우리는 감사하는 마음을 배웠다)

b) 12세기 프랑스어에서 차용된 kosten(비용이 들다)에서는 사람의 4격이 처
음부터 나타났다.

was koste ih do *die künegin* (Wolfram)

이중 4격 목적어에 대한 기원은 불확실하다: "프랑스어 cela me coûte ..., nous coûte(그것은 나에게/우리에게 비용이 ... 든다)에서 대명사가 4격으로 잘못 이해되었는가?"(Behaghel 1923-1932,1:701). 하지만 이미 중고지독일어에서 사람의 3격도 나타났다: dicke kostet ez im mere(Konrad von Haslau).

c) bitten(부탁하다)과 fragen(질문하다)에서 인칭 목적어는 처음에 4격으로 나타났던 반면에, 명사적 사물 목적어는 2격으로, 대명사적 사물 목적어는 4격으로 나타났다.

ob ir *waz* bittet *then fater* (Tatian)

따라서 오늘날의 "인칭의 4격 + 사물의 대명사 4격" 구조가 원래의 격지배(Rektion)를 대표한다. 명사적 사물 목적어에서의 2격은 전치사 목적어에 의해 밀려났다: Ich bitte dich um Geld(나는 너에게 돈을 부탁한다); Ich frage dich nach dem Weg(나는 너에게 길을 묻는다). abfragen(물어보다)과 abhören(캐묻다)에서의 이중 4격 목적어 구조는 lehren(가르치다)의 유추해석으로 소급된다.

d) lehren의 유추해석에 따라서 이중 4격 구조가 초기 신고지독일어에서 unterrichten(가르치다), unterweisen(가르치다), bereden(논의하다), hören(듣다)과 같은 동사들에서도 나타났다.

unterweise *mich den Weg* deiner Befehle. (Luther)
(너의 명령에 따르는 길을 나에게 가르쳐다오)
sie beredete *ihn wunderliche Händel.* (Weise)
(그녀는 그와 함께 놀라운 거래를 협의했다)
hören Sie *mich* nur *ein Wort.* (Wieland)
(내 말 한 마디만 들어보시오)

오늘날에는 이러한 동사들이 두 번째 목적어로서 전치사 구조를 갖는다.

Von dir hört man ja *schöne Dinge.*
(사람들은 너한테서 정말 좋은 이야기를 듣는다)
jmdn im Rechnen unterweisen/unterrichten
(누구에게 계산법을 가르치다)

e) 중고지독일어에서는 몇몇 an-합성어가 두 개의 4격 목적어를 취했으나 오

늘날에는 4격 + 3격으로 나타난다.

ir muoter bot *ir dienest in* an (Nibelungenlied)

인칭의 4격은 여기서 원래 방향을 표현하는 전치사 an에서 기원한다.

1.2.2.2. 3격 목적어

3격 목적어는 무엇을 받거나(혹은 잃어버리거나), 경험하거나 또는 행위의 결과를 체험하는 사람을 주로 표현한다(수신자격 Adressativ).

Der Vater gab *mir* kein Geld. (아버지는 나에게 돈을 주지 않았다)
Er hat *meinem Vater* sein Geld gestohlen. (그는 나의 아버지한테서 돈을 훔쳤다)
Er berichtete/erzählte *seinem Freund* von der Fahrt.
(그는 그의 친구에게 여행에 대해 보고했다)
Er hatte *den Anwesenden* oft gedroht. (그는 참석자들을 종종 협박했다)

그러나 3격 목적어는 예컨대 상태보유자(=피동자격), 사태에 참여한 사람(=동반격), 인지대상(=인지대상격) 혹은 장소(=장소격)를 표현할 수도 있다.

Mir graut. (나는 무섭다) (피동자격)
Ich begegnete *ihr* auf der Straße. (동반격) (나는 그녀를 거리에서 만났다)
Die Kinder hörten *den Eltern/dem Gesang* der Vögel zu. (인지대상격)
(아이들은 부모님의 말에/새들의 노래 소리에 귀를 기울였다)
Er näherte sich *dem Haus*. (그는 그 집에 접근했다) (장소격)

3격 목적어는 보통 사람을 표현하지만 가끔 사물 목적어가 될 수도 있다.

Das schadet *seiner Gesundheit*. (그것은 그의 건강에 해롭다)
Das entspricht nicht *unseren Erwartungen*. (그것은 우리의 기대에 부합하지 않는다)

3격을 지배하는 동사들은 단순동사와 복합동사로 분류될 수 있다. 유일한 목적어로서 3격 목적어를 취하는 단순동사들은 예컨대 ähneln(닮다), danken(감사하다), dienen(봉사하다), drohen(협박하다), glauben(믿다), gleichen(같다), nützen(유익하다), schaden(해롭다), trotzen(반항하다)이 있다.

Sie ähnelt *ihrer Mutter*. (그녀는 자기 어머니를 닮았다)
Er hilft *seinem Vater*. (그는 자기 아버지를 돕는다)

비분리 전철 중에서 3격동사를 형성하는 것은 특히 ent-, ge-, 드물게는 be-, ver-이다: entgehen(모면하다), entkommen(달아나다), entfliehen (도망가다); gefallen (마음에 들다), gehören(속하다), gelingen(성공하다), genügen(충분하다); erwidern (대답하다); begegnen(만나다), bekommen(효과가 있다/유익하다); verzeihen(용서하다).

Er ist *dem Tode* nur knapp entgangen. (그는 죽음을 간신히 모면하였다)
Der Gefangene konnte *seinen Wächtern* entfliehen.
(죄수는 그의 감시자들로부터 도망갈 수 있었다)
Das Bild gefällt *mir*. (그 그림이 내 마음에 든다)
Die Antwort genügt *mir* nicht. (그 대답은 나에게 충분하지 않다)
Die Früchte bekommen *dem Patienten* schlecht. (과일은 그 환자에게 효과가 없다)
Ich verzeihe *dir*. (나는 너를 용서한다)

비분리 합성어에서, 특히 3격이 아마도 이전의 탈격(Ablativ)에 상응하는 ent-합성어에서 3격은 종종 전철(Vorsilbe, Präfix)에서 기원할 수 있다. 오늘날에나 혹은 이전에 3격을 요구했던 전치사로 형성되는 분리 합성어에서는 더욱 분명하게 3격의 사용이 전철로 소급된다: ab (abgehen 벗어나다, absagen 거절하다, abschwören 맹세하여 버리다); aus (ausbrechen 돌발하다, ausfallen 탈락하다); bei (beistehen 편들다, beiwohnen 참석하다); mit (mitspielen 협력하다); nach (nachgehen 따르다, nachlaufen 뒤를 쫓다, nachfahren 차로 뒤쫓아 가다, nachblicken 눈으로 배웅하다, nachjagen 추격하다, nachstürzen 급히 뒤쫓다); ob (obliegen 책임이다, obsiegen 이기다); zu (zufallen 소유로 되다, zufließen 흐르다, zugehen 접근하다, zulächeln 미소짓다, zuneigen 기울다, zustimmen 동의하다).

Der Ernst des Lebens geht *ihm* ab. (그에게는 인생의 진지함이 없다)
Der Schweiß bricht *ihm* aus. (그는 땀이 난다)
Ich stimme *seiner Meinung* zu. (나는 그의 의견에 동의한다)
Er hat *der Frau* übel mitgespielt. (그는 부인에게 못살게 굴었다)
Er stürzte *dem Briefträger* nach. (그는 우체부를 급히 뒤쫓았다)
Er geht *der Sache* nach. (그는 그 일에 전념한다)

4격과 3격을 지배하는 전치사를 갖는 합성어에서 "목적어는 원래 전치사가 각각

의 경우에서 요구했던 격으로 나타났다. 즉 정지상태가 있는 곳에서는 3격으로, 이
동과정에서는 4격으로 나타났다"(Dal 1966:40). 그래서 3격은 예컨대 anhaften(달라
붙다), ankleben(부착하다), anstehen(어울리다), anliegen(인접하다) 등의 동사에서
나타나는 반면에, 4격은 anlaufen(항해하다), anfallen(습격하다), anlächeln(웃음 짓
다), anstarren(응시하다) 등의 동사에서 사용된다.

> Kein Makel haftet *ihm* an. (그는 어떠한 결점도 없다)
> Das Schiff hat *diesen Hafen* nicht angelaufen.
> (그 배는 이 항구로 향해서 항해하지 않았다)
> Das Glück hatte *ihn* angelächelt. (행운이 그에게 미소지었다)

그러나 3격은 자신의 본래 영역을 넘어 확장되었으며 오늘날에는 종종 이동과정
에서도 나타난다.

> Sein Betragen fiel *mir* auf. (그의 행동이 나의 눈에 띄었다)

많은 동사에서 3격 목적어가 유일한 목적어로 나타나지만, 그것의 원래의 영역은
독일어에서 이중 목적어의 정상적인 경우인 "3격 + 4격"의 결합이다. 3격은 대부분
수신자격(Adressativ)이라는 심층격을 실현한다.

1) 이러한 결합은 수여동사와 전달동사에서 나타난다: geben(주다), anbieten(제
   안하다), bieten(제공하다), aufdrängen(강요하다), bringen(가져오다), gewähren
   (수여 · 허락하다), leihen(빌려주다), schenken(선사하다), schicken(보내다);
   sagen(말하다), berichten(보고하다), empfehlen(추천하다), antworten(대답하
   다), mitteilen(전달하다), versprechen(약속하다)

   > Er bot *mir seine Hilfe* an. (그는 나에게 그의 도움을 제공하였다)
   > Er drängt *mir seine Gesellschaft* auf. (그는 나에게 자기와 동반할 것을 강요한다)
   > Er berichtete *mir den Vorgang*. (그는 나에게 과정을 보고하였다)
   > Ich sage *ihm die Wahrheit*. (나는 그에게 진실을 말한다)

2) 이와 동일한 결합이 탈취의 동사와 비밀의 동사에서도 나타난다: abnehmen
   (빼앗다), nehmen(받다), entreißen(빼앗다), rauben(약탈하다), stehlen(훔치다);
   untersagen(금지하다), verbieten(금지하다), verbergen(숨기다), verheimlichen

(숨기다).

Der Bandit nahm *ihm die Brieftasche* ab. (강도는 그에게서 지갑을 빼앗았다)
Der Dieb entriss *ihr die Handtasche.* (도둑은 그녀에게서 핸드백을 빼앗았다)
Er verbarg *mir seine wirkliche Meinung.* (그는 나에게 그의 실제 생각을 숨겼다)
Er verbot *mir den Umgang mit dir.* (그는 나에게 너와의 교제를 금지하였다)

3격과 4격을 취하는 이러한 동사들에서도 3격의 사용은 종종 전철의 격지배에 근거한다.

Der Dieb *entriss ihr* die Handtasche.
(도둑은 그녀에게서 핸드백을 빼앗았다)
Er rief *mir* einen Gruß *zu.* (그는 나에게 소리쳐 인사했다)

전치사의 격지배로 인해 4격이 나타나야 하는 곳에서도 종종 3격이 등장한다.

Er dichtete *ihm* unlautere Absichten an.
(그는 그에게 불순한 의도가 있다고 날조했다)

◈ 역사적인 변천

1) 3격 목적어의 영역은 단순동사에서 잘 보존될 수 있었다. 물론 3격은 4격 및 전치사구와 경합하였다(142쪽과 164쪽을 참조할 것).

   a) 예컨대 rufen(부르다), betten(눕다), schirmen(덮다)에서 4격이 원래의 3격을 구축하였다. 몇몇 동사에서는 4격이 얼마동안 3격과 경합하였지만 3격을 구축할 수 없었다(예: helfen 돕다, folgen 따라가다, schmeicheln 아첨하다, begegnen 만나다).

   b) trotzen(반항하다), zürnen(화내다), reuen(후회하다)에서는 3격이 원래의 4격을 구축하였다. hungern(배고프다), dürsten(목이 마르다)과 같은 비인칭 감정동사에서 3격이 4격과 경합하였으나 성공하지 못했다.

   c) 오늘날에는 전치사 목적어가 종종 3격과 경합한다: dem Bruder schreiben - an den Bruder schreiben(형에게 편지쓰다); dem Freunde vertrauen - auf den Freund vertrauen(친구를 믿다). 이러한 경우들이 이미 루터 시대에 나타났다.

그러나 3격은 오늘날에도 전혀 위협받지 않는다.

2) 복합동사가 아닌 경우에서보다는 유일한 목적어로서 3격 목적어를 취하는 복합동사에서 더 많은 변화가 일어났다.

a) 비분리 전철로 형성된 3격동사에서 아주 적은 변화가 생겼다. ent-합성어에서의 3격은 오늘날보다는 이전에 훨씬 빈번하게 나타났다: wie einem Traum entwachend(Wieland)(마치 꿈에서 깨어난 것처럼).

b) 3격을 요구하는 전치사를 갖는 합성어에서도 3격 목적어의 영역은 잘 보존되었다. 전치사 mit를 갖는 합성어의 수는 오늘날보다는 중고지독일어에서 훨씬 많았다: eineme mitegan, -loufen, -folgen, -spiln (오늘날: mit jemandem gehen, laufen 등). nach-합성어에서의 3격 목적어는 오늘날보다는 초기 신고지독일어에서 훨씬 빈번하게 나타났다.

ich habe *der Seele* nachgedacht. (Goethe)
als wenn sie *einem großen Streich* nachsänne (Goethe)
(오늘날: *über etwas nachdenken/nachsinnen* 심사숙고하다)

etwas, *dem* er nachtrachtet (Wieland)
diesem habe ich nie nachgefragt. (Schiller)
(오늘날: *nach etwas fragen/trachten* 질문하다/노리다)

목적어가 인칭표현이 아니며 zu가 순수한 장소의 의미로 나타나는 zu-합성어에서는 3격지배가 중단되었다(비교: vier Reuter kommen *dem Hause* zu(네 개의 건초용 나무시렁이 집으로 온다); Hensler). 전용의 의미로서는 가능하다: einem zukommen (누구에게 귀속되다).

c) 4격과 3격을 요구하는 전치사를 갖는 합성어에서 종종 3격이 4격을 구축하였다.

Das fällt/leuchtet *mir* ein. (그것이 내 머리에 떠오른다/나에게 분명해진다)
(비교: eine Ehe eingehen(결혼하다); 고고지독일어 *ir inganget daz hus*)
Sein Betragen fiel *mir* auf. (나는 그의 행동이 생각났다)
Er hing *ihr* einen Mantel über. (그는 그녀의 어깨에 외투를 걸쳐 입혔다)

3) "3격 + 4격"의 결합에서 3격은 자신의 본래 영역을 확장하였으며 3격이 밀려 나는 경우는 아주 드물었다.

a) "4격 + 3격"의 결합은 "4격 + 4격"의 결합영역으로 확대되었다.

Das kostete *ihn/ihm* sein Leben. (그 일은 그의 생명을 희생시켰다)

b) "사물의 4격 + 사람의 3격" 결합이 "사물의 2격 + 사람의 4격" 결합을 구축하였다(예컨대 berichten 보고하다, gewähren 허락하다, versichern 확신시키다).

Ich berichtete *ihm* mein Erlebnis. (나는 그에게 내 체험을 보고했다)
Er versicherte *mir* seine Ergebenheit. (neben: Er versicherte mich seiner Ergebenheit.)
(그는 나에게 자신의 충성심을 확약했다)

c) 몇몇 경우에서 사람의 3격은 인칭의 전치사 목적어로 대체되었다.

Ich schreibe einen Brief *an meine Tochter.* (oder: .... *meiner Tochter* einen Brief)
(나는 내 딸에게 편지를 쓴다)
Hast du *zu ihm/ihm* etwas gesagt? (너는 그에게 무슨 말을 했니?)

1.2.2.3. 2격 목적어

일반적으로 강조되는 바와 같이, 2격 목적어는 드물며 점차 사라져 가는 목적어이다. 2격 목적어는 소수의 동사에서만 목적어가 될 수 있는 유일한 가능성으로서 나타난다. 하지만 이러한 동사들, 특히 법률분야의 동사들에서는 2격 목적어가 전적으로 "고정된"(stabil) 것으로 간주될 수 있다. 그러나 대부분의 2격 동사들은 격식어(gehobene Sprache)에 속한다.

Der Kranke bedarf *eines Arztes.* (그 환자는 의사를 필요로 한다)

유일한 목적어로서 2격을 갖는 동사들은 두 집단으로 분류될 수 있다.

1) 비 재귀동사: bedürfen(필요로 하다), gedenken(생각하다), harren(고대하다), ermangeln(부족하다), entbehren(부족하다).

Das bedarf *keiner Entschuldigung.* (그것은 어떠한 변명도 필요치 않는다)

Er gedenkt gerne *der vergangenen Zeiten/des Verstorbenen.*
(그는 즐겨 과거/고인을 생각한다)
Andere Aufgaben harren *meiner.* (다른 과제들이 나를 기다리고 있다)
Diese Aufgabe harrt *der Erledigung.* (이 과제는 해결되어야 한다)
Der Vertrag ermangelte *jeder Sachkenntnis.*
(그 계약서에는 모든 전문적 지식이 결여되어 있었다)

격식어에 속하는 모든 이런 동사들에서 2격은 격이 될 수 있는 유일한 가능성이
다. 아주 드문 경우이지만 bedürfen(필요로 하다)에서는 4격도 가능하고, harren(고
대하다)에서는 종종 auf-목적어가 나타난다.

Er bedarf *des Trostes.* (그는 위로를 받아야 한다)
Dazu bedarf es *viel Geld.* (그 일에는 많은 돈이 요구된다)
Ich harre schon lange *deiner.* (나는 벌써 오랫동안 너를 기다리고 있다)
Man harrte *auf Nachzügler.* (사람들은 낙오자를 기다렸다)

2) 순수 재귀동사: sich annehmen(떠맡다·돌보다), sich entsinnen(생각해 내다),
sich bedienen(사용하다), sich befleißigen(전념하다), sich begeben(포기하다),
sich bemächtigen(점령·엄습하다), sich entäußern(단념하다), sich enthalten(억
제하다), sich entledigen(해결·떨쳐버리다), sich erwehren(막다·멀리하다).

Ich werde mich *der Angelegenheit* annehmen. (나는 그 사건을 떠맡을 것이다)
Er nahm sich *des Verletzten* an. (그는 부상자를 돌봐 주었다)
Er entsann sich *seines alten Lehrers.* (그는 그의 옛 선생님을 생각해 내었다)
Er bediente sich *einer neuen Methode.* (그는 새로운 방법을 사용하였다)
Er befleißigt sich *großer Höflichkeit.* (그는 아주 겸손하려고 노력한다)
Er muss sich *des Alkohols* enthalten. (그는 금주해야 한다)
Er entledigte sich *dieses Problems* auf leichte Weise.
(그는 쉬운 방법으로 이 문제를 해결하였다)
Sie konnte sich *der Tränen* nicht erwehren. (그녀는 울지 않을 수 없었다)

동사가 아직도 정상적인 문체에 속하는 경우 전치사 목적어가 종종 2격 목적어
와 경합한다.

Ich habe mich zuerst *der Zuverlässigkeit* des Berichtes vergewissert.
(나는 먼저 보고의 신뢰성을 확인하였다)
Ich habe mich *über diesen Mann* vergewissert. (나는 이 남자를 확인하였다)
Er hat sich *um die Kinder/um die Sache* angenommen.

(그는 아이들을 돌봐주었다/그 일을 떠맡았다)

3) 몇몇 동사에서는 2격 목적어가 아직도 특정한 어법이나 혹은 특수한 의미에
   서만 나타나고, 정상적인 목적어는 4격 목적어나 또는 전치사 목적어이다.

   sich *eines anderen/eines Besseren* besinnen ('seinen Entschluss ändern'; aber: Ich
   besinne mich kaum *auf ihn.*) (다른 것/더 좋은 것을 생각해내다 ('그의 결심을 바꾸다';
   그러나: 나는 그가 거의 생각나지 않는다))
   Er waltet *seines Amtes.* (그는 그의 직무를 수행한다)
   Es braucht *keines Beweises* mehr. (veraltend; aber: Ich brauche *keinen Beweis.*)
   (그것은 더 이상 증명할 필요가 없다(낡은 표현임) - 나는 증명이 필요 없다)

2격 목적어는 또한 두 번째 목적어로서도 나타나는데, 특히 4격의 인칭 목적어와
더불어 사물 목적어로서 나타난다.

1) 권리의 동사에서: anklagen(기소하다), beschuldigen(죄를 씌우다), bezichtigen
   (죄를 씌우다), zeihen(나무라다); überführen(확인하다/증명하다); berauben(빼
   앗다), entbinden(면제해주다/해방하다), entheben(면직하다)

   Der Richter klagt *den Mann des Mordes* an. (판사는 그 남자를 살인죄로 기소한다)
   Das Gericht beschuldigt *ihn der Bestechung.* (법관은 그에게 뇌물죄를 씌운다)
   Man hat *ihn des Diebstahls* bezichtigt. (사람들은 그에게 절도죄를 씌웠다)
   Er wurde *des Diebstahls* überführt. (그는 절도죄로 인정되었다)

   Man hat *ihn seiner Freiheit* beraubt. (사람들은 그의 자유를 빼앗았다)
   Man hat *ihn seines Versprechens* (=von seinem Versprechen) entbunden.
   (사람들은 그를 그의 약속으로부터 면책시켜 주었다)
   Man hat *ihn seines Amtes* enthoben. (사람들은 그를 면직시켰다)

2) 소수의 말하기 동사에서:

   Er belehrte *mich eines Besseren.* (그는 내가 잘못 생각하고 있다는 것을 깨우쳐 주었다)
   Ich versichere *ihn des Gegenteils.* (Ich versichere ihm das Gegenteil.)
   (나는 그에게 반대설을 확신시킨다)

◈ 역사적인 변천

2격 목적어는 원시 게르만어에서 유래한다. 중고지독일어까지는 2격 목적어의

사용이 증가하였지만 초기 신고지독일어 이후로는 그 사용이 급격히 감소하였다. 2격 목적어를 갖는 동사가 타동사이거나 혹은 그 특성상 타동사 용법에 접근했을 때에는 2격 목적어 자리에 4격 목적어가 왔으며, 그렇지 않은 경우에는 2격 목적어가 전치사 목적어로 대체되었다.

1) 2격 목적어는 부분의 2격(partitiver Genitiv)이며 목적어의 일부를 표현한다(심층격: 대상격): Er aß des Brotes(낡은 표현임: 'einen Teil des Brotes') - Er aß das Brot. 고대어에서 전체의 목적어(Totalobjekt)가 4격으로 오는 동사에서는 부분의 2격 목적어가 정상적인 부분의 목적어(Teilobjekt)였다: essen(먹다), trinken(마시다), geben(주다), nehmen(받다), schenken(선사하다), gießen(붓다), kaufen(사다), haben(가지다), finden(발견하다), tragen(나르다), bringen(가져오다), senden(보내다) 등. 고고지독일어에서부터 루터까지 2격이 빈번하게 쓰였으며 고전주의 작가들에서도 역시 나타났다.

> hiaz er sie bringen *thero fisgo* (Tatian)
> getrunchin so *suozes wazzeres* (Notker)
> ich wil im *mines brotes* geben. (Hartmann)
> er gibt *seines Brots* den Armen. (Luther)
> es schenkte der Böhme *des perlenden Weins.* (Schiller)
> du sandtest *deiner Krieger* hin. (Klopstock)
> wir haben *der Exempel* schon gehabt. (Iffland)

오늘날 문체수단으로서도 소멸되고 있는 2격의 자리에 특히 4격 목적어가 나타났다. 이 4격 목적어는 무관사의 물질명사와 복수에서 부분을 표현할 수 있다.

> Er hat *Brot* gegessen. - Er hat *das (ein) Brot* gegessen.
> (그는 약간의 빵을 먹었다 - 그는 그 빵을(빵 하나를) 먹었다)
> Er hat *Äpfel* gegessen. - Er hat *die Äpfel* gegessen.
> (그는 몇 개의 사과를 먹었다 - 그는 그 사과들을 먹었다)

목적어가 가지고 있는 부분적인 특성은 부정대명사나 부사를 통해서도 강화될 수 있다.

> Er nahm *einige Äpfel/etwas Brot.* (그는 몇 개의 사과를/약간의 빵을 먹었다)

목적어 앞에 관사어(Artikelwort)가 있으면 부분적인 내용은 대명사나 부사를 통해서만 표현될 수 있다.

> *Etwas von dem Geld* gab er mir. (그는 그 돈 중에서 약간을 나에게 주었다)
> Da sah er *einige seiner Freunde.* (그때 그는 그의 친구들 중의 몇 사람을 보았다)

essen(먹다), trinken(마시다), nehmen(받다), geben(주다) 따위의 몇몇 동사에서는 von-목적어가 나타난다.

> Er trinkt *von der Milch.* (그는 약간의 우유를 마신다)
> Er isst *von dem Brot.* (그는 약간의 빵을 먹는다)

초기에는 von-목적어가 훨씬 빈번하였으며 Tatian에서 이미 그 예를 발견할 수 있다(그러나 그것은 아마도 라틴어에서 기원할 것이다).

> izzit *von thesemo brote* (ex hoc pane)

18세기에는 von-구조가 매우 빈번하게 나타났으며 그것은 아마도 프랑스어 de-구조로 소급될 수 있을 것이다.

> Ich wünsche, du könntest auch *von seinen Zeichnungen* sehen. (Schiller)
> (나는 네가 그의 그림들의 일부도 볼 수 있기를 바란다)

2) 2격이 목적어가 될 수 있는 유일한 가능성이었던 brauchen(필요하다), bedürfen (필요로 하다), genießen(향유하다)에서도 2격은 아마 부분적인 것으로 간주될 수 있을 것이다.

> so bruche er *es* lango. (고고지독일어; Ludwigslied)
> so ist aber einer, *des* al diu welt geniuzet. (Helmbrecht)

bedürfen은 오늘날에도 2격을 취하며, brauchen의 2격은 낡은 표현이지만 비인칭 구조에서 아직도 사용된다(Es braucht keines Beweises. 그것은 증명이 필요 없다). genießen의 2격은 오늘날 낡은 표현이 되었다(비교: Ich genieße meines Reichtums. (Wieland) (나는 내 재산을 향유하고 있다). brauchen과 genießen의 2격은 4격으로 대체되었다.

3) 고대어에서 나타났던 부정문의 2격 목적어는 부분의 2격에 대한 특별한 경우

를 형성하였다.

ich kenne *des Menschen nicht.* (Luther)

이때 그 기원에 따라서 두 가지 상이한 구조가 나타났다.

a) 2격 목적어는 단순부정어 ni를 갖는 부정문에서 사용되었다. 그 후에 긍정
문에서는 나타나지 않았던 그러한 동사들에서도 2격이 나타났다. 고트어에서
는 2격이 빈번하게 나타났지만 고고지독일어에서는 이미 드물게 나타났다.

tu *ne* habis *kiscirres* (고고지독일어)

주어에서와 마찬가지로 부정의 목적어에서도 2격은 오늘날 아직도 슬라브어에서
나타나는 인구어의 고풍이었다.

b) 2격 목적어는 확장된 부정어 nicht에 의해 부정되었던 문장에서 나타났다.
고고지독일어와 중고지독일어에서 규칙적으로 나타났던 이러한 2격은 원래
nicht에 종속했던 명사수식적인 2격이었다(비교: ni eo wiht; wiht는 명사이다).
신고지독일어에서는 2격이 곧 사라졌다.

nieht *nides* habentiu (Notker; 'nichts von Neid')
so brich ich *miner triuwe* niht. (Wolfram)
ich kenne *des Menschen* nicht. (Luther)
ich kenne *deiner* nicht. (Uhland)

4) 'wünschen(바라다), fragen(질문하다), bitten(부탁하다), warten(기다리다)'의
　의미군으로 구성된 몇몇 동사에서 대부분 추구나 혹은 방어의 목표를 표현하
　는 2격이 나타났다(목표격 Finativ).

sie batun *fleiskes* (Notker)
urloubes bitten (Hartmann)
der bischof wartete *der drier kunige.* (Mystiker)
du begehrtest *mein.* (신고지독일어; Bürger)
ich verlange *der Gottheit* nicht. (Müller)
in Padua erwartete Fernando *des frohen Augenblicks.* (Schiller)

harren(고대하다)에서는 2격이 오늘날에도 격식어에서 나타나며, verlangen(요구

하다), warten(기다리다), begehren(열망하다)에서는 2격이 얼마 전까지 격식문체에서 사용되었지만, 오늘날에는 낡은 표현이 되었다. 2격은 보통 전치사구로 대체되지만(um etwas bitten 부탁하다, nach etwas fragen 질문하다), 4격이 나타날 수도 있다: etwas verlangen(요구하다), erwarten(고대하다), begehren(열망하다).

5) 2격은 "정신적인 참여"(Dal)의 동사 및 (ge)denken(생각하다), wahrnehmen(인지하다), glauben(믿다), erwähnen(언급하다), achten(주의하다), walten(관리하다), hüten(감시하다), schonen(보호하다), pflegen(돌보다)과 같은 감시의 동사에서 나타났다.

> ir sult gelouben *des* (Wolfram)
> hüetet *iuwer ougen* (Walther)
> keiner schonet *des anderen* (Luther)
> achteten sie *deiner* (Goethe)
> *der eignen Rettung* denkt jetzt keiner mehr. (Schiller)
> wie ward *der Königin* erwähnt? (Schiller)

오늘날 2격이 gedenken(생각하다)과 재귀동사 sich annehmen(떠맡다/돌봐주다), sich befleißigen(전념하다), sich rühmen(자랑하다) 등에서 여전히 고정되어 있으며, achten(주의하다), wahrnehmen(인지하다), erzählen(이야기하다) 등에서도 2격이 오랫동안 사용되었지만, 오늘날에는 이미 낡은 표현이 되었다. 그밖에 2격은 특정한 어법에서 아직도 나타난다: seines Amtes walten(직무를 수행하다). 4격 목적어와 전치사 목적어가 2격의 자리에 나타났다: an etwas denken(생각하다); auf etwas achten(주의하다); etwas erwähnen(언급하다); etwas hüten(감시하다).

6) 2격은 결핍이나 잘못을 표현하는 동사에서 나타났다: (ver)missen(그리워하다), schweigen(침묵하다), mangeln(결핍되다), verfehlen(놓치다/잘못하다), vergessen(잊다) 등.

> mistun siu *thes kindes* (Otfrid)
> nu swigen wir *der degene* (Kudrun)
> sie sind allzumal Sünder und mangeln *des Ruhmes.* (Luther)
> eine Tragödie, die *ihres Zweckes* verfehlt (Lessing)

비록 entbehren(부족하다)의 정상적인 문체와 간혹 bedürfen(필요로 하다)에서

4격이 나타나기도 하지만, 이 동사군 중에서 bedürfen, ermangeln(부족하다), entbehren은 오늘날까지도 2격을 갖는다. 재귀동사(sich begeben 포기하다, sich entäußern 단념하다, sich enthalten 억제하다, sich entledigen 해결·떨쳐버리다, sich erwehren 막다)에서는 2격이 더욱 잘 보존되었다.

7) sich freuen(기뻐하다), lachen(웃다), erschrecken(놀라다)과 같은 절대동사에서도 2격 규정어는 2격 목적어로 간주된다. 2격은 행위의 원인을 표현한다(원인격 Kausativ). Dal(1966:21)에 따르면 2격의 이러한 사용은 독일어의 특수한 변천을 의미한다. 2격의 사용은 중고지독일어에서 널리 보급되었다.

> ich freu mich *siner künfte*. (중고지독일어; Helmbrecht)
> *des* erschrac der wirt vil sere. (Helmbrecht)
> wie ich *des Schauspiels* staune (Kleist)
> daß ihr *meiner Einfalt* lächelt (Lessing)
> wollen wir denn *ihrer Gnade* leben. (Iffland)

오늘날에는 전치사 목적어가 2격 목적어를 구축했다: sich freuen an/auf/über(기뻐하다), vor jmd./etw. erschrecken(놀라다), über etw. lachen(웃다). 소수의 관용어에서만 아직도 2격이 나타난다: Hungers sterben(굶어 죽다).

8) 2격은 4격과 더불어 또한 두 번째 목적어로서도 나타난다.

a) 고소하다(Beschuldigen)의 동사에서 사람의 4격 이외에 사물의 2격이 이미 고고지독일어에서 나타났지만, 원시 게르만어에서나 혹은 인구어에서는 이러한 격지배가 아직 존재하지 않았다(Behaghel 1923-1932,1:527).

> *thes* zihu ih *inan* ('dessen zeihe ich ihn'; Otfrid)
> (나는 그에게 그 일을 나무란다)

원래 이 집단의 단순동사들 중에서 zeihen(꾸짖다)만이 보존되었으며, schulden(빚지고 있다)과 schuldigen(죄가 있다)은 낡은 표현이 되었다. 그러나 이러한 동사들로 구성된 합성어가 만들어지거나(beschuldigen(죄를 씌우다), 중고지독일어; anschuldigen(고발하다), 신고지독일어), 혹은 신조어(Neubildung)가 그들을 대신하게 되었다(anklagen(고소하다), 초기 신고지독일어; bezichtigen(죄를 씌우다), 초기 신고지독일어; überführen (확인시키다), 초기 신고지독일어). 이러한 동사들에서는

2격이 밀려나는 일이 드물었으며, 2격 이외에 때때로 wegen을 갖는 전치사구조가 나타난다: jemanden wegen Mordes anklagen(살인죄로 누구를 고소하다). 4격이 2격과 경합하였지만, "4격 + 4격" 결합은 독일어에서는 낯설은 구조이기 때문에 관철될 수 없었다. 2격은 심층격으로서 원인격(Kausativ 'Ursache')을 표현한다.

b) 해방하다(Befreien) 따위의 동사들에서도 2격지배는 오래 전부터 있었지만 인구어에서는 아직 없었다.

ich will uns *des* enbinden. (Wolfram)

이 동사집단은 훨씬 작아졌다. befreien(해방하다), erlösen(구제하다), erlassen(면제·사면하다), entlasten(면제·경감하다), entlassen(해고하다)과 같은 동사들도 이전에는 이 집단에 속했다. 오늘날에는 이러한 동사들에서 보통 von-목적어가 나타난다: jemanden von Angst/Sorgen befreien(누구를 불안/걱정으로부터 구해내다).

c) 고대어에서 말하기(Sagen) 따위의 동사들 중에서 많은 동사들이 2격을 요구했다: verständigen(알려주다), mahnen(경고하다), ermahnen(경고하다), vermahnen(경고하다), warnen(경고하다), unterweisen(가르치다), berichten(보고하다), unterrichten(가르치다) 등.

er hat *ihn* underwiset *einer zuht.* (Wolfram)
also ermanet er *vns des schrecklichen Zorns.* (Luther)
der gründlichen warheit mich bericht (Sachs)
der Zweig erinnert *mich der Bilder.* (Gryphius)

오늘날에는 "사물의 2격 + 사람의 4격" 결합이 "사물의 4격 + 사람의 3격" 결합이나(jemandem etwas berichten 보고하다), 혹은 "사물의 전치사 목적어 + 사람의 4격" 결합으로 대체된다(jemanden an eine Sache mahnen 경고하다; jemanden von etwas überzeugen 확신시키다). versichern(확인시키다)에서만 2격이 보존되고, 그밖에는 단지 특정한 어법에서만 2격이 그대로 남아있다: Er belehrte mich eines Besseren (그는 내가 잘못 생각하고 있다는 것을 깨우쳐 주었다).

9) 3격의 인칭 목적어에서도, 예컨대 danken(감사하다), lohnen(보답하다), schmeicheln(아첨하다), folgen(뒤따라가다), helfen(돕다), gönnen(허락하다), gestatten(허가하다)에서도 18세기까지 두 번째 목적어로서 2격이 나타났다.

des helfe *ihm und allen* Christus unser Herr. (Luther)
wie danke ich *Euch der Gabe.* (Tieck)

이러한 결합은 완전히 사라졌으며 2격이 일부는 4격으로, 또 일부는 전치사 목적어로 대체되었다: einem etwas gestatten(누구에게 무엇을 허락하다); einem für etwas danken(이전에는 4격도 가능: du wirst die Gabe mit Entzücken mir danken (Wieland)(너는 선물에 대해 감격하여 나에게 감사할 것이다); 오늘날: einem etwas verdanken(무엇을 누구의 덕택으로 생각하다)); bei etwas helfen(무슨 일을 돕다).

1.2.2.4. 전치사 목적어

전치사 목적어는 대략 15개의 전치사로 형성될 수 있다. an, auf, über, um이 가장 빈번하게 나타나며, 다른 전치사로는 für, gegen, in, nach, von, vor, zu가 있다. aus, bei, unter, wegen은 드물게 나타난다. durch, ohne, bis, seit, neben, trotz는 결코 나타나지 않는다. 전치사 목적어의 전치사들은 대부분 원래 장소의 전치사이며, 이들의 장소적 의미는 많은 목적어에서 아직도 인지될 수 있다. 장소의 의미는 "본래의" 전치사 목적어에서 특히 명확하다.

> Er hat sich *an mich* gewendet. (그는 나에게 조회하였다)
> Das beruhte *auf einem Irrtum.* (그것은 오류에 기인하였다)
> Er bleibt *bei seiner Meinung.* (그는 자기 의견을 고집한다)
> Er fürchtet sich *vor der Prüfung.* (그는 시험을 두려워한다)
> Er wehrte sich *gegen die Vorwürfe.* (그는 그 비난에 저항하였다)
> Ich übe mich *im Schwimmen.* (나는 수영연습을 한다)
> Die Truppen fliehen *vor dem Feind.* (군대는 적 앞에서 도주한다)

하지만 많은 전치사 목적어들은 이전의 격 목적어(Kasusobjekt), 특히 이전의 2격 목적어로 소급된다. 그렇기 때문에 전치사 목적어에서 장소의 의미가 더 이상 인식될 수 없다(특히 an, auf (+4격), über, um, nach를 갖는 전치사 목적어에서 그렇다).

> Ich denke *an dich.* (나는 너를 생각한다)
> Ich besinne mich kaum *auf seinen Namen.* (나는 그의 이름이 거의 생각나지 않는다)
> Sie spotten *über ihn.* (그들은 그를 비웃는다)
> Sie sorgt sich sehr *um ihre Zukunft.* (그녀는 자기의 미래를 매우 걱정한다)

Er fragte *nach dem Weg.* (그는 길을 물었다)

전치사 목적어는 4격 목적어, 3격 목적어, 다른 전치사 목적어와 더불어 두 번째 목적어로서도 나타난다.

Er bittet *seinen Vater um Hilfe.* (그는 아버지에게 도움을 요청한다)
Er fragte *mich nach dem Weg.* (그는 나에게 길을 물었다)
Er forderte *mich zum Sitzen* auf. (그는 나에게 앉도록 권했다)
Ich danke *dir für deine Hilfe.* (나는 너의 도움에 대해 감사한다)
Ich gratuliere *dir zum Geburtstag.* (나는 너의 생일을 축하한다)
Mein Freund berichtet *meiner Mutter über mein Examen.*
(내 친구가 어머니에게 나의 시험에 대해 보고한다)
Ihm bangt *vor der Zukunft.* (그는 미래를 걱정한다)

Der Forschungsreisende sprach *zu den Schulkindern über seine Afrikareise.*
(그 탐험가는 학생들에게 아프리카 여행에 대해 이야기했다)
Er rächte sich *an ihm für diese Schmach.*
(그는 이러한 모욕에 대해 그에게 복수하였다)

대략 15가지 상이한 전치사 목적어를 통해서 전체적으로 많은 격역할(Kasusrolle= Tiefenkasus 심층격)이 실현될 수 있다.

Das bekommst du *von mir.* (행위자격; 'Das gebe ich dir')
(너는 그것을 나한테서 받을 것이다)
Aus diesem Agrarland hat sich ein Industrieland entwickelt.
(피동자격; 'Dieses Land hat sich ... entwickelt')
(이러한 농업국가에서 산업국가로 발전하였다)
Die Maus nagt *an der Rübe.* (대상격) (쥐가 순무를 갉아먹는다)
Der Schriftsteller schreibt *an einem neuen Roman.* (결과격)
(그 작가는 새로운 장편소설을 집필하고 있다)
Er redet immer *von seinem neuen Auto.* (주제격)
(그는 항상 그의 새 자동차에 대하여 이야기한다)
Er hörte *auf die Glockenschläge.* (인지대상 = 인지대상격)
(그는 종소리에 귀를 기울였다)
Er strebte *nach einer Versöhnung* mit ihr. (목적과 목표 = 목표격)
(그는 그녀와의 화해를 위해 노력했다)
Ich freue mich schon *auf die Ferien.* (원인격)
(나는 벌써부터 방학을 학수 고대한다)

Ich habe *mit deinem Freund* gesprochen. (동반격)
(나는 너의 친구와 함께 이야기하였다)
Er hat den Brief *an die Mutter* geschrieben. (수신자격)
(그는 어머니에게 편지를 썼다)

몇몇 전치사 목적어는 다수의 격역할을 표현할 수 있는 반면에(예컨대 an-목적어), 다른 전치사 목적어는 소수의 내용에만 한정된다(예컨대 aus-목적어).

Die Maus nagt *an der Rübe.* (대상격) (쥐가 순무를 갉아먹는다)
Er schreibt *an seinem neuen Buch.* (결과격) (그는 새로운 책을 집필하고 있다)
Er denkt *an seine Frau.* (주제격) (그는 자기 부인을 생각한다)
Er schreibt *an seine Freundin.* (수신자격) (그는 여자 친구에게 편지를 쓴다)
Er freut sich *an dem Bild.* (원인격) (그는 그 그림을 보고 기뻐한다)
Der Polizist erkennt ihn *am Sprechen.* (원인격) (경찰은 말투를 듣고 그를 알아본다)
Diese These folgt *aus der Auffassung*, dass die Bewegung ewig ist. (원인격)
(운동은 영원하다는 견해로부터 이 논제가 생겨난다)
Aus diesem Agrarland hat sich ein Industrieland entwickelt. (피동자격)
(이러한 농업국가에서 산업국가로 발전하였다)

◆ 역사적인 변천

전치사 목적어는 그 역사적인 변천과 관련하여 두 가지 그룹, 즉 본래의 전치사 목적어와 이전의 격 목적어(Kasusobjekt)를 대체하는 전치사 목적어로 분류될 수 있다.

1) 본래의 전치사 목적어는 전치사가 원래 소유하고 있는 부사적 의미에서 기원한다: vor etwas fliehen(달아나다); auf sein Recht pochen(자기 권리를 주장하다)(비교: auf den Tisch pochen 책상을 두드리다); bei einem Entschluss bleiben(결심을 고수하다); unter etwas leiden(시달리다); sich gegen etwas wehren(저항하다) 등. 많은 전치사 목적어는 상당히 늦게 형성되었으나, 몇몇 전치사 목적어는 이미 고고지독일어와 중고지독일어에서도 나타났다: 중고지독일어 sich beruofen + an/in 'sich auf etwas berufen'(무엇을 근거로 내세우다, 호소하다).

2) 우리가 앞서 이미 살펴본 바와 같이, 전치사 목적어는 이전의 격 목적어들 중에서 특히 2격 목적어를 대체하였다(an etwas denken 생각하다; sich an etwas

erinnern 회상하다). 늦어도 루터에서 3격 목적어의 기능에서도 전치사 목적어
가 나타났다: jemandem schreiben – an jemanden schreiben(누구에게 편지를
쓰다); zu jemandem etwas sagen(누구에게 무엇을 말하다). 일반적으로 절대
동사가 수의적인 4격 목적어를 취할 수 있었던 그런 경우에서만 4격 목적어가
전치사 목적어에 의해 밀려났다: über etwas klagen(한탄하다); um etwas
weinen(애도하다). 현대어에는 4격 목적어와 전치사 목적어가 동일한 의미로
나타나는 몇몇 경우들이 존재한다: eine Arbeit beginnen – mit einer Arbeit
beginnen(일을 시작하다). 몇몇 경우에서는 전치사 목적어를 통해서 미완료적
인 동작태(imperfektive Aktionsart)가 표현되고, 4격 목적어를 통해서는 완료
적인 동작태(perfektive Aktionsart)가 표현된다: ein Haus bauen – an einem
Haus bauen; ein Buch schreiben – an einem Buch schreiben; ein Buch lesen –
in einem Buch lesen.

전치사 목적어가 형성되기 시작할 때에는 얼마동안 여러 전치사들 사이에서 종
종 경합이 있게 마련이다. 동사 sich berufen(근거로 내세우다, 호소하다)이 중고지
독일어에서는 전치사 an 또는 in을 요구했지만, 오늘날에는 auf를 요구한다. 일반적
으로 한 전치사가 점차적으로 다른 전치사들을 밀어낸다. 여러 전치사들이 그대로
남아있는 경우에는 일반적으로 의미차이가 존재한다: sich freuen + auf/über/an(미
래/과거/현재의 일에 대해 기뻐하다). 원래의 전치사 목적어에서뿐만 아니라 격 목
적어를 대체하는 전치사 목적어에서도 많은 전치사들이 나타난다: auf, an, über.
"사람의 4격 + 사물의 전치사 목적어" 결합과 "사람의 3격 + 사물의 전치사 목적어"
결합에서 처음에는 전치사 목적어가 드물었다: jemandem zu etwas kondolieren(누
구에게 무엇에 대해 조의를 표하다) (17세기). 대부분의 경우에서는 전치사 목적어
가 이전의 2격 목적어를 대체하였다: jemanden von etwas entbinden/überzeugen(누
구를 무엇에서 면제해주다/누구에게 무엇을 납득시키다); jemanden an etwas
erinnern(누구에게 무엇을 생각나게 하다); jemanden in etwas unterrichten(누구에게
무엇을 가르치다); jemandem für etwas danken(누구에게 무엇에 대해 감사하다).
몇몇 경우에서는 "사람의 3격 + 사물의 4격" 결합에서 전치사 목적어가 3격 목적어
의 자리에 나타난다: Ich schreibe meinem Bruder einen Brief. – Ich schreibe einen
Brief an meinen Bruder.

1.2.2.5. 부정사 목적어

부정사 목적어는 술어동사에 의해 요구되는 부정사 보충어로서 일반적으로 es(das)로 대용화될 수 있지만 항상 그런 것은 아니다. 부정사는 zu를 동반할 수도 있고 또 동반하지 않을 수도 있다.

> Ich will *dir helfen. Das* will ich.
> (내가 널 도와줄게. 그걸 내가 해줄게)
> Er weigerte sich, *mir zu helfen.* (대용화될 수 없음)
> (그는 나를 도와주는 것을 거절했다)

어떤 동사에서는 부정사 목적어가 목적어로 될 수 있는 유일한 가능성이지만, 대부분의 동사에서는 명사 목적어와 등가이다. 즉 부정사 목적어는 4격 목적어, 2격 목적어 또는 전치사격 목적어로 대치된다.

> Er muss *kommen.* (목적어가 될 수 있는 유일한 가능성)
> (그는 와야 한다)
>
> Die Hausfrau beginnt *zu arbeiten.*
> (등가의 4격 목적어: Die Hausfrau beginnt *ihre Arbeit.*)
> (그 부인은 일하기 시작한다 - 그 부인은 자기 일을 시작한다)
>
> Er befleißigte sich, *höflich zu sein.*
> (등가의 2격 목적어: Er befleißigte sich *großer Höflichkeit.*)
> (그는 겸손하려고 노력했다 - 그는 아주 겸손하려고 노력했다)
>
> Er fürchtet sich *zu kommen.*
> (등가의 전치사 목적어: Er fürchtet sich *vor dem Zahnarzt.*)
> (그는 오는 것을 두려워한다 - 그는 치과의사를 두려워한다)

목적어 부정사는 형식어나 상관사(es 또는 대명사적 부사)를 의무적 또는 수의적으로 취할 수 있다. 그러면 상관사는 부정사와 더불어 전체 목적어를 형성한다.

> Johannes verdient *es, beachtet zu werden.*
> (요하네스는 마땅히 유의해볼 가치가 있다)
> Die Mutter beauftragt die Kinder (*damit*), *das Geschirr abzuwaschen.*
> (어머니는 아이들에게 그릇 닦는 일을 맡긴다)
> Der Lehrer achtet *darauf, verständlich zu sprechen.*
> (선생님은 이해할 수 있도록 말하는 데에 유의한다)

부정사 목적어는 하나의 부정사로 구성되는데, 이 부정사는 의미보유어로서의 동사에 의해 보충어로서 요구된다. 정동사가 고유한 어휘의미를 갖지 않으면 부정사는 목적어가 아니라 술어의 부정사 성분이 된다. 이 술어의 부정사 성분은 술어의 내부에서 문장성분 내부의 결합가에 따라 정동사의 문법적인 보충어를 나타낸다.

Er darf *kommen.* (목적어) (그는 와도 된다)
Er dürfte heute *kommen.* (술어의 일부) (그는 오늘 올 지도 모른다)

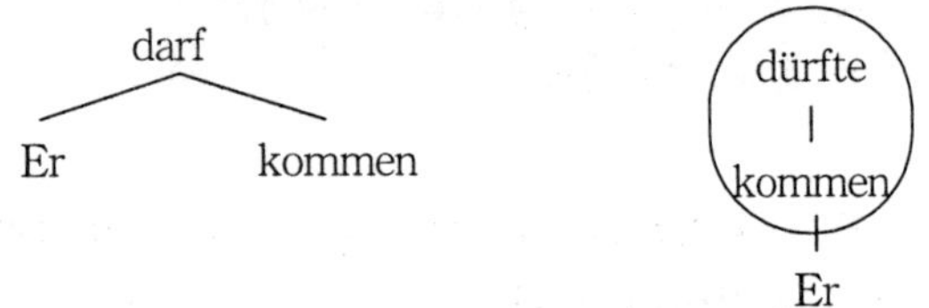

부정사 목적어는 종종 es나 das로 대용화될 수 있는 반면에, 술어의 일부(Prädikatsteil)로서의 부정사는 대부분 대용화될 수 없다.

Darf er *kommen? Das* darf er/Er darf *es.*
(그가 와도 되니? 그는 그렇게 해도 된다)
Dürfte er zu Hause *sein?* *Er dürfte *es.*
(그가 집에 있을지도 모른다고?)

부정사 목적어에 종속하는 규정어(Bestimmung)는 부정사에 대한 규정어로서 부정사적 문장성분의 규정성분인 반면에, 술어의 일부인 부정사에 종속하는 규정어는 술어의 규정어이며 1등급의 문장성분이다.

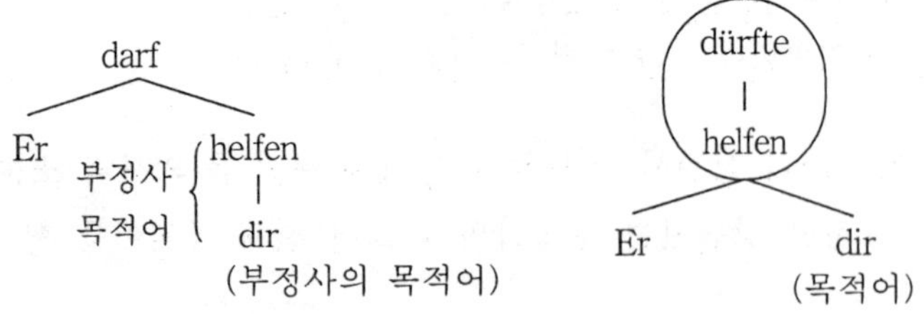

1) zu 없는 부정사 목적어

a) zu 없는 부정사(=단순부정사)는 화법동사 dürfen, können, mögen, müssen, sollen, wollen에서 나타난다.

Musstest du gestern *zu Hause bleiben?* (너 어제 집에 꼭 있어야만 했니?)

Ich habe gestern nicht *ins Kino gehen* dürfen. (나는 어제 영화관에 가서는 안 되었다)

b) brauchen(필요하다)에서는 특히 구어에서 zu 없는 부정사가 가끔 오지만 문어에서는 zu가 선호된다.

Er braucht nicht *kommen.*
Er braucht nicht *zu kommen.* (그는 올 필요가 없다)

c) lassen에서 zu 없는 부정사가 유일하게 가능한 목적어로서 나타난다. 이 경우 부정사는 종종 다른 규정어와 더불어 4격 목적어(=부정사의 주어)를 취할 수도 있다.

Ich lasse *den Gast eintretten.* (부정사 + 주어) (나는 손님이 들어오도록 한다)
Er lässt *dich grüßen.* (부정사 + 목적어) (그가 너에게 안부 전해달라고 하더라)
Er lässt *tanken.* (규정어 없는 부정사) (그는 차에 기름을 넣도록 한다)
Der Vater lässt *die Kinder das Zimmer aufräumen.* (주어와 목적어가 있는 부정사)
(아버지는 아이들이 방을 청소하도록 시킨다)

동사들 sehen(보다), hören(듣다), fühlen(느끼다), spüren(감지하다)에서는 주어를 취하는 단순부정사(=AcI: 부정사를 취하는 4격)가 4격 목적어의 기능을 하는 부문장 목적어의 대안으로서 나타난다.

Ich fühle *mein Herz klopfen.*
= Ich fühle, *dass mein Herz klopft.*
(나는 내 가슴이 고동치는 것을 느낀다)

d) lernen(배우다)에서도 단순부정사가 목적어로 올 수 있지만 부정사가 규정어를 가지면 zu도 역시 가능하다.

Das Kind lernt *sprechen.* (아이는 말하기를 배운다)
(aber: Du musst lernen, *dich frei zu bewegen*)
(너는 자유로이 움직이는 것을 배워야 한다)

e) 동사들 heißen(명하다), lehren(가르치다), helfen(돕다)에서는 zu 없는 부정사가 명사 목적어와 더불어 두 번째 목적어로서 나타난다. 부정사 목적어는 대체로 4격 목적어의 대안으로서 나타난다.

Ich heiße *dich das tun.* (Ich heiße *dich etwas.*)
(나는 네가 그것을 하도록 명한다 - 나는 네가 무슨 일을 하도록 명한다)
Ich helfe *meinem Freund die Pakete zur Post tragen.* (Ich helfe *meinem Freund dabei.*)* (나는 내 친구가 소포를 우체국으로 나르는 것을 돕는다 - 나는 내 친구가 그 일을 하는 것을 돕는다)
Er lehrt *sie schwimmen.* (Er lehrt *sie das Schwimmen.*)
(그는 그녀에게 수영하는 것을 가르친다 - 그는 그녀에게 수영을 가르친다)

동사들 heißen, lehren, helfen에서는 특히 부정사가 자신의 규정어를 갖는 경우에 zu 있는 부정사가 올 수도 있다.

Wer hat *dich* geheißen, *das zu tun?*
(누가 너에게 그것을 하라고 명하였니?)
Die Geschichte lehrt *uns die Zusammenhänge zu verstehen.*
(역사는 우리에게 연관성을 이해하도록 가르친다)

lehren과 helfen에서는 명사 목적어가 삭제될 수도 있으므로 zu 없는 부정사가 단독으로서도 목적어가 될 수 있다.

Not lehrt *beten.* (비교: Not lehrt uns beten.)
(다급하면 하느님을 찾는다 - 다급하면 우리는 하느님을 찾는다)
Sie hilft *kochen.* (비교: Sie hilft mir kochen.)
(그녀는 요리하는 것을 돕는다 - 그녀는 내가 요리하는 것을 돕는다)

2) zu 있는 부정사 목적어

a) 소수의 동사에서만 zu 있는 부정사 목적어가 유일하게 가능한 보충어이다.

Er weigert sich *zu kommen/das Vorhaben zu unterstützen.*
(그가 오기를 거부한다/그 계획을 지지하는 것을 거부한다)

b) 부정사 목적어가 4격 목적어의 대안으로서 나타난다.

Die Mutter begann *zu arbeiten.* (Die Mutter begann *die Areit.*)
(어머니는 일하기 시작했다 - 어머니는 그 일을 시작했다)
Er fürchtet, *zu spät nach Hause zu kommen.* (Die Studenten fürchten *die Prüfungen.*)
(그는 너무 늦게 귀가하는 것을 두려워한다 - 학생들은 시험을 두려워한다)

몇몇 동사에서는 문장의 중장에 형식어(Formwort=상관사 Korrelat)로서 es가 오는데, 이 es는 대부분 수의적이지만 의무적인 경우도 가끔 있다.

Ich wage (*es*) nicht, *meinen Vater zu fragen.*
(나는 감히 내 아버지께 여쭤보지 못한다)
Er behauptet (*es*), *mich zu lieben.* (그가 날 사랑한다고 주장한다)
Wir lehnen *es* ab, *ihm nochmals Geld zu leihen.*
(우리는 그에게 또다시 돈을 빌려주는 것을 거절한다)

c) 주장과 믿음을 나타내는 몇몇 타동사에서 4격 목적어의 등가어로서 부문장 목적어의 대안이 되는 부정사 목적어가 나타난다.

Der Arzt meint, *den Kranken retten zu können.* (*=dass er den Kranken retten kann*)
(그 의사는 환자를 구할 수 있다고 말한다)
Er glaubt, *im Irrtum zu sein.* (*=dass er im Irrtum ist*)
(그는 자신이 잘못하고 있다고 믿고 있다)

d) 많은 동사에서 zu 있는 부정사 목적어가 전치사 목적어의 등가어로서 나타난다. 이때 대체로 da(r)를 갖는 대명사적 부사가 형식어(상관사)로서 의무적 혹은 수의적으로 보충된다.

Ich denke *daran, in die Stadt zu gehen.*
(나는 도시로 갈 생각을 하고 있다)
Ich gewöhne mich nicht *daran, jeden Morgen früh aufzustehen.*
(나는 매일아침 일찍 일어나는 일에 익숙하지 않다)
Der Fluggast verlässt sich *darauf, sicher anzukommen.*
(그 탑승객은 안전하게 도착할 것을 믿고 있다)
Die Hausfrau fängt (*damit*) an, *das Geschirr abzutrocknen.*
(그 가정주부는 그릇을 닦아 물기를 없애기 시작한다)
Warum bemühst du dich nicht (*darum*), *Arbeit zu finden?*
(너는 왜 직장을 얻으려고 노력하지 않니?)

e) zu 있는 부정사 목적어가 특히 4격 목적어나 3격 목적어와 더불어 두 번째 목적어로서 올 수 있다(lernen, heißen, helfen에서는 단순부정사도 가능하다).

Er bittet *seinen Vater, ihm zu helfen.*
(그는 아버지께 자기를 도와달라고 부탁했다)
Ich empfehle *dir, den neuen Film anzusehen.*
(나는 너에게 그 신작영화를 보도록 추천한다)

Er lehrte *mich lesen/bescheiden zu sein.*
(그는 나에게 읽는 법을/겸손한 자세에 대해 가르쳐 주었다)
Ich heiße *dich das tun/das zu tun.*
(나는 네가 그것을 하도록 명한다)

◈ 역사적인 변천

목적어 기능은 부정사가 본래 가지고 있는 통사기능들 중의 하나이다. 부정사는 본래 고고지독일어에서 여전히 굴절했던 동사적 명사(Verbalnomem)였다: neman(1격, 4격), nemannes(2격), nemanne(3격). 오늘날의 단순부정사는 고고지독일어 1격/4격과 일치하고, zu-부정사는 zu 있는 옛날의 3격에서 기원하며(고고지독일어: za(zi) nemanne) 단순형태와 일치한다(zu를 제외하고). 시간이 지남에 따라 단순부정사는 많은 경우에서 zu-부정사에 의해 밀려났다. 이미 고고지독일어에서 zu 있는 부정사가 단순부정사보다 훨씬 자주 나타났다.

1) 화법동사에서는 단순부정사가 항상 규칙이 되었다. müssen과 mögen에서는 중고지독일어에서 간혹 zu-부정사도 나타났으며, 초기 신고지독일어에서는 dürfen에서도 zu-부정사 가끔 나타났다.

Ich ne mah *ze vrumene.* (Rolandslied des Pfaffen Konrad)
wer also gemust *zu dem krieg ze kumen.* (Chr. dt. Städte)
du darfst kein Kundschaft darum *z'bstellen.* (Manuel)

다른 한편으로는 오늘날 zu-부정사를 지배하는 몇몇 의미상의 화법동사들도 초기에는 zu 없이 나타날 수 있었다: 예컨대 wissen(알다)과 vermögen(할 수 있다).

er wiste *schaden gewinnen* (Nibelungenlied)
wer hierausz der weiber stärcke nicht vermöcht *erkennen* (Wendunmuth)

2) lassen의 단순부정사는 아마도 처음에는 heißen과 똑 같았을 것이다. lernen, lehren, helfen에서는 이미 일찍부터 단순부정사뿐만 아니라 zu-부정사도 나타났다.

lirne *tuon judicium* (Notker)
den Saladin *mit Worten abzulohnen* doch endlich lernte (Lessing)
mich hiez ein künec *ritter sin* (Wolfram)

das er mir helfe *klagen* (Wolfram)
hilf mir *daz ze tuonne* (Notker)

3) 고대어에서는 오늘날 단지 zu-부정사만이 사용되는 그러한 동사들에서도 단순부정사가 나타났다.

a) 단순부정사는 시작과 종결의 동사에서 나타났다: 고고지독일어 standan, gistandan, 중고지독일어 anevāhen, gerāten, ūzbrechen, ūfhoeren.

her *fragen* gistuont ('er begann zu fragen'; Hildebrandslied)
so sul wir anevan *dienen* scoenen wiben (Nibelungenlied)

Behaghel(1923-32,2:311)에 따르면, 부정사가 "후기 고고지독일어까지는 전적으로, 중고지독일어까지는 규칙적으로 zi 없이 왔으며, 초기 신고지독일어에서는 드물게 zi가 나타났다." 그 후에 신고지독일어에서는 zu가 의무적이 되었다. 그러나 이미 중고지독일어에서 나온 zu에 대한 예가 존재한다.

ze vragen er begunde (Wolfram)
wir vahen hiute an *ze predigen.* (Griesh. Pred.)

b) 고대어에서는 계획, 의도, 희망 및 공포의 동사에서 zu-부정사와 더불어 단순부정사도 나타났다: hoffen(바라다), fürchten(두려워하다), schwören(맹세하다), loben(칭찬하다), bedürfen(필요로 하다), denken(생각하다).

sie hoffeten *entschüttet werden* (Münster)
so lobt er in dar *dienen* (Nibelungenlied)
do lobte ouch er *ze minnen* (Nibelungenlied)
daz vorhte sie *verliesen* (Nibelungenlied)
nicht ne furhte *ze verliesenne* (Notker)

오늘날에는 zu가 의무적이다.

1.2.2.6. 부문장 목적어

부문장 목적어로서는 *dass*-문장(또는 이에 해당하는 접속사 없는 문장), 간접의문문 및 일반적인 부문장이 나타난다.

Ich weiß, *dass er kommt/er kommt.* (나는 그가 온다는 사실을 알고 있다)
Ich weiß nicht, *ob er kommt.* (나는 그가 올 지 안 올 지를 알지 못한다)
Ich weiß nicht, *wo er wohnt.* (나는 그가 어디에 사는 지를 모른다)
Ich helfe, *wem ich will.* (나는 내가 돕고자 하는 사람을 돕는다)

부문장이 동사의 유일한 목적어인 경우는 드물다. 몇몇 동사에서는 명사적인 목적어가 오직 변화할 수 없는 대명사뿐이어서 성분문장 목적어가 정상적인 목적어로 간주되어야 한다.

Er antwortete, dass *er nicht komme.* (비교: Er antwortete *nichts.*)
(그는 오지 못한다고 대답했다 - 그는 아무런 대답도 하지 않았다)

그러나 일반적으로 목적어문은 순수한 격 목적어나 전치사 목적어로 대치된다.

Ich sehe, *dass er kommt.* (등가의 4격 목적어: Ich sehe *ihn.*)
(나는 그가 오는 것을 본다 - 나는 그를 본다)

Der Boxer rühmt sich, *dass er unschlagbar sei.* (등가의 2격 목적어: Er rühmt sich *seines Erfolges.*) (그 복서는 자기는 패하지 않는다고 자랑한다 - 그는 그의 성공을 자랑한다)

Karl hilft, *wem er kann.* (등가의 3격 목적어: Karl hilft *ihm.*)
(카알은 그가 도울 수 있는 사람은 누구나 돕는다 - 카알은 그를 돕는다)

Er fragt, *ob der Mantel fertig ist.* (등가의 전치사 목적어: Er fragt *nach dem Mantel.*)
(그는 외투가 다 만들어졌는지 묻는다 - 그는 외투에 대해 묻는다)

몇몇 동사에서 부문장의 주어가 주문장의 주어와 동일한 경우에는 dass-목적어가 부정사 목적어로 대체될 수 있다.

Er bestreitet, *dass er den Mann kennt.*
Er bestreitet, *den Mann zu kennen.*
(그는 그 남자를 알고 있다는 사실을 부인한다)

부문장이 주문장 다음에 오는 경우 주문장에는 형식어나 상관사(es 또는 대명사적 부사)가 오는데 이들은 의무적이 되거나 또는 수의적이 된다.

Ich bewundere *es, dass du ihm hilfst.*
(나는 네가 그를 돕고 있는 사실에 대해 감탄하고 있다)
Ich erfahre (*es*) morgen, *ob ich geprüft werde.*
(내가 시험을 보게될 지 안 보게될 지는 내일 알게된다)

부문장이 주문장 앞에도 올 수 있는데, 이때 주문장에서 대용대명사 *das*는 수의
적이고 대명사적 부사는 의무적이 된다. 이들은 주문장의 형식적인 목적어로서 앞
에 있는 부문장의 내용을 재수용 한다.

Dass ich geprüft werde, (das) erfuhr ich heute.
(내가 테스트 받는다는 사실을 나는 오늘 알았다)
Dass er bald abreist, dazu entschließt er sich.
(그는 곧 여행을 떠나기로 결심한다)

◆ 역사적인 변천

오늘날 부문장의 모든 유형들(dass-문장, 이에 해당하는 접속사 없는 부문장, 간
접의문문 및 일반적인 부문장)은 이미 가장 오래된 언어자료에서 나타났다. dass-
문장은 이미 고고지독일어에서 4격 목적어에 대한 등가어로서 뿐만 아니라 2격 목
적어에 대한 등가어로서도 나타난다. 부문장이 전치사 목적어를 대신하는 경우는
신고지독일어에서 처음으로 나타났던 것처럼 보인다.

si wessa thoh, *thaz iru thiu sin guati nirzigi, thes siu bati* (4격 목적어; Otfrid)

batun tho ginuagi, *thaz man nan irsluagi* (2격 목적어; Otfrid)
also daz ir mih *des* erlat, *daz ich iu nande.* (상관사가 있는 2격 목적어; Hartmann)

fragon gidorsti, *ef* [=ob] *thu ina hier ginamis* (Heliand)
imu ni larut ir, *hwaz David teta* (Monsse Fragmente)
ich bat ihn (*darum*), *daß er kommen sollte.* (신고지독일어)

부문장 유도어의 변천 역시 부문장 목적어에 대한 역사의 일부이다(유도어는 주
어문도 유도한다).

1) 접속사 daß는 지시대명사 중성 단수(das)의 1격/4격에서 기원한다. 정서법상
   의 차이 das – daß는 17세기에 비로소 관철되었다. das는 주문장의 끝에 있는

형식적인 목적어로서 주문장 동사의 내용적인 목적어(주어)인 후속하는 문장, 즉 다음 부문장의 표상복합체에 관련될 수 있었다. 그 후에 사람들은 대명사를 점차로 부문장의 구성요소, 즉 부문장의 유도어(Einleitewort)로 간주하기 시작했다. 이리하여 병렬적인 문장유형에서 종속적인 문장유형으로 발전하였다: ich weiß das: er kommt > ich weiß, daß er kommt(나는 그것을 알고 있다: 그가 온다 > 나는 그가 온다는 것을 알고 있다). daß가 접속사로서 이미 초기 고고지독일어 텍스트에서 나타났기 때문에 그 변천의 역사는 벌써 그 이전임에 틀림없다. "접속사"가 여전히 첫 번째 문장에 속했던 사실을 보여주고 있는 시구에 대한 예들이 물론 고고지독일어에서 존재한다: joh gizalta in sar thaz: thiu salida untar in was(Otfrid). "단지 고고지독일어 자료만 가지고는 접속사의 역사에 대한 어떠한 결론도 내릴 수 없다. 즉 그러한 유형들의 병행이 체계적인 변이형으로서 오랫동안 지속되었을지 모른다(변이형이 부분적으로는 오늘날에도 여전히 존재한다). 서게르만어는 고대 엘베게르만어 þaet, 고대 작센어 that, 고고지독일어 thaz 사이에서 광범위한 일치를 보여주기 때문에, 우리는 공통적인 시작단계들로부터 개별 언어적이며 독립적으로 발전했다기보다는 오히려 하나의 서게르만어 접속사 *þat를 고려해야 할 것이다"(Ebert 1978:26). 그리고 접속사 daß는 - 부사문의 유도어와는 반대로 - 최소한의 의미내용을 갖는다는 사실도 첨부해서 말해야 한다. 따라서 병렬적인 문장구조에 기인하며 종속적인 진술에 대한 하나의 옛 유형을 표현하는 접속사 없는 목적어문도 역시 때때로 가능하다. 목적어문의 의미는 대부분 상위문에 있는 술어와의 결합가에 따른 결합이나 다른 문맥과의 결합에서 생겨난다(Er sagte, er komme/kommt heute). 종속이라는 통사적 표시는 종종 부문장 안에 있는 접속법이며, 접속법은 물론 오늘날보다는 이전에 훨씬 빈번하게 사용되었다.

2) 간접의문문 중에서 소위 결정의문문(문장의문문 Satzfrage)은 먼 옛날부터 ob(고고지독일어 ibu, oba; 원래는 아마도 고고지독일어 명사 iba 'Zweifel'(의심)의 격형태로 추정됨)를 통해서 유도된다. 이 ob가 초기 신고지독일어까지는 조건접속사로서도 기능했다(242쪽 이하 비교). 보충의문문(단어의문문 Wortfrage)의 유도어로서는 여전히 문장성분가를 갖는 의문대명사와 의문부사가 사용된다.

fragon gidorsti, *ef* thu ina hier ginamis (Heliand)

unt fraget in maere, *ob* im iht kunt waere umb in (Hartmann)
frages, *wer* thih ruarti (Otfrid)

가끔 유도어가 없는 간접의문문도 증명될 수 있기 때문에 간접의문문이 직접의
문문과 일치하게 되었다.

ine weiz, *gap im sein wirt genuoc* (Ecke)
nicht weiß ich, *verwundert er sich wie ich* (Grimmelshausen)
(나는 그가 나처럼 놀라는지 아닌지를 모른다)
ich weiß nicht, *lebt sie oder ist sie tot.* (Hebbel)
(나는 그녀가 살아 있는지 혹은 죽었는지 모른다)

1.3. 부사보충어

1.3.1. 부사보충어의 본질

부사보충어(Adverbialergänzung)는 동사에 의해 요구되는 보충어이며, 그 형태
(예컨대 격이나 전치사 결합)는 일차적으로 동사가 아니라 동사의 고유의미에 의해
서 결정되며 부사로 대용화될 수 있다.

Er wohnt
in München. (그는 뮌헨에서 산다)
auf dem Lande. (그는 시골에서 산다)
am Rhein. (그는 라인강변에서 산다)
bei seiner Schwester. (그는 그의 누이 집에서 산다)
|
dort. (그는 거기서 산다)

부사보충어의 형태는 일차적으로 그 의미에 종속하지만, 위치동사와 방향동사가
다양한 격(전치사)을 요구하는 점에서는 동사에 의해 결정된다.

Ich wohne *in der Stadt.* – Ich fahre *in die Stadt.*
(나는 도시에서 거주한다 - 나는 도시로 간다)
Ich wohne *bei meinen Eltern.* – Ich fahre *zu meinen Eltern.*
(나는 부모님과 함께 산다 - 나는 부모님께 간다)

부사보충어는 부사첨가어(Adverbialangabe)와 구별되어야 한다. 문장 Ich wohne
in Oulu(나는 오울루에서 거주한다) 안에 있는 in Oulu는 부사보충어지만, Ich habe

ihn in Oulu gesehen(나는 그를 오울루에서 보았다) 안에 있는 in Oulu는 부사첨가
어이다. 부사첨가어는 동사에 의해 요구되지 않으며 동사의 결합가에 따르는 자리
배치(Stellenplan)에 속하지 않는 임의 첨가어(freie Angabe)이다. 부사첨가어는 일
반적으로 하나의 완전한 문장으로 환원될 수 있으며, 술어로서 대동사(예컨대
geschehen)를 취하는 하나의 고유한 서술문(Prädikation)을 형성한다.

> Ich habe ihn *in Oulu* gesehen. (나는 그를 오울루에서 보았다)
> - Ich habe ihn gesehen. *Es geschah in Oulu.*
> (나는 그를 보았다. 그것은 오울루에서 일어났다)

부사보충어는 하나의 문장으로 환원될 수 있는 것이 아니라 술어의 논항을 형성
한다.
부사보충어는 의무적이 되거나 또는 수의적이 될 수 있다.

> Er wohnt *in München.* (의무적) (그는 뮌헨에서 산다)
> Er liegt (*auf der Couch*). (수의적) (그는 소파 위에 누워있다)

부사보충어는 또한 목적어와 함께 나타날 수도 있다.

> Er legt *das Buch auf den Tisch.* (그는 책을 책상 위에 놓는다)

목적어와는 달리 부사보충어는 그 하위부류에서 내용적으로 명확히 정의될 수
있는 범주이다: 장소보충어, 시간보충어, 방법보충어 및 원인보충어.

> Er wohnt *in München.* (장소보충어) (그는 뮌헨에서 산다)
> Die Sitzung dauerte *lange.* (시간보충어) (회의는 오래 지속되었다)
> Er benimmt sich *schlecht.* (방법보충어) (그는 버릇없이 행동한다)
> Er ging *fischen.* (원인보충어) (그는 낚시하러 갔다)

부사보충어는 그 형태에 따라서 다음과 같이 구분될 수 있다.

1) 전치사구

> Er wohnt *in Frankfurt/auf dem Lande/bei seinen Eltern.*
> (그는 프랑크푸르트에서/시골에서/그의 부모님 집에서 살고 있다)
> Er fährt *nach Frankfurt/aufs Lande/zu seinen Eltern.*
> (그는 프랑크푸르트로/시골로/그의 부모님에게 간다)

2) 부사 및 부사적 대용어

> Die Sitzung dauerte *lange*. (독립부사) (회의는 오랫동안 지속되었다)
> Er wohnt *dort*. (대용어) (그는 거기서 산다)

3) 4격 명사 또는 2격 명사

> Die Sitzung dauerte *eine Stunde/zwei Stunden*.
> (회의는 한 시간/두 시간 동안 지속되었다)
> Er ging *seiner Wege*. (그는 자신의 신념에 따라 행동했다)

4) 굴절하지 않은 형용사

> Er benimmt sich *schlecht*. (그는 버릇없이 행동한다)

5) wie-구성

> Mein Bruder benahm sich *wie ein Lump/wie toll*.
> (나의 형은 건달처럼/미친 듯이 행동했다)

6) 부정사

> Er gehen *einkaufen/schwimmen/tanzen*.
> (그는 쇼핑하러/수영하러/춤추러 간다)

7) 부문장 (드물게)

> Die Sitzung dauerte (*solange*), *bis wir alle müde waren*.
> (회의는 우리 모두가 지칠 때까지 계속되었다)
> Es dauerte an, *solange wir da waren*.
> (그것은 우리가 그곳에 있는 동안 지속되었다)
> Koblenz liegt (*dort*), *wo die Mosel in den Rhein mündet*.
> (코브렌츠는 모젤강이 라인강으로 흘러 들어가는 곳에 위치한다)

1.3.2. 부사보충어의 종류

1.3.2.1. 장소보충어

장소보충어(Raumergänzung, Lokalergänzung)는 상황보충어와 방향보충어로 분류될 수 있다.

1) 상황보충어

상황보충어(Situativergänzung)는 과정이 실행되는 장소를 나타낸다(심층격: 장소격 Lokativ). 대부분의 동사에서 정적인 장소보충어는 의무적이고(sich befinden 있다, bleiben 머무르다, hängen 걸려 있다, hausen 거주하다, weilen 머무르다, wohnen 살다), 단지 극소수의 동사에서만 수의적이다(liegen 놓여 있다, sitzen 앉아 있다, stehen 서 있다).

Er wohnt in München. (그는 뮌헨에서 산다)
Hier am Harzrand verbringt er seine Wochenenden und Feiertage.
(그는 여기 하르츠에서 주말과 휴일을 보낸다)

Das Kind liegt (auf der Couch). (아이는 (소파 위에) 누워 있다)
Er steht (an der Tür). (그는 (문 옆에) 서 있다)
(Hinter diesen Zahlen) verberge ich meine Sprachlosigkeit.
(나는 (이 숫자들 뒤에다) 나의 침묵을 숨기고 있다)

몇몇 동사에서는 정적인 장소보충어나 시간보충어가 의무적이 된다.

Er ist in München/im Jahre 1932 geboren.
(그는 뮌헨에서/1932년에 태어났다)

2) 방향보충어

방향보충어(Direktivergänzung)는 이동을 표현하는 많은 동사들이 요구한다(심층격: 장소격 Lokativ). 이동동사의 방향부사어는 항상 보충어인 반면에, 정적인 부사어는 종종 임의첨가어이다. 예컨대 sich begeben(가다), sich legen(눕다) 및 legen(눕히다)에서는 의무적인 방향부사어가 나타난다. 수의적인 방향보충어는 매우 빈번하게 나타난다: abfahren(출발하다), anfahren(출발하다), einsteigen(타다), eintreten(들어가다), fahren(차 타고 가다), fliegen(비행기 타고 가다), reisen(여행하다), reiten(말 타고 가다) 등.

Er hat sich *auf den Marktplatz* begeben. (그는 시장광장으로 갔다)
Er legte das Buch *auf den Tisch.* (그는 책을 책상 위에 놓았다)

Der Zug fährt (*von Frankfurt*) ab. (그 기차는 (프랑크푸르트에서) 출발한다)
Die Leute steigen (in den Zug) ein. (사람들은 (기차에) 탑승한다)

Der Vogel fliegt (*nach Süden*). (새가 (남쪽으로) 날아간다)
Er bewegt den Hebel (*nach der Seite*). (그는 지레를 (측면으로) 움직인다)

상황보충어와 방향보충어의 기본형은 전치사적 부사어와 장소의 부사이지만 대체로 상관사를 갖는 부문장도 가능하다.

Er wohnt *in München/dort/(dort), wo ich geboren bin.*
(그는 뮌헨에서/거기에서/내가 태어난 곳에서 산다)
Er fährt *nach München/dorthin/(dorthin), wohin ich fahre.*
(그는 뮌헨으로/거기로/내가 가는 곳으로 간다)

1.3.2.2. 시간보충어

시간보충어(Zeitergänzung)(심층격: 시간격 Temporativ)는 매우 드물며, 일반적으로 시간규정어는 임의첨가어이다. 정적이라고 일컬을 수 있는 의무적인 시간보충어가 dauern(지속되다), währen(지속하다) 등에서 4격 형태로나 또는 부사로 나타난다.

Dann dauert es noch *länger.* (그 후에 그것은 더욱 오래 지속된다)
Der Krieg währt nun schon *30 Jahre.* (전쟁은 벌써 30년간 지속되고 있다)

몇몇 의무적이거나 수의적인 시간보충어는 "방향적"(direktional)이라고 일컬을 수도 있다. 형태상으로 볼 때 이들은 전치사 보충어이다.

Die Umfrage stammt *aus den ersten Septemberwochen.*
(그 여론조사는 9월 첫 몇 주 사이에 나온 것이다)
Wir haben die Arbeit (*auf die nächste Woche*) verschoben.
(우리는 그 일을 (다음 주로) 연기하였다)

몇몇 동사는 시간보충어나 상황보충어를 요구한다.

Er blieb *einen Tag/hier.* (그는 하루동안/여기서 머물렀다)
Die Sitzung ist *morgen/an der Uni.* (회의는 내일/대학에서 있다)

1.3.2.3. 방법보충어

방법보충어(Modalergänzung)는 사건의 방법을 표현한다(심층격: 양태격 Modativ).

방법보충어는 거의 항상 의무적이지만 극소수의 동사, 특히 행동과 상태의 동사에
서 나타난다. 방법보충어의 정상적인 형태는 굴절하지 않은 형용사이다.

> Er tritt auf *wie ein Baron.* (그는 남작처럼 등장한다)
> Er benimmt sich *schlecht.* (그는 버릇없이 행동한다)
> Er verhält sich *einwandfrei.* (그는 완벽하게 행동한다)
> Sie behandeln die Tiere *schlecht.* (그들은 동물을 함부로 다룬다)
> Die Bulgaren leben heute *recht gut.* (불가리아 사람들은 오늘날 아주 잘 살고 있다)

1.3.2.4. 원인보충어

원인규정어는 거의 임의첨가어이며 원인보충어(Begründungsergänzung)는 극소
수이다. 문장이 특정한 주어로 시작되는 몇몇 사건동사에서는 원인보충어(내지는
장소보충어나 시간보충어)가 의무적이다.

> Der Mord ereignete sich *aus Eifersucht/im Nachbardorf/gestern.*
> (그 살인사건은 질투로 인해/이웃 마을에서/어제 일어났다)

그러나 이 보충어가 실제로 동사(geschehen 일어나다)에 종속하는지는 확실치
않다. 여기서 이 보충어가 필수적인 것은 아마도 주어가 '한정성'(definit) 자질(예컨
대, 정관사를 취하는 주어)을 나타내는 것과 관련이 있을 것이다. 우리는 이를테면
다음과 같이 말할 수도 있다.

> Es geschah *ein Mord/der dritte Mord.* (원인보충어 없이)
> (살인사건이/세 번째 살인사건이 일어났다)

몇몇 부정사는 이들이 부수적인 목적의 의미를 갖는 장소보충어로 간주될 수도
있겠지만 목적보충어(Finalergänzung)로 간주될 수 있다.

> Der Mann ging *fischen/einkaufen.* (그 남자는 낚시하러/쇼핑하러 갔다)

◆ 부사보충어의 역사적인 변천

전치사구, 부사 및 비교구조에서는 단지 형식적인 관점에서만 작은 변화가 일어
났다. 이에 반해 형용사형의 부사보충어, 부사적 4격과 2격, 부정사 보충어는 역사
적인 관점에서 흥미롭다.

1) 형용사형의 부사보충어가 신고지독일어에서 전형적이다. 이들은 대부분 중고지독일어 부사 -e에서 기원한다. 즉 중고지독일어에서 많은 형용사는 어미 -e를 갖는 부사형을 보유했다: hart - harte; hoch - hohe(비교: lang - lange; schön - schon). 어미음 탈락(Apokope)으로 인해 형용사와 부사가 대부분 일치했다.

2) 4격은 시간보충어로서뿐만 아니라 장소보충어로서도 나타날 수 있었다. 장소의 4격은 이미 고고지독일어에서 등장했으며 이동이 일어나는 영역을 표현하였다.

fuar er *hohe berga* (Otfrid)
streich er *wazzer und land* (Wolfram)

오늘날 4격은 전치사구조에 의해 밀려났다: Ein Boot glitt über den See/den Fluss entlang(보트 하나가 호수 위를/강을 따라 미끄러져 갔다). Wir wandern durch das Land(우리는 시골로 산책을 간다). 그러나 4격은 걸어온 거리도 표현할 수 있었다.

floug er *sunnan pad* (Otfrid)

여기서 4격은 오늘날에도 여전히 가능하다: einen Pfad wandern(오솔길을 걷다). 시간의 4격은 이미 일찍부터 나타났다.

si beliben *den dritten tag.* (Wolfram)

3) 장소의 2격은 항상 드물게 나타났다. 2격은 고고지독일어에서 가끔 이동의 목표를 표현할 수 있었다.

ili thes iro *heiminges* (Otfrid)

2격은 거리도 표현할 수 있었다.

do er quam *der selbin vart* (Jeroschin)
für alle Wanderer, die *des Weges fahren* (Schiller)
(그 길을 걸어가는 모든 방랑자들을 위하여)

초기 신고지독일어에서는 이러한 2격이 빈번히 사용되었으나 오늘날에는 매우 드물다: Er ging seiner Wege(그는 자신의 신념에 따라 행동했다). 중고지독일어 이래로 2격은 또한 "wo?"(어디에)라는 질문에 답하는 표현에서 장소를 표현했다.

beider siten tot gelac vil manich man (Livl. Chr.)

이러한 2격은 전치사 표현에서 3격이 2격과 명확히 구별되지 않았던 사실에 기인하였다: beidersît < ze beider sît. 예컨대 오늘날에도 여전히 부사 beiderseits(양쪽에)가 나타난다.

4) 단순부정사는 이미 가장 초기에도 이동동사에서 이동의 목표나 목적을 표현했다. 고대어에서는 오늘날보다도 더 많은 동사들이 이 부정사 보충어를 취할 수 있었다: fahren(가다), eilen(서둘러 가다), laufen(달려가다), reiten(말을 타고 가다), kommen(가다), gehen(오다) 등.

die vuoren *sehen* vrouwen (Tristan)
si lief *sprechen* ir gebet (Marleg. bei Behaghel 2, 317)
daz er reit ... *suochen* aventiure (Hartmann)

오늘날에는 단순부정사가 단지 gehen, 드물게는 kommen에서만 나타난다.

Er geht *einkaufen.* (그는 쇼핑하러 간다)
Kommt mit uns *Kaffee trinken.* (우리와 같이 커피 마시러 가자)

gehen + 부정사의 유추에 따라서 spazieren fahren(드라이브하다), spazieren reiten(말을 타고 나가다)이 형성되었다.

Ich bin im Auto *spazieren gefahren.* (나는 자동차로 드라이브했다)

이미 일찍부터 zu-부정사가 단순부정사와 경합했다.

giengut ir mit swerton inti mit stangon *mih zi fahanne* (Tatian)

오늘날 zu + 부정사가 단독으로 부사어로서 사용되는 경우는 드물다. zu + 부정사는 대체로 um zu + 부정사로 대체되지만, 이 부정사구조는 일반적으로 임의 목적첨가어로 간주된다. 여기서는 수의적인 방향보충어가 생략되었다.

Er kam, *um mir zu gratulieren*. (=Er kam zu mir, um mir zu gratulieren.)
(그는 나를 축하해주기 위해 나에게 왔다)

1.4. 술어보충어

1.4.1. 술어보충어의 구조적 위치

술어보충어(Prädikativergänzung)는 그것이 통사적으로 동사에 의해 요구되지만 동시에 주어나 목적어와 추가적인 논리·의미적 연결을 가지며 이들과 관련되는 점에서 목적어나 부사어와는 차이가 난다.

Mein Bruder ist *ein Künstler/faul*. (내 형은 예술가이다/게으르다)
Ich nannte meinen Bruder *einen Faulenzer/faul.*
(나는 내 형을 게으름뱅이라고/게으르다고 말한다)

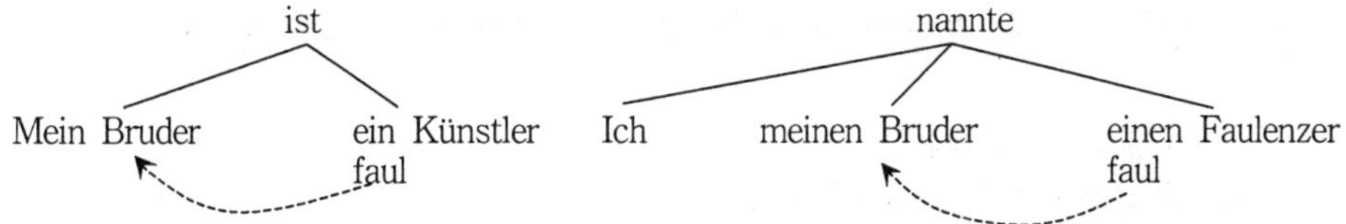

명사적 술어보충어는 대체로 주어 및 목적어와 수에서 일치하므로 이들에 대해 형식적인 문법관계도 갖는다.

Der Mann ist *ein guter Lehrer.* (그 남자는 좋은 선생이다)
Die Männer sind *gute Lehrer.* (그 남자들은 좋은 선생이다)

Ich nannte *den Mann einen Faulenzer.*
(나는 그 남자를 게으름뱅이라고 일컫는다)
Ich nannte *die Männer Faulenzer.*
(나는 그 남자들을 게으름뱅이라고 일컫는다)

전통문법과 오늘날의 많은 문법에서는 술어보충어를 술어의 비동사적인 성분으로 간주한다

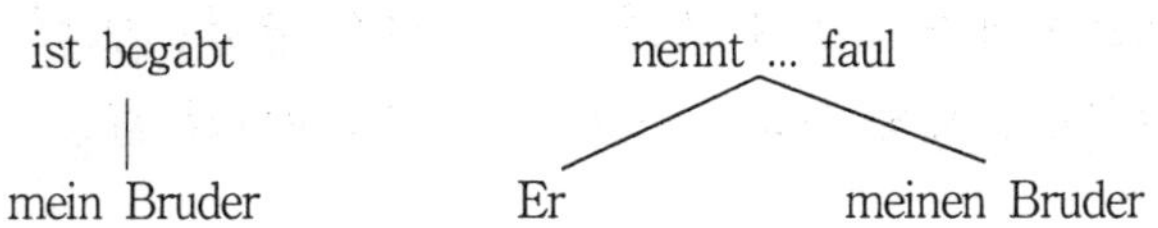

이러한 전통적인 독일의 견해는 특히 가장 중요한 술어동사 sein이 "의미가 없는" 연사(계사, 연계사, Kopula), 즉 완전한 술어가 아니며 술어보충어가 원래의 의미보유어를 표현한다는 생각에서 출발한다. 그러나 술어보충어를 고유한 문장성분으로 간주하며, 예컨대 주어와 동일한 지위를 술어보충어에 부여해줄 수 있는 기준들이 존재한다.

1) 동사 sein(to be)이 아주 의미가 없는 것은 아니다. sein은 하나의 일반적인 기능을 갖는다: '상태, 확인, 분류'. sein은 또한 한 계열소의 요소로서 다른 술어동사와 비교하여 고유한 의미를 가지고 있음에 틀림없다.

Er *ist* fleißig. (그는 부지런하다)
Er *wird* fleißig. (그는 부지런해진다)
Er *scheint* fleißig. (그는 부지런해 보인다)
Er *bleibt* fleißig. (그는 여전히 부지런하다)

연사는 다른 술어와 동일한 문법기능(예컨대 서법과 시제)을 갖는다.

Er *ist/war/wäre* fleißig.
(그는 부지런하다/부지런했다/부지런하지요)

이 모든 것은 sein(및 werden 등)이 술어로 간주될 수 있고 술어보충어가 독립적인 문장성분으로 간주될 수 있다는 사실을 말해준다.

2) 술어보충어는 대용화될 수 있다. 이에 반해 술어의 일부인 과거분사는 대용화될 수 없다.

Mein Bruder ist *ein Künstler/faul.* (내 형은 예술가이다/게으르다)
Ich bin *es* auch/*So* ist er. (나도 그렇다/그도 그렇다)
Mein Bruder ist gekommen/*so. (내 형이 왔다)

1.4.2. 술어보충어의 본질

우리는 주격 술어보충어(Subjektsprädikativ)와 목적격 술어보충어(Objektsprädikativ)를 구별한다. 주격 술어보충어는 주어와 관련되고 목적격 술어보충어는 목적어와 관련된다. 술어보충어는 그 품사에 따라서 명사적 술어보충어와 형용사적 술어보충어로 구별된다.

1) 명사적 주격 술어보충어는 술어동사에 의해 요구되는 1격 명사나 또는 주어
   와 관련되고 보통 수에서 주어와 일치하는 1격 명사의 등가어이다.

   Mein Bruder ist *ein Künstler.* – Meine Brüder sind *Künstler.*
   (내 형은 예술가이다 – 내 형들은 예술가이다)

   Er ist *ein Dieb*/zum *Dieb* geworden. (그는 도둑이다/도둑이 되었다)
   Sie sind *Diebe*/zu *Dieben* geworden. (그들은 도둑이다/도둑이 되었다)

2) 형용사적 주격 술어보충어는 술어동사에 의해 요구되는 전치사 없는 형용사
   나 또는 주어와 관련되는 형용사의 등가어이다.

   Mein Bruder ist *gesund.* (나의 형은 건강하다)

   Er gilt *als/für* dumm. (그는 바보로 간주된다)
   Er ist *frohen Mutes.* (=froh) (그는 기쁘다)

3) 명사적 목적격 술어보충어는 술어동사에 의해 요구되는 4격 명사나 또는 4격
   목적어와 관련되고 보통 수에서 그것과 일치하는 4격 명사의 등가어이다.

   Ich nannte meinen Bruder *einen Faulenzer.*
   (나는 내 형을 게으름뱅이라고 일컬었다)
   Ich nannte meine Brüder *Faulenzer.*
   (나는 내 형들을 게으름뱅이라고 일컬었다)

   Ich halte meinen Bruder für *einen Faulenzer.*
   (나는 내 형이 게으름뱅이라고 생각한다)
   Ich halte meine Brüder für *Faulenzer.*
   (나는 내 형들이 게으름뱅이라고 생각한다)

4) 형용사적 목적격 술어보충어는 술어동사에 의해 요구되는 전치사 없는 형용
   사 또는 4격 목적어와 관련되는 형용사의 등가어이다.

   Ich nannte meinen Bruder *faul.* (나는 내 형이 게으르다고 말한다)
   Ich nannte meine Brüder *faul.* (나는 내 형들이 게으르다고 말한다)

   Ich halte meinen Bruder *für faul.* (나는 내 형이 게으르다고 생각한다)
   Ich halte meine Brüder *für faul.* (나는 내 형들이 게으르다고 생각한다)

　　술어보충어를 정의할 때의 기본원칙은 논리·의미적인 방법이다. 술어보충어는 주어 또는 목적어와 관련되므로 그들과 논리·의미적인 관계를 갖는다. 이러한 논리·의미적인 관계(Konnexion)가 술어보충어를 목적어와 구별해준다. 왜냐하면 순전히 형식적으로 정의해서는 술어보충어가 가끔 목적어로 간주되어야 하지만, 그 형태는 적어도 몇몇 경우에서는 분명히 동사에 의해 결정되기 때문이다: Ich halte ihn für einen Faulenzer(보충어 für einen Faulenzer는 순수 형식적으로는 전치사 목적어이지만 논리·의미적으로는 술어보충어이다). 그러나 논리·의미적인 원칙 이외에 순수한 문법적인 원칙도 중요하다. 즉 명사적 술어보충어는 주어 및 목적어와 일치한다.

　　술어보충어는 술어첨가어(Prädikativangabe)와 구별되어야 한다. 둘 다 주어 또는 목적어와 관련되지만 술어보충어는 결합가에 결부된 술어의 보충어인 반면, 술어첨가어는 술어에 대한 임의첨가어이다.

> Karl ist *gesund.* (술어보충어) (카알은 건강하다)
> Karl kam *gesund* an. (술어첨가어) (카알은 건강하게 돌아왔다)
>
> Der Lehrer nannte Karl *faul.* (술어보충어) (선생님은 카알이 게으르다고 말했다)
> Der Lehrer traf Karl *verärgert* an. (술어첨가어)
> (선생님이 카알을 만났을 때 그는 화가 나 있었다)

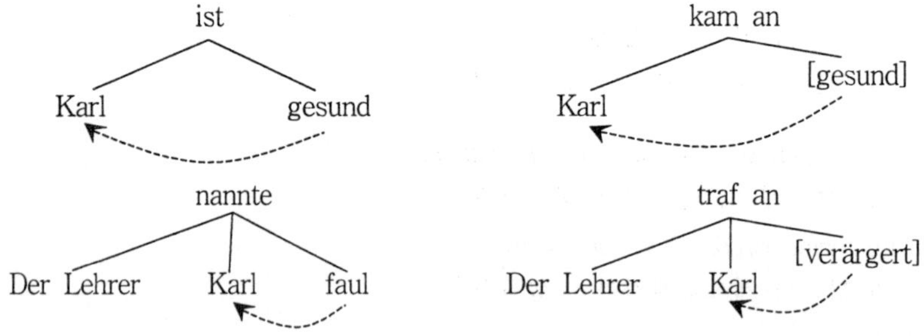

　　명사적 주격 술어보충어의 기본형은 1격 명사이고, 명사적 목적격 술어보충어의 기본형은 4격 명사이다. 형용사적 술어보충어의 기본형은 항상 전치사 없는 비굴절 형용사이다(“순수 형용사”). 주격 술어보충어의 동사적 원어휘소(Archilexem)는 sein이고 목적격 술어보충어의 동사적 원어휘소는 nennen이다. 술어보충어는 이 기본형 이외에 다른 형태들도 갖는다. 우리는 형태에 따라 다음과 같은 술어보충어를 구별할 수 있다.

　　주격 술어보충어(Subjektsprädikativergänzung):

1) 1격 명사

Mein Bruder ist *ein großer Künstler.* (내 형은 위대한 예술가이다)

2) 전치사 없는 형용사 ("순수 형용사")

Mein Bruder ist *begabt.* (나의 형은 능력이 있다)

3) als-구성 또는 für-구성

Er gilt *als/für* dumm. (그는 바보로 간주된다)
Er gilt *als bedeutender Gelehrter.* (그는 뛰어난 학자로 간주된다)

4) zu-구성 또는 in-구성

Er wurde durch den Tod seiner Eltern *zum Dieb.*
(그는 자기 부모님의 죽음으로 인해 도둑이 되었다)
Zeus verwandelte sich *in einen Schwan.* (제우스는 백조로 변했다)

5) 2격 명사 또는 von-/aus-구성

Er ist *frohen Mutes.* (그는 기쁘다)
Die Sache ist *von (großer) Bedeutung.* (그 일은 (대단히) 중요하다)
Der Ring ist *aus Gold.* (그 반지는 금으로 만들어졌다)

6) 부사 또는 "부사적"인 전치사구조

Die Mühe war *umsonst.* (그 노력은 헛된 것이었다)
Der Mann ist ganz *ohne Mittel.* (그 남자는 재산이 전혀 없다)

7) wie-구성

Er heißt *wie sein Vater.* (그의 이름은 그의 아버지와 같다)

8) zu 없는 부정사 또는 zu 있는 부정사

Verbannt werden heißt *sterben.* (추방된다는 것은 죽음을 의미한다)
Sein Ziel war, *Politiker zu werden.* (그의 목표는 정치가가 되는 것이었다)
(이 부정사구성은 주어로 간주될 수도 있다)

9) 문장가를 갖는 제2의 과거분사

Frisch gewagt ist *halb gewonnen.* (시작이 반이다)

10) 부문장

Er bleibt, *wie er war.* (그는 이전 그대로이다)
Er bleibt, *was er immer war*, nämlich ein Träumer.
(그는 이전에 항상 그랬던 것처럼 여전히 몽상가이다)

목적격 술어보충어(Objektsprädikativergänzung):

1) 4격 명사

Ich nannte meinen Bruder *einen Faulenzer.* (나는 나의 형을 게으름뱅이라고 불렀다)

2) 전치사 없는 형용사 ("순수 형용사")

Ich nannte meinen Bruder *faul.* (나는 내 형이 게으르다고 말했다)

3) als-구성 또는 für-구성

Die Ärzte halten den Mann *für tot.* (의사들은 그 남자가 죽었다고 생각한다)
Ich betrachte ihn *als meinen Freund.* (나는 그를 내 친구라고 생각한다)

4) zu-구성 또는 in-구성

Man hat ihn *zum Professor* ernannt. (사람들은 그를 교수로 임명했다)
Die Explosion hat das Haus *in ein Trümmerfeld* verwandelt.
(폭발이 그 집을 폐허로 바꾸어 놓았다)

5) 2격 명사

Hoffentlich macht ihr ihn *anderen Sinnes.*
(너희들이 그의 생각을 돌려주기 바란다)

6) 부정사

Das nenne *ich arbeiten.* (나는 그것을 일이라고 일컫는다)

1.4.3. 술어보충어의 종류

다음에서 술어보충어의 다양한 형식들이 다루어지는데, 드물게 사용되는 몇몇
형식들(예컨대 부정사, 분사 및 부문장)은 제외된다.

1.4.3.1. 주격 술어보충어

1) 1격 술어보충어

a) 1격 술어보충어(Nominativprädikativ)는 동사들 sein(이다), werden(되다), bleiben(머무르다), scheinen(보이다), dünken(생각되다) 및 heißen(불리다)에서 나타난다. 동사 sein은 일반적인 의미('일치, 분류')만을 가지고 다른 동사들은 좀더 구체적인 의미를 갖는다. 예컨대 bleiben은 '특정한 상태에 머무르다', werden은 '특정한 상태로 되다'의 의미를 갖는다. scheinen과 dünken에서는 술어보충어 이외에 인칭목적어도 나타난다. werden의 심층격 내용은 결과격이고, 다른 동사들에서는 분류와 일치가 언급된다.

Mein Bruder ist *ein großer Künstler.* (내 형은 위대한 예술가이다)
Er ist *ein Dieb* geworden. (그는 도둑이 되었다)
Er wird *Kaufmann/Arzt/Soldat.* (그는 상인/의사/군인이 된다)
Klaus bleibt *Beamter* trotz des niedrigen Gehalts.
(클라우스는 적은 월급에도 불구하고 계속 공무원으로 남아있다)
Das scheint (mir) *die beste Lösung.* (그것이 (나에게는) 최선의 해결책인 듯 싶다)
Es dünkt mir/mich *ein Wunder.* (나는 그것이 기적이라고 생각한다)

werden에서는 zu-술어보충어도 나타나는데 이것이 직업표시에서는 불가능하다.

Er ist *zum Dieb* (ein Dieb) geworden. (그는 도둑이 되었다)
Das Kind ist *zum Mann* geworden. (그 아이는 성인남자가 되었다)
(Aber: Er ist Arzt geworden.) (그는 의사가 되었다)

b) 능동문에서 4격 목적격 술어보충어를 요구하는 동사의 수동문에서는 1격 술어보충어가 나타난다: geheißen/genannt/getauft/gescholten/geschimpft/geschmäht werden(불리다/명명되다/세례받다/비난받다/야단맞다/비방받다).

Man nennt meinen Bruder *einen Faulenzer.*
(사람들은 내 형을 게으름뱅이라고 부른다)
Mein Bruder wird *ein Faulenzer* genannt.
(내 형은 게으름뱅이로 불린다)

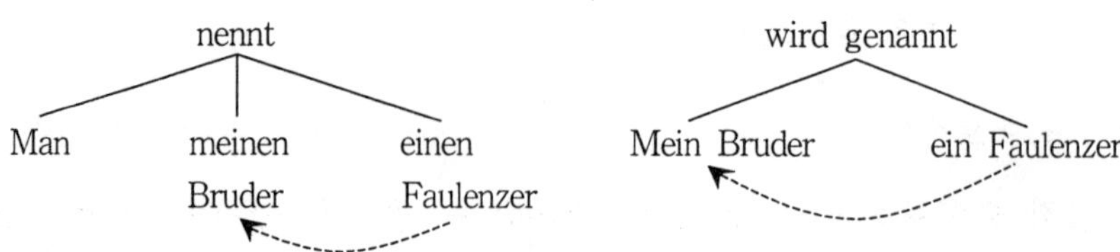

◈ 역사적인 변천

1격 술어보충어는 이미 고고지독일어와 중고지독일어에서 오늘날과 동일한 동사들에서 나타났다.

> si wart *ein scoene wip.* (Nibelungenlied)

werden에서는 이미 고고지독일어에서 1격 술어보충어의 대안으로서 zu-술어보충어가 사용되었다. 근대어의 극소수 동사들이 오늘날의 동사들에 첨가될 수 있다 (예컨대: vorkommen 나타나다).

> Christus kam ihnen ein Fremdling vor. (Goethe)
> (주님이 그들에게는 이방인으로 나타났다)

고고지독일어와 중고지독일어에서는 오늘날보다 더 많은 동사들의 수동문에서 1격 술어보충어가 나타났다. 왜냐하면 능동문에서 오늘날보다 더 많은 동사들이 4격 술어보충어를 요구했기 때문이다.

> wort ward *fleisc* gitan (Tatian)
> do er gemacht was *ein* man (중고지독일어; Dt. Bibel)

2) 전치사 없는 형용사적 술어보충어

전치사 없는 형용사적 술어보충어("순수 형용사")는 오늘날 1격 술어보충어와 거의 동일한 동사들에서 나타난다: sein, bleiben, werden, scheinen, dünken; genannt/gescholten/geschimpft werden.

> Die Milch ist *sauer* geworden. (우유가 상했다)
> Das scheint mir *lächerlich.* (내가 보기에 그것은 가소로운 일이다)
> Mich/mir dünkt die Antwort *gut.* (나는 그 대답이 좋다고 생각한다)
> Er wurde *faul* genannt/gescholten/geschimpft.

(그는 게으름뱅이라고 불렸다/비난받았다/야단맞았다)

그러나 형용사적 술어보충어는 1격의 명사적 술어보충어가 불가능한 몇몇 동사에서 나타난다. 그래서 동사 erscheinen(보이다), vorkommen(나타나다)에서는 순순한 형용사적 술어보충어가 나타나는 반면에, 명사적 술어보충어는 wie-술어보충어이다.

> Das erscheint mir nicht *ganz glaubhaft.*
> (그것이 나에게 아주 신빙성이 있어 보이지는 않는다)
> (Aber: Alles erschien mir *wie ein Traum.*)
> (모든 것이 나에게는 꿈처럼 보였다)
>
> Sie kommt mir *bekannt* vor.
> (그녀는 나에게 아는 사람처럼 여겨진다)
> (Aber: Das Haus kommt mir *wie ein Gefängnis* vor.)
> (그 집은 나에게 감옥처럼 여겨진다)

◆ 역사적인 변천

형용사적 주격 술어보충어는 오늘날 어미가 없다: Diese Frage ist schwer(이 질문은 어렵다). 고대어에서는 형용사적 술어보충어가 특히 1격에서 강변화할 수 있었다.

> ther lichamo ist iu *fuler* (Otfrid)

이때 처음에는 단수와 복수의 형용사적 술어보충어 사이에 차이가 있었다. 고고지독일어에서는 어미 없는 형태가 더 빈번했지만 단수의 형용사적 술어보충어는 어미 없이 사용될 수도 있고 또 굴절할 수도 있었다.

> disiu buzza ist so *tiuf.* ('Dieser Brunnen ist so tief'; Otfrid)
> ther puzz ist filu *diofer.* (Otfrid)

이에 반해 서게르만어의 복수에서는 원래 단지 굴절된 형태만이 나타났다.

> sie sint ... wisduames *folle* (Otfrid)

그러나 고고지독일어 시대에는 어미 없는 형태가 복수로까지 확대되어서, 예컨대 Otfrid에서는 굴절형태와 더불어 가끔 어미 없는 형태도 나타났다.

thie ziti sint so *heilag* (Otfrid)

중고지독일어에서는 어미 없는 형태가 단수와 복수 모두에서 정상적인 형태였지만 굴절형태도 역시 증명된다.

sin jamer wart so *verster* (Hartmann)

현대어에서는 형용사적 술어보충어가 항상 어미가 없다. 단지 굴절된 몇몇 잔존형태만이 있으나 이들이 오늘날 더 이상 굴절형태로 간주되지는 않는다.

Er ist *voller*/voll Tätigkeit. (그는 매우 활동적이다)
Die Stadt ist *voller* Flüchtlinge. (그 도시는 피난민으로 가득하다)

3) als-술어보충어와 für-술어보충어

als-술어보충어와 für-술어보충어는 그들의 내용에서 볼 때 sein과 scheinen에서의 1격 명사적 술어보충어 및 전치사 없는 형용사적 술어보충어와 비슷하다. 이들은 종종 명사적이 될 뿐만 아니라 형용사적이 될 수도 있다.

a) gelten에서는 als-술어보충어나 für-술어보충어가 명사적으로 뿐만 아니라 형용사적으로도 나타난다.

Er gilt *als/für dumm.* (그는 바보로 간주된다)
Er gilt *als bedeutender Gelehrter/für einen ehrlichen Mann.*
(그는 유명한 학자로/정직한 남자로 간주된다) (격식어)

b) 동사 dienen은 명사적인 als-술어보충어를 요구한다.

Das ehemalige Schloss dient jetzt *als Erholungsheim.*
(옛 성은 현재 휴양소로 사용된다)

c) 몇몇 재귀동사들에서는 als-구조가 명사적 주격 술어보충어로서 뿐만 아니라 형용사적 주격 술어보충어로서도 나타난다(예컨대 sich erweisen 증명되다. sich herausstellen 밝혀지다·판명되다). 다른 재귀동사들에서는 단지 명사적 als-술어보충어만이 가능하다(예컨대 sich zeigen 보이다·행동하다).

Er erwies sich als *aufrichtiger Freund.* (그는 솔직한 친구임이 증명되었다)
Die Nachricht erwies sich *als wahr.* (그 보도는 사실로 판명되었다)
Die Sache/der Verkauf hat sich *als Betrug* herausgestellt.
(그 사건이/판매가 사기였음이 드러났다)
Seine Behauptung stellte sich *als unwahr* heraus. (그의 주장은 거짓으로 판명되었다)
Er zeigte sich *als aufrichtiger Mensch.* (그는 정직한 사람으로 보였다)
(aber: Er hat sich mir gegenüber *sehr freundlich* gezeigt.)
(그러나: 그는 나에게 매우 친절하게 행동했다)

d) 능동문에서 als-술어보충어와 für-술어보충어를 목적격 술어보충어로서
요구하는 동사들의 수동문에서는 이들이 주격 술어보충어로 나타난다.

Er wurde *als ein großer Künstler/als begabt* angesehen.
Er wurde *für einen großen Künstler/für begabt* gehalten.
(그는 위대한 예술가로/재능이 있는 것으로 간주되었다)

e) 몇몇 동사에서는 als-술어보충어 대신에 wie-술어보충어가 나타난다.

Er sieht *wie ein alter Mann* aus. (그는 노인처럼 보인다)
Alles erschien mir *wie ein Traum.* (모든 것이 나에게는 꿈같이 보였다)

◈ 역사적인 변천

gelten(간주되다), dienen(사용되다), erscheinen(보이다) 등의 동사에서 처음으로
als-술어보충어와 für-술어보충어가 생겨났지만 그것도 상당히 최근의 일이다. für-
술어보충어에 대한 최초의 증거는 전치사 für가 옛날의 장소의미를 상실했던 중고
지독일어에서 유래한다.

die sint erkant *für guotiu wip.* (중고지독일어)

als-술어보충어는 초기 신고지독일어에서 유래하며 오늘날에는 대체로 wie-구조
인 비교구조로 소급된다(als 'wie'): Er sieht wie ein Ausländer aus(그는 외국인인
것처럼 보인다).

4) zu-술어보충어와 in-술어보충어

zu-술어보충어와 in-술어보충어는 그들의 의미에 따르면 werden에서의 1격 명사
적 술어보충어에 해당하고 변화과정의 결과를 표현한다(결과격 Resultativ).

a) zu-술어보충어는 극소수의 동사에서만 나타난다.

Das Land entwickelte sich *zu einem Industrieland.*
(그 나라는 산업국가로 발전하였다)
Er ist *zu einem stattlichen jungen Mann* herangewachsen.
(그는 위풍당당한 청년으로 성장하였다)
Er ist *zum Dieb* geworden. (그는 도둑이 되었다)

b) 그밖에 zu-술어보충어는 능동문에서 목적어와 관련되는 동사의 수동문에
서는 주어와 관련된다.

Er wurde *zum Direktor* ernannt/gemacht.
(Man ernannte/machte ihn *zum Direktor.*)
(그는 사장으로 임명되었다 - 사람들은 그를 사장으로 임명하였다)

c) in-술어보충어는 드물다.

Zeus verwandelte sich *in einen Schwan.* (제우스는 백조로 변했다)

◆ 역사적인 변천

sich verwandeln(변하다)에서의 in-술어보충어처럼 sich entwickeln(발전하다),
heranwachsen(성장하다)에서는 zu-술어보충어가 본래적이며 최근에 생긴 것이다.
werden의 zu-술어보충어는 1격 술어보충어에 대한 대안이며 이미 고고지독일어에
서 증명될 수 있었다. 수동구조에서는 zu-술어보충어가 옛날의 1격 술어보충어 대
신에 나타났다.

do er gemacht was *ein man* (중고지독일어: Dt. Bibel)

5) 2격 술어보충어와 von-/aus-술어보충어

이 세 가지 술어보충어는 그들의 의미에 따르면 형용사(성질의)이다.

a) 2격 술어보충어는 오늘날 특히 관용어에서 나타나며 그 수가 상당히 많다.

Er war *frohen Mutes.* = Er war froh. (그는 기뻤다)
Sie waren *gleichen Standes/gleichen Alters/guter Laune.*
(그들은 같은 신분이었다/같은 나이였다/기분이 좋았다)

특정한 격식표현에서 소유나 소속을 표현하는 소유의 2격 술어보충어가 특수한 경우를 형성한다.

> Er ist *des Teufels.* (격식표현) (그는 미쳤다)
> Das ist nicht *meines Amtes.* (격식표현) (그것은 나의 직무가 아니다)
> Das Haus ist *mein.* (격식표현) (그 집은 내 집이다)

b) von-술어보충어는 성질의 2격 술어보충어와 비교될 수 있다.

> Das ist *von Nutzen/von großem Vorteil.* (그것은 유익하다/아주 유리하다)
> Das ist *von großer Bedeutung.* (그것은 아주 중요하다)
> Sie ist *von brauner Hautfarbe.* (그녀는 갈색의 피부색을 가지고 있다)
> Er ist *von hohem Stande/von Adel.* (그는 높은 신분 출신이다/귀족 출신이다)

c) aus-술어보충어는 출처나 소재를 표현한다.

> Er ist *aus guter Familie.* (그는 명문가 출신이다)
> Der Ring ist *aus Gold.* (그 반지는 금으로 되어있다)

◆ 역사적인 변천

a) 성질의 2격 술어보충어는 오늘날보다는 고고지독일어, 중고지독일어 및 초기 신고독일어에서 더욱 빈번했다.

> ir sit *hoher maere* ('von hohem Ruf'; Walter)
> selig sind, die *reines Herzens* sind. (Luther)
> (깨끗한 양심을 가진 자는 복을 받는다)

werden, bleiben 및 scheinen에서도 이전에는 2격이 나타났으나 오늘날에는 거의 존재하지 않는다(정상적인 술어는 sein이었다).

> er wart *so baldes herzen.* (Kudrun)
> wiz und *swarzer varwe* er schein (Wolfram)

오늘날 관용어에서만 나타나는 소유의 2격 술어보충어가 이전에는 훨씬 빈번하게 사용되었다.

allez *sines fater* was (Otfrid)
gebet dem Kaiser, was *des Kaisers* ist. (Luther)
(황제의 것은 황제에게 돌려주어라)
die Rache ist nicht *des indischen Richters.* (Goethe)
(복수하는 것은 인도 재판관의 속성이 아니다)

소위 말하는 부분의 2격 술어보충어는 완전히 사라졌다.

er wande, er waere *der vinde.* (Kudrun)

b) von-술어보충어와 aus-술어보충어가 늦어도 중고지독일어에서는 나타났다.

er ist *von edelem künne.* (Nibelungenlied)

6) "부사적" 술어보충어

"부사적" 술어보충어로서는 부사와 전치사군이 나타난다. 이들은 일반적으로 형용사 특성을 갖는다.

Das Glück ist *vorbei.* (행운이 지나가 버렸다)
Die Mühe war *umsonst.* (그 노력은 헛된 것이었다)
Das Kleid ist *in Mode.* (그 옷이 유행하고 있다)

◈ 역사적인 변천

이미 고고지독일어에서 부사가 술어보충어로서 나타났다.

der winter ist *hina.* (Williram)
genade ist *uz.* (Berthold)

부사적 전치사군도 역시 이미 중고지독일어에서 나타났다.

si was des *ane angest* gar. (Hartmann)

1.4.3.2. 목적격 술어보충어

1) 4격 술어보충어

명사적 4격 술어보충어는 오늘날 동사 nennen(일컫다), schelten(비난하다), schimpfen

(욕하다), taufen(명명하다), titulieren(칭호로 부르다)에서 나타난다.

> Ich nannte *ihn einen Faulenzer.* (나는 그를 게으름뱅이라고 불렀다)
> Er hat mich *einen Lügner* gescholten. (그는 나를 거짓말쟁이라고 욕했다)
> Er schimpfte sich selbst *einen Narren.* (그는 자기 자신을 바보라고 욕했다)

◆ 역사적인 변천

고대어에서는 4격 술어보충어가 훨씬 빈번하게 사용되었다. 4격 술어보충어는 예컨대 '무엇으로 간주하다'와 '무엇으로 만들다'라는 의미집단의 많은 동사들에서 나타났다.

> wer sol mich *ritter* machen? ('zum Ritter schlagen': Wolfram)
> (누가 나를 기사 신분으로 만들어줄 것인가?)
> du machst dich selbst *einen Gott.* (Luther)
> (너는 너 자신을 신으로 만들고 있다)
> ich achte ihn heilig und *das höchste Gut.* (Goethe)
> (나는 그가 성인이며 최고의 선이라고 생각한다)
> der sich nicht *den besten* hielte (Goethe)
> (자신을 가장 우수한 사람으로 생각하지 않았던 자)
> wo ich mich *einen Gott* fühlte (Schiller)
> (내가 내 자신을 신이라고 느꼈던 곳에서)
> jeden glaubte ich *meinen Richter.* (Schiller)
> (나는 모든 사람들이 나의 심판관이라고 믿었다)

오늘날에는 4격이 대부분 als-, für-, zu-술어보충어로 대치되었다.

2) 전치사 없는 형용사적 술어보충어

형용사적 술어보충어는 부분적으로 명사적인 4격 술어보충어와 동일한 동사에서 나타난다: nennen(칭하다), heißen(칭하다)(격식어), schelten(비난하다), schimpfen (욕하다).

> Ich nannte ihn *faul.* (나는 그가 게으르다고 말했다)
> Sie hießen sich *religiös*, die anderen jedoch *unfromm.*
> (그들은 자신들은 신앙심이 있지만 다른 사람들은 신앙심이 없다고 말했다)
> Er hat mich *undankbar* gescholten. (그는 내가 배은망덕한 사람이라고 욕했다)

형용사적 술어보충어는 예컨대 glauben(믿다), finden(생각하다), wissen(알다),
fühlen(느끼다) 및 machen(하다)에서와 같이 4격 술어보충어가 불가능한 소수의 동
사들에서도 나타난다.

> Ich glaubte das Geld schon *verloren.* (나는 그 돈을 이미 분실했다고 믿었다)
> Er findet das Buch *interessant.* (그는 그 책이 재미있다고 생각한다)
> Ich weiß ihn *versorgt.* (나는 그가 수심에 차 있는 것을 알고 있다)
> Wir fühlen uns *müde.* (우리는 우리가 피곤하다고 느낀다)
> Ich mache dich *frei.* (나는 너를 자유롭게 해준다)

◈ 역사적인 변천

형용사적 목적격 술어보충어는 본래 4격으로 사용되었으며 중성을 제외하고는
어미를 지녔다. 때때로 어미 없는 기본형이 발견되기도 하지만 고고지독일어에서
는 변화하는 것이 규칙이었다. 중고지독일어에서는 어미 없는 형태가 변화된 형태
처럼 빈번하게 나타났다.

> ja frumte er manegen held *tot.* (Nibelungenlied)
> daz ir in *gesunden* vindet. (Hartmann)

신고지독일어에서는 어미 없는 형태만이 나타났다.

3) als-술어보충어와 für-술어보충어

als-술어보충어와 für-술어보충어는 특히 '무엇으로 간주하다'라는 의미집단의
동사에서 나타난다. 명사적인 경우도 있고 또 형용사적인 경우도 있다.

> Ich halte ihn *für einen ausgezeichneten Wissenschaftler.*
> (나는 그가 뛰어난 학자라고 생각한다)
> Die Ärzte halten den Mann *für tot.*
> (의사들은 그 남자가 사망한 것으로 간주한다)
> Wir betrachten diese Bemerkung *als wichtig.*
> (우리는 이 논평이 중요하다고 생각한다)
> Ich betrachte ihn *als meinen Freund.* (나는 그를 내 친구로 생각한다)
> Ich sehe das *als ein Verbrechen an.* (나는 그것을 범죄로 간주한다)

◆ 역사적인 변천

als-술어보충어와 für-술어보충어가 본래적인 것은 드물며 대부분이 옛날의 4격 술어보충어 대신에 쓰였다. 이들은 초기 신고지독일어에서 유래한다.

> er achtet mich für seinen Feind. (Luther)
> (그는 나를 자기 적이라고 생각한다)

4) zu-술어보충어와 in-술어보충어

목적어와 관련된 zu-술어보충어와 in-술어보충어는 변화의 결과를 나타낸다(결과격 Resultativ).

> Ich habe ihn *zu einem toleranten Menschen* gemacht.
> (나는 그를 관대한 사람으로 만들었다)
> Man hat ihn *zum Professor* ernannt. (사람들은 그를 교수로 임명했다)
> Ein Zauber hatte den Märchenprinzen *in einen Frosch* verwandelt.
> (마법이 동화 속의 왕자를 개구리로 바꾸었다)

zu-술어보충어는 이미 고고지독일어에서 증명된다.

> her teta thaz wazzer *zi wine.* (Tatian)

5) 2격 술어보충어

목적격 술어보충어로서의 2격은 오늘날 낡았다.

> Hoffentlich macht ihr *ihn anderen Sinnes.*
> (너희들이 그의 생각을 돌려주기 바란다)

◆ 역사적인 변천

중고지독일어와 초기 신고독일어에서는 2격 술어보충어가 machen(만들다), tun (하다), wissen(알다), halten(간주하다) 및 erkennen(인식하다)과 같은 동사들에서 상당히 빈번하게 사용되었다.

> din maere mich *hohes muotes* tuot (Mai u. Beaflor)
> macht das Sie nicht *besseren Mutes* (Iffland)
> weil ich es *meines Amtes* hielt (Hoffmann)

2. 술어의 임의 첨가어 (임의 문장성분)

2.1. 임의 문장성분의 본질

주어, 목적어, 부사보충어 및 술어보충어는 결합가에 결속된 문장성분이다. 즉, 이들은 동사의 하위부류 특수적(subklassenspezifisch)인 분포에 속하는 술어의 보충어들이다. 임의 문장성분(=임의 첨가어) 역시 술어의 환경에서 나타나지만, 이들은 결합가에 의해 동사에 결속되어 있지는 않다. 이 말이 의미하는 것은 이들의 통사적인 사용가능성이 거의 무제한적이며 이들은 상이한 결합가를 갖는 동사에서 "추가규정어"로서 나타날 수 있다는 것이다.

> [*Heute*] arbeitet er. – arbeiten₁ ([오늘] 그가 일한다 – 일하다₁가)
> Er hat mich [*heute*] gesehen. – sehen₂ (그가 [오늘] 나를 보았다 – 보다₂가)
> [*Mir*] sind die Blumen vertrocknet. – vertrocknen₁
> ([나의] 꽃들이 시들어 버렸다 – 시들다₁가)
> Man hat [*dem Jungen*] das Buch zerrissen. – zerreißen₂
> (사람들이 [그 소년의] 책을 찢었다 – 찢다₂가)

임의 첨가어의 존재는 문장의 문법성에 대해 비연관적이다. 문장 안의 첨가어를 삭제하더라도 문장은 문법적이 된다.

> Er aß sein Brot *in der Schule.* – Er aß sein Brot.
> (그는 그의 빵을 학교에서 먹었다 – 그는 그의 빵을 먹었다)

사실상 수의적인 보충어를 삭제하더라도 문장이 비문법적이 되는 것은 아니다.

> Er wartete *auf seinen Freund.* – Er wartete.
> (그는 자기 친구를 기다렸다 – 그는 기다렸다)

그러나 보충어는 동사의 하위범주화에 기여하지만(warten은 auf + 4격을 취하는 동사이다), 임의 첨가어는 이러한 하위범주화와 아무런 관계가 없다(essen은 임의 첨가어가 있음에도 불구하고 4격을 취하는 동사이다). 따라서 동사의 환경이 결합가에 의해 확정되어 있는 한, 임의 문장성분들은 동사의 환경에 속하지 않는다. 그럼에도 불구하고 이들은 통보적인 관점에서 결합가에 결속된 문장성분, 즉 보충어보다 더 중요한 경우도 가끔 있다. Er aß sein Brot in der Schule(그는 학교에서 빵을 먹었다)라는 문장에서 부사첨가어 in der Schule가 통보적인 관점에서는 가장 중요한 문장성분이 될 수도 있다. 이것은 어쨌든 하나의 중요한 정보를 제공한다.

목적어와 주어는 언제나 결합가에 결속된 문장성분이다. 부사어(Adverbial)와 술어규정어는 결합가에 결속되거나 또는 임의적이 될 수 있다. 임의 부사어는 부사첨가어(Adverbialangabe, 상황첨가어 Umstandsangabe)로, 임의 술어규정어는 술어첨가어(Prädikativangabe)로 일컬어진다. 이 두 규정어 이외에도 소위 임의 3격이 임의 문장성분에 속한다. 임의 3격은 3격 목적어와 구별되어야 한다.

1) Er wohnt *in Oulu.* (부사보충어) (그는 오울루에서 산다)
   Ich habe ihn *in Oulu* gesehen. (부사첨가어) (나는 그를 오울루에서 보았다)

2) Karl ist *gesund.* (술어보충어) (카알은 건강하다)
   Karl kam *gesund* an. (술어첨가어) (카알은 건강하게 돌아왔다)

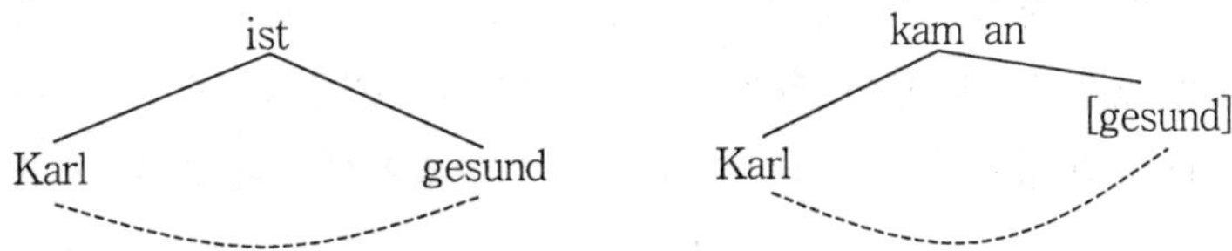

3) Sie gibt *ihrem Freund* ein Buch. (3격 목적어)
   (그녀는 자기의 친구에게 책 한 권을 준다)
   Sie öffnet *dem Gast* die Tür. (임의 3격)
   (그녀는 손님을 위해 문을 열어준다)

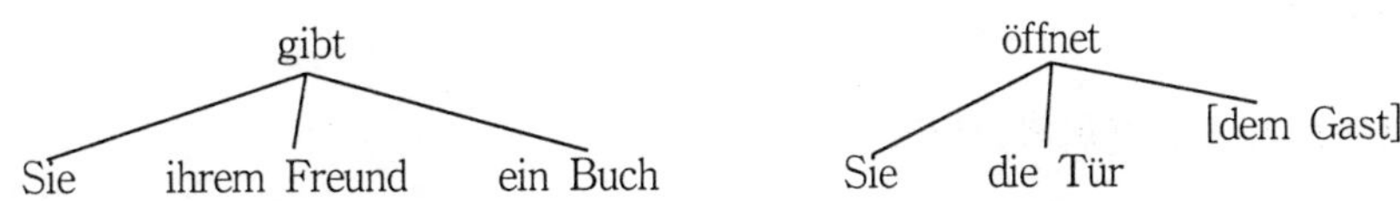

임의 문장성분은 대부분 하나의 완전한 문장으로 환원될 수 있으며, 그 문장에 대한 하나의 독립적인 서술문(Prädikation)으로 간주될 수 있다.

Ich sah ihn *gestern/hier.* (나는 그를 어제/여기서 보았다)
- Ich sah ihn. *Es geschah gestern/hier.*
(나는 그를 보았다. 그것은 어제/여기서 일어났다)

Der Mann ermordete seine Frau *aus Eifersucht.*

(그 남자는 자기 부인을 질투심 때문에 살해했다)
- Der Mann ermorderte seine Frau. *Es geschah aus Eifersucht.*
(그 남자는 자기 부인을 살해했다. 그 일은 질투심 때문에 일어났다)

Als reicher Mann kam er zurück. (그는 부자가 되어 돌아왔다)
- Er kam zurück. *Er war ein reicher Mann.* (그가 돌아왔다. 그는 부자였다)

Er wäscht *seinem Vater* das Auto. (그는 그의 아버지를 위해 세차한다)
- Er wäscht das Auto. *Es geschieht für seinen Vater.*
(그는 세차한다. 그것은 그의 아버지를 위한 일이다)

그러나 수의적인 보충어 역시 때때로 하나의 완전한 문장으로 환원될 수 있다는
사실을 명심해야 한다.

Er wartete *auf seinen Freund.* (그는 그의 친구를 기다렸다)
- Er wartete. *Das Warten betraf seinen Freund.*
(그는 기다렸다. 그 기다림은 그의 친구와 관계가 있었다)

임의 첨가어가 결합가를 통해 동사에 결속되어 있지 않더라도 여러 첨가어들
은 다양하게 동사와 밀접한 의미관계를 갖는다. 예컨대 방법첨가어(Artangabe,
Modalangabe 양태첨가어)는 시간첨가어나 원인첨가어보다 더욱 밀접하게 동사에
결속된다.

Der Junge läuft *schnell.* (그 소년은 빨리 달린다)
Ich traf meinen Freund *vor zwei Wochen.* (나는 내 친구를 2주전에 만났다)

2.2. 부사첨가어

2.2.1. 부사첨가어의 본질

부사첨가어(Adverbialangabe)는 통사적으로 결합가에 제약된 동사의 하위부류에
종속하는 것이 아니라 전체 동사부류에 종속한다. 따라서 부사첨가어는 다양한 결
합가를 갖는 동사들에서 나타날 수 있다.

[*In Oulu*] regnet es. - regnen$_0$ ([오울루에서는] 비가 온다 - 비오다$_{0가}$)
Er starb [*in Oulu*]. - sterben$_1$ (그는 [오울루에서] 죽었다 - 죽다$_{1가}$)
Ich sah ihn [*in Oulu*]. - sehen$_2$ (나는 그를 [오울루에서] 보았다 - 보다$_{2가}$)
[*In Oulu*] fragte ich einen Mann nach dem Weg. - fragen$_3$

(나는 [오울루에서] 어떤 남자에게 길을 물었다 – 묻다3가)

임의 부사첨가어는 통사적으로 거의 모든 문장에서 자유로이 등장할 수 있지만 그 등장에는 다른 종류의 몇 가지 제약이 있다.

1) 부사첨가어는 동사의 내용과 의미적으로 양립해야 한다.

*Der Vater stirbt manchmal. (*아버지는 때때로 죽는다)
(비교: Manchmal stirbt der Patient.) (때때로 환자가 죽는다)

2) 임의 부사규정어는 동사의 시제와 의미적으로 양립해야 한다.

*Er wird gestern kommen. (*그는 어제 올 것이다)

부사첨가어는 동사의 임의규정어이며, 그 형태(예컨대 격이나 전치사 결합)는 일차적으로 동사가 아니라 구 자체의 의미에 의해 결정되고 부사로 대용화될 수 있다. 따라서 부사첨가어는 부사보충어와 공통점을 갖고 있다.

1) 부사첨가어의 형태는 일차적으로 동사에 종속하지 않는다.
2) 부사첨가어는 부사로 대용화될 수 있다.

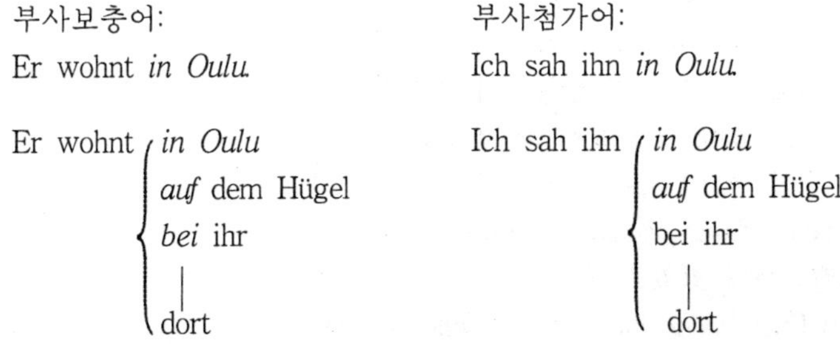

부사첨가어는 의미적인 하위범주들로 나눠질 수 있는 하나의 범주이다. 모든 하위범주들은 부문장을 통해서도 실현될 수 있다. 계속해서 분류될 수 있는 가장 중요한 하위범주들은 다음과 같다.

1) 장소첨가어(Raumangabe, Lokalangabe)

Ich sah meinen Freund *auf der Straße.* (나는 내 친구를 거리에서 보았다)
Ich fand das Buch, *wo ich es nicht vermutet hatte.*

(나는 생각지도 않았던 곳에서 그 책을 발견했다)

2) 시간첨가어(Zeitangabe, Temporalangabe)

Ich sah ihn *am Sonntagabend.* (나는 그를 일요일 저녁에 보았다)
Während ich studierte, ging ich oft ins Theater.
(내가 공부하는 동안에 나는 가끔 극장에 갔다)

3) 방법첨가어(Artangabe, Modalangabe)

Sie singt *schön.* (그녀는 노래를 잘 부른다)
Sie singt, *wie ihre Schwester singt.* (그녀는 그녀의 언니처럼 노래를 부른다)

4) 원인첨가어(Begründungsangabe)

Wegen einer Erkältung blieb er zu Hause. (그는 감기 때문에 집에 있었다)
Er blieb zu Hause, *weil er erkältet war.* (그는 감기에 걸렸기 때문에 집에 있었다)

보충어문(Ergänzungssatz)을 유도할 수 있는 유도어(Einleitewort)는 단지 몇 가지 뿐이다(dass; 일반적인 대명사; 의문사). 그에 반해 첨가어문은 많은 접속사를 통해서 유도될 수 있다. 예로서 몇 가지 시제문을 들어보자.

Während er arbeitete, spielte das Radio.
(그는 일하는 동안에 라디오를 틀어놓았다)
Solange ich ihn kenne, arbeitet er in diesem Betrieb.
(내가 그를 알고 있는 한 그는 이 공장에서 일한다)
Ich kenne ihn erst, *seitdem* er neben mir wohnt.
(그가 내 옆집에 살게 된 이후로 나는 그를 알고 지낸다)
Ich habe ihn besucht, *als* er neulich in Dresden war.
(그가 최근에 드레스덴에 있었을 때 나는 그를 방문했다)
Die Stunde ist zu Ende, *wenn* das Klingelzeichen ertönt.
(초인종이 울릴 때 수업시간은 끝난다)
Nachdem er sein Examen abgeschlossen hatte, fuhr er nach Hause.
(그는 시험을 치르고 난 후에 집으로 갔다)
Bis er abreiste, besuchte er noch seinen Professor.
(그는 여행을 떠나기 전에 그의 교수님을 방문했다)
Bevor er abreiste, besuchte er noch seinen Professor.
(그는 여행을 떠나기 전에 그의 교수님을 방문했다)

이 접속사들 중에서 단지 bis(까지)와 solange(하는 동안/하는 한)만이 보충어문을 유도할 수 있다.

> Die Sitzung dauerte, *bis* wir alle müde waren.
> (회의는 우리 모두가 지칠 때까지 계속되었다)
> Es dauerte, *solange* wir da waren.
> (그것은 우리가 올 때까지 계속되었다)

첨가어문의 유도어는 명확히 구별할 수 있는 의미를 갖는 반면에, "보충어 접속사" dass는 인식할 수 있는 의미를 갖는 것이 아니라 단지 통사적인 기능(즉 종속)만을 갖는다.

형태에 따라서 부사첨가어는 많은 집단으로 구분할 수 있는데, 이들은 대부분 부사보충어의 해당 집단과 유사하다.

1) 전치사구

> *An der Grenze* werden die Pässe kontrolliert. (여권은 국경에서 검사 받는다)
> *Ab morgen* arbeiten wir in einem neuen Gebäude.
> (내일부터 우리는 새로운 건물에서 일한다)
> Sie versenkten das Schiff *durch einen Torpedo*. (그들은 어뢰로 배를 가라앉혔다)
> Er arbeitet *aus Überzeugung* mit. (그는 확고한 신념에서 함께 일한다)

2) 부사 (또한 부사의 대용어)

> Ich habe ihn *gestern/hier/dort* getroffen.
> (나는 그를 어제/여기서/거기서 만났다)

3) 4격 명사 또는 2격 명사

> Er arbeitete *den ganzen Tag/zwei Tage/jeden Tag*.
> (그는 하루종일/이틀동안/매일 일한다)
> *Eines Abends* saßen wir in unserem Garten.
> (어느 날 저녁에 우리는 정원에 앉아 있었다)

4) 비굴절 형용사

> Wir gehen *schnell* in die Schule. (우리는 서둘러서 학교로 간다)

5) wie-구성

> Er arbeitet *wie sein Vater*. (그는 그의 아버지처럼 일한다)

6) 분사

Singend kam er nach Hause. (그는 노래하면서 집으로 왔다)
Er kam nach Hause *gelaufen.* (그는 집으로 달려 왔다)

7) 문장가를 갖는 부정사

Er ging durch den Regen, *ohne den Regenschirm aufzuspannen.*
(그는 우산을 펴지 않은 채 빗속을 걸어갔다)
Er muss sich beeilen, *um den Zug zu erreichen.*
(그는 기차를 타기 위해 서둘러야 한다)
Er ging ins Theater, *anstatt seinen Freund zu besuchen.*
(그는 그의 친구를 방문하는 대신에 극장에 갔다)

8) 부문장

Ich komme morgen, *wenn ich eine Platzkarte bekomme.*
(내가 좌석권을 얻게되면 내일 오겠다)

2.2.2. 부사첨가어의 종류

2.2.2.1. 장소첨가어

장소첨가어(Raumangabe, Lokalangabe)는 거의 전적으로 정적인 부사어(상황첨가어)이다. 장소첨가어는 "wo?"(어디) 질문이나 또는 장소 대신에 사람이 지칭되는 경우에는 "bei wem?"(누구 집에) 질문에 답한다. 이동동사에서는 장소첨가어가 나타나지 않는다. 이동동사의 장소규정어, 즉 소위 방향부사어는 결합가에 결속되어 있기 때문이다.

Die Jungen spielen *auf dem Hof/bei ihrer Mutter.*
(사내들이 뜰에서/그들의 엄마 곁에서 놀고 있다)

다른 첨가어들 중에서 특히 시간첨가어가 장소첨가어와 같이 나타난다.

Dort ist er *am Freitag* gestorben. (그는 거기서 금요일에 죽었다)

1) 장소첨가어의 기본형은 in, auf, an(드물게는 bei)을 갖는 전치사적 부사어이다.

Sie lernte Französisch *in der Schule.* (그녀는 학교에서 프랑스어를 배웠다)

Die Jungen spielen *auf der Straße* Fußball. (소년들이 길거리에서 축구를 한다)
An der Grenze werden die Pässe kontrolliert. (여권은 국경에서 검사 받는다)
Er arbeitet *bei der Firma Siemens.* (그는 지멘스 회사에서 근무한다)

보다 명시적인 장소관계는 예컨대 다음과 같은 전치사를 통해서 표현된다: neben, hinter, vor, unter; unterhalb(밑에), oberhalb(위에); diesseits(이쪽에서), jenseits (저쪽에서); außerhalb(외부에), innerhalb(내부에); zwischen(사이에).

Die Jungen spielen *hinter dem Haus/vor dem Haus.*
(소년들이 집 뒤에서/집 앞에서 놀고 있다)
Ich habe ihn *jenseits/diesseits des Flusses* gesehen.
(나는 그를 강 건너편에서/강 이쪽에서 보았다)

2) 명사적인 장소첨가어 이외에 "독립적"인 부사어(hier, oben, unten, hinten)나 대용어(dort, da) 역할을 하는 장소첨가어가 나타난다.

Ich habe ihn *hinten/hier/dort* gesehen.
(나는 그를 뒤에서/여기서/거기서 보았다)

3) 장소첨가어는 관계문의 형식을 취할 수 있다. 그러면 주문장에서는 종종 부사 dort가 형식어로서 나타난다.

Ich fand das Buch, *wo ich es nicht vermutet hatte.*
(나는 생각지도 않은 곳에서 그 책을 발견했다)
Er arbeitet *dort, wo man ihn braucht.*
(그는 사람들이 그를 필요로 하는 곳에서 근무한다)

4) 장소 대신에 사람이 지칭되는 경우에는 전치사 bei가 쓰인다.

Ich habe ihn *bei meinem Onkel* angetroffen.
(나는 그를 나의 삼촌댁에서 만났다)

2.2.2.2. 시간첨가어

시간첨가어(Zeitangabe, Temporalangabe)는 하나의 커다란 이질적인 그룹을 형성한다. 시간첨가어는 "wann?"(언제), "wie lange?"(얼마 동안), "wie oft?"(얼마나 자주), "seit wann (ab wann)?"(언제부터) 및 "bis wann?"(언제까지)이라는 질문에 답

한다. 시간첨가어는 시점, 시기, 기간, 반복 등을 표현한다. 시간첨가어가 시제문인 경우에는 접속사가 시제와 함께 부문장 사건이 주문장 사건에 대해 동시적, 전시적 또는 후시적인지를 표현한다.

> 동시적 : *Als wir spazieren gingen*, trafen wir einige Bekannte.
>   (우리가 산책을 갔을 때 지인 몇 사람을 만났다)
> 전시적 : Der Anruf kam, *als sie das Haus verlassen hatte*.
>   (그녀가 집을 떠난 후에 전화가 왔다)
> 후시적 : *Bevor er abreiste*, besuchte er noch seinen Professor.
>   (그가 여행을 떠나기 전에 그는 먼저 교수님을 방문했다)

1) 시점이나 시기를 표현하는 시간첨가어

이러한 시간첨가어의 가장 큰 그룹은 "wann?"(언제)이라는 질문으로 물어볼 수 있다. 시점(Zeitpunkt)이나 시기(Zeitabschnitt)는 정확히 정해지거나 또는 정확히 한정되지 않을 수도 있다.

a) 정확히 정해진 시간은 an, in, zu를 취하는 전치사구성 및 2격과 4격을 통해서 표현된다. 일반적으로 명사는 명시적인 부가어를 갖지만, 요일과 축제일만은 부가어 없이도 확정된 것으로 간주될 수 있다. 정확히 확정된 시간은 대체로 시점이지만 시기도 될 수 있다.

Ich sah ihn *am Sonntagabend/am 16. März.*
(나는 그를 일요일 저녁에/3월 16일에 보았다)
Wir kommen *am Montag/Montag/nächsten Dienstag.*
(우리는 월요일에/월요일에/다음주 화요일에 온다)
Eines Abends/an einem schönen Sommerabend saßen wir in unserem Garten.
(어느 날 저녁에/어느 아름다운 여름철 저녁에 우리는 정원에 앉아 있었다)
Im Jahre 1940/in den Kriegsjahren/in unserer Jugend hatten wir es schwer.
(1940년에/전시에/유년기에 우리는 생활이 어려웠다)
In diesem Semester/in diesen Semestern habe ich Deutsch studiert.
(이번 학기에/최근 몇 학기 동안에 나는 독일어를 배웠다)
In dieser Woche/in diesen Wochen habe ich viel zu tun.
(이번 주에/최근 몇 주 동안에 나는 매우 바빴다)
Zu Ostern erhalten die Schüler ihre Zeugnisse. (비교: *zu Weihnachten/zu Pfingsten*)
(부활절에 학생들은 그들의 성적표를 받는다 - 성탄절에/성신강림절에)
Er kam *zur verabredeten Zeit.* (그는 약속시간에 왔다)

전치사 während도 확정된 시기를 나타낼 수 있다.

Es kam *während der Parlamentssitzung* zu einigen Unruhen.
(국회 회기 중에 몇 가지 불안한 일이 발생했다)

정확히 확정된 시간부사어로서는 예컨대 heute, gestern, morgen, vorgestern, übermorgen, jetzt, dann 따위가 있다.

Er kommt *übermorgen*. (그가 모레 온다)
Gestern habe ich ihn gesehen. (어제 나는 그를 보았다)

b) 정확히 한정되지 않은 시간으로서 일과시간은 an-첨가어를 통해서 표현되고(am Tage 낮에, am Morgen 아침에, am Abend 저녁에; in der Nacht 밤에), 계절은 in-첨가어를 통해서 표현된다(im Frühling 봄에, im Herbst 가을에, im Winter 겨울에, im Sommer 여름에).

Am Tage bin ich im Geschäft. (낮에 나는 가게에 있다)
Im Frühling blühen die ersten Blumen. (봄에 첫 꽃이 핀다)

c) 한정되지만 정확히 확정되어 있지 않은 시기는 binnen, in 및 innerhalb(이내에)를 취하는 시간첨가어에 의해 표현된다. 명사는 일반적으로 수사 부가어를 갖는다.

Er schrieb den Roman *in zwei Jahren/binnen zwei Jahren.*
(그는 2년 이내에/2년 이내에 그 소설을 썼다)
Wir hatten die Arbeit *in zwei Tagen* geschafft.
(우리는 그 일을 이틀 이내에 해냈다)
Binnen eines Monats (*einem Monat*) muss ich die Arbeit beenden.
(한달 안으로 나는 그 일을 종결지어야 한다)
Ich erwarte die Antwort auf meinen Brief *in acht Tagen.*
(나는 일주일 이내에 내 편지에 대한 답장이 오리라고 기대한다)

außerhalb-, nach-, vor-첨가어는 단지 한 면에서만 한정된 시간을 표현한다.

Kommen Sie bitte *außerhalb/nach/vor der Arbeitszeit.*
(근무시간 이외에/이후에/이전에 오시기 바랍니다)
Man muss auch *außerhalb der Unterrichtszeit* lernen.
(사람은 수업시간 이외에서도 배워야 한다)

시간구간(Zwischenraum)은 zwischen-첨가어나 또는 von ... bis (zu)-첨가어를 통해서 표현된다.

Zwischen Weihnachten und Ostern gibt es den meisten Schnee.
(성탄절과 부활절 사이에 눈이 가장 많이 온다)
Vom Morgen bis zum Abend arbeiten sie auf den Feldern.
(그들은 아침부터 저녁까지 들에서 일을 한다)
Die Geschäfte sind *zwischen 12 und 14 Uhr/von 12 bis 14 Uhr* geschlossen.
(그 가게는 12시에서 14시 사이에/12시에서 14시까지 문을 닫는다)

d) in-첨가어는 기한(Frist)을 나타낸다.

Kommen Sie *in einer Woche* wieder. (일주일 후에 다시 오세요)
Ich zahle *in einem Monat.* (나는 한 달 후에 계산할 것이다)

e) "wann?"이라는 질문에 대해 대답하는 시제문은 시점 또는 시기를 나타낼 수 있다.

① 시점을 표현하는 부문장은 특히 접속사 als와 wenn을 통해 유도된다. 접속사 als는 과거의 일회적인 사건에서 사용된다. 부문장 사건이 주문장 사건과 비교하여 전시성인 경우에는 과거완료를 취하는 als 외에 nachdem도 또한 사용된다. 접속사 wenn은 현재와 미래의 일회적인 사건에서 사용된다. als-문장이나 wenn-문장을 지시하는 시간부사(da, dort)가 가끔 주문장에서 나타난다.

Ich habe ihn besucht, *als ich neulich in Dresden war.*
(내가 최근에 드레스덴에 있을 때 나는 그를 방문했다)
Als wir spazieren gingen, (da) trafen wir einige Bekannte.
(산책을 나갔을 때 우리는 지인 몇 사람을 만났다)
Der Anruf kam (*dann*), *als sie das Haus verlassen hatte.*
(그녀가 집을 떠난 후에 전화가 왔다)
Nachdem/als er Deutsch gelernt hatte, begann er sein Studium.
(그는 독일어를 배운 다음에 그의 학업을 시작했다)

Wenn morgen die Delegierten kommen, (dann) werden sie vom Oberbürgermeister begrüßt. (내일 대표단이 올 때 그들은 시장으로부터 환영받을 것이다)
Wenn die Sonne am höchsten steht, ist Mittag.
(태양이 가장 높이 떠 있을 때가 정오이다)

Die Unterrichtsstunde ist zu Ende, *wenn das Klingelzeichen ertönt.*
(초인종이 울릴 때 수업시간은 끝난다)

현재완료로 된 wenn-문장이나 nachdem-문장은 현재시제나 미래시제의 주문장에서도 사건의 종결을 표현할 수 있다.

Er geht, *wenn die Frau gekommen ist.* (부인이 왔을 때 그는 간다)
Nachdem er Deutsch gelernt hat, beginnt er sein Studium/wird er sein Studium beginnen. (그는 독일어를 배운 후에 그의 학업을 시작한다/시작할 것이다)

sobald/sowie-문장(전시성)과 bevor/ehe-문장(후시성) 역시 시점표현에 사용된다.

Sobald/Sowie sie ihren Freund sah (gesehen hatte), eilte sie auf ihn zu.
(그녀는 남자친구를 보자마자 그에게로 황급히 갔다)
Sobald der Zug ankommt, werden wir anrufen.
(기차가 도착하자마자 우리는 전화할 것이다)
Bevor er abreiste, besuchte er noch seinen Professor.
(여행을 떠나기 전에 그는 먼저 교수님을 방문했다)
Sie bringt das Kind in den Kindergarten, *ehe sie zur Arbeit geht.*
(그녀는 출근하기 전에 아이를 유치원에 데려다 준다)

② 주문장과의 동시성을 표현하는 während-문장 역시 가끔 지속적인 시기표현에 사용된다.

Während/Als ich in Berlin studierte, ging ich oft ins Theater.
(내가 베를린에서 공부하는 동안/공부할 때 나는 종종 극장에 갔었다)
Während er arbeitete, spielte das Radio/schlief sie.
(그는 일하는 동안 라디오를 틀어 놓았다/그녀는 잠을 잤다)

2) 기간을 표현하는 시간첨가어

"wie lange?"(얼마 동안)라는 질문에 답하는 그러한 집단의 시간첨가어는 사건의 기간(Zeitdauer)을 표현한다.

a) 이 첨가어의 기본형은 4격이며, 이것은 전치사나 부사를 통해 강화될 수 있다.

Wir arbeiten *den ganzen Tag.* (우리는 하루종일 일한다)

Er dachte *eine Woche* (*lang*) an die Sache. (그는 일주일 동안 그 일에 대해 생각했다)
Es regnete *den ganzen Sommer hindurch*(/*durch ... hindurch*). (여름 내내 비가 왔다)
Er hat *die Nacht über* gearbeitet. (그는 밤 세도록 일했다)

b) 계획된 기간은 für-첨가어나 auf-첨가어를 통해 표현된다.

Er beabsichtigt, *für sechs Tage* nach Schweden zu reisen.
(그는 6일간 스웨덴으로 여행갈 계획이다)
Ich verreise *auf* (*für*) *acht Tage*. (나는 일주일 예정으로 여행 간다)

c) 기간의 부사는 lange이다.

Haben Sie *lange* dort gewohnt? (당신은 오랫동안 거기서 사셨나요?)
Er wusste, dass er *länger* als eine Stunde warten müsste.
(그는 한 시간 이상 기다려야 한다는 사실을 알고 있었다)

d) solange를 갖는 시간문 역시 "wie lange?"라는 질문에 대답하는 문장이다.
"접속사 solange(solang)는 상위문에서 기술된 사태와 동일한 시간을 갖는 사
태를 기술하는 성분문장을 유도한다."Schulz/Griesbach(1970:307)

Solange ich in England war, habe ich kein Wort Deutsch gesprochen.
(내가 영국에 있는 동안 나는 독일어를 한 마디도 하지 않았다)
Er wohnte im Internat, *solange er die Oberschule besuchte*.
(그가 고등학교에 재학하는 동안 그는 기숙사에서 살았다)

뒤에 있는 주문장에서의 부사 solange는 부문장을 지시할 수 있다.

Solange ich ihn kenne, (*solange*) arbeitet er in diesem Betrieb.
(내가 그를 알고 있는 한 그는 이 공장에서 일한다)

3) 기간과 그 시작을 표현하는 시간첨가어

이 첨가어는 지속적인 사건의 시작을 표현한다. 이 첨가어는 "seit wann?"(언제
부터), "ab wann"(언제부터)이라는 질문에 답한다. 전치사로는 seit(종종 부사 schon
과 함께), von ... an 및 ab(부터)이 있다. 과정이 시작되었던 과거의 시점은 seit를
통해 표현되는데, 이 seit는 단지 지속동사에서만 나타난다(blühen 피어 있다,
schlafen 잠자다, wohnen 살다, sein 있다, bleiben 머무르다). 전치사 von ... an 및 ab

은 대체로 미래와 관련된다.

> Ich wohne *schon seit sechs Jahren* in dieser Stadt.
> (나는 이미 6년 전부터 이 도시에서 살고 있다)
> Es regnet *schon seit Montag.* (이미 월요일부터 비가 내리고 있다)
> *Von morgen an/Ab morgen* arbeite ich bei einer anderen Firma.
> (나는 내일부터/내일부터 다른 회사에서 근무한다)

이 집단의 부사는 seitdem과 seither이다.

> Ich habe ihn *seitdem* nicht mehr gesehen. (나는 그후로 그를 더 이상 보지 못했다)
> Ich habe ihn im April gesehen, doch *seither* habe ich keine Verbindung mehr mit ihm.
> (나는 그를 4월에 보았지만, 그 후로는 그와 더 이상 연락하지 않았다)

4) 기간과 그 끝을 표현하는 시간첨가어

"bis wann?"(언제까지)이라는 질문에 대해서는 이 집단의 첨가어로 대답한다.

   a) 시간종점의 전치사는 bis이다. bis는 시간부사, 시각 및 연도 앞에서는 두
   번째 전치사 없이 나타나고 월명, 날짜 및 Woche(주), Monat(달), Jahr(년)와
   같은 명사 앞에서는 두 번째 전치사(대체로 zu)와 결합될 수 있다.

> *Bis morgen* muss die Arbeit geschafft sein. (내일까지는 그 일이 끝나야 한다)
> Ich warte *bis 12 Uhr.* (나는 12시까지 기다릴 것이다)
> *Bis 1914* hatte es lange keinen Krieg gegeben. (1914년까지는 오래도록 전쟁이 없었다)
> *Bis nächstes Jahr/Bis zum nächsten Jahr* will er mit seiner Arbeit fertig sein.
> (내년까지/내년까지 그는 자기 일을 마치려고 한다)
> *Bis (zum) Donnerstag* will ich noch warten. (나는 목요일까지 더 기다리겠다)
> Er wird dort *bis (nach) Mitternacht bleiben.*
> (그는 한밤중(지나서)까지 거기에 있을 것이다)

bis는 또한 von과 함께 나타날 수도 있는데 이렇게 함으로써 기간의 시작과 끝이
동시에 표현된다.

> *Vom Morgen bis zum Abend* arbeiten sie auf den Feldern.
> (그들은 아침부터 저녁까지 들에서 일을 한다)

b) bis는 또한 시제문을 유도하는 접속사가 되기도 한다.

Ich warte auf dich, *bis du wiederkommst.*
(나는 네가 다시 올 때까지 너를 기다릴 것이다)
Bis der Regen aufhört, bleibe ich hier.
(비가 그칠 때까지 나는 여기에 있을 것이다)
Er stand am Ufer, *bis das Schiff außer Sicht war.*
(그는 배가 보이지 않을 때까지 해안 가에 서 있었다)

c) 이 집단의 부사는 bisher(지금까지)와 bis dahin/bis dann(그때까지)이다.

Bisher wurde hier nur Wintermode gezeigt.
(지금까지 이곳에서는 겨울옷만이 선보였다)
Die Frist läuft am Jahresende ab, *bis dahin/bis dann* müssen alle Anträge gestellt sein.
(연말에 기한이 끝나는데, 그때까지 모든 신청서가 제출되어야 한다)

5) 반복을 표현하는 시간첨가어

이 집단의 부사첨가어는 "wie oft?"(얼마나 자주)라는 질문에 답한다.

a) 반복을 표현하기 위해서 특히 jeder/alle (+수사) + 4격으로 형성되는 부사어가 사용된다.

Er fährt *jeden Tag/jede Woche/alle drei Tage* zu seinen Eltern.
(그는 매일/매주/3일마다 그의 부모님께 간다)

b) 반복되는 시간단위는 Tag um/für Tag(하루하루)과 von Jahr zu Jahr(매년)와 같은 전치사 표현을 통해서 표현된다.

Sie wird *Tag um/für Tag* schöner. (그녀는 하루하루 더 예뻐진다)
Die politische Krise stieg *von Jahr zu Jahr* an.
(정치적 위기는 매년 증가했다)

c) 반복을 표현하기 위해서 많은 부사적 형용사도 사용된다. 그 기본형은 -lich형의 형용사이다(täglich 매일, wöchentlich 매주, jährlich 매년, monatlich 매달).

Wie viel soll ich dir *monatlich* geben?
(내가 너에게 매달 얼마를 줘야하니?)

Täglich/stündlich werden in den Serienunterhaltungen dieselben Werte und Leitbilder rekapituliert. (매일/매시간 연속적인 행사에서는 동일한 가치와 모범들이 반복해서 설명된다)

반복의 다른 부사들은 2격 부사어로 소급되는 morgens(아침에), abends(저녁에), nachts(밤에) 따위와 oft, wieder, manchmal, bisweilen(가끔)과 같은 부사들이다.

Abends/Morgens/Sonntags gehe ich oft spazieren.
(저녁에/아침에/일요일에 나는 자주 산책하러 간다)
Manchmal gehe ich auch baden. (나도 자주 목욕하러 간다)
Das wird *oft* schwierig sein. (그것은 종종 어려울지도 모른다)

d) 부문장들 중에서는 특히 wenn-문장이 반복적인 사건을 표현하기 위해서 사용되는데, 주문장에서 부사(immer, dann)가 wenn-문장을 지시할 수 있다. 과거시제에서는 반복적인 사건의 내용이 명백하지만, 현재시제에서는 문맥이 중요하다.

Wenn er seine Arbeit beendet hatte, (*dann*) ging er ins Café.
(그는 자기 일을 마치고 난 후에 항상 카페로 갔다)
Er klingelt *immer* bei mir, *wenn er zur Arbeit geht*.
(그는 출근할 때마다 항상 우리 집 초인종을 누른다)
Wenn ich aufgestanden bin, mache ich zuerst zehn Minuten Gymnastik.
(내가 잠자리에서 일어나면 나는 항상 가장 먼저 10분간 체조를 한다)

이 집단의 두 번째 시제문은 sooft-문장이며, 주문장에서 jedesmal(매번)이 이 문장을 지시할 수 있다.

Sooft ich ihn traf, (*jedesmal*) erzählte er mir die gleiche Geschichte.
(내가 그를 만날 때마다 (매번) 그는 나에게 같은 이야기를 해주었다)

2.2.2.3. 방법첨가어

행동, 과정 혹은 상태의 방법은 많은 동사에서 방법/양태첨가어(Artangabe, Modalangabe)로 특징 지어질 수 있고 또 수식될 수 있다. 양태첨가어는 여러 그룹으로 나눠질 수 있다.

방법첨가어(Angabe der Art und Weise)

Sie singt *schön.* (그녀는 노래를 잘 부른다)

정도첨가어(Gradangabe) 및 비교첨가어(Vergleichsangabe)

Er hatte sie *sehr* geliebt. (그는 그녀를 매우 사랑했다)
Er spricht Deutsch, *als ob er ein Deutscher wäre.*
(그는 마치 독일 사람인 것처럼 독일어를 말한다)

도구첨가어(Instrumentalangabe)

Er fährt *mit seinem neuen Auto* ins Ausland.
(그는 그의 새 차를 몰고 외국으로 간다)

동반첨가어(Komitativangabe)

Er ging *mit seiner Frau/ohne seine Frau* spazieren.
(그는 그의 부인과 함께/부인을 동반하지 않고 산책하러 갔다)
Er sprach *ohne Manuskript.* (그는 원고 없이 연설했다)

1) 방법첨가어

이 "순수한" 방법첨가어는 사건의 방법을 표현한다. 이 첨가어는 "wie?"(어떻게)
라는 질문에 답한다.

a) 순수한 방법첨가어는 형용사, Weise(auf 및 in)를 갖는 전치사구성 및 2격
명사이다.

Sie singt *schön.* (그녀는 노래를 잘 부른다)
Er pochte *heftig* an die Tür und trat ein.
(그는 마구 문을 두드리고는 안으로 들어갔다)
Jeder tut das *auf seine Weise/in seiner Weise*(드물게).
(모두가 그것을 자기 방식대로 한다)
Man kann das *auf verschiedene Weise/viele Weisen* versuchen.
(사람들은 그것을 상이한 방법으로/많은 방법으로 시도할 수 있다)
Er hat *allen Ernstes* behauptet, dass ...
(그는 아주 진지하게 ... 을 주장했다)

방법의 대용어는 so이다.

So singt sie. (그녀는 그렇게 노래한다)

b) 분사구성도 역시 방법첨가어로서 나타난다(물론 분사구성은 종종 새로운 술어와 일치한다).

Sie kamen *geflogen.* (그들은 비행기를 타고 왔다)
Er antwortete *verneinend.* (그는 부인하면서 대답했다)
Die Mädchen kamen *singend*(kamen und sangen). (소녀들은 노래를 부르면서 왔다)

c) 순수한 양태문은 wie로 시작된다.

Sie singt, *wie ihre Mutter sang.*
(그녀는 그녀의 어머니가 불렀던 방법으로 노래한다)

indem-문장 및 dadurch, dass-문장도 역시 순수한 양태문이 될 수 있으나 이러한 문장은 종종 도구문과 유사하다.

Er antwortete, *indem er verneinte.* (그는 부인하면서 대답했다)
Er machte seinem Ärger Luft, *indem er laut schimpfte.*
(그는 큰소리로 욕을 하면서 그의 분노를 틀어놓았다)
Sie machte sich *dadurch* bemerkbar, *dass sie laut um Hilfe schrie.*
(그녀는 큰소리로 도움을 청함으로써 남의 시선을 끌었다)

2) 정도첨가어와 비교첨가어

정도첨가어와 비교첨가어는 행동이나 상태의 강화, 정도 또는 강도를 나타낸다. 이들은 "wie?", "wie sehr?"(얼마나)라는 질문에 답한다.

a) 특히 특정한 부사와 형용사가 본래의 정도첨가어에 속한다: sehr(아주), viel(많이), besonders(특히), ganz(매우, 모두), außerordentlich(특히), ungewöhnlich (매우), wenig(적게) 등.

Er fürchtet sich *sehr.* (그는 굉장히 무서워한다)
Er schlief *viel.* (그는 잠을 많이 잤다)
Ich mag ihn nicht *besonders.* (나는 그를 특별히 좋아하지는 않는다)
Sie hatte den Kuchen *ganz* gegessen. (그녀는 케이크를 전부 다 먹었다)
Er freute sich *nicht wenig.* (그는 적지 아니 기뻐했다)

명사적인 um-첨가어도 정도를 표현할 수 있다.

Die Bevölkerung wächst jährlich *um zwei Prozent.* (인구는 매년 2%씩 증가한다)
Die Temperatur ist seit gestern *um mehrere Grad* gefallen.
(기온이 어제부터 몇도 떨어졌다)

b) 비교첨가어는 특히 동일성과 비동일성을 표현하는 소위 비교첨가어
(Komparativangabe)이다.

 ① 동일성은 명사적인 wie-첨가어와 (so,) wie-문장을 통해서 표현된다.

Sie singt *wie ihre Mutter/ebenso schön wie ihre Mutter.*
(그녀는 그녀의 어머니처럼 노래한다/어머니만큼 아름답게 노래한다)
Er macht seine Arbeit (*so*), *wie er sie immer gemacht hat.*
(그는 그가 항상 해왔던 방법 그대로 그의 일을 하고 있다)

동일성의 비현실적 관계는 als ob, als, 드물게는 als wenn, wie wenn(마치 -처럼)
을 갖는 비교문을 통해 표현된다.

Er spricht Deutsch, *als ob er ein Deutscher wäre.*
                   als wäre er ein Deutscher.
(그는 마치 독일 사람인 것처럼 독일어를 말한다)
Sie legte sich ins Bett, *wie wenn sie schwach wäre.*
(그녀는 마치 허약한 양 침대에 누웠다)

 ② 비동일성은 비교급의 als-표현을 통해서 그리고 상관사로서 비교급의
부사/형용부사를 갖는 als-문장을 통해서 표현된다.

Sie singt *schöner als ihre Mutter.* (그녀는 그녀의 어머니보다 노래를 더 잘 한다)
Er arbeitet *anders/besser, als du gearbeitet hast.*
(그는 네가 일했던 것과는 달리/일했던 것보다 더 잘 한다)

c) 정도 및 비교첨가어에는 형용부사(Adjektivadverb)의 최상급과 절대 최상급
도 있다. 본래의 최상급은 비교를 표현하고, 절대 최상급은 본래의 비교 없이
매우 높은 정도를 표현한다.

Er lernt *am besten*/läuft *am schnellsten.* (그가 가장 잘 배운다/가장 빨리 달린다)

Er arbeitet *auf das genaueste.* (그가 아주 꼼꼼하게 일한다)
Er grüßte mich *freundlichst.* (그는 나에게 매우 다정하게 인사했다)
(비교: *baldigst* 가능한 빨리, *höflichst* 아주 공손하게, *möglichst* 가능한 한, *herzlichst* 아주 진심으로)

ziemlich(상당히), sehr(매우) 등을 갖는 형용사 역시 행위의 정도를 표현한다.

Er spricht Deutsch *ziemlich gut.* (그는 독일어를 상당히 잘 한다)

3) 도구첨가어

이 집단의 양태첨가어는 수단과 도구를 표현한다.

a) 도구첨가어의 기본형은 mit-첨가어나 durch-첨가어이다.

Ich spalte Holz *mit dem Beil.* (나는 손도끼로 장작을 팬다)
Ich fahre *mit dem Bus* nach Helsinki. (나는 버스를 타고 헬싱키로 간다)
Mit seiner freien Hand winkte er mir zu. (그는 나에게 빈손으로 손짓했다)
Er muss seinen Lebensunterhalt *durch Handarbeit* verdienen.
(그는 육체노동을 통해서 생계비를 벌여야 한다)
Wir haben das Geheimnis *durch eine List* erfahren.
(우리는 책략을 써서 비밀을 알아냈다)

b) 도구부사는 dadurch와 damit이다.

Dadurch half er mir/*Damit* spaltete er Holz.
(그는 그것을 통해 나를 도왔다/그는 그것을 가지고 장작을 팼다)

c) 도구문은 indem(하면서/함으로써)을 가지고 시작한다. 의무적인 상관사 (dadurch, damit)를 갖는 dass-문장도 나타난다. 도구문을 순수한 양태문과 구별하는 것은 어렵다.

Er beruhigte das Kind, *indem er es streichelte.*
(그는 아이를 쓰다듬어 주면서 안심시켰다)
Als Junge verdiente er seinen Lebensunterhalt *dadurch, dass er Zeitungen austrug.*
(그는 젊었을 때 신문을 배달함으로써 자신의 생활비를 벌었다)
Er beruhigte mich *damit, dass er mir beim Umzug helfen würde.*

(그는 이사할 때 나를 도와줌으로써 나를 진정시켰다)

4) 동반첨가어

동반첨가어는 "wie?"(어떻게), "womit?"(무엇으로), "ohne was?"(무엇 없이), "mit wem?"(누구와), "ohne wen?"(누구 없이)이라는 질문에 답한다. 동반첨가어는 사람이나 사물의 동반이나 비동반을 표현한다.

a) 특히 mit와 ohne가 있는 전치사구가 동반첨가어로서 기능한다.

Der Arzt geht nur *mit Regenschirm* spazieren.
(그 의사는 우산을 꼭 지참하고서만 산책하러 간다)
Mit großer Freude habe ich Ihren Brief erhalten.
(나는 아주 기쁜 마음으로 당신의 편지를 받았습니다)
Er las das Buch *ohne großes Interesse*. (그는 그 책을 별 흥미 없이 읽었다)
Das Zimmer kostet *ohne Frühstück* 50 Mark. (방세는 아침식사 없이 50마르크이다)
Er geht *mit seiner Frau/ohne seine Frau* spazieren.
(그는 그의 부인과 함께/그의 부인을 동반하지 않고 산책하러 간다)

이 첨가어가 인칭의 장소첨가어를 제외하고는(Ich habe ihn bei seinem Vater angetroffen. 나는 그를 그의 아버지 집에서 만났다) 인칭과 관련될 수 있는 유일한 부사첨가어이다(mit seiner Frau/ohne seine Frau).

b) 부문장, 특히 ohne dass-문장도 부재하는 상황의 양태첨가어가 될 수 있다.

Er bot uns seine Hilfe an, *ohne dass wir darum bitten mussten.*
(우리가 도움을 요청하지도 않았는데 그는 우리를 도와주었다)

ohne dass-문장의 주어와 주문장의 주어가 동일하면, 부문장은 ohne ... zu를 갖는 부정사구문으로 대체할 수 있다.

Er nahm das Geld, *ohne zu fragen.* (그는 묻지도 않고 돈을 받았다)
Sie litt unter schweren Schmerzen, *ohne darüber zu klagen.*
(그녀는 심한 고통에 시달리면서도 그것을 하소연하지 않았다)

2.2.2.4. 원인첨가어

원인첨가어(Begründungsangabe, Kausalangabe)는 광의에서의 원인에 대한 표지

이다. 원인관계는 언제나 인과관계이다. 원인첨가어는 다음의 하위그룹으로 나눌 수 있다.

협의에서의 원인첨가어

Die Kinder schrien *vor Begeisterung.* (아이들은 감격하여 외쳤다)

조건첨가어(Konditionalangabe)

Wenn er etwas Glück hat, kann er die Prüfung schaffen.
(그가 약간의 행운만 있으면 시험에 합격할 것이다)

양보첨가어(Konzessivangabe)

Trotz seines Fleißes konnte er die Prüfung nicht bestehen.
(그의 노력에도 불구하고 그는 시험에 합격할 수 없었다)

결과첨가어(Konsekutivangabe)

Es war kalt, *so dass wir froren.* (날씨가 추워서 우리는 떨었다)

목적첨가어(Finalangabe)

Ich habe ihn angerufen, *damit er mich morgen besucht.*
(내일 그가 나를 방문하도록 나는 그에게 전화했다)

1) 협의의 원인첨가어

협의에서의 원인첨가어는 사건의 이유와 실제의 원인을 진술한다. 이 첨가어는 "warum?", "weshalb?", "weswegen?"(왜)이라는 질문에 대한 답이다. 형태상으로 볼 때, 명사적인 원인첨가어는 한편으로는 "일반적인" 전치사 aus, vor, auf를 갖는 전치사구성이며, 다른 한편으로는 명백한 원인의 전치사 wegen, halber, infolge, um ... willen(때문에) 및 dank(덕택으로/때문에)를 갖는 전치사구성이다. 그밖에 원인문이 있다.

a) "원인의 의미에서 aus는 의식적이고 계획적인 행위방법에 대한 동기부여로

서 주관적인 인간의 감정을 표현하는 명사 앞에 온다. 이와는 반대로 원인의 의미에서 vor는 그 객관적인 결과가 동사에서 표현되는 그러한 명사 앞에 온다: vor Freude lachen 기뻐서 웃다, vor Schmerzen schreien 아파서 소리지르다, vor Kälte zittern 추워서 떨다, vor Hunger sterben 굶어죽다"Helbig/Buscha(1984:419). 전치사 aus는 또한 명사 Grund(이유)와 함께 나타나기도 한다.

Er arbeitet *aus Überzeugung* mit.(그는 확고한 신념에서 같이 일한다)
Er half ihr *aus Mitleid/aus dem Grund.*
(그는 그녀를 동정심에서/그러한 이유로 도왔다)
Die Kinder schrien *vor Begeisterung.* (아이들이 감동하여 외쳤다)
Sie zittert *vor Kälte.* (그녀는 추워서 떨고 있다)
Vor Lärm konnte man nichts hören.
(사람들은 소음 때문에 아무 것도 들을 수가 없었다)

원인의 auf는 지배어 다음에서 hin을 수의적으로나 또는 의무적으로 동반할 수 있다.

Er las das Buch *auf Anregung seines Professors (hin).*
(그는 그 책을 그의 교수님의 권고로 읽었다)
Er korrigierte einige Stellen im Vortrag *auf die Kritik seines Freundes hin.*
(그는 그의 친구의 비판에 따라서 강연에서 몇 곳을 교정했다)

b) 원인의 전치사로 형성되는 원인첨가어

① "infolge(의 결과로, 때문에)는 필연적인 결과에 대한 출발점과 전제를 지칭하는 명사 앞에 온다. (...) wegen은 이유와 논증을 진술하는 명사 앞 또는 뒤에 온다."Helbig/Buscha(1984:430f.)

Infolge eines Unfalls konnte er nicht mehr in seinem Betrieb arbeiten.
(사고의 결과로 그는 더 이상 공장에서 일할 수가 없었다)
Infolge Nebels konnte das Flugzeug nicht starten.
(안개 때문에 비행기가 이륙할 수 없었다)
Die Vorlesung fiel *wegen (der) Erkrankung des Professors* aus.
(교수님의 발병으로 말미암아 휴강되었다)
Wegen dem schlechten Wetter sind wir zu Hause geblieben.
(날씨가 나빠서 우리는 집에 머물러 있었다)

Der großen Kälte wegen heizen wir jetzt zweimal am Tag.
(혹한으로 인해서 우리는 지금 하루에 두 번 난방을 한다)

② 두 성분을 갖는 전치사 um ... willen(때문에, 위하여)은 wegen(때문에)의 동의어이며 이유와 논증을 진술한다.

Um seiner Gesundheit willen hat er das Rauchen aufgegeben.
(그는 건강을 위해서 담배를 끊었다)
Um der Kinder willen ließen sie sich nicht scheiden.
(그들은 아이들 때문에 이혼하지 않았다)

③ halber(때문에)는 후치사(Postposition)이며 Form(형식), Ordnung(질서), Einfachheit(단순화), Vollständigkeit(완전성)과 같은 명사 및 Krankheit(질병), Schwierigkeiten(어려움), Umstände(상황) + 부가어에서 나타난다. halber의 의미는 'wegen'이다.

Der Vollständigkeit halber stehen im Wörterbuch auch veraltete Wörter.
(완벽함을 기하기 위해 낡은 단어들도 또한 사전에 들어있다)
Besonderer Umstände halber musste er seinen Wagen verkaufen.
(특별한 사정 때문에 그는 차를 팔아야만 했다)

후치사 halber는 또한 명사와도 결합할 수 있으며 부사적인 접미사가 될 수 있다: umständehalber(사정에 따라, 형편상), krankheitshalber(병 때문에), spaßeshalber(장난으로), sicherheitshalber(안전을 위하여, 보안상).

Er ist *krankheitshalber* zurückgetreten. (그는 건강상의 이유로 은퇴했다)

④ 전치사 dank(때문에, 덕택으로)는 어떤 긍정적인 것을 표현하는 명사하고만 결합된다.

Dank seines guten Willens können wir wieder zusammenarbeiten.
(그의 호의 덕택으로 우리는 다시금 같이 일할 수 있다)

c) 원인의 대용어는 darum, deshalb, deswegen(그 때문에)이며 aus dem Grunde (그 때문에)도 원인을 표현한다.

Darum/deshalb/deswegen/aus dem Grunde habe ich ihm geholfen.
(그 때문에 나는 그를 도왔다)

d) 원인의 성분문장에 대한 일반적인 접속사는 weil과 da(때문에)이다. 접속사
weil은 상관사를 가질 수도 있다: darum, deshalb, deswegen, aus dem Grunde
(그 때문에).

Er kommt heute nicht zum Unterricht, *weil er krank ist.*
(그는 아프기 때문에 오늘 수업에 오지 못한다)
Da es heute regnet, nimmt er einen Schirm.
(오늘 비가 오기 때문에 그는 우산을 지참한다)
Er kommt *deshalb, weil er mir helfen will.*
(그는 나를 도와주려고 하기 때문에 온다)
Das Auto begann (*daher/deshalb/deswegen/aus dem Grunde*) zu schleudern,
weil die Straße sehr glatt war.
(길이 매우 미끄러웠기 때문에 차가 미끄러지기 시작했다)

원인문의 다른 유도어는 추가적으로 강조하는 이유를 진술하는 zumal (da)(특히
... 때문에), um so mehr als(그럴수록 더욱 많이), um so weniger als(그럴수록 더욱
적게)이다.

Der Roman wurde viel diskutiert, *zumal (da) er in einer ungewöhnlichen sprachlichen*
Form geschrieben ist. (그 소설은 특히 비일상적인 언어형식으로 기술되었기 때문에
많이 논의되었다)
Ich gehe ziemlich oft ins Kino, *um so mehr als ich keinen Fernseher habe.*
(나는 TV가 없기 때문에 더욱 자주 영화관에 간다)

2) 조건첨가어

조건첨가어(Konditionalangabe)는 사태가 나타날 수 있는 조건을 명명한다. 이 첨
가어는 "unter welcher Bedingung?"(어떤 조건으로), "in welchem Falle?"(어떤 경우
에)라는 질문에 답한다. 이들은 종종 시간첨가어나 양태첨가어와 비슷하다.

a) 명사적인 조건첨가어는 "일반적인" 전치사 bei, mit, ohne, unter에 의해 형
성된다.

Bei Regen fällt die Veranstaltung aus. (비가 오면 행사는 취소된다)

Die Notbremse darf nur *bei Gefahr* gezogen werden.
(비상브레이크는 위급한 경우에만 당겨도 된다)
Mit etwas Glück kann er die Prüfung schaffen.
(약간의 행운만 있다면 그는 시험에 합격할 수 있다)
Ohne ein kleines bisschen Glück fällt er durch die Prüfung.
(약간의 행운이 없다면 그는 시험에 떨어질 것이다)
Unter dieser Bedingung besuche ich dich.
(이러한 조건이라면 나는 너를 방문할 것이다)

b) 그러나 조건첨가어로서는 부문장이 가장 빈번하게 사용된다.

① 유도어는 wenn, falls, sofern(격식어) 및 wofern(격식어)이다.

Wenn das Wetter schön ist, gehen wir spazieren.
(날씨가 좋으면 우리는 산책하러 간다)
Ich werde, *falls ich noch eine Platzkarte bekomme*, morgen fahren.
(내가 만약 좌석권을 얻게된다면 내일 갈 것이다)
Sofern du mir hilfst, schaffe ich die Prüfung.
(네가 나를 도와준다면 나는 시험에 합격할 것이다)

소위 말하는 제약문(Restriktivsatz)은 조건문과 비슷하다.

Soviel (wie) mir bekannt ist, arbeitet er in einem Büro.
(내가 알고 있는 한 그는 어떤 사무실에서 일한다)
Er würde das nie tun, *soweit ich ihn kenne*.
(내가 그를 알고 있는 한 그는 그 일을 절대로 하지 않을 것이다)

② 주문장 앞에 오는 조건문에서는 접속사 없이 정동사가 문두에 올 수도 있다.

Sollte er schon gegangen sein, (so) hinterlasse ihm eine Nachricht.
(만일 그가 이미 떠났다고 하더라도 그에게 소식은 남겨 두어라)

③ 주문장의 전치사구(unter der Voraussetzung 전제하에서, unter der Bedingung 조건하에서, im Falle 경우에)와 dass-문장과의 결합을 통해서도 조건을 표현할 수 있다.

Er kann die Prüfung nur *unter der Voraussetzung* bestehen, *dass man ihm bei der Vorbereitung hilft*. (사람들이 그의 시험준비를 돕는다는 전제하에서만 그는 시험에

합격할 수 있다)
Ich helfe dir nur *unter der Bedingung, dass du auch mir hilfst.*
(너도 나를 돕는다는 조건하에서만 내가 너를 도울 것이다)

im Falle, dass(경우에는)에서 접속사 dass가 삭제될 수 있다. 그러면 im Falle가
접속사가 된다.

Im Falle (,dass) du kommst, gehen wir ins Theater.
(만일 네가 오는 경우에 우리는 극장에 갈 것이다)

④ dass-문장이나 접속사 없는 부문장은 과거분사(vorausgesetzt, angenommen)
를 통해서도 조건을 표현할 수 있다. 접속사가 없는 성분문장의 주문장에서는
종종 so(또는 dann)가 온다.

Vorausgesetzt, dass du dich beeilst, (so) erreichen wir den Zug.
(네가 서두른다면 우리는 기차를 탈 수 있을 것이다)
Vorausgesetzt, du beeilst dich, so erreichst du den Zug.
(네가 서두른다면 너는 기차를 탈 수 있을 것이다)
Angenommen, dass es sich so verhält, dann ...
Angenommen, es verhält sich so, dann ...
(사정이 그러하다면 ...)

3) 양보첨가어

양보첨가어(Konzessivangabe)는 불충분한 이유를 나타낸다. 양보첨가어는 문장
에서 기술된 사태에 대한 반대이유를 나타내지만, 그 사태에 영향을 주거나 저지하
기에는 충분하지 않다. 양보첨가어는 "trotz welches Umstandes?"(어떤 상황에도 불
구하고)와 "mit welcher Einräumung?"(어떤 양보하에서)이라는 질문에 답한다.

a) 명사적인 양보첨가어는 양보전치사 trotz, ungeachtet(-에도 불구하고) 및
all과 결합하는 "일반적인" 전치사 bei를 통해서 형성된다.

Trotz seines Fleißes/seinem Fleiß konnte er die Prüfung nicht bestehen.
(그의 노력에도 불구하고 그는 시험에 합격할 수 없었다)
Trotz seines Reichtums ist er nicht glücklich.
(그는 재산이 많음에도 불구하고 행복하지 않다)

Seiner schlechten Kondition ungeachtet nahm er am Wettkampf teil.
(그는 상태가 좋지 않음에도 불구하고 시합에 참가했다)
Ungeachtet wiederholter Mahnungen unternahm er nichts.
(반복된 경고에도 불구하고 그는 아무 일도 계획하지 않았다)
Bei allen Schwierigkeiten hatte er doch Erfolg.
(그는 모든 어려운 상황에도 불구하고 성공했다)
Bei all seiner Robustheit hat er die Schmerzen nicht ertragen.
(그는 건장함에도 불구하고 고통을 견뎌내지 못했다)

b) 그러나 양보는 양보문을 통해서 가장 빈번하게 표현된다.

① 양보문은 많은 접속사를 통해 유도될 수 있다. 정상적인 양보접속사는 obwohl, obgleich, trotzdem (dass)이며, 격식어에서는 동일한 의미로서 obzwar, obschon, wiewohl, wenngleich, wennschon(비록 -일지라도)도 나타난다. 이들 중에서 wenngleich, wennschon은 접속법을 취하는 비현실적인 양보문뿐만 아니라 직설법을 취하는 현실적인 양보문도 유도할 수 있지만, 다른 접속사는 일반적으로 단지 현실적인 양보만을 표현한다.

Obwohl/obgleich/obschon/obzwar er nur wenig Zeit hatte, kam er sofort.
(그는 비록 시간이 조금밖에 없었지만 즉시 왔다)
Wenngleich/wiewohl Frank erkältet war, nahm er an dem Sportfest teil.
(프랑크는 비록 감기에 걸렸지만 체육대회에 참가했다)

Wenngleich du mir hundert Mark gäbest, würde ich es nicht tun.
(비록 네가 나에게 100마르크를 준다고 하더라도 나는 그 일을 하지 않을 것이다)
Trotzdem es regnete, gingen wir spazieren. (일상어)
(비가 왔음에도 불구하고 우리는 산책하러 갔었다)

② 접속사 wenn이 변위할 수 있는 auch와 결합하는 경우에는 접속사 wenn 역시 양보의 의미를 갖는다. 그것은 현실적인 양보뿐만 아니라 비현실적인 양보도 표현할 수 있다.

Er zieht keinen Mantel an, *wenn es auch kalt ist.*
(비록 날씨가 춥더라도 그는 외투를 입지 않는다)
Wenn du mir auch hundert Mark gäbest, so würde ich/ich würde es nicht tun.
(비록 네가 나에게 100마르크를 준다고 하더라도 나는 그 일을 하지 않을 것이다)

부문장이 주문장 앞에 오는 경우 접속사 wenn은 탈락할 수 있다. 그러면 정동사가 부문장의 문두에 와야 한다.

Hat er auch keine gute Prüfung abgelegt, so war er doch fleißig.
(그가 비록 시험은 잘 보지 못했지만 그는 열심히 공부했다)

주문장이 wenn auch-문장 다음에 오는 경우에는 주문장의 주어가 일반적으로 첫 번째 자리에 온다. 주문장이 doch를 포함하는 경우에만 정동사가 보통 첫 번째 자리에 온다.

Wenn es auch spät war, niemand wollte nach Hause gehen.
Wenn es auch spät war, wollte *doch* niemand nach Hause gehen.
(비록 시간이 늦었지만 아무도 집으로 가려고 하지 않았다)

wenn auch는 auch wenn으로 대체될 수 있다.

Auch wenn er wenig Zeit hat, besucht er regelmäßig seine Freunde.
(그는 비록 시간이 없지만 그의 친구를 정기적으로 방문한다)

③ 변위가능한 auch(+ 수의적인 immer)는 의문사와 더불어 양보의 성격을 띤 유도접속사를 형성할 수 있다: wie auch (immer), wenn auch (immer), wo auch (immer), wer auch (immer), wen auch (immer) 등. 주문장이 부문장 다음에 오는 경우 주문장은 정치한다.

Wen ich auch fragte, niemand wusste Bescheid.
(내가 아무에게나 질문했지만 누구도 알지 못했다)
Wie morgen das Wetter auch sein wird, ich kann nicht bleiben.
(내일 날씨가 어떻게 되더라도 나는 머물러 있을 수가 없다)

불변화사(Partikel) auch는 immer가 오면 탈락할 수 있다.

Was auch immer geschieht ...
Was auch geschieht ...
Was immer geschieht ...
(무슨 일이 일어나더라도 ...)

④ 전치사구(trotz der Tatsache 그런 사실에도 불구하고, trotz des Umstandes

그런 상황에도 불구하고, ungeachtet dessen 그럼에도 불구하고)와 결합하는 dass-문장도 역시 양보를 표현할 수 있다.

Das Spiel wurde *trotz der Tatsache, dass es stark regnete,* fortgesetzt.
(비가 심하게 왔음에도 불구하고 게임은 계속되었다)
Ungeachtet dessen, dass er wenig Zeit hatte, half er mir.
(그는 시간이 없었음에도 불구하고 나를 도와주었다)

4) 결과첨가어

결과첨가어(Konsekutivangabe)는 사태의 결과를 진술한다. 결과첨가어는 "wie?" (어떻게), "mit welcher Folge?"(어떤 결과로)라는 질문에 답한다. 결과첨가어는 일반적으로 부문장이지만 명사적인 첨가어도 나타난다.

a) 특히 zu-구성이 명사적인 결과첨가어로서 사용된다.

Zur großen Freude des Lehrers bestanden alle Schüler die schwierige Prüfung.
(선생님이 매우 기쁘게도 학생들 모두가 어려운 시험에 합격했다)
Die Männer arbeiten *zur großen Zufriedenheit des Direktors.*
(남자들이 일을 해서 사장이 대단히 만족스러워한다)
Zur Enttäuschung seines Gegners setzte der Skiläufer zu einem harten Spurt an.
(그 스키선수는 강한 스퍼트를 시작해서 상대방이 낙심하였다)

부정의 결과첨가어는 전치사 ohne에 의해 형성된다.

Er ist *ohne Ergebnis* von seiner Reise zurückgekehrt.
(그는 아무런 성과 없이 여행에서 돌아왔다)

b) 결과문은 dass, so ... dass, so dass로 유도된다. 부사 so는 dass와 더불어 두 가지 성분으로 된 접속사(so dass)를 형성할 수 있으며, 이때 전체 주문장의 내용으로부터 결과가 생겨난다. 그러나 so는 주문장에서도 상관사(단독으로나 또는 형용사/부사와 함께)로서 올 수 있으며, 이때 결과는 상관사의 내용과 관련이 있다.

Er arbeitete, *dass es eine Freude war zuzusehen.*
(그가 열심히 일을 해서 그 모습을 바라보는 것은 하나의 기쁨이었다)
Er hinkt *so, dass er nur langsam gehen kann.*

(그는 너무나 절뚝거려서 천천히 걸을 수밖에 없다)
Er hinkt, *so dass er nicht schnell gehen kann.*
(그는 절뚝거려서 빨리 걸을 수가 없다)
Er ist *so krank, dass er zu Hause bleiben muss.*
(그는 매우 아파서 집에 머물러 있어야만 한다)
Er ist krank, *so dass er zu Hause bleiben muss.*
(그는 아파서 집에 머물러 있어야만 한다)
Er hat *solches Fieber, dass er phantasiert.*
(그는 아주 열이 많아서 헛소리를 한다)
Er hat Fieber, *so dass er phantasiert.*
(그는 열이 많아 헛소리를 한다)

결과문이 부정적이 될 수도 있다. 그것은 주문장에서 언급된 사태로부터 기대한 결과가 나타나지 않는 것을 표현하다. 부정의 결과문은 접속사 ohne dass를 통해 유도된다. 주문장과 부문장이 동일한 주어를 갖는 경우에는 ohne dass-문장이 부정사구성 ohne ... zu로 대체될 수 있다.

Ich habe tüchtig gefroren. Ich habe mich nicht erkältet.
- Ich habe tüchtig gefroren, *ohne dass ich mich erkältet habe/ohne mich zu erkälten.*
(나는 몹시 떨었다. 나는 감기에 걸리지 않았다 - 나는 몹시 떨었지만 감기에 걸리지는 않았다)

Sie litt unter schweren Schmerzen, *ohne dass sie klagte/ohne zu klagen.*
(그녀는 심한 고통에 시달렸지만 불평하지는 않았다)

Sie schrie vor Schmerzen, *ohne dass der Arzt ihr hätte helfen können.*
(그녀가 고통 때문에 소리질렀지만 의사는 그녀를 도와줄 수 없었다)

결과문은 zu를 갖는 형용사/부사와 관련될 수 있다. 부문장은 als dass로 유도된다.

Das Wasser ist *zu kalt, als dass man baden könnte.*
(물이 너무나 차가워서 사람들은 목욕/수영을 할 수가 없다)

5) 목적첨가어

목적첨가어(Finalangabe)는 의도, 목적 및 목표를 표현한다. 목적첨가어는 인칭주어와 결합되어 있다. 목적첨가어는 "wozu?"(무슨 목적으로/무엇 때문에), "in welcher

Absicht?"(무슨 목적으로)라는 질문에 대해 답한다. 목적첨가어는 대체로 목적문으로 나타나지만 명사적인 목적첨가어도 있다.

a) 명사적인 목적첨가어는 보통 동사에서 파생된 명사이다. 이것은 일반적으로 전치사 zu, für로 형성된다.

Zum Gelingen des Festes waren viele Vorbereitungen nötig.
(축제가 성공하기 위해서는 많은 준비가 필요했다)
Er ist *zum Training* auf den Sportplatz gegangen.
(그는 연습하러 운동장으로 갔다)
Das Auto benötigt *für das Fahren dieser Strecke* eine Stunde.
(그 차는 이 구간을 가기 위해서 한 시간이 소요된다)

인칭의 목적첨가어는 전치사 zugunsten(위해서), zuliebe(위하여)로 형성될 수 있다.

Sie ist *zugunsten einer Kollegin* von der Reise zurückgetreten.
(그녀는 동료를 위해서 여행을 포기했다)
Seiner Frau zuliebe ist er zu Hause geblieben.
(그는 자기 부인을 위해서 집에 머물러 있었다)

b) 목적문은 damit을 통해, 드물게는 dass를 통해 유도된다. 서법은 과거시제의 주문장 뒤에서는 대체로 접속법II(접속법I 및 직석법도 가능)이고, 현재시제의 주문장 뒤에서는 직설법이다.

Er schenkte ihr Briefpapier, *damit sie ihm öfter schriebe/schreibe/schrieb).*
(그는 그녀가 그에게 더 자주 편지를 쓰도록 하기 위해서 그녀에게 편지지를 보냈다)
Ich habe ihn angerufen, *damit er mich morgen besucht.*
(나는 그가 내일 나를 방문하도록 전화했다)
Nimm eine Jacke mit, *dass du dich nicht erkältest.*
(감기에 걸리지 않도록 상의를 가지고 가거라)

부문장의 주어가 주문장의 주어와 동일한 경우 부문장은 um zu + 부정사구성으로 대체될 수 있다.

Er muss sich beeilen, *um den Zug noch zu erreichen/damit er den Zug noch erreicht.*
(그가 기차를 타기 위해서는 서둘러야 한다)
Der König unterbrach die Reise, *um das Zerstörungsgebiet zu besuchen.*

(왕은 파괴된 지역을 방문하기 위해서 여행을 중단했다)
Um Geld zu bekommen, versuchte ich allerlei.
(나는 돈을 벌기 위해 온갖 노력을 다 했다)
Wir leben nicht, *um zu essen*, sondern essen, um zu leben.
(우리는 먹기 위해서 사는 것이 아니라 살기 위해서 먹는다)

◆ 부사첨가어의 역사적인 변천

역사적인 관점에서 볼 때, 부사보충어에서처럼 부사첨가어에서도 특히 형용사형의 부사어, 부사적인 4격과 2격, 부정사 부사어가 흥미롭다. 부문장에서는 주로 유도어(접속사)의 변천이 중요하다.

1) 형용사적 부사보충어처럼 형용사적 부사첨가어도 일반적으로 -e를 갖는 중고지독일어의 부사에서 기원한다. 이 부사어의 어미 -e는 탈락하였다: harte - hōhe - lange (181쪽 비교).

2) 부사적인 4격 중에서 장소의 4격은 부사보충어에 한정되었다(181쪽 비교). 이에 반해 시간의 4격은 (오늘날과 같이) 부사첨가어로서도 나타났다. 그밖에 4격의 방법첨가어가 있었다.

a) 시간의 4격은 특히 기간을 나타냈다.

solte si ez *drie tage* anesehen (Berthold)

이러한 용법은 오늘날에도 여전히 통용된다.

Ich habe *zwei Wochen* gearbeitet. (나는 2주간 일했다)
Die Eule schläft *den ganzen Tag*. (부엉이는 하루종일 잔다)

더 나아가 시간의 4격은 시점(Zeitpunkt)을 나타낼 수 있었으며 또 현재도 시점을 나타낼 수 있다.

Er starb *den sechsten Mai*. (그는 5월 6일에 죽었다)

여기서 오늘날 an, in, zu를 갖는 전치사 표현이 4격과 경합하는데, 이 전치사 표현이 4격보다 훨씬 더 빈번하게 사용된다: an diesem Tage(오늘); am sechsten Mai(5월 6일에); in der Nacht(밤에); zu Weihnachten(성탄절에).

b) 방법의 4격이 때때로 고대어에서 나타났다: 중고지독일어 sō manegen wīs; die māze 'dermaßen'(그 정도로).

3) 부사적인 2격 중에서 장소의 2격은 보통 부사보충어이다(181쪽 비교). 그러나 장소의 2격은 오늘날에도 2격 표현에서 형성된 몇몇 부사가 사용될 수 있는 것처럼(allerorten 도처에, allerseits 모두들), 이전에는 첨가어로서 빈번하게 사용되었을 것이다. 오늘날에도 예컨대 rechter Hand(*Rechter Hand* sah ich einen alten Mann. 우측에서 나는 한 노인을 보았다)가 올바른 2격의 장소첨가어를 대표했다. 특히 시간의 2격, 방법의 2격 및 도구의 2격이 첨가어로서 나타났다. 이들 중에서 시간의 2격과 방법의 2격은 오늘날까지도 유지되고 있다.

a) 시간의 2격은 고대어에서 많이 사용되었다.

eines tages als unser herr wart geborn (Walther)
das Fleisch soll ... *desselben Tages* gegessen werden. (Luther)

이러한 2격이 4격 및 전치사 표현과 경합했는데 이들이 가끔 2격을 몰아내었다. 그러나 2격은 오늘날에도 여전히 사용된다(eines Tages 어느 날; des Sommers 여름에; dieser Tage 요즈음; sonntags 일요일에). 2격은 시점뿐만 아니라 시기, 심지어 반복까지도 나타낼 수 있다.

b) 방법의 2격은 행위의 방법을 표현한다.

Er hat *allen Ernstes* behauptet, dass es so ist.
(그는 그것이 그러하다는 것을 아주 진정으로 주장했다)
Unverrichteter Dinge musste er zurückkehren.
(목적을 이루지 못한 채/성공하지 못하고 그는 돌아와야만 했다)

이러한 2격은 고대어에서 매우 널리 보급되었다. 2격이 부분적으로는 규정어 없이 사용되었다: *fluges* 'fliegend, flugs'(나는 듯이), *stapfes* 'schrittweise'(한걸음 한걸음씩), *roubes* 'mit Raub'(강제로), *gewaltes* 'mit Gewalt'(강제로). 이러한 2격은 신고지독일어의 몇몇 부사에서 잔존하고 있다: *spornstreichs* 'in größter Eile'(성급히), *flugs* 'eilends'(급히)(몇몇은 전치사와 접속사가 되었다: angesichts 관점에서, 직면하여, falls -의 경우에). 2격이 부분적으로는 형용사 부가어나 대명사 부가어를 가졌다: *mīnes dankes* 'freiwillig'(자발적으로), *managero dingo* 'in mannigfacher Weise'

(다양한 방법으로); 중고지독일어 *aller dinge* 'durchaus'(전적으로), *eines mundes, eines blickes* 등. 다수의 이런 표현들이 신고지독일어에서도 여전히 존재하지만, 이들이 부분적으로는 이미 부사로 간주된다: meines Wissens(내가 아는 바로는), allen Ernstes(아주 진정으로), schnellen Schrittes(빠른 걸음으로); gewissermaßen(어느 정도로), unbekannterweise(개인적으로는 모르지만), keinesfalls(어떤 경우에도 -을 하지 않다) 등.

c) 도구의 2격은 수단, 원인, 재료 따위를 나타낸다. 그것은 단지 고대어에서만 나타났으며, 신고지독일어에서는 전치사 결합으로 대체되었다.

sinero worte sie rafsta ('er tadelte sie mit seinen Worten'; Otfrid)
(그는 말로써 그들을 나무랐다)
des einen slages daz ors lac tot (Wolfram)

4) 부정사 부사어는 um zu + 부정사, anstatt zu + 부정사 및 ohne zu + 부정사의 구성이다.

Er muss sich beeilen, *um den Zug zu erreichen.*
(그는 기차를 타기 위해 서둘러야 한다)
Er ging ins Theater, *anstatt seinen Freund zu besuchen.*
(그는 자기 친구를 방문하는 대신에 극장에 갔다)
Er ging vorbei, *ohne mich zu grüßen.*
(그는 나에게 인사도 하지 않고 지나가 버렸다)

목적첨가어는 um zu + 부정사의 결합이다. 특히 고대어에서는 zu-부정사도 이러한 기능에서 나타났다.

that ik minan gebe lichamon *te wegeanne.* (Heliand)
dann bestellt man dasselb kott und ertrich *ausz zu furen* vor die thore. (Tucher)

um zu + 부정사의 결합은 신고지독일어에서 처음으로 나타났으며 루터에서는 아직 없었다. 이 구성은 아마도 배열의 변화(Gliederungsverschiebung)에 기인할 것이다. 왜냐하면 zu-부정사는 본래 전치사와 결합할 수 없기 때문이다. 동사가 목적의 um이 있는 전치사 목적어를 취하고 명사가 um에 종속하는 그런 구조가 출발점을 이룬다. "초기 신고지독일어 bit got umb vernunft dir zu verleihen(Ackermann aus Böhmen: 1400년경)과 er bat in umb pfärd ze mieten(Steinhövel: 15세기)에서, 명사(vernunft, pfärd)는 umb에 종속하고, 부정사(zu verleihen, ze mieten)는 명사에 대한 보충어로서 온다. 그러나 er kam, um seine Pferde zu holen(그는 그의 말을 데려 가기 위해 왔다)과 같은 문장에서는 배열의 변화가 일어났다: seine Pferde는 부정사에 대한 목적어이며, um zu는 이전의 단순한 zu의 자리를 차지했다. 배열의 변화가 일어난 후에는 부정사에 대한 목적어가 없는 곳에서도 um zu가 온다: er erhob sich um fortzugehen(그는 출발하려고 일어섰다)"Dal(1966:111). 오늘날 목적첨가어로서의 um zu-구성은 zu-부정사를 거의 완전히 몰아내었다.

ohne zu + 부정사 및 anstatt zu + 부정사의 결합은 아마도 um zu + 부정사의 모형에 따라서 형성되었을 것이다. "그러나 ohne Lächeln(웃지도 않고), mit Weinen(울면서)과 같은 명사화된 부정사와 전치사의 결합도 역시 영향을 끼쳤을 것이다"Dal(1966:111). ohne zu + 부정사 구성은 18세기초에 나타났으며, anstatt zu + 부정사는 이미 17세기 중엽에도 증명된다.

5) 대부분의 부사문은 접속사문이며, 그 유도어(접속사)는 시간이 지남에 따라 상당히 많은 변화를 겪었으며 몇몇 부사문은 유도어 없는 형식을 보이기도 한다. 오늘날 부사문의 유도접속사는 대부분 부사어로서의 지시부사에서 기인한다. 그러나 의문사에서 나와서 일반적으로 사용되는 관계부사(Relativadverb)로 소급되는 접속사도 존재한다. 다음에서는 가장 중요한 접속사가 그 역사적인 변천에서, 특히 동일한 접속사의 상이한 사용법에 따르는 것이 아니라 문장유형(시간문, 방법문 및 원인문)에 따라서 간단히 논의된다.

a) 시간문(Temporalsatz)

오늘날 가장 중요한 시간접속사는 als와 wenn이며, 이외에 nachdem, bevor, während, solange, sooft 및 bis와 같은 접속사도 시간문을 유도할 수 있다. 그러나 가장 오래된 시간접속사는 사라졌다. 그것은 da이며 오늘날 원인접속사로서 여전히 사용되고 있다.

1. 접속사 da는 두 개의 중고지독일어 부사(장소부사 dā, 고고지독일어에서는 dār 및 시간부사 dō)가 일치했던 부사 da에서 기원한다. 장소부사 da는 이미 고고지독일어에서 관계부사로 발전하였다. 관계부사도 역시 시간의미를 지닌 명사에 관련되었기 때문에(zu der Zeit, da; im Augenblick, da), da(dō)는 쉽게 시간접속사(고고지독일어와 중고지독일어에서는 대체로 dō)로 발전할 수 있었다.

tho Krist in Galilea kwam, ward ... (Otfrid)

신고지독일어에서는 da가 als(중고지독일어 also, alse, als)로 대체되었으며, als와 더불어 옛날의 da는 고전주의 작가들의 시어에서 여전히 나타났다(루터에서는 da 와 als가 경합하였으나 da가 더 빈번하게 사용되었다).

da sie aber ihn sahe, erschrak sie. (Luther)
(그러나 그녀가 그를 보았을 때 그녀는 깜짝 놀랐다)
da der Griechen Schiffe brannten, war in deinem Arm das Heil. (Schiller)

이미 후기 고고지독일어(1065년경 Williram)에서 als(본래의 형태 also로)가 da와 동일한 시간적인 의미에서 나타났다.

also min wine ze mir sprah, do wart min sela zerennet. (Williram)

그러나 중고지독일어에서 사람들은 als(o)를, 대체로 일반화하여 신고지독일어에서 시간접속사 wenn으로 발전한 본래의 보편화된 (s)wenne, (s)wanne(고고지독일어 sō (h)wanne sō 'wann auch immer')와 함께 사용하였다. wenn('wann auch immer')의 본래 의미는 반복을 표현하는 시간문의 유도어로서 오늘날의 사용에서 명백하다(Wenn er seine Arbeit beendet hatte, ging er [immer] ins Café. 그가 일을 마치고 난 후에는 (항상) 카페로 갔다). 접속사 als는 보편화된 반복적인 의미를 상실하였으며 오늘날에는 (이전의 da처럼) 과거의 일회적인 사건에만 관련된다. 현재 wenn은 현재와 미래의 일회적인 사건에 관련되는데, wenn은 그 보편화된 사용 이외에 이러한 일회적인 의미를 이미 중고지독일어에서 획득했다.

swenne ich nu hin nider var, so bringe ich iu den werden gast.
('Wenn ich jetzt fahre'; Wolfram)

고고지독일어에서는 이러한 의미로 danne(신고지독일어 부사 dann과 비교)가 사용되었으며, danne는 wenn에 의해 밀려났다(danne는 또한 보편적으로도 사용될 수 있었다)

2. wenn과 als 이외에 nachdem, sobald, bevor (ehe), während가 시점이나 시기를 표현하기 위한 시간문을 유도한다.

a. 접속사 nachdem은 통합소 nachdem, daß와 nachdem, als(후기 고고지독일어 nah diu daz, nah diu sō)에서 기원한다. 이 통합소에서 본래의 접속사성분 daß, als 가 점차로 상실되었으며, 그 후에 주문장에서 부문장으로 넘어간 부사성분 nachdem만이 후기 중고지독일어 이후로 접속사가 되었다.

> also die jungern zehen tage muostent beiten *nach deme das* alle die
> bereitunge ... geslossen warent von in. (Tauler)
> wann uns, *nachdem als* du ... von uns schidest, nie kein gelt von in worden
> (Mystiker, [1402])
> ich will nun gerne sterben, *nachdem* ich dein Angesicht gesehen habe. (Luther)

b. 접속사 sobald의 발생의 역사는 nachdem의 발생의 역사와 비교할 수 있다: sobald 또한 두 성분의 통합소(so bald so/als)에서 기원하며, 이 통합소의 본래 부사 성분은 원래의 접속사가 상실된 후에 단독으로 접속사로 되었다. so bald so/als에 서는 solange, sooft, sofern 등과 같은 접속사를 설명해주는 비교구성이 문제된다. "so와 형용사 또는 부사와의 결합이 주문장의 문미, 즉 부문장의 so 바로 앞에 나타 날 수 있다. 그러면 so도 역시 부문장으로 넘어가서 부문장의 so와 한 단위로 결합 될 수 있다. (...) 더 나아가 이러한 결합에서 대체로 두 번째 so (als)가 없어진 다"(Behaghel 1923-32,3:273f.).

> *sobalde als* unszer hern der sache eyne ende han (Frank. Reichskorr., [1429])
> *so bald* sie das ansahen (Eyb)

접속사 ehe(고고지독일어 부사 ēr 'früher')는 비교급의 비교통합소에서 기원한다: ehe denn(고고지독일어 ēr danne) 'früher als'(중고지독일어 ehe daß; "동시에 (...) nachdem daz에 대한 유추가 작용했다"(Behaghel 1923-32,3:167)).

> *ehe denn* die Berge wurden (Luther)
> der waz künig zu Frankreich, *edaz* er keiser wart (Closener)

ehe와 같은 의미를 갖는 접속사 bevor는 17세기에 처음으로 유래하는데, 18세기 에 상실된 비교급의 부사 bevor 'früher'(이전에)를 기초로 한다. "이때 원래의 als가 bevor 뒤에서 보충될 수 있다"Weigand(1909-10,1:227).

c. 접속사 während는 전치사 통합소 während dessen, daß 및 während dem, daß

에서 기원한다. 이 통합소로부터 주문장의 지시대명사 dessen/dem이 삭제됨으로써 처음에는 während daß가 형성되었다가 그 다음에 daß가 소멸되면서 오늘날의 während가 형성되었다.

> *während dessen, daß* man ... mit Schließung des Friedens beschäftigt war
> (Struve, Reichshistorie, [1720])
> *während dem, daß* man im Staatsrathe die große Frage abhandelte, ob ... (Schiller)
> *während das* jener liest (Schiller)
> *während* ich diesen zurecht machte, überlief der Himmel mit Wolken. (Robinson Crusoe, [1791])

전치사 während 자체는 2격 시간부사어를 현재분사 während로부터 잘못 분절함으로써 생겨났다(währendes Krieges > während des Krieges).

3. 기간을 나타내는 solange와 반복과 관련되는 sooft는 위에서 다루어진 sobald와 동일한 방법으로 발생하였다.

> *so ofto so* dhea Christes fiant dhesiu heilegung foraspela chihorant... (Isidor)
> du gehortost min gebet, *so ofto* ich chad (Notker)

4. 접속사 bis는 기간과 기간의 끝을 나타내며, seit와 seitdem은 기간과 기간의 시작을 표현한다. 중고지독일어 시대 이후에 비로소 증명되는 전치사 bis(중고지독일어 biz < bi + te)는 접속사 bis에 근거하며, bis는 접속사로서 단독으로나 또는 daz나 so lang과 결합하여 나타났다(고고지독일어와 중고지독일어 unz는 이들보다 먼저 나타났다).

> und trute si sus unde so, *biz* si ze jungeste do ze ir selber kom baz unde baz (Tristan)
> (er küßte sie) *biz daz* daz tageding quam (Heinrich v. Veldeke)

본래 'später'(나중에)의 의미를 지닌 비교급 부사 seit(중고지독일어 sît, 고고지독일어 sîd)는 시간접속사로서 이미 고고지독일어에서 사용되었으며 중고지독일어에서는 빈번히 사용되었다.

> *sît* ich gewan den muot, daz ich began merken übel unde guot (Walther)

간접적으로 중고지독일어 sīt dem male daz에서 기원하는 접속사 seitdem은 신고
지독일어에서 처음으로 나타났다.

b) 방법문/양태문(Modalsatz)

대부분의 방법문은 여러 가지 방법의 비교문을 나타낸다. 가끔 도구문
(Instrumentalsatz)으로서도 해석될 수 있는 indem-문장과 dadurch daß-문장이 방법
의 양태문으로 간주된다(Er antwortete, indem er verneinte. 그는 부정하면서 대답
했다).

1. 비교문은 현실적인 비교나 또는 비현실적인 비교를 표현할 수 있다.

a. 오늘날 현실적인 비교문은 wie로 시작하여 동일성을 표현하거나 또는 als로
유도되어 비동일성을 표현한다.

> Er macht seine Arbeit (so), *wie* er sie immer gemacht hat.
> (그는 그가 항상 해왔던 방법 그대로 자기 일을 하고 있다)
> Er arbeitete besser/anders, *als* du gearbeitet hast.
> (그는 네가 일했던 것보다 더 잘 했다/했던 것과는 달리 일했다)

주로 비동사적 문장성분 내부의 비교를 표현하는([Sie ist] ebenso fleißig wie/
fleißiger als ihre Schwester. 그녀는 언니만큼/언니보다 더 부지런하다) 이러한 유도
어들 중 어떤 것도 본래적인 것은 없다. 오늘날의 wie는 18세기말에 비로소 최종적
으로 관철되었는데, 이것은 보편화된 중고지독일어 관계부사 swie에서 기원한다
(Walter: tuo mir swie du welles 'tue an mir, wie du immer magst'). 본래 동일성은
18세기까지도 빈번하게 사용되었던 als(이전의 so, also에서 유래)로 표현되었다.

> duet ir ouh so, *so* ther diut. (Notker)
> wie gefällt er dir? *als* mir nicht leicht ein Mann gefallen hat (Goethe)

비동일성을 표현하기 위해서는 원래 denn(고고지독일어와 중고지독일어 danne,
denne)이 사용되었다. 이 denn은 고전주의 작가들에서도 드물지 않게 사용되었다
(denn은 루터가 사용한 단어였다; 오늘날도 여전히 denn이 쓰인다: Er ist besser als
Mensch *denn* als Künstler. 그는 예술가로서보다는 인간으로서가 더 낫다). 점차
wie를 통해서 동일성 표현으로서의 이전의 기능으로부터 해방된 als가 15세기에 와

서 denn과 경합하기 시작했다.

> swelch gross herre ab minne gert anders *dan* die schrift in wert (Wolfram)
> der junge Friderich der frawen nicht minder lieb truge *als* sy im thet (Decameron)

Dal(1966:213)에 따르면 비교 불변화사 als의 이러한 새로운 사용은 아마도 "kleiner als와 동일한 의미표현으로 혼동된 nicht so groß als와 같은" 결합에서 출발하였을 것이다.

b. 비현실적인 비교문은 오늘날 als(+도치) 및 als ob, 드물게는 als wenn, wie wenn으로 유도된다. 이들 접속사에서 마지막 부분은 조건접속사(이전에는 ob, 후에는 wenn)를, 첫 부분은 동일성의 비교접속사를 나타낸다. 접속사 als ob은 중고지독일어에서 유래한다. 오늘날의 접속사들 중에서 가장 오래된 것은 als(also, so)이며, 이것은 본래 (이미 고고지독일어에서) 비현실적인 비교문을 유도했다.

> unde sprach, *als* er ein tore waere (도치하지 않음; Nibelungenlied)
> sprach der kunic do, *als ob* er ernestliche der helfe waere vro (Nibelungenlied)

Behaghel(1923-32,3:280)에 따르면, 문장 er sprach als ob er waere vro는 er sprach als er spraeche ob er waere vro '... wie er spräche, wenn er froh wäre'에서 기원한다. wenn이 조건접속사로서의 ob을 구축한 후에 als wenn(심지어 이전의 als 대신에 새로운 비교접속사 wie를 갖는 wie wenn까지도)도 역시 생겨났다. 그러나 접속사 als ob가 아직도 여전히 비현실적인 비교문의 가장 빈번한 유도어이다.

2. 방법-도구의 유도어 dadurch, daß와 indem(원래는 시간유도어) 중에서 전자는 접속사적인 부사어 구성을 나타낸다. 이것 역시 이미 "정상적인" 접속사 indem의 토대가 된다: indiu daz > indem daß. 단순한 indem은 초기 신고지독일어에서 나타났다.

> als dann von etlichen junkfrawen ain newigkait geübt worden ist
> *in dem daß* sie zu lawtmerungen auf den gassen hoffüren gangen sein (Nürnberger Polizeiordnungen)

c) 원인문(Begründungssatz)

원인문에는 순수한 원인문, 조건문, 양보문, 결과문 및 목적문이 있다.

1. 오늘날의 원인문은 da와 weil을 통해 유도되는데, 이들은 본래의 원인접속사가 아니다. 가장 오래된 원인접속사는 초기 고고지독일어 danta였는데, 그것이 고고지독일어 hwanta, hwande(본래 의문부사 'warum') > 중고지독일어 wande로 대체되었다. wande는 원래 중고지독일어 말에 자신을 몰아낸 오늘날의 병열접속사 denn의 전신이었다. 그러나 이미 중고지독일어에서는 wande가 종속접속사로서 부문장을 시작할 수도 있었다.

> sliumo giengung uf, *wanta* sie ni habetun erda tiufi
> ('weil sie keine Tiefe der Erde hatten'; Tatian)
> ich mac vol genesen, *wan* ich wil iu gehorsam wesen. (Walther)

16세기에 나타났다가 18세기 이후에 비로소 자주 사용된 da의 인과적인 용법은 시간의 사용에서 기원한다: "시간접속사에서 원인접속사로의 변화는 시간적인 병렬이 쉽게 인과적인 종속으로 파악되기 때문에 용이하게 이해할 수 있는 기능의 변화이다"Dal(1966:208). 원인접속사 da는 Behaghel(1923-32,3:208)에 따르면 결코 '살아있는 말'에는 속하지 않았을 것이다. 오늘날 가장 빈번한 원인접속사는 4격 명사 Weile(시간, 동안)에 토대를 두고 있는 weil이다. 이미 고고지독일어에서 부사적 비교통합소 die wīla sō (dō)(중고지독일어의 (al) die wīle (daz))가 동시성 시간문의 유도어로서 사용되었다. 이러한 시간의 사용은 고전주의 시대까지 유지되었다.

> si klagete unz an ir ende, *die wile* werte ir lieb. (Nibelungenlied)
> *dieweil* Mose seine Hände emporhielt, siegte Israel. (Luther)
> (모세가 자기 손을 쳐들었을 때 이스라엘이 승리했다)
> *dieweil* ich bin, muß ich auch tätig sein. (Goethe)
> (내가 존재하는 동안 나는 또한 활동해야 한다)

weil이 인과적인 의미로 사용되기 시작한 것은 15세기부터이다. 그러나 시간적인 사용이 오랫동안 완전히 밀려나지는 않았다. 관사 die가 처음에는 때때로 원인의 weil에서도 사용되었지만, 곧 불필요한 단어성분으로서 완전히 탈락하였다. 그러나 무관사형 weil은 때때로 시간적인 의미로도 사용되었다.

> *dieweil* dir Gott die Kraft und Größe verliehen (원인적; Voß)
> (신이 너에게 능력과 위대성을 부여하였기 때문에)
> *weil* es dir wohl geht, ist er dein Geselle. (시간적; Luther)
> (네가 편안히 잘 있는 동안에는 그는 너의 친구이다)

2. 현대어의 조건접속사는 wenn, falls, im Falle (dass)이며, 격식어에서는 sofern, wofern도 있다. 그밖에 unter der Voraussetzung/Bedingung, dass(-라는 조건하에서); vorausgesetzt/angenommen, dass(-라고 가정한다면)와 같은 부사-접속사적 통합소는 조건문을 유도한다. 조건문은 접속사 없이도 올 수 있다.

a. 독립의문문에서 기원하는 것으로 추측할 수 있는 접속사 없는 유형이 가장 오래된 조건문을 나타낸다.

> *bistu Krist guato*, sage uns iz gimuato. (Otfrid)
> *gist du mir din swester*, so wil ich es tuon. (Nibelungenlied)
> *Bist du einverstanden*, so komm mit. (신고지독일어)
> (네가 동의한다면 같이 가자)

가장 오래된 원인접속사는 ob(고고지독일어 ibu, oba; 영어 if 비교)이었다. ob는 본래 고고지독일어 명사 iba 'Zweifel'(의문)에 대한 하나의 격을 나타냈으며, 고고지독일어, 중고지독일어, 심지어 초기 신고지독일어에서도 간접의문문의 유도어로서 사용되었으며, 그밖에 일반적으로 조건문을 유도했다.

> *ob* er wola thahti, zi thisu er iz ni brahti (Otfrid)
> *op* dich ein gra wise man zuht wil lern ... dem soltu volgen (Wolfram)
> *ob* ein man gesundiget hat, wilt du drumb uber die gantze gemeine wüten. (Luther)
> *ob* ich Irdisches denk und sinne, das gereicht zu höherem Gewinne. (Goethe)

b. 현대 독일어에서 ob은 간접의문문의 유도어에 한정된다. 조건접속사로서의 ob의 지위는 초기 신고지독일어 wenn으로 넘어갔으며, wenn은 중고지독일어 swenne, swanne('wann auch immer')에서 기원한다(중고지독일어와 초기 신고지독일어에서는 조건의 so 및 wo도 역시 존재했다). 시간적으로도 사용된 wenn 이외에 순수한 조건의 im Fall (daß)(초기 신고지독일어 auf den Fall도 역시)와 falls가 발견된다: Im Falle (daß)/Falls du kommst, ...(네가 온다면...) "auf den Fall, (daß); im Fall, (daß)에서 다시 daß가 탈락하여 접속사 auf den Fall, im Fall이 생겨났다" Behaghel(1923-32,3:173).

> *uffn Fall* einiger Mangel erschien, ist selbiger zu verbessern.
> (Mannheimer Geschichtsblatt vom Jahre 1584)
> so geht ihr euren Schritt, *im Fall* ihr gleich nicht forder seid. (Logau)

"그리고 나서 이 두 접속사에서 전치사가 삭제되고 2격 전환을 통해서 (...) 접속사 falls가 생겨났다"Behaghel(1923-32,3:173).

> *falls* nichts darin enthalten wäre, als was man im Koran kürzer und besser gegeben fände (Wieland)

c. 중고지독일어 als(ō), sō verre sō (als(ō))에서 기원하는 조건의 (제약적인) sofern은 15세기 이후에 나타났다. sofern에서 더 나아가 wofern이 발생하였는데, 여기서는 조건의 so 대신에 동일한 의미의 wo가 나타났다.

> *als verre als* ichz erweren kann (Tristan)
> wer andern dien, ist Herr, *so fern* er from sich hält. (Logau)
> *wofern* es Siegens gilt, so sieg ich in die Wette. (Hofmannswaldau)

3. 현대 독일어에는 많은 양보접속사가 있다: obgleich, obwohl, wenn auch, 격식어로서 obzwar, obschon, wenngleich, wennschon(여기에 부사-접속사 trotzdem (,dass)가 추가됨). 이들은 이전에 조건문 외에 양보문도 유도할 수 있었던 단순한 ob과 wenn에서 기원한다. "주문장과 부문장의 내용이 상반적으로 나타나는 경우 조건문은 양보의 의미를 갖는다"Dal(1966:215). 양보의 ob(대체로 주문장에서는 doch와 함께)은 이미 고고지독일어에서 나타났으며, wenn이 조건접속사로서의 ob을 대신한 후에는 wenn이 나타났다(루터에서는 둘 다 나타났다).

> *ob* ich iz sagen iu, is ni giloubet thoh bi thiu. (Otfrid)
> und *ob* ich alber bin mit Reden, so bin ich doch nicht alber mit dem Erkenntnis. (Luther)
> und *wenn* die welt voll Teufel wär (Luther)

그러나 곧 문장의 양보적인 특성을 강화 · 강조하기 위해서 부문장 안으로 하나의 단어(ob에서는 gleich, wohl, zwar, schon; wenn에서는 auch, schon)가 들어가게 되었다. "강조어"가 접속사(ob, wenn) 바로 다음에 올 경우 두 단어의 결합을 통해서 두 성분으로 된 새로운 양보접속사가 형성될 수 있었다(obgleich, obwohl, obschon, obzwar, wenngleich, wennschon).

> *ob* wir *wohl* im Fleische wandeln, so streiten wir doch nicht fleischlicher Weise. (Luther)

der wird leben, *ob* er *gleich* stürbe. (Luther)
gehorchen will ich, *ob* ich *gleich* hier noch manches sagen könnte. (Goethe)
ob ich *schon* zweifle (Goethe)
ob Rache *zwar* und Furcht die strengen Worte führen (Gryphius)
vnd *ob wohl* ire schwester Juda gesehen, daß ... (Luther)
Yhr vngnad ..., *Wenn* yhr sie *gleich* auf euch thut laden (Rebhuhn)

오늘날 두 성분으로 된 접속사 wenn ... auch(때로는 다른 결합도 등장)는 양보를 강조하는 불변화사가 있는 본래의 발전상태를 대표한다.

Wenn es *auch* anstrengend war, Spaß hat es doch gemacht.
(그것이 비록 힘은 들었지만 재미는 있었다)
Wenn er *schon* nichts weiß, sollte er wenigstens den Mund halten.(원인의 부가의미)
(그는 아무 것도 모르기 때문에 최소한 입을 다물고 있어야만 했다)
Er will es so, *ob* es ihm *auch* schadet. (낡은 표현) (그것이 비록 그에게 피해가 되는 한이 있더라도 그는 그것을 그렇게 하려고 한다)

wenn ... auch-문장 대신에 유도어 없는 양보문이 사용될 수 있다. 부문장의 양보적인 특성은 문장 안에 있는 의무적인 auch를 통해 표현된다(부문장이 주문장 앞에 오고 정동사가 부문장의 문두에 와야 한다).

Hat er *auch* keine gute Prüfung abgelegt, so war er doch fleißig.
(비록 그가 시험을 잘 보지는 못했지만 그는 열심히 노력하였다)

이러한 유형은 원래 옛 접속사 없는 양보문을 대표하는데, 이 양보문은 접속사 없는 조건문에서 기인했다. 본래 양보를 표현하기 위해서는 도치법(Inversion)만으로도 충분하였다. 그러나 곧 부문장 안으로 작은 불변화사, 즉 오늘날 일상적인 auch 외에 몇몇 다른 불변화사가 삽입되었다.

sol ich den munt mit spotte zern, ich wil minen friunt mit spotte nern. (Wolfram)
nun wil ich frolich hinzu gehen, *vnd het ich mer sünd vff dem halsz.*
(부문장 앞에 종종 und가 온다; Luther)
sind a u c h die alten Bücher nicht zur Hand, sie sind in unsre Herzen eingeschrieben. (Schiller)
solte ich g l e i c h Leib und Leben darüber verlieren (Grimmelshausen)
verachten wir s c h o n denjenigen nicht mehr. (Lessing)

불변화사 auch도 역시 일반적인 부문장 안으로 삽입될 수 있으며 그 결과 양보문의 다성분 유도어들이 생성된다(was/wie/wo auch (immer) 등). 중고지독일어의 일반적인 대명사와 부사(swaz, swer, swie 등)가 이러한 양보적인 계열소보다 앞섰다. 강조적인 단어로서 오늘날의 불변화사 이외에 또 다른 불변화사들, 예컨대 doch 및 wohl(wie 다음의)이 나타났다. 이들 중에서 wohl은 wie와 융합되어서 복합적인 wiewohl(비록 -이지만)이 형성되었다(오늘날은 낡은 표현임).

> *swie* tump ich si, mir wonet iedoch diu witze bi.
> ('wie unerfahren ich auch sei …'; Hartmann)
> da gienc eins keisers bruoder und eins keisers kint in einer wat *swie doch*
> die namen drige sint. (Walther)
> drum eil ich hin, *was* dort mich *auch* bedrohe. (Schiller)
> aber *wiewohl* er sie kannte, kannten sie ihn doch nicht. (Luther)

4. 본래의 결과접속사는 so dass이지만, 결과는 종종 dass-문장과 주문장의 상관사(대체로 so)에 의해 표현되며 드물게는 dass-문장만으로도 표현된다.

> 1) Er hinkt, *so dass* er nicht schnell gehen kann.
>   (그는 다리를 절어서 빨리 걸을 수가 없다)
>   Er ist krank, *so dass* er zu Hause bleiben muss.
>   (그는 아파서 집에 머물러 있을 수밖에 없다)
> 2) Er hinkt *so, dass* er nicht schnell gehen kann.
>   (그는 다리를 아주 절어서 빨리 걸을 수 없다)
> 3) Er ist *so* krank, *dass* er zu Hause bleiben muss.
>   (그는 아주 아파서 집에 머물러 있을 수밖에 없다)
> 4) Er arbeitete, *dass* es eine Freude war anzusehen.
>   (그가 열심히 일을 해서 그것을 바라보는 것은 하나의 즐거움이었다)

이러한 문장유형 중에서 가장 오래된 것은 결과를 표현하는 유형 3)이다. 결과는 so를 통해 표시되는 형용사 의미의 정도에서 생겨난다. daß-문장은 이미 고고지독일어에서 이런 방법으로 so를 갖는 형용사(또는 부사)와 관련될 수 있었다. 방법부사어 so도 역시 상관사로서 기능할 수 있었다.

> thaz wig thaz ist *so* hebigaz, *thaz* thu gilougnis harto noh hinaht thero worto.
> (Otfrid)
> thaz sin unwizzi *so* wialt, *thaz* er den sambazdag ni hialt. (Otfrid)
> bigonda predigon *so thaz* her ni mohta giu ougazorhto gan. (ita ut; Notker)

오늘날의 접속사 so daß는 위의 마지막 예문처럼 부사적인 so가 주문장의 문미에 나오는 경우들에서 기원한다. 그 후에 부사 so는 daß와 결합하여 하나가 될 수 있었다. 왜냐하면 문장은 그 결과가 더 이상 상관사의 내용이 아니라 주문장의 전체내용에서 생겨난 것으로 이해되었기 때문이다. 불완전한 구두법으로 인해 이미 so daß로 결합되었는지 아닌지를 말하기란 항상 쉬운 일은 아니다. 그러나 이미 후기 고고지독일어에서 나온 명확한 예들이 존재한다.

do besuohton sie got in iro herzon, *so daz* sie iro selon fuoro batin. (ita ut; Notker)

5. 현대어에서 목적문은 damit을 통해, 드물게는 dass를 통해 유도된다.

Nimm deine Jacke mit, *damit/dass* du dich nicht erkältest.
(감기에 걸리지 않도록 웃옷을 가지고 가거라)

이 두 유도어 중에서 더 오래된 것은 daß이다. 유도어 daß의 목적의미는 Dal (1966:196)에 따르면 "의미군 bitten(요청하다); sterben(죽다); sich vorsehen(조심하다/준비해 두다)의 주문장 동사에서의 목적어문에서" 발전하였다. 그러나 고고지독일어에서 이미 순수한 목적의 의미가 완전히 발전하였다. 접속사 daß는 목적의 기능 이외에 그 본래의 과제도 갖기 때문에 목적은 본래 접속사가 아니라 부문장의 접속법을 통해서 표현되었다.

fingar thinan dua ana mund minan, *thaz* ih in theru sagu ni firspirne. (Otfrid)
do gahte er deste vaster, *daz* er diu maere erfunde. (Kudrun)
recke deine hand gen Himel, *das* so finster werde in Egyptenland. (Luther)

후에(13세기 이후) daß는 auf daß와 damit로 분리되었으며, 이들 중에서 damit가 명백한 목적접속사로 발전하였다. damit의 관계적인 사용(오늘날의 womit)이 damit의 목적사용에 토대가 되었다. damit가 관계적인 사용에서는 그 도구적인 의미에서 상관사와 관련이 있었다. Dal(1966:204)에 따르면, 목적의 의미가 이미 12세기 이후에 발전했으나, "본래 주문장이나 주문장의 한 단어가 부문장 행위에 대한 도구나 수단으로서 파악되는 경우에만" 발전했다. 이러한 방법으로 damit은 종종 루터에 의해 여전히 사용되었다.

was kann der Mensch geben, *damit* er seine Seele wieder löse.
(인간이 자기 영혼을 다시 구하기 위해서 인간은 무엇을 줄 수 있는가)

fliehet aus Babel, *damit* ein jeglicher seine Seele errette.

목적의 daß-문장에서처럼 damit-문장에서도 동사가 처음에는 접속법으로 사용되었다. 그러나 damit이 그의 관계적인 의미를 상실하고 명백하게 목적의 의미가 된 후에는 서법이 중요하지 않게 되었다. 왜냐하면 이제 목적이 접속사를 통해 명백히 표현되었기 때문이다. 따라서 오늘날 현재형의 주문장 다음에서는 동사가 일반적으로 직설법으로 사용된다.

2.3. 술어첨가어

술어첨가어(Prädikativangabe 임의 술어첨가어; 술어적 부가어)는 주어나 목적어와 관련되며, 명사에서는 이들과 일치하는 임의의 명사적 또는 형용사적 첨가어이다.

> Er kam *als reicher Mann/reich* zurück.
> (그는 부유한 사람이 되어/부자가 되어 돌아왔다)
> Sie kamen *als reiche Männer/reich* zurück.
> (그들은 부유한 사람이 되어/부자가 되어 돌아왔다)
>
> Ich traf ihn *als einen geschlagenen Mann/verärgert* an.
> (내가 그를 만났을 때 그는 파멸한 남자였다/화가 나 있었다)
> Ich traf sie *als geschlagene Männer/verärgert* an.

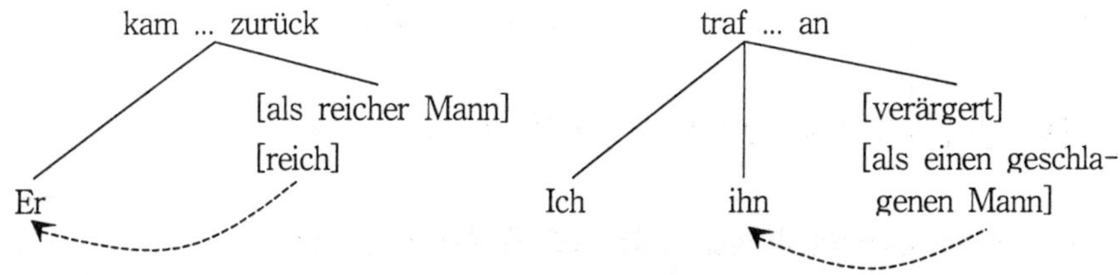

술어첨가어는 술어보충어로 변형될 수 있다.

> Er kommt *gesund* an. (그는 건강하게 돌아온다)
> - Er kommt an. Er ist *gesund.* (그는 돌아온다. 그는 건강하다)
>
> Ich traf sie *verärgert* an. (내가 그녀를 만났을 때 그녀는 화가 나 있었다)
> - Ich traf sie an. Sie war *verärgert.* (내가 그녀를 만났다. 그녀는 화가 나 있었다)
>
> Er kam *als reicher Mann* zurück. (그는 부자가 되어 돌아왔다)

- Er kam zurück. Er war *ein reicher Mann*. (그는 돌아왔다. 그는 부자였다)

Ich traf ihn *als einen geschlagenen Mann* an.
(내가 그를 만났을 때 그는 파멸한 남자였다)
- Ich traf ihn an. Er war *ein geschlagener Mann*.
(내가 그를 만났다. 그는 파멸한 남자였다)

한 문장 안에 두 개의 술어첨가어가 나타날 수도 있는데, 이들 중 하나는 주어와 관련되고 다른 하나는 목적어와 관련된다.

Als kleines Mädchen traf ich ihn *verärgert* an.
(내가 어린 소녀였을 때 그를 만났는데 그는 화가 나 있었다)

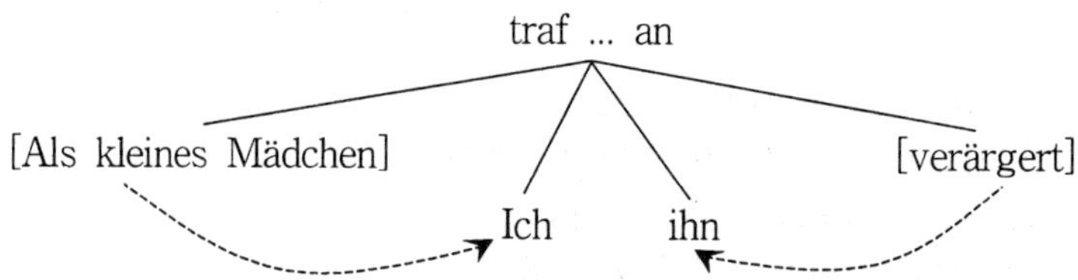

명사적인 술어첨가어의 기본형은 als + 1격/4격이며, 형용사적인 술어첨가어의 기본형은 형용사의 기본형이다.

Als reicher Mann/reich kam er zurück.
Ich traf ihn *als einen geschlagenen Mann/verärgert* an.

그러나 전치사 표현도 술어첨가어가 될 수 있다.

Er kam *im dunklen Anzug*. (그는 검은 정장을 하고 왔다)
Ich habe ihn *in schlechter Stimmung* angetroffen.
(내가 그를 만났을 때 그는 좋지 않은 기분이었다)

◈ 역사적인 변천

1) 주어와 관련되는 명사적인 술어첨가어는 이전에 1격으로 쓰였다.

kind warth her faterlos (Ludwigslied)
der lief nu harte balde *ein tore* in dem walde. (Hartmann)
mensche will ich sterben. (Eyb)

daß sie *eine Christin* geboren sei und *keine Jüdin* (Lessing)
Knabe saß ich, *Fischerknabe*, auf dem schwarzen Fels im Meer. (Goethe)

오늘날 als-첨가어가 1격 첨가어를 완전히 몰아내었다.

2) 주어와 관련되는 형용사적 술어첨가어가 고고지독일어에서는 종종 굴절되거나 아니면 어미 없이 올 수 있었다.

ther *blinter* ward giboraner (Otfrid)
fuar si *fro* (Otfrid)

중고지독일어에서도 여전히 굴절된 형태가 상당히 빈번히 사용되었으나 이미 어미 없는 형태가 정상적인 형태로서 간주되었다.

der kom *gesunder* widere (Nibelungenlied)
die da *wunde* lagen (Nibelungenlied)

"신고지독일어에서는 여기서도 비굴절 형태만이 사용되었다. 1470년의 성서번역은 der stirbet starker und gesunder(그는 강인하고 건강하게 죽다)로 되어 있지만, 루터는 frisch und gesund(깨끗하고 건강하게)라고 기록하고 있다"Dal(1966:64).

3) 목적어와 관련되는 명사적 술어첨가어가 고전주의 작가들에서는 여전히 4격으로 오지만 오늘날에는 단지 als-구성만이 나타난다.

mein Vater grüßte sie *Brüder und Kinder.* (Schiller)
(나의 아버지는 그들을 형제들과 자식들로서 맞이했다)
Ich traf ihn *als einen geschlagenen Mann* an.

4) 목적어와 관련되는 형용사적 술어첨가어는 본래 4격으로 굴절되었으나 오늘날에는 어미 없이 쓰인다.

daz ir in *gesunden* vindet (Hartmann)
Ich traf ihn *verärgert* an.

2.4. 임의 3격

부사첨가어는 거의 전적으로 사물첨가어(Sachangabe)이다: 장소, 시간, 방법 및 원인첨가어. 동반첨가어는 물론 인칭도 나타내며(Er ging mit seiner Frau spazieren. 그는 부인과 함께 산책하러 갔다), 더 나아가서 bei + 인칭표현을 갖는 장소규정어가 표현될 수 있다(Er wohnt bei seiner Mutter. 그는 어머니와 함께 산다). 그러나 임의첨가어에는 부사첨가어로 간주될 수 없는 인칭표현이 있다.

> Sie öffnet *dem Gast* die Tür. (그녀는 그 손님을 위해 문을 열어준다)
> Er trägt *für seine Mutter* das Gepäck. (그는 어머니를 위해 짐을 들어드린다)

이러한 인칭첨가어(Personenangabe)의 기본형은 3격인데 그것을 임의 3격(freier Dativ)이라 일컫는다. 임의 3격은 다음과 같은 그룹들로 나뉘어질 수 있다.

1) 관심의 3격 (Dativus ethicus)

> Fall *mir* nur nicht auf! (제발 참견하지 말아라)

2) 이익의 3격 (Dativus commodi)

> Man bereitet *ihm* ein heißes Bad. (사람들이 그를 위해 더운 목욕물을 준비한다)

3) 손해의 3격 (Dativus incommodi)

> Dein Glas ist *mir* leider zerbrochen. (유감스럽게도 너의 유리잔이 깨졌다)

2.4.1. 관심의 3격

관심의 3격은 전적으로 일상어(Umgangssprache)에서만 나타난다. 관심의 3격은 강조되지 않으며 대명사이다(1인칭과 2인칭에 한정된다). 그것은 첫 번째 위치에 올 수 없으며 즉시 삭제될 수 있다. "이때 생기는 정보의 손실은 단지 문장에서 표현되는 사태에 대한 화자의 감정적인 관계, 즉 내포적인 성분에만 관련된다" Engelen(1975:117). 관심의 3격은 여러 가지 구문안(Satzbauplan)에서 나타난다.

> Fall *mir* nur nicht auf! (제발 참견하지 말아라)

Wenn er *mir* nur pünktlich nach Hause kommt. (그가 제발 정각에 집으로 왔으면 …)
Das ist *mir* vielleicht eine dumme Gans. (그녀는 내가 보기에 아마도 멍청한 여자 같애)
Mein Leipzig lob ich *mir*. (나는 내가 사는 라이프찌히를 찬양한다)
Das macht ihn *mir* ganz nervös. (내가 보기에 그것은 그를 몹시 신경질 나게 한다)

◆ 역사적인 변천

관심의 3격에 대한 옛날의 예문은 존재하지 않는다.

nur trinkt *mir* alle Neigen aus. (Goethe)
(제발 모든 찌꺼기까지 다 마셔버려라)
nur greift *mir* zu und seid nicht blöde. (Goethe)
(자 많이들 먹고 화내지 말아라)
glaubt *mir* nicht den Leuten! (Goethe) (사람들을 믿지 말아라)
verliebt ja, wie ein Käfer, bist du *mir*. (Kleist)
(내가 보기에 너는 딱정벌레처럼 사랑에 빠졌구나)

2.4.2. 이익의 3격

이익의 3격은 종종 für-구조를 통해 대체될 수 있으며, 더 나아가서 때때로 소유의 부가어로 변형될 수 있다.

Er trägt *seiner Mutter* das Gepäck.
(그는 그의 어머니를 위해 짐을 들어드린다)
Er trägt *für seine Mutter* das Gepäck.
(그는 그의 어머니를 위해 짐을 들어드린다)

Er ist *meinem Bruder* ein treuer Freund.
(그는 내 형에게는 진실한 친구이다)
Er ist ein treuer Freund *meines Bruders*.
(그는 내 형의 진실한 친구이다)

이익의 3격은 한 문장을 시작할 수 있으며 또한 강조될 수 있다. 이익의 3격은 명사로도 대명사로도 나타날 수 있으며 즉시 삭제될 수 있다. "이때 발생하는 정보의 손실은 내포적인 성분뿐만 아니라 외연적인 성분에도 관련된다"Engelen(1975:118). 문장의 내용은 3격으로 언급된 사람에 대해 긍정적이거나 또는 바람직한 것으로 간주된다(이익의 3격, Dativ des Nutzens).

이익의 3격은 여러 가지 구문안에서 나타날 수 있다.

> *Ihm* leuchten die Sterne. (별들이 그를 위해 빛을 발한다)
> Er ist *meinem Bruder* ein treuer Freund. (그는 내 형의 진실한 친구이다)
> Er putzte *ihm* jeden Tag die Schuhe. (그는 매일 그의 신발을 닦았다)
> Sie machte *dem Gast* die Suppe warm. (그녀는 손님을 위해 수프를 데웠다)

◈ 역사적인 변천

이익의 3격은 고고지독일어 이후로 증명된다.

> thes bat *iru* thiu muater. (Otfrid)
> that blyent *thir* io lilia inti rosa, suazo sie *thir* stinkent. (Otfrid)
> er giht, er sül *dem huse* leben. (Hartmann)
> ich bleibe *dem Geliebten* stumm. (Hagedorn)
> die Uhr schlägt *keinem Glücklichen.* (Schiller)

2.4.3. 손해의 3격

이익의 3격처럼 손해의 3격도 역시 첫 번째 위치에 올 수 있으며 강조될 수 있다. 손해의 3격 역시 명사로도 대명사로도 나타날 수 있다. 손해의 3격은 즉시 삭제될 수 있으며, 이때 정보의 손실은 우선 외연적인 성분에 관련된다. 손해의 3격은 für-구조로 대체될 수 없다. "그것은 명백히 내용적으로 제약되어 있다. 즉 이미 언급한 바와 같이 이익의 3격에서는 문장의 내용이 긍정적인 것으로 제시된다. 따라서 이익의 3격 대신에 내용적으로 어느 정도 등가인 für-구조가 올 수도 있다. 이에 반해 손해의 3격에서는 문장의 내용이 3격 지시자에 대해 언제나 부정적이며 바람직하지 않은 것으로 제시된다. 이러한 이유에서 손해의 3격은 내용적으로 긍정적인 für-구조로 대체될 수 없다"Engelen(1975:119). 손해의 3격은 아마도 "손해의 3격"(Dativ des Schadens)이라고 일컬을 수 있을 것이다. 손해의 3격은 여러 구문안에서 나타난다.

> *Mir* sind die Blumen vertrocknet. (나의 꽃들이 말라서 시들었다)
> Man hat *dem Jungen* das Buch zerrissen.
> (사람들은 그 소년의 책을 갈기갈기 찢었다)
> Das Glas ist *ihm* auf die Erde gefallen. (그의 유리잔이 땅에 떨어졌다)

◈ 역사적인 변천

손해의 3격에 대해서는 단지 몇몇 증거만이 증명될 수 있다.

krone ob allen fürsten *mir* lit hie tot gevellet. (Jüngerer Titurel)
sint *uns* alle ruder brochen (Manuel)

C. 비정동사적 문장성분에 대한 규정성분

1. 부정사의 규정어

그 자체 술어의 의존소(Dependens)인 부정사는 술어에서 나타나는 거의 모든 규정어(Bestimmung)를 취할 수 있다(주어만이 보다 드물게 나타난다). 고유한 의존소, 즉 고유한 규정어를 갖는 부정사는 술어의 보충어(Ergänzung)가 되거나 혹은 임의 첨가어(freie Angabe)가 될 수 있다(종종 이들이 부정사문으로 일컬어진다).

Der Mann will *mir helfen.* (목적어로서의 부정사)
(그 남자는 나를 도와주려고 한다)
Der Mann kommt *mir helfen.* (부사보충어로서의 부정사)
(그 남자는 나를 도와주러 온다)
Er kam hierher, *um mir zu helfen.* (부사첨가어로서의 부정사)
(그는 나를 도와주기 위해서 여기로 왔다)
Es ist wichtig, *ihm zu helfen.* (주어로서의 부정사)
(그를 도와주는 것이 중요하다)

zu 있는 부정사나 혹은 zu 없는 부정사가 주어, 목적어 및 부사보충어로서 나타나는 반면에, um ... zu, ohne ... zu 및 anstatt ... zu를 갖는 부정사구성은 부사첨가어로서 나타난다.

부정사는 그것이 보충어이든지 혹은 첨가어이든지 간에 목적어, 부사보충어, 술어보충어 및 부사첨가어, 술어첨가어, 임의 3격과 결합될 수 있다.

Er will *mir* helfen. (부정사의 목적어) (그는 나를 도와주려고 한다)
Er will *nach Oulu* fahren. (부정사의 부사보충어)

(그는 오울루로 가려고 한다)
Er will *höflich* sein. (부정사의 술어보충어) (그는 공손하려고 한다)
Er will mich *in Oulu* treffen. (부정사의 부사첨가어)
(그는 나를 오울루에서 만나려고 한다)
Er will *reich* nach Hause zurückkehren. (부정사의 술어첨가어)
(그는 부자가 되어 집으로 돌아가려고 한다)
Er will *seiner Frau* die Tür öffnen. (부정사의 임의 3격)
(그는 그의 부인을 위해 문을 열어주려고 한다)

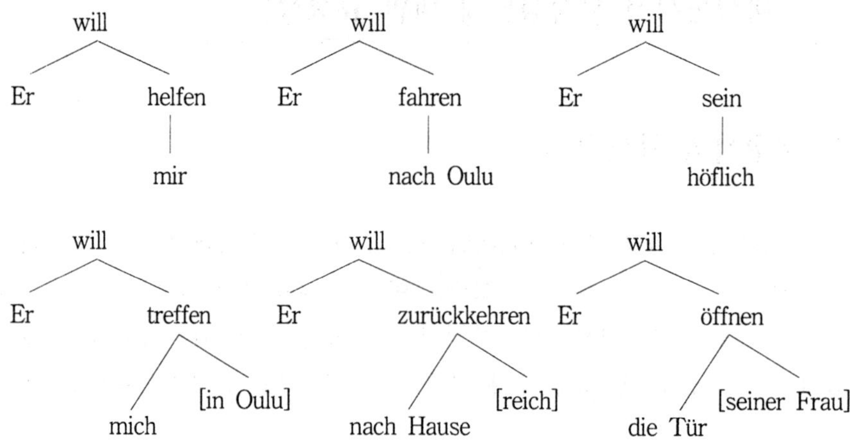

부정사는 임의첨가어가 될 수 있지만 스스로 보충어를 요구할 수도 있다.

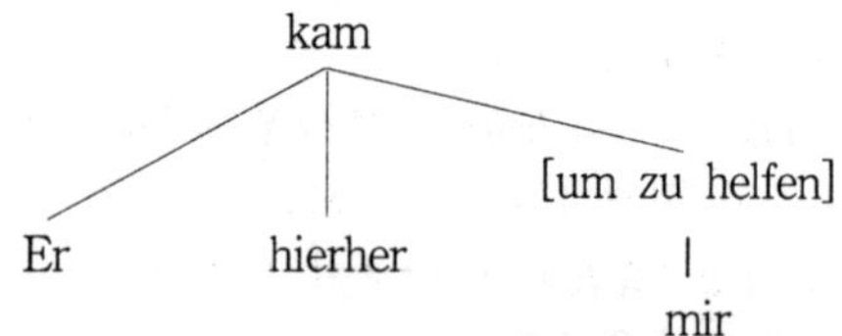

수형도(Baumgraph)에서 um zu helfen은 부사첨가어이지만, 부정사는 목적어 mir
를 요구한다.

독일어에서는 주어가 동사 sehen(보다), hören(듣다), fühlen(느끼다), spüren(느끼
다/알아채다), lassen(시키다)에 종속하는 부정사에서만 나타난다. 그러면 주어는 4격
형식을 취하고 전체의 부정사 통합소는 AcI-구성(Accusativus cum Infinitivo: 부정
사를 갖는 4격 구성)이라고 일컬어진다.

Ich sehe *den Mann* ein Buch lesen.
(= Ich sehe, dass *der Mann* ein Buch liest.)

(나는 그 남자가 책을 읽고 있는 것을 본다)
Vater lässt *die Kinder* das Zimmer aufräumen.
(아버지는 아이들이 방을 정리하도록 시킨다)

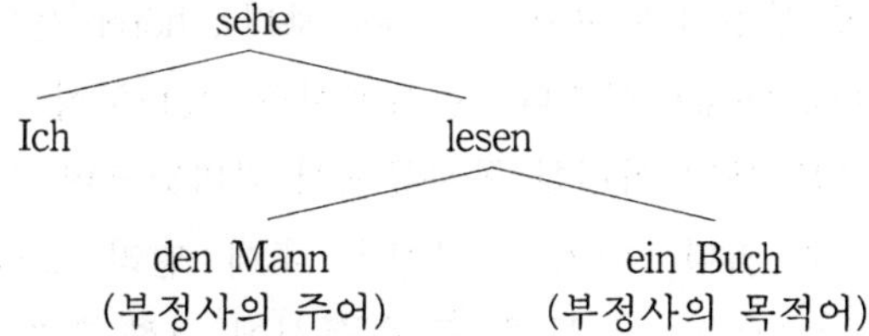

(비교:z Ich sehe *den Mann*; AcI-구성 안에 있는 den Mann은 그 형태에 따라서는 술어의 목적어가 될 수 있을 것이다: *Ich sehe den Mann. Er liest ein Buch.*)

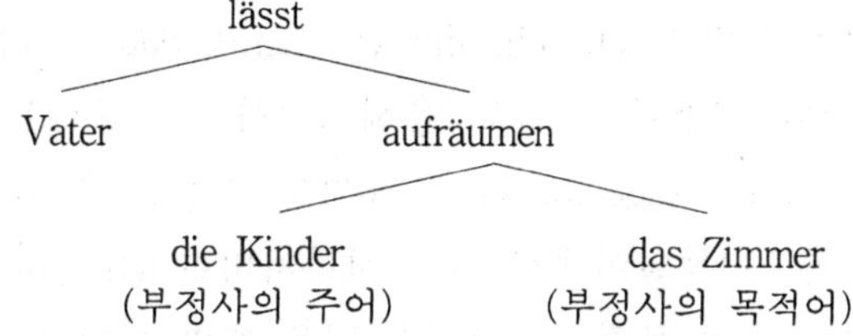

(비교: *Vater lässt *die Kinder*; die Kinder는 술어 lässt의 목적어가 될 수 없다)

부정사가 술어의 한 부분을 형성하는 경우(166쪽 참조), 부정사와 결합되는 규정어는 정동사가 아닌 문장성분에 대한 규정성분이 아니라, 그 자체 하나의 문장성분, 즉 다성분 술어의 규정어이다. 이러한 다성분 술어에서는 부정사가 조동사의 문장성분 내부의(satzgliedintern) 문법적 보충어로 간주될 수 있다.

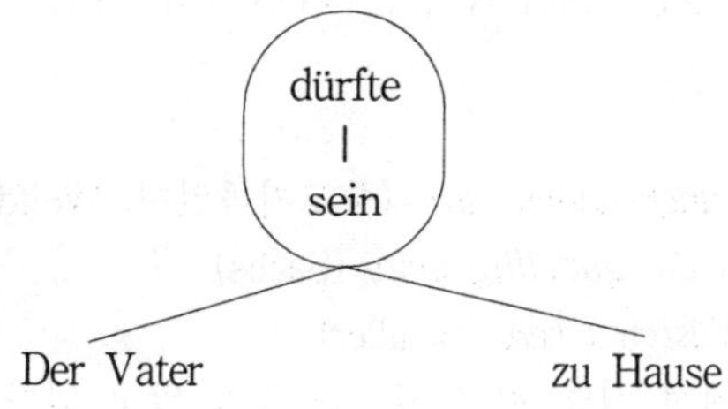

◆ 역사적인 변천

1) 부정사의 목적어, 부사보충어, 술어보충어 및 첨가어는 이미 고대 문헌에서도 나타났다.

lirne tuon *judicium* (Notker) (부정사의 목적어)
er wolta *man* sin (Otfrid) (부정사의 술어보충어)
begonda min salbwurz *mer unte mer* zestinkenne (Williram) (부정사의 부사첨가어)

2) 오늘날 부정사의 주어는 sehen(보다), hören(듣다), fühlen(느끼다), spüren(알아채다), lassen(시키다) 동사에서만 AcI-구성으로 나타난다. 이 AcI-구성은 이미 일찍부터 이러한 동사들에서 나타났으며, 고대 독일어의 한 구성으로 간주될 수 있다. 이러한 구성은 후에 널리 보급되었다. Behaghel에 따르면 sehen(보다), hören(듣다) 등의 동사에 대한 유추(Analogie)가 문제가 된다. "인구어는 아직 부정사를 소유하고 있지 않았기 때문에, 4격과 부정사의 결합은 인구어적인 것이 아니다. 그 원천은 아마도 hoeren과 sehen에서처럼 4격이 정동사의 직접 목적어인 경우에 있을 것이다. 그리고 나서 이 구성이 계속 확산된 것은 예컨대 ich sehe ihn kommen이 daß가 있는 문장, 즉 ich sehe, daß er kommt와 병행한 사실을 통해서이다. 그 후에는 역으로 ich sage, daß er kommt가 ich sage ihn kommen과도 병행할 수 있었다"(Behaghel 1923-1932,2: 326). 신고지독일어에서 다시 사라져버린 ich sage ihn kommen의 유형에서는 4격이 동사의 목적어가 될 수 있을 뿐만 아니라, 부정사를 갖는 4격은 "전체가 동사에 종속하는 하나의 고정된 통사단위가 되었다"(Dal 1966:105). 하지만 필자의 생각으로는 ich sehe ihn kommen의 옛 결합에서도 ihn kommen은 전체가 동사에 종속하는 하나의 단위로 간주될 수 있다. 물론 이 단위는 'daß er kommt'를 의미한다.

   4격 단독으로서는 동사에 종속할 수 없는 wissen(알다)의 AcI-구성은 이미 초기부터 널리 통용된 것처럼 보이지만 그 후에는 쓰이지 않게 되었다. 그밖에 이 "순수하지 않은" AcI-구성은 라틴어의 영향으로 보급되었으며 17세기까지 유지되었다.

da weste si *einen juncbrunnen stan.* (중고지독일어; Wolfdietrich)
du weißt *mich auch dir gutwillig sein.* (Sachs)
sie weiß *mich in Wüsten irren.* (Schiller)
(그녀는 내가 사막에서 길을 잃고 있다는 것을 알고 있다)

er dunket *sich haben grozen sin.* (Welscher Gast)
er wande *den helt tot sin.* (Krone)
ich achte *es billig sein.* (Luther)
ich schau *in Engelland nur wilde Tiere wohnen.* (Gryphius)

후기 신고지독일어에서는 zu 있는 부정사도 이러한 구성으로 올 수 있었다.

eine Brück, *die* man vermeint *gar fest zu stehen* (Opitz)
(사람들이 아주 단단히 서 있다고 추정하고 있는 다리)

"18세기에는 부정사를 갖는 이러한 4격이 아주 감소하였다. 이 4격은 아직도 가끔 고전주의 작가들, 특히 관계문에서 전치사적 부정사를 갖는 4격이 일상적인 Lessing의 경우에서 발견된다"(Dal 1966:105).

seinen Angaben, *die* ich *nach dem eignen Augenscheine erteilt zu sein* glauben durfte (Lessing) (내 자신이 목격한 바에 따라 진술했다고 믿었던 그의 진술에 대해)
dieser Äschines, *den* er *ein so elendes Leben zu führen* glaubt (Lessing)
(그가 아주 비참한 생활을 하고 있다고 믿고 있는 이 애쉬네스가)

부정사의 주어가 표현되지 않을 수도 있다.

Der Vater ließ das Zimmer *aufräumen.* (아버지께서 방을 치우도록 시키셨다)
Ich höre *klopfen.* (나는 문 두드리는 소리를 듣는다)

2. 술어적 형용사의 보충어

2.1. 술어적 형용사 보충어의 본질

술어적 형용사의 보충어는 결합가에 결속된 형용사 규정어이다. 보충어의 수는 0에서 3까지 변화한다(0가 형용사는 보충어를 갖지 않는다). 보충어는 의무적이 되거나 혹은 수의적이 될 수 있다.

$schön_0$; $ähnlich_1$; $schuldig_{(1)}$; $dankbar_{(1)+(1)=(2)}$

Das Mädchen ist *schön.* (그 소녀는 예쁘다)
Der Mann ist *seinem Vater ähnlich.* (그 남자는 그의 아버지를 닮았다)
Der Mann ist (*des Diebstahls*) *schuldig.* (그 남자는 절도죄가 있다)
Der Mann ist (*der Frau*) (*für das Geschenk*) *dankbar.*
(그 남자는 부인에게 선물에 대해 감사한다)

의무적인 2가 형용사는 드물다. 형용사 bewusst(알고 있는)가 다음의 문형(Satzmodell)에서는 두 개의 의무적 보충어를 갖는다.

Ich bin *mir keiner Schuld bewusst.* (비교: Das ist *mir bewusst.*)
(나는 나의 죄를 모른다 - 나는 그것을 알고 있다)

3가 형용사는 매우 드물다. 때때로 재귀대명사가 세 번째 보충어로서 기능할 수 있다.

(sich) (*mit dem Vertragspartner*) (*über die Bestimmungen*) *einig*
(계약당사자와 규정에 대해 의견이 일치한다)

술어적 형용사의 보충어가 술어에 직접 종속하지 않는다는 사실이 수형도의 도움으로 설명될 수 있다. 형용사와 그 보충어(=규정성분)가 다 함께 하나의 문장성분을 형성한다는 사실은 대용화를 통해 증명될 수 있다(seinem Vater ähnlich = das).

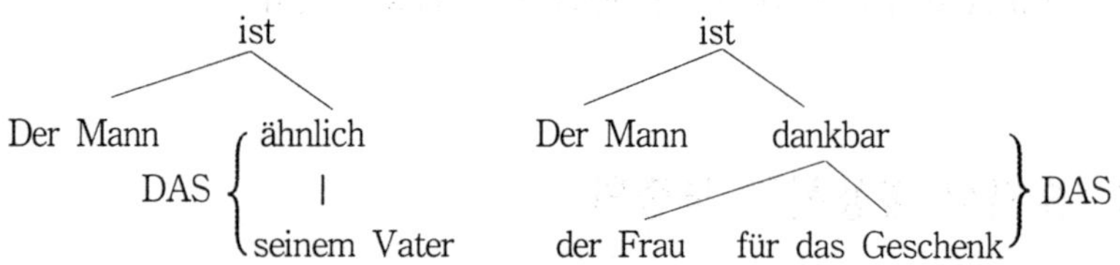

보충어를 취하는 형용사는 술어의 목적어에도 관련될 수 있으며, 다시 말해서 목적격 술어보충어(Objektsprädikativ)가 될 수 있다.

Er nennt *mich des Diebstahls schuldig.* (그는 내가 절도죄가 있다고 말한다)

동사에서 파생된 형용사(Deverbativ)는 보충어를 취하는 형용사가 될 수 있다. 그러면 동사의 통사적 결합가는 형용사적 파생에서 한 단위가 감소한다. 형용사는 동사의 주어에 대해 통사적으로 그것에 종속하는 어떤 대응물도 갖지 않기 때문이다.

bedürfen₂ - *Der Patient* bedarf *der Ruhe.*
bedürftig₁ - Der Patient ist *der Ruhe* bedürftig.
　　　　　(그 환자는 휴식을 필요로 한다)

논리·의미적 결합가는 동사와 형용사의 경우에서 동일하다.

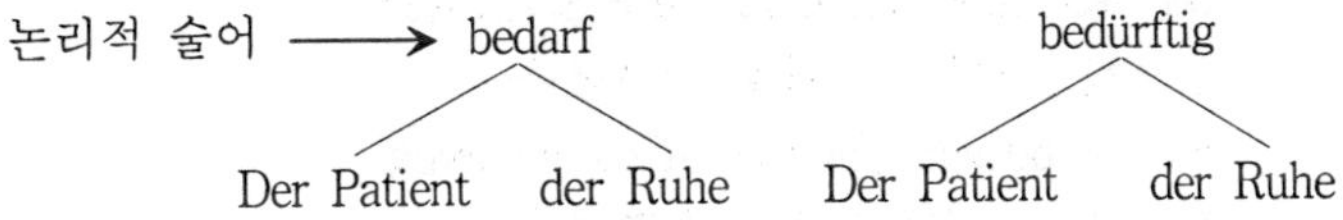

형용사의 보충어는 두 그룹, 즉 목적어류의 보충어와 부사어류의 보충어로 분류
될 수 있다. 우리는 이것을 형용사의 목적어(Adjektivsobjekt)와 형용사의 부사어
(Adjektivsadverbial)라고 일컬을 수 있다. 목적어의 형태는 형용사에 의해 결정되고,
부사어의 형태는 일차적으로 그 안에 포함된 명사에 의해 결정된다. 목적어의 대용
어(Anapher)는 대명사적 부사나 혹은 대명사이며, 부사어의 대용어는 부사이다.

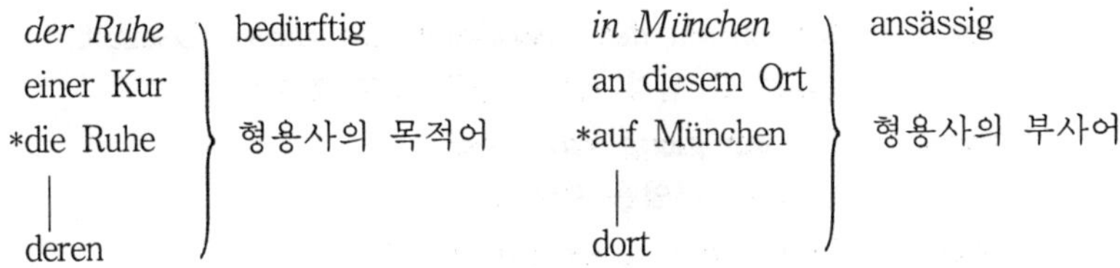

형용사에 대한 부사어는 드물게 나타난다.

Er war *in Ostpreußen* begütert. (그는 동프러시아에 부동산을 소유하고 있었다)
　　　in Magdeburg beheimatet. (그는 막데부르크 출신이었다)
　　　in München wohnhaft. (그는 뮌헨에서 살았다)
　　　in Zürich heimatberechtigt. (취리히에 시민권이 있었다)

형용사의 부사어는 때때로 첨가어가 될 수도 있다.

Sie war schön *im Gesicht.* (그녀는 얼굴이 예뻤었다)

형용사의 목적어는 그 형태에 관한 한 술어동사의 목적어와 비교될 수 있다. 예
컨대 격 목적어와 전치사 목적어가 나타난다. 형용사의 하위 목적어는 다음과 같이
구별될 수 있다.

3격 목적어:　Ich bin *diesem Mann* fremd. (나는 이 남자를 모른다)
2격 목적어:　Er ist *des Diebstahls* schuldig. (그는 절도죄가 있다)
4격 목적어:　Ich bin *alle Sorgen* los. (나는 모든 걱정에서 벗어난다)

전치사 목적어: an: Er ist *an dem Mädchen* interessiert.
 (그는 그 소녀에 관심을 가지고 있다)

  auf: Sie war eifersüchtig *auf ihre Schwester.*
 (그녀는 그녀의 누이를 시기했다)

  für: Sie ist bekannt *für ihre Kunstfertigkeit.*
 (그녀는 뛰어난 기교로 유명하다)

  gegen: Ich bin misstrauisch *gegen meinen Freund.*
 (나는 내 친구를 신뢰하지 않는다)

  gegenüber: Ich bin misstrauisch *gegenüber meinem Freund.*
 (나는 내 친구를 신뢰하지 않는다)

  in: Er war *in das Mädchen* verliebt.
 (그는 그 소녀에게 반했다)
 Er ist gewandt *in seinem Auftreten.*
 (그는 그의 행동에서 세련되다)

  mit: Ich bin *mit den Einwohnern des Hauses* bekannt.
 (나는 그 집의 거주자들을 알고 있다)

  nach: Sie war gierig *nach Obst.*
 (그녀는 과일을 탐냈다)

  über: Er ist *über seinen Erfolg* froh.
 (그는 그의 성공에 대해 기뻐한다)

  um: Die Eltern waren *um ihr Kind* besorgt.
 (부모님은 그들의 아이를 걱정하였다)

  von: Der Mann ist frei *von Vorurteilen.*
 (그 남자는 선입견이 없다)

  vor: Sie ist krank *vor Sehnsucht.*
 (그녀는 그리움 때문에 병이 났다)

  zu: Er ist *zu dieser Aufgabe* fähig.
 (그는 이 과제를 할 수 있다)

부정사 목적어: Er ist fähig, *sich so zu verhalten.*
 (그는 그렇게 행동할 수 있다)

부문장 목적어: Er ist dessen würdig, *dass er ausgezeichnet wird.*
 (그는 표창을 받을 만하다)

비록 동사보다는 훨씬 드물지라도 형용사 역시 두 개의 목적어를 요구할 수 있다.

 Er ist *dem Wirt zwei Mark* schuldig.
 (그는 집주인에게 2마르크의 빚이 있다)
 Ich bin *dem Freund für die Hilfe* dankbar.

(나는 그 친구에게 도움에 대해 감사하고 있다)
Ich bin *mir keiner Schuld* bewusst. (나는 나의 죄를 모른다)

형용사의 목적어가 부정사나 부문장이면 그 앞에 형식어(=상관사)가 올 수 있다.

Er ist müde *davon, dass er die ganze Nacht gearbeitet hat.*
(그는 밤새도록 일을 해서 피곤하다)
Ich bin (*es*) gewohnt, *ohne Pause durchzuarbeiten.*
(나는 쉬지 않고 일하는 데 버릇이 되어 있다)

이러한 경우에 전체 보충어는 형식어(Formwort)와 부문장으로 구성된다: davon, dass er die ganze Nacht gearbeitet hat.

2.2. 형용사 목적어의 종류

2.2.1. 3격 목적어

3격을 요구하는 형용사는 아주 많다. 이들은 특히 일치나 반대, 원근 등을 표현한다: angenehm(즐거운), gemäß(적합한), genehm(적합한/형편에 좋은), zugehörig(소유의), gehorsam(순종하는), gemeinsam(공동의), ähnlich(닮은), eigen(고유한), verwandt(친척인), gleich(동일한), gleichgültig(무관심한), nahe(가까운), fern(먼), feindlich(적대적인), fremd(낯선), nachteilig(불리한) 등.

Ihr Besuch ist *mir* stets angenehm. (나는 그녀의 방문이 항상 즐겁다)
Er ist *seinem Vater* gleich. (그는 그의 아버지를 닮았다)

접미사 -ig, -lich, -bar로 형성되며, 동사어간을 갖고 있는 형용사가 하나의 큰 집단을 이룬다. 이러한 형용사가 능동의 의미를 갖는다면, 3격은 동사의 목적어와 일치한다. 3격의 배후에 있는 의미격은 수신자격(Adressativ)이다.

Der Landaufenthalt war *seiner Gesundheit* förderlich.
(=Der Landaufenthalt förderte *seine Gesundheit.*)
(시골체류가 그의 건강을 증진시켰다)
Das ist *mir* ärgerlich. (=Das ärgert *mich.*)
(그것이 나에게는 화나는 일이다 - 그것이 나를 화나게 한다)

Das ist *mir* dienlich. (=Das dient *mir.*) (그것은 나에게 도움이 된다)

이러한 형용사에는 예컨대 다음과 같은 것들이 있다: behilflich(도움이 되는), dienlich(유용한), förderlich(유리한·유익한), hinderlich(방해가 되는·불편한), nützlich (유익한), schädlich(해로운), schmerzlich(고통스러운), schrecklich(무서운·싫은), tröstlich(위로가 되는), verderblich(유해한), zuträglich(유익한·유용한), dankbar(감사하는), dienstbar(시중드는).

형용사가 수동의 의미를 갖는다면, 3격이 통사적으로는 해당 동사의 주어와 일치하고 의미적으로는 심층격으로서의 피동자격(Patiens)과 일치한다.

Sein Betragen ist *mir* unbegreiflich.
Ich begreife sein Betragen nicht.
(나는 그의 행동을 이해할 수 없다)

여기에는 begreiflich(이해할 수 있는), entbehrlich(불필요한), erklärlich(명백한), erträglich(참을 수 있는), fürchterlich(무서운), möglich(가능한), verständlich(이해할 수 있는) 같은 형용사가 있다.

몇몇 형용사적인 분사도 역시 3격을 요구한다: geneigt(호의적인), gewachsen(상대가 되는), ergeben(헌신적인·몰두하는), verbunden(의무가 있는), verhasst(몹시 미운), angeboren(타고난), überlegen(뛰어난), untertan(종속되어 있는), zugetan(호의를 갖고 있는) 등.

Er ist *seiner Aufgabe* gewachsen. (그는 그의 과제를 해결할 수 있다)

3격 목적어는 보통 사람을 나타내지만 사물 목적어도 가능하다. 주어는 가끔 인칭 주어이지만 사물 주어도 가능하다.

Der Mann ist *seiner Frau* behilflich. (그 남자는 자기 부인을 돕는다)
Der Mann ist *seiner Frau* treu. (그 남자는 자기 부인에게 충실하다)
Die Haltung ist *ihm* eigen. (그러한 몸가짐은 그의 특징이다)
Das Urteil ist *der Straftat* gemäß. (판결은 범행에 상응한다)

3격이 전치사 목적어와 함께 두 번째 목적어로서 나타난다.

Er ist *ihm an Bildung* überlegen. (그는 교양에 있어서는 그보다 뛰어나다)
Ich bin *Ihnen für Ihre Hilfe* sehr verbunden. (나는 당신의 도움에 대해 매우 감사한다)

◈ 역사적인 변천

형용사의 3격 목적어는 이미 원시 게르만어의 현상이며 독일어에서는 고고지독일어 이후로 증명될 수 있다.

> thaz thaz firstantnissi *uns allen* lihtera si (Otfrid)
> wanta *in* thaz was filu ser (Otfrid)
> ich bin *dir* holt (Walther)
> niemen was *ir* gram (Nibelungenlied)

예컨대 즐거운 것이나 불쾌한 것을 표현하는 형용사에서는 für-목적어가 3격과 경합한다. "신고지독일어에서 für와의 결합은 이러한 형용사와 3격과의 결합과 대략 등가이다: mir unangenehm = für mich unangenehm(나에게 불쾌한). 그러나 3격과의 결합에서는 주관적인 관심의 강조가 보다 중요하다. für에서는 객관적인 작용이 강조된다"(Behaghel 1923-1932,1:649).

2.2.2. 2격 목적어

오늘날 일반적으로 2격을 지배하는 형용사는 대략 20개가 존재한다. 이들 중 많은 것이 격식어에 속한다. 2격은 동사에서처럼 형용사에서도 점차로 감소되었다. 2격은 아직도 예컨대 sicher(확실한), gewiss(확신하는), schuldig(죄가 있는), verdächtig(의심스러운), teilhaft(소유하는)에서 나타나며, 그밖에 격식어나 혹은 낡은 표현에서 ansichtig(알아차린), eingedenk(기억하고 있는), geständig(자백한), habhaft(붙잡은·획득한), verlustig(잃은)가 나타난다.

> Er ist *seiner Sache* sicher/gewiss. (그는 그의 일을 자신하고 있다/확신하고 있다)
> Er ist *des Diebstahls* schuldig. (그는 절도죄가 있다)
> Er ist *der Auszeichnung* würdig. (그는 표창을 받을 만하다)
> Jetzt wurde die alte Frau *seiner* ansichtig. (그때 그 노파는 그를 알아보았다)
> Er war stets *der Pflichten seines Amtes* eingedenk.
> (그는 언제나 그의 직무를 잊지 않고 있었다)

형용사 fähig(할 수 있는), gewahr(알아채는·지각하는), müde(싫증난), statt(대신에), überdrüssig(싫증난), wert(가치가 있는)에서는 4격이나 전치사가 2격과 경합한다(때로는 의미변화를 통해서).

Er ist *neuer Eindrücke* fähig. (그는 새로운 인상을 주는 데 재능이 있다)
Er ist *zu dieser Tat* fähig. (그는 이러한 행동을 할 수 있다)

Wir wurden *unseres Irrtums/unseren Irrtum* gewahr.
(우리는 우리의 과오를 알아챘다)

Ich bin *des Redens* müde/überdrüssig. (나는 말하는 것에 싫증이 난다)
Ich bin müde *von dieser Arbeit.* (나는 이 일로 지쳐있다)

Er ist *keiner Beachtung* wert. (그는 주목할 가치가 없다)
Der Schmuck ist *das Geld* nicht wert. (그 장식품은 값어치가 없다)

형용사 los(벗어나 있는)와 gewohnt(익숙한, 습관이 되어 있는)에서는 4격이 이전의 2격을 이미 완전히 몰아내었다.

Ich bin *ihn* los. (나는 그에게서 벗어나 있다)
Ich bin *diese Arbeit* gewohnt. (나는 이 일에 익숙해 있다)

◆ 역사적인 변천

형용사의 2격 목적어는 이미 고대 인구어에서 나타났다. 가장 오래된 게르만어에서 이러한 사용은 소수의 형용사에 한정되었다. 고고지독일어와 중고지독일어에서는 2격 목적어가 아주 빈번하였지만, 신고지독일어에서는 감소되었으며 4격 목적어와 전치사 목적어로 대체되었다. 고대어에서는 예컨대 다음과 같은 것이 2격을 취하는 오늘날의 형용사에 첨가될 수 있다.

was *thes gisiunes* filu fro (Otfrid)
werden richa *des unwehsallichen kuotes* (Notker)
loubes also laere (Hartmann)
lasters arm (Wolfram)
sie sind voll *süßes Weines* (Luther)
ich aber, der *dieser Dinge* ganz arm bin (Luther)
empfänglich *jedes Eindrucks* (Herder) (모든 인상에 예민한)
gierig *der Arbeit* (Goethe) (그 일을 갈망하는)
der List gewohnt (Goethe) (간계에 익숙한)
auch bin *des Dienstes* ich wohl zufrieden. (Goethe)
(그 지위에 나도 만족한다)

durch ihn bin ich *der Sorgen* los. (Goethe)
(그 사람 때문에 나는 모든 걱정에서 벗어나 있다)
dann bist du *deines Dienstes* frei. (Goethe)
(그러면 너는 너의 직무에서 벗어난다)
sie wurden beide *des Schlusses* einig. (Wieland)
(그 두 사람은 결론에서 일치했다)

현대어에서는 이러한 형용사의 2격이 대부분 전치사결합에 의해 밀려났다: reich an(풍부한); arm an(부족한); voll von(가득 찬); froh über(기뻐하는); frei von(면제된); empfänglich für(민감한); gierig/begierig nach(열망하는); einig über(일치한); zufrieden mit(만족한); ledig von(면제된 · 자유로운) 등. 전치사 목적어에 대한 증거가 이미 중고지독일어에서 발견된다(von dem maer was er der vrie; Wolfram). 형용사 los(벗어나 있는), gewohnt(습관적인 · 익숙한), nötig(필요한), gewahr(알아채는 · 지각하는)에서는 4격이 발견된다(2격과 더불어). "중고지독일어 1격/4격 ez가 후기 중고지독일어 시대에는 2격 형태 es와 일치함으로써, 이러한 형용사의 몇몇 경우에서 나타났던 4격지배는 대용대명사의 중성에서 출발하였다. 그 후에 2격 es가 4격으로 해석되고 이 4격이 발전하여 비로소 다른 대명사로 되었다: ich bin es gewiss(나는 그것을 확신한다); ich bin es zufrieden(나는 그 일에 만족한다)이 das bin ich gewiss; das bin ich zufrieden으로 되었다. 여기서는 4격지배가 대명사형에만 한정되었으나, 다른 경우에서는 4격지배가 명사로까지 발전하였다: ich bin die Kleinstadt satt(나는 소도시가 싫증난다)"(Dal 1966:30-31).

형용사 hoch(높이), tief(깊이), breit(넓이), weit(거리), groß(크기), dick(두께), lang(길이), alt(나이)에서처럼 공간과 시간의 확장을 표현하는 형용사에서는 2격 목적어의 사용이 완전히 사라졌다. 중고지독일어에서는 이 형용사들이 2격을 지배했으며 이 2격은 신고지독일어에서도 여전히 오랫동안 지속되었다. 현재는 이 형용사들에서 4격만이 사용된다. 2격에 대한 예는 다음과 같다.

drier jare alt (중고지독일어) (세 살의)
kurzer Zeit lang (Luther) (잠시동안)
nicht *eines Fußes* breit (Luther) (1피트 넓이도 안 되는)
nichts mehr als *einer Elle* lang (Hebel)
(1엘레 길이 이상의 것은 아무 것도 없다)
einer starken Nuß groß (Goethe) (딱딱한 호두 크기 만한)

2.2.3. 4격 목적어

4격은 특히 척도규정어(Maßbestimmung)와 결합하여 '특정한 차원을 소유하는'이라는 의미를 갖는 형용사에서 나타난다. 이때 수량이나 확장의 4격이 문제가 된다. 해당 형용사는 다음과 같다: alt(나이), breit(넓이), dick(두께), entfernt(거리), hoch(높이), lang(길이), tief(깊이), schwer(무게), wert(가치).

> Er ist *zehn Jahre* alt. (그는 10살이다)
> Das Brett ist *1 m* lang. (그 널빤지는 길이가 1m이다)
> Der Stein ist *10 Pfund* schwer. (그 돌은 무게가 10파운드이다)
> Das Bild ist *1000 Mark* wert. (그 그림은 가격이 1000마르크이다)

그밖에 4격은 los(벗어나 있는), gewohnt(습관적인), gewahr(알아채는 · 지각하는)와 같은 형용사에서 나타난다.

> Ich bin *ihn* los. (나는 그에게서 벗어나 있다)
> Ich bin *die Arbeit* gewohnt. (나는 그 일에 익숙해 있다)

◆ 역사적인 변천

형용사 보충어로서의 4격은 비로소 신고지독일어 시대에서 유래한다. 4격이 확장의 2격을 대체하였다(위를 참조할 것). 그밖에 4격은 몇몇 다른 형용사들에서도 2격을 몰아내었다: los(벗어나 있는), gewohnt(습관적인) 등(상술한 것과 비교할 것).

2.2.4. 전치사 목적어

형용사의 전치사 목적어는 다양한 전치사로 형성된다: an, auf, für, gegen, gegenüber, in, mit, nach, über, um, von, vor, zu. 이러한 전치사의 대부분은 극소수의 형용사에서 나타난다. 전치사 über가 가장 빈번하게 나타난다: ärgerlich über(화가 난), aufgebracht über(격분한), bestürzt über(당황한 · 깜짝 놀란), entrüstet über(격분한), erstaunt über(놀란), froh über(기뻐하는), traurig über(슬퍼하는). 전치사 für, von, zu 역시 드물지 않게 나타난다.

> Der Sportler ist *über seinen Erfolg* froh. (그 운동선수는 그의 성공을 기뻐하고 있다)
> Der Sohn ist *von seinem Vater* abhängig. (아들은 그의 아버지에 의존하고 있다)

Er ist *zur Versöhnung* geneigt. (그는 화해할 용의가 있다)
Er ist misstrauisch *gegen mich*. (그는 나를 신뢰하지 않는다)
Er ist *dem Mädchen gegenüber* gleichgültig. (그는 그 소녀에게 무관심하다)
Er ist *an dieser Tat* unschuldig. (그는 이 행동에 책임이 없다)
Ich bin *mit ihm* zufrieden. (나는 그에게 만족하고 있다)
Der Junge ist *auf mich* böse. (그 소년은 나에 대해 화내고 있다)
Das ist *für mich* sehr wichtig. (그것은 나에게 매우 중요하다)
Ich bin *mit ihm* bekannt. (나는 그를 알고 있다)

◆ 역사적인 변천

비록 이미 고고지독일어와 중고지독일어에서 이러한 형용사에 대한 자료가 존재하지만, 드물게는 형용사의 전치사 목적어가 해당 형용사의 원래의 보충어일지도 모른다.

heil was *fon theru suhti* (Tatian)
einförmic sin *mit gote* (Mystiker)

동사에서 파생된 형용사의 전치사 목적어는 종종 해당 동사에서 기원한다: ärgerlich über(화가 난), abhängig von(의존하는), erstaunt über(놀란). 대부분의 경우에서 전치사 목적어는 예전의 2격 목적어 대신에 나타난다(상기 265쪽 참조). für-목적어가 몇몇 형용사에서는 3격 목적어를 대체할 수 있다: Das ist für mich sehr angenehm(그것이 나에게는 매우 유쾌한 일이다).

2.2.5. 부정사 목적어와 부문장 목적어

부정사와 결합되는 일련의 형용사가 있다. 부문장 보충어는 약간 드문 편이다. 몇몇 형용사에서는 부정사와 부문장이 대안으로서 나타난다. 부정사와 부문장이 형용사의 보충어가 될 수 있는 유일한 성분인 경우가 가끔 있다. 대부분 이들은 명사적인 전치사 목적어를 대체한다.

1) 극소수의 형용사에서는 부정사가 목적어가 될 수 있는 유일한 성분이다.

Er macht sich anheischig, *die Arbeit in drei Wochen zu vollenden.*
(그는 3주 안에 그 일을 종결해야 하는 과제를 자청해서 떠맡는다)
Er ist gesonnen, *das Angebot abzulehnen.* (그는 그 제안을 거절할 작정이다)

2) 일반적으로 부정사가 전치사 목적어 대신에 온다.

Wir sind bereit, *nach Hause zu gehen.* (bereit zu etwas)
(우리는 집에 갈 준비가 되어 있다)

a) 몇몇 형용사에서는 부정사가 비명사적인 목적어가 될 수 있는 유일한 성분
이다(대안으로서의 부문장 없이).

Er ist nicht fähig, *fremde Sprachen zu lernen.*
(비교: Er ist zu dieser Aufgabe fähig.)
(그는 외국어를 배울 수 없다 - 그는 이 과제를 할 수 있다)

Er ist behilflich, *das Auto zu waschen.*
(비교: Er ist beim Autowaschen behilflich.)
(그는 세차하는 것을 도와준다 - 그는 세차할 때 도와준다)

Er ist geneigt, *seine Vorschläge zurückzuziehen.*
(비교: Er ist dazu geneigt.)
(그는 그의 제안을 철회할 용의가 있다 - 그는 그럴 용의가 있다)

비록 드문 일이지만 부정사 목적어는 형식어(상관사)로서 대명사적 부사를 취할
수 있다.

Ich bin begierig (*darauf*), *ihn zu sehen.* (나는 그를 만나기를 열망하고 있다)

b) 몇몇 형용사에서는 부문장에 대한 등가의 대안으로서 부정사가 나타나는
데, 이때 주문장과 종속적인 동사영역은 동일한 주어를 취해야 한다(그렇지
않으면 부문장만 가능하다).

Ich bin erfreut, *Ihre Bekanntschaft gemacht zu haben.*
            dass ich Ihre Bekanntschaft gemacht habe.
            (비교: Ich bin darüber erfreut.)
(나는 당신을 알게되어 기쁩니다 - 나는 그것에 대해 기뻐하고 있다)

Wir sind erstaunt, *hier so viele Menschen zu finden.*
            dass wir so viele Menschen gefunden haben.
            (비교: Wir sind darüber erstaunt.)
(우리는 여기서 그렇게 많은 사람들을 발견하여 놀랐다 - 우리는 그것에 대해 놀랐다)

Er ist (*darauf*) gefasst, *das nicht mehr zu erleben.*
                        dass er es nicht mehr erlebt.
(그는 그것을 더 이상 체험하지 않을 각오가 되어 있다)

Er ist (*darauf*) gefasst, *dass ich komme.*
(그는 내가 온다는 사실에 대해 각오하고 있다)

3) 몇몇 형용사에서는 부문장(dass-문장 또는 ob-문장)만이 부정사 없이 대안으로서 온다. 부문장은 보통 전치사 보충어를 대체하며, 대부분 의무적인 상관사(Korrelat)를 요구한다.

Wir sind dankbar *dafür, dass sie ihm geholfen hat/dass wir gehen können.*
(우리는 그녀가 그를 도와준 사실에 대해/우리가 갈 수 있다는 사실에 대해 감사하고 있다)
Wir sind *darüber* einig, *dass die Arbeit morgen geschafft wird.*
(우리는 내일 그 일을 마치는 데 대해 의견이 일치한다)
Ich bin (*darauf*) gespannt, *ob er kommt.*
(나는 그가 올지 안 올지에 대해 호기심에 가득 차 있다)

4) 특히 형용사 gewohnt(습관적인), müde(싫증난), wert(가치가 있는)에서는 부정사도 역시 4격 목적어를 대체할 수 있다. 부정사의 대안으로서 dass-문장이 나타난다. 동사영역이 상이한 주어를 가지면 부문장만이 가능하다. 주문장에는 상관사로서 대명사 es가 온다.

Wir sind *es* gewohnt, *zeitig aufzustehen/dass wir zeitig aufstehen.*
(우리는 시간에 맞춰 일어나는 데 습관이 되어 있다)
Wir sind *es* gewohnt, *dass ihn alle verwöhnen.*
(우리 모두가 그의 비위를 맞추는 데 익숙해 있다)

Er ist *es* müde, *dauernd zu ermahnen/dass er dauernd ermahnen muss.*
(그는 지속적으로 경고해야 하는 데에 싫증이 난다)
Er ist *es* müde, *dass man ihn ständig ermahnt.*
(그는 사람들이 그를 지속적으로 훈계하는 데에 싫증이 난다)

Er ist *es* nicht wert, *diese gut bezahlte Arbeit zu bekommen.*
(그는 보수가 좋은 이 일 자리를 얻을 만한 가치가 없다)

5) 형용사 bewusst(알고 있는)와 würdig(가치가 있는)에서는 부정사가 2격 목적
어를 대체한다. 부정사의 대안으로서 dass-문장이 나타난다(주어가 상이한 경
우에는 부문장만이 가능하다).

> Bist du dir (*dessen*) bewusst, *uns beleidigt zu haben.*
> 　　　　　　　　　　　　　*dass du uns beleidigt hast.*
> 　　　　　　　　　　(비교: Er ist sich der Aufgabe bewusst.)
> (네가 우리를 모욕한 사실을 알고 있는가 - 그는 그 과제를 알고 있다)

> Er ist würdig, *ausgezeichnet zu werden.*
> 　　　　　　*dass er ausgezeichnet wird.*
> 　　　　　　*dass wir ihn auszeichnen.*
> 　　　　　(비교: Er ist der Auszeichnung würdig.)
> (그는 표창을 받을 만하다 - 그는 표창 받을 자격이 있다)

형용사 gewahr(알고 있는)에서는 부문장이 4격 목적어나 혹은 2격 목적어를 대
체한다.

> Ich wurde gewahr, *dass ein Unfall geschehen war.*
> (나는 사고가 발생했던 사실을 알게 되었다)

◆ 역사적인 변천

1) 가장 초기의 문헌에서부터 부정사가 형용사의 보충어로서 나타나기 때문에,
부정사가 원래의 보충어로 간주될 수 있는지 혹은 명사보충어(Nominalergänzung)
가 원래의 보충어로 간주될 수 있는지를 말하기가 어렵다. 가장 초기의 자료에서는
명사보충어가 2격으로 왔던 형용사에서 부정사 목적어가 나타났다.

원래의 부정사 목적어는 고고지독일어에서도 여전히 나타났던 zu 없는 부정사이
다.

> thar was hie giwuno *gangan* ('gewohnt zu gehen'; Heliand)
> chiwon warun *predigon* (Isidor)
> mahtig ist fon thesen steinun *arwekkan* Abrahames barn (Tatian)
> ni bim wirdig *ginemnit wesan* thin sun (Tatian)

중고지독일어에서 이미 단순부정사는 zu-부정사에 의해 완전히 밀려났다. zu-부
정사는 물론 고고지독일어의 가장 오래된 문헌에서도 이미 단순부정사와 함께 나

타났었다.

> was giwon ther gravo *zi forlazzanne* einan (Tatian)
> schuldic *ze gebene* (Schwabenspiegel)
> das wir *zuthun* schuldig waren (Luther)

2) 부문장도 역시 형용사의 보충어로서 이미 아주 초기에 나타났다. 그러나 부문장은 원래 형용사의 보충어가 아니라 상관사인 대명사의 규정어였는지도 모른다.

> *dessen* was de vossinne ser vro, *dat er vader sus was vorheven*
> (Reineke de Vos)

"그리고 나서 그러한 결합에서는 다시금 대명사가 사라질 수 있으며, 보충어로서 2격을 요구하는 형용사 다음에 daz-문장이 나타날 수 있다"(Behaghel 1923-1932,3: 134).

> warun giwono, *that gihordun* (Heliand)
> der nicht wirdig bey mir geacht, *das ich an in denken wolt* (Luther)

3. 소유의 3격

소유의 3격(Pertinenzdativ: Isaćenko(1965)의 용어, possessiver Dativ, sympathetischer Dativ)은 결합가를 통해 명사적인 문장성분에 결속된다는, 즉 명사의 보충어라는 점에서 임의 3격(freier Dativ)과 구별된다.

> Ich klopfte *dem Mann* auf die Schulter.
> (나는 그 남자의 어깨를 두드렸다)

동사 klopfen(두드리다)은 3격 dem Mann을 요구하는 것이 아니라, 부사보충어 auf die Schulter를 요구한다(비교: Ich klopfe auf den Tisch. 나는 책상 위를 두드린다). 하지만 3격은 위의 문장에서 명사 Schulter가 이 3격을 요구하기 때문에 의무적이다. 문장 Ich klopfe auf die Schulter.는 비문법적이다. 명사와의 의미적인 결합은 3격이 원칙상 해당 명사의 부가어(Attribut)로서 기능하는 2격으로 대체될 수 있다는 점에서도 표현된다.

　Ich klopfte auf die Schulter *des Mannes*. (나는 그 남자의 어깨를 두드렸다)

　수형도 또한 소유의 3격과 2격 부가어가 상기 예문에서 동일한 종속구조를 가지며, 이 둘은 한 문장성분의 규정성분으로 간주될 수 있다는 점을 보여준다.

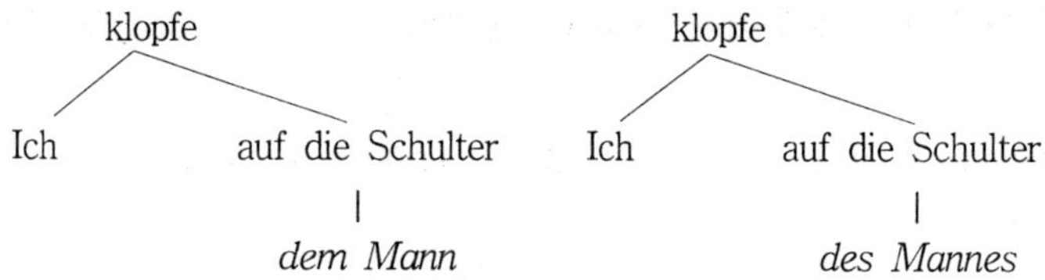

　그러나 소유의 3격은 2격처럼 부가어로 간주되지 않는다. 왜냐하면 소유의 3격은 치환될 수 있지만 2격 부가어는 치환될 수 없기 때문이다.

　Ich klopfe *dem Mann* auf die Schulter.
　Dem Mann klopfe ich auf die Schulter. (나는 그 남자의 어깨를 두드린다)
　Des Mannes klopfe ich auf die Schulter.

　이 책의 기술에서는 소유의 3격이 문장성분의 규정성분에 대한 하나의 고유한 그룹으로 간주된다. 소유의 3격이 하나의 규정성분이라는 사실은 해당 명사와 3격이 다 함께 대용화 될 수 있다는 점에서도 분명해진다.

　Er drückte *mir die Hand.* - Er drückte SIE. (그는 나와 악수하였다)

　소유의 3격은 여러 구문안(Satzbauplan)에서 나타나며 여러 문장성분에 관련될 수 있다.

　Dem Kind blutet die Hand. (주어) (그 아이의 손에서 피가 난다)
　Er streichelt *ihr* die Wangen. (4격 목적어) (그는 그녀의 뺨을 쓰다듬는다)
　Ich klopfe *ihm* auf die Schulter. (장소 보충어) (나는 그의 어깨를 두드린다)

　몇몇 육체적인 감정동사와 접촉동사에서는(특히 beißen 물다, küssen 키스하다, schmerzen 아프다, stechen 찌르다, stoßen 밀치다, zwicken 꼬집다) 종종 소유의 4격(Pertinenzakkusativ)이 나타난다.

Die Füße schmerzen *mich/mir*. (나는 발이 아프다)
Der Hund hat *mich/mir* in das Bein gebissen. (개가 내 다리를 물었다)
Er küsst *sie* auf die Stirn. (그는 그녀의 이마에 키스한다)

소유의 3격이 독일어 체계에서 2격 부가어로 대체될 수 있음에도 불구하고 언어 규범은 대부분 소유의 3격을 선호한다.

◆ 역사적인 변천

소유의 3격은 고고지독일어 이후로 여러 가지 구문안에서 증명될 수 있다.

so riuzit *thir* thaz herza (Otfrid)
wanda *mir* daz ouga timbereta (Notker) (주어와 관련하여)

zuo ir wolte er gahen und *ir* die hende vahen (Hartmann)
drückt *ihm* die Knochen im Leibe entzwei (Hebel) (4격 목적어와 관련하여)

der Vater kniff *ihr* in die Wangen. (Krämer, E. L. Zwingenberg; Behaghel 1923-1932,1:635) (장소보충어와 관련하여)

4. 부가어

4.1. 부가어의 본질

부정사의 규정어, 술어적 형용사의 보충어, 소유의 3격처럼 부가어 역시 문장성분의 규정성분(Bestimmungsteil)이며, 술어에 직접 종속하는 것이 아니라 술어의 의존소에 종속한다.

Mein alter Vater hilft mir *sehr* oft.

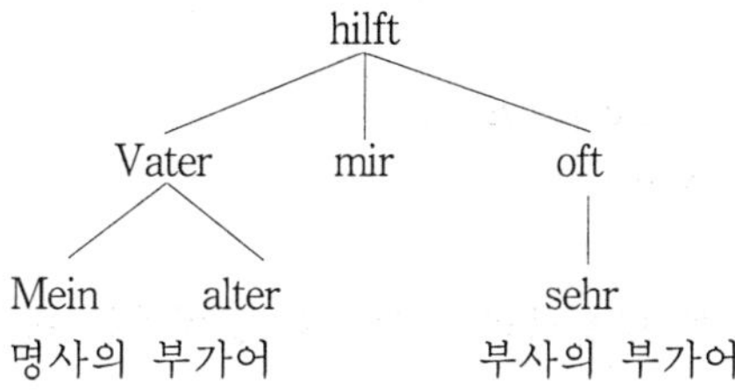

부가어는 보통 부정사의 규정어 및 술어적 형용사의 보충어처럼 전체 문장의 내
용을 위해서는 그렇게 중요하지 않다. 부가어의 관계어가 내용적으로 문장의 주의
미 보유어로 간주될 수도 있지만 개개 문장성분을 위해서는 부가어가 내용적으로
매우 중요할 수도 있다(비교: mein *ältester* Bruder 나의 맏형). 부가어는 통사적으
로도 부정사의 규정어, 술어적 형용사의 보충어 및 소유의 3격과 구별된다. 즉 부가
어는 보통 단독으로서가 아니라 그 관계어와 함께 치환될 수 있다.

> *Mein alter* Vater hilft mir *sehr oft.*
> *Sehr oft* hilft mir *mein alter* Vater.
> (나의 연로하신 아버님께서 나를 매우 자주 도와주신다)
> *Mein Vater hilft mir *alter* oft *sehr.*

부가어는 특히 명사의 규정어이지만 형용사와 부사도 부가어를 취할 수 있다.

> Er ist ein *schlechter* Lehrer (명사의 부가어) (그는 좋지 않은 선생이다)
> Er ist *sehr* fleißig (형용사의 부가어) (그는 매우 근면하다)
> Er kommt *ganz* bald (부사의 부가어) (그는 아주 빨리 온다)

부가어들 중에서 가장 중요한 그룹은 명사의 부가어이다. 이들은 결합가에 결속
된 부가어(=부가적인 보충어 attributive Ergänzung)와 임의의 부가첨가어(Attribut-
angabe)로 나뉠 수 있다.

> das Gespräch *über die Urlaubsreise* (결합가에 결속된 부가어) (휴가여행에 대한 대화)
> die *schönen* Rosen (부가첨가어) (아름다운 장미)

결합가에 결속된 부가어나 보충어는 특히 동사에서 파생된 명사와 형용사에서 파
생된 명사에서 나타난다. 이들 파생명사에서는 결합가에 결속된 부가어가 각각의
동사나 형용사의 특정한 문장성분과 일치한다. 이들은 네 집단으로 나뉠 수 있다.

1) 문장의 주어와 일치하는 주어와 유사한 부가어(subjektähnliches Attribut)

> die Ankunft *des Zuges* (*Der Zug* kommt an)
> (기차의 도착 - 기차가 도착한다)

2) 동사의 목적어 또는 술어적 형용사의 목적어와 일치하는 목적어와 유사한 부

가어(objektähnliches Attribut)

mein Dank *an diesen Mann* (Ich danke *diesem Mann*)
(이 사람에 대한 나의 감사 - 나는 이 사람에게 감사한다)
mein Stolz *auf meine Heimat* (Ich bin stolz *auf meine Heimat*)
(내 고향에 대한 나의 자부심 - 나는 내 고향을 자랑한다)

3) 동사의 부사보충어와 일치하는 부사어와 유사한 부가어(adverbialähnliches Attribut)

seine Reise *nach Italien* (Er reist *nach Italien*)
(그의 이태리로의 여행 - 그는 이태리로 여행한다)

4) 동사의 술어보충어와 일치하는 술어보충어와 유사한 부가어(prädikativ-ähnliches Attribut)

die Bezeichnung des Autos *als Kiste* (Man bezeichnet das Auto *als Kiste*)
(자동차를 상자로 명명 - 사람들은 자동차를 상자로 명명한다)

통사적으로 흥미를 끄는 것은 특히 전치사구로 형성되는 보충어이다. 주어와 유사한 durch-부가어를 제외하고, 전치사로 형성되는 보충어는 두 개의 큰 집단, 즉 목적어와 유사한 부가어와 부사어와 유사한 부가어로 나뉠 수 있다. 동사와 형용사의 목적어에서 전치사가 동사와 형용사에 의해 결정되는 것처럼, 목적어와 유사한 부가어에서는 전치사가 관계명사에 의해 결정된다. 그리고 대용어는 대명사적 부사나 또는 전치사를 갖는 대명사이다.

(휴가여행에 대한 대화/정치인들에 대한 대화)
das Gespräch *über die Urlaubsreise/über die Politiker*
             | |
          darüber   *über sie*

동사와 형용사의 부사어에서 전치사가 부사구의 의미에 의해 결정되는 것처럼, 부사어와 유사한 부가어에서는 전치사가 부가적인 구 자체의 의미에 의해서 결정된다. 그리고 대용어는 부사이다.

die Reise $\begin{cases} nach \text{ Italien (이태리로의 여행)} \\ in\ die\ Stadt \text{ (도시로의 여행)} \\ au\!f\!s\ Land \text{ (시골로의 여행)} \\ \quad | \\ dorthin \text{ (그곳으로의 여행)} \end{cases}$

목적어와 유사한 전치사 부가어의 전치사는 일반적으로 해당 동사 또는 형용사 목적어의 전치사와 동일하다. 전치사 부가어가 명사에 대한 관계는 일반적으로 전치사 목적어가 술어나 술어보충어에 대한 관계와 동일하다.

seine Freude *an der modernen Musik* – Er freut sich *an der modernen Musik.*
(현대음악에 대한 그의 즐거움 – 그는 현대음악을 즐긴다)

sein Stolz *auf seine Heimat* – Er ist stolz *auf seine Heimat.*
(그의 고향에 대한 자부심 – 그는 그의 고향을 자랑한다)

그러나 전치사 부가어는 3격 목적어나 또는 2격 목적어와 일치할 수도 있다.

mein Dank *an diesen Mann* – Ich danke *diesem Mann.*
(이 사람에 대한 나의 감사 – 나는 이 사람에게 감사한다)

die Beschuldigung des Angeklagten *wegen des Diebstahls*
– Der Richter beschuldigte den Angeklagten *des Diebstahls.*
(절도죄로 피고를 고발 – 재판관은 그 피고에게 절도죄를 씌웠다)

부사어와 유사한 전치사 부가어는 해당 동사의 전치사 부가어와 일치한다.

meine Reise *nach Italien* – Ich reise *nach Italien.*
(이태리로의 나의 여행 – 나는 이태리로 여행한다)

해당 전치사적 술어보충어의 전치사가 동사에 의해 결정되는 것처럼, 술어보충어와 유사한 부가어에서도 전치사는 부가어의 관계어에 의해 결정된다. 술어보충어와 유사한 부가어에서는 원래의 전치사 이외에 해당 동사에서도 등장하는 불변화사 als가 나타난다.

der Aufstieg des Sportlers *zum Weltmeister* – Der Sportler steigt *zum Weltmeister* auf.
(그 운동선수의 세계 선수권자로의 승급 – 그 운동선수는 세계 선수권자로 승급한다)

die Bezeichnung des Autos *als Kiste* - Das Auto wird *als Kiste* bezeichnet.
(자동차를 상자로 명명 - 자동차는 상자로 명명된다)

동사와 형용사에서 파생되지 않은 명사도 통사적 결합가와 이에 따라 보충어를 가질 수 있는지 없는지 하는 문제가 아직 최종적으로 해결된 것은 아니다. Teubert (1979)에 따르면 예컨대 관계개념에서의 소유의 2격(예: der Vater *des Mannes*)은 보충어이다. 그에 의하면 중요한 것은 보충어가 논리적인 의미에서 명사적 술어의 논항이며 명사구조가 관계명사의 의미에 종속하는 동사구조로 환원될 수 있다는 점이다(die Milch bayrischer Kühe 바이에른 소의 우유 - Die Kühe geben Milch. 소가 우유를 생산한다). 이에 반해 첨가어에서는 "변형시 생성되는 동사구조가 … 관계명사의 의미에 따르지 않으며, 따라서 관계명사를 특정한 명사부류로 귀속시키는 일에도 따르지 않는다"(Teubert 1979:42).

> Sie fordern *einen Tisch zum Skatspielen.*
> - Sie fordern *einen Tisch, der zum Skatspielen dient.*
> (그들은 스카트 놀이용 테이블을 요구한다
> - 그들은 스카트 놀이에 사용할 테이블을 요구한다)

부가어가 첨가어이면 부가어는 원칙적으로 항상 추가적인 서술문(Prädikation)으로 간주될 수 있다. 이러한 추가적인 서술문이 위 예문에서의 관계문이다.

동사와 형용사에서 파생되지 않은 명사의 부가어들 중에서 다음과 같은 것들이 보충어에 속한다: 1) 부분의 2격(die Hälfte *meines Vermögens/vom meinem Vermögen* 내 재산의 절반), 2) 소위 긴밀한 동격(*Kollege* Kuhn 동료 쿤: Karl *der Große* 카알 대제), 3) 몇몇 부분적이 아닌 2격(예: die Milch *bayrischer Kühe* 바이에른 소의 우유; *Peters* Vater 페터의 아버지), 4) 몇몇 전치사 부가어(das Buch *über den Frieden* 평화에 관한 책; meine Ehe *mit ihr* 그녀와의 나의 결혼).

형태에 따라서 부가어는 여러 그룹으로 나뉠 수 있다.

1) 대명사 부가어 또는 관사류 (한정사) 부가어 (=첨가어)

dieser Mann (이 남자)

2) 형용사 부가어와 분사 부가어

a) 진술어

ein *schlechter* Lehrer - die *wachsende* Arbeitslosigkeit
(좋지 않은 선생 - 증가하는 실업)

b) 보충어 (아주 드물게)

das *schlechte* Benehmen des Jungen (그 젊은이의 나쁜 행동)

3) 2격 부가어

a) 보충어

die Ankunft *des Zuges* - die Einladung *des Gastes*
(기차의 도착 - 손님의 초대)

b) 진술어

das Buch *des Mädchens* (그 소녀의 책)

4) 동격 (다양한 형태)

a) 보충어

Kollege Kuhn - Karl *der Große* - ein Glas *guter Wein*
(동료 쿤 - 카알 대제 - 좋은 포도주 한 잔)

b) 진술어

Karl, *mein bester Freund* - der Arzt *als berufener Ratgeber*
(나의 가장 좋은 친구인 카알 - 천부적인 조언자로서의 그 의사)

5) 부사어 부가어

a) 보충어

meine Reise *dorthin* (거기로의 나의 여행)

b) 진술어

die Sitzung *gestern* (어제의 회의)

6) 전치사 부가어

a) 보충어

sein Stolz *auf seine Heimat* – seine Reise *nach Italien*
(고향에 대한 그의 자부심 – 이태리로의 그의 여행)

b) 진술어

der Mann *auf der Bank* – mein Studium *in Helsinki*
(벤취 위에 앉아 있는 그 남자 – 헬싱키에서의 나의 학업)

7) 부정사 부가어 (=보충어)

die Kunst *zu schweigen* (침묵하는 기술)

8) 부문장 부가어

a) 보충어

die Antwort, *dass er komme* (그가 온다는 회답)

b) 진술어

der Junge, *der dort sitzt* (거기에 앉아 있는 젊은이)

형용사의 부가어는 부사 또는 비굴절 형용사이다.

ein *sehr* preiswertes Angebot (아주 값싼 상품)
Ich bin *recht* müde. (나는 아주 피곤하다)
der *eisig* kalte Wind (얼음처럼 차가운 바람)

형용사의 부가어는 첨가어이지만, 술어적 형용사의 보충어는 그 치환가능성 때문에 위에서 형용사의 목적어나 또는 형용사의 부사어로 다루어졌다(예: Er ist *des Diebstahls* schuldig. 그는 절도죄를 짓는다). 그러나 형용사가 이러한 보충어(예컨대 목적어)와 함께 부가적으로 사용되면, 형용사의 보충어는 부가적인 형용사의 결합가에 결속된 부가어로서 간주되어야 한다. 왜냐하면 형용사의 보충어가 더 이상 단독으로는 치환될 수 없기 때문이다.

der *des Diebstahls* schuldige Mann (*schuldig*의 부가어)
(절도죄를 짓고 있는 그 남자)

형용사의 여타의 부가어는 첨가어이다. 비교급 형용사에 대한 부가어는 물론 비교의 보충어로서도 간주될 수 있다(größer *als ich* 나보다 더 키가 큰).

부사의 부가어 역시 대체로 첨가어이며 특히 부사 또는 비굴절 형용사이다.

> *sehr* oft (매우 자주)
> *weit* hinten (저 뒤에)

부사의 부가어 역시 예컨대 부사의 의미에 의해 요구되는 전치사구가 될 수도 있다. 이러한 드문 경우를 우리는 아마도 부사의 결합가 및 부사의 보충어(Ergänzung des Adverbs)라고 말할 수 있을 것이다.

> Er wohnt mitten *im Dorf.* (그는 마을 한 복판에서 산다)

4.2. 명사의 부가어

4.2.1. 결합가에 결속된 부가어 (부가적 보충어)

4.2.1.1. 주어/목적어와 유사한 부가어

1) 주어적 2격과 목적어적 2격

주어적 2격(=2격 주어 Genitivus subiectivus)과 목적어적 2격(=2격 목적어 Genitivus obiectivus)은 동사 파생명사(Verbalsubstantiv)의 부가어이다. 2격 주어는 명사 안으로 들어간 동사에 대한 주어를 나타내고(심층격은 행위자격 또는 피동자격), 2격 목적어는 동사행위의 목적어를 나타낸다(심층격은 대체로 대상격 또는 결과격).

> die Ankunft *des Zuges* (*Der Zug* kommt an) (주어적 2격)
> (기차의 도착 - 기차가 도착한다)

> die Zerstörung *Karthagos* (Man zerstörte *Karthago*) (목적어적 2격)
> (카르타고의 파괴 - 사람들이 카르타고를 파괴했다)

a) 동사 파생명사가 행위자 명사(Nomen agentis)이면 그 부가어는 오직 목적어적 2격만이 될 수 있다.

der Zerstörer *Karthagos* (카르타고의 파괴자)
der Gründer *dieser Sekte* (이 종파의 창시자)

b) 동사 파생명사가 자동사로 형성된 동작명사(Nomen actionis)이면 2격은 오직
주어만이 될 수 있다.

die Ankunft *des Zuges* (기차의 도착)
die Abdankung *des Königs* (왕의 퇴위)

c) 타동사로 형성된 동작명사에서는 원칙적으로 주어적 2격뿐만 아니라 목적어
적 2격도 올 수 있다.

die Einladung *des Vorsitzenden* an die Mitglieder (주어적 2격)
(의장이 회원들을 초대하는 것)

die Einladung *der Mitglieder* zu einer Aussprache (목적어적 2격)
(회원들을 회담장으로 초대하는 것)

이러한 사실은 동사 파생명사가 동사의 능동적인 사용과 수동적인 사용에 따라
서 능동적인 내용뿐만 아니라 수동적인 내용도 가질 수 있다는 데 그 원인이 있다:
die Einladung(초대): a) Der Vorsitzende lädt ein(의장이 초대한다 - 능동), b) Die
Mitglieder werden eingeladen(회원들이 초대받는다 - 수동). 그러나 중의성 때문에
동작명사는 보통 두 가지 2격 부가어 중에서 오직 한 부가어 하고만 결합된다. 대
부분의 동사 파생명사에서는 목적어적 2격이 관철되었지만 몇몇 경우에서는 물론
주어적 2격도 관철되었다.

die Belagerung *der Stadt* (그 도시의 포위)
der Verkauf *des Hauses* (그 집의 판매)   (목적어적 2격)

die Furcht *des Mädchens* (그 소녀의 공포)
die Liebe *des Kindes* (그 어린아이의 사랑)
der Hass *des Feindes* (적의 증오)   (주어적 2격)

주어적 2격이 불가능한 경우 타동사로 구성된 동사 파생명사에서는 주어와 유사
한 부가어가 durch-구조로 표현된다. 명사에 이미 목적어적 2격이 있는 경우에는
이것이 필수적이다. 왜냐하면 주어적 2격과 목적어의 2격이 동시에 나타날 수 없기
때문이다.

die Belagerung *durch die Römer* (로마인들에 의한 포위)
die Einladung der Mitglieder *durch den Vorsitzenden*
(의장에 의한 회원들의 초대=의장이 회원들을 초대하는 것)
*die Einladung *der Mitglieder des Vorsitzenden*
       (목적어적 2격) (주어적 2격)
(비교: *Peters/seine* Manipulation *der Preise*(페터가 가격을 조작하는 것); 주어적 2격
은 소위 작센의 2격이나 소유대명사이다)

목적어적 2격이 불가능한 경우에는 목적어와 유사한 부가어가 전치사구의 형태
를 취한다.

die Furcht *vor dem Gewitter* (뇌우에 대한 공포)
die Liebe *zu dem Kind* (어린이에 대한 사랑)
der Hass *gegen den Feind* (적에 대한 증오)

주어와 유사한 2격 부가어나 목적어와 유사한 2격 부가어의 관계어는 원래의 동
사 파생명사(=동작명사) 대신에 결과명사(Nomen acti)가 될 수도 있다. 이러한 2격
은 아마도 주어적 2격(=저자의 2격 Genitivus auctoris)과 목적어적 2격(=산물의 2격
Genitiv des Produkts)의 특별한 경우로 간주될 수 있다.

der Rat *des Mannes* (그 남자의 충고)
das Werk *des Dichters* (그 작가의 작품) (주어적 2격: 저자의 2격)

der Entwurf *eines neuen Strafgesetzbuches* (새 형법전의 초안)
(목적어적 2격: 산물의 2격)

◆ 역사적인 변천

두 가지 2격은 이미 가장 초기의 문헌에서도 나타나는데, 동작명사에서는 목적어
적 2격과 주어적 2격이, 행위자 명사에서는 목적어적 2격이 나타난다.

목적어적 2격:
jungera worolti mord (Otfrid)
er schirme dina ecclesiam fore *iro* ahtaren (Notker)
das bekentnisse *der einveldigen warheit* (Mystiker)
der *der liute* vaher ist (Reinmar von Zweter)

주어적 2격:

thes selben dages kunfti (Otfrid)
so groz wart *der heiden* val (Wolfram)

타동사로 형성된 동작명사에서는 목적어적 2격이 항상 주어적 2격보다 더 자주
나타났다. 그러나 몇몇 동사 파생명사에서는 주어적 2격이 관철되었다. 즉 Furcht
(공포), Hass(증오), Liebe(사랑)에서는 목적어적 2격이 고고지독일어에서 초기 신고
지독일어까지 증명될 수 있으나, 그 후에 주어적 2격에 의해 완전히 밀려났다. 또한
오늘날 목적어와 유사한 부가어로서 전치사 부가어를 취하는 몇몇 다른 동사 파생
명사에서도 이전에는 목적어적 2격이 나타날 수 있었다(Hoffnung 희망, Erinnerung
회상).

thes hereren forahta sie wiht niregisota (Otfrid; nhd. *Furcht vor*)
der Haß *des Königthums* (Goethe; nhd. *Haß gegen*)
durch *ir sunes* liebe (Nibelungenlied; nhd. *Liebe zu*)
in der Hoffnung *eines baldigen Wiedersehens* (Goethe; nhd. *Hoffnung auf*)
(곧 재회하리라는 희망 속에서)
die Erinnerung *schöner Zeit* (Goethe) (아름다운 시절에 대한 회상)
(비교: 오늘날에도 Menschenliebe(인간에 대한 사랑), Gottesfurcht(경신, 경건)
와 같은 합성어)

근대어에서는 3격 목적어를 요구하는 동사로 형성된 동사 파생명사에서도 목적
어적 2격이 나타날 수 있었다.

zur Beiwohnung *des Zweikampfs* (Kleist) (결투에 참석하기 위해)
die Nachforschung *der Wahrheit* (Lessing) (진리의 탐구)

결과명사에서도 주어적 2격과 목적어적 2격이 일찍부터 증명된다.

there *Kristes* lera (Otfrid)
ein werc *der ewigen nature* (Mystiker) (저자의 2격에 대한 증거)

주어적 2격과 목적어적 2격이 동시에 나타나는 것은 이전에도 드물게 증명된다.
이들은 오늘날 두 2격 부가어들 중의 하나로서 작센의 2격(sächsischer Genitiv)이나
소유대명사에서만 동시에 등장할 수 있다.

Samuels minne *siner viende* (주어적 2격이 작센의 2격; Mystiker)
in *ihrem* Vorsatze der Rache (주어적 2격이 소유대명사; Lessing)

in die witen erkantnüsse *unseres herzen diner gotlichen süeze*
(관계어 다음의 두 가지 2격; Mystiker)

Behaghel(1923-32,1:505)에 따르면 신고지독일어에서 비로소 주어적 2격 대신에 오늘날의 durch-부가어가 나타났다(die Entdeckung des Neptun *durch Galle* 갈레에 의한 해왕성의 발견).

2) 주어와 유사한 부가어로서의 일치의 2격

술어보충어를 포함하는 한 문장의 주어에 해당하고 특정한 명사에서만 나타나는, 즉 하위부류 특수적이며 따라서 보충어인 소위 일치의 2격(Genitiv der Identität)도 역시 주어와 유사한 부가어에 넣을 수 있다. 이것이 규정의 2격(Genitivus definitivus)과 설명의 2격(Genitivus explicativus)이다.

a) 규정의 2격은 sein-관계를 이룬다. 관계어는 유개념(Gattungsbegriff)이고 2격 부가어는 종개념(Artbegriff)이다.

das Laster *des Trunkes* (*Der Trunk* ist ein Laster)
(음주벽의 악습 - 음주벽은 하나의 악습이다)
die Pflicht *der Dankbarkeit* (*Die Dankbarkeit* ist eine Pflicht)
(감사표시의 의무 - 감사표시는 하나의 의무이다)
der Begriff *des Unendlichen* (*Das Unendliche* ist ein Begriff)
(무한의 개념 - 무한은 하나의 개념이다)

b) 설명의 2격에서 관계어는 2격에 의해 지칭된 개념에 대한 은유(Metapher)이다.

der Strahl *der Hoffnung* (*Hoffnung* ist wie ein Strahl)
(희망의 빛 - 희망은 빛과 같다)
die Schule *des Lebens* (*Das Leben* ist wie eine Schule)
(인생의 학교 - 인생은 학교와 같다)

◈ 역사적인 변천

규정의 2격과 설명의 2격은 Behaghel에 따르면 부가적 2격의 원래의 용법에는 속하지 않지만, 이들은 이미 고고지독일어와 중고지독일어에서 증명된다.

in *thrio dago* fristi (규정의 2격: 'Drei Tage sind eine Frist'; Otfrid)

(3일이 유예기간이다)

gemeinschaft *aller heiligen* (규정의 2격: 'Alle Heiligen sind eine Gemeinschaft'; Berthold) (모든 성인들은 하나의 공동체이다)

got ist ein lucerne *des lebenden liehtes* (설명의 2격: 'Das lebende Licht(=Gott) ist wie eine Laterne ...'; Mystiker) (살아 있는 빛(=하느님)은 등과 같다)

(Behaghel 1923-32,1:520)에 따르면 "2격 규정어를 취하는 두 성분으로 된 표현 대신에 아주 똑같이 2격명사가 단독으로 올 수 있는 그러한 경우들에서 발전이 시작된다."

er stiez mih in die finstri *des crabes* (= in das Grab) (Notker)

"이러한 경우들에서 나타나는 한 성분과 두 성분들 사이의 등가는 이들이 객관적으로 등가가 아닌, 즉 더 이상 2격의 부속물이 아니라 2격 그 자체만이 생각되는 곳에서도 두 성분이 한 성분을 대신할 수 있다는 결과를 낳는다. 형식상 이러한 발전은 전체를 위한 부분의 이용에서 ... 사용된다"(Behaghel 1923-32,1:521).

초기 신고지독일어에서는 설명의 2격이 인기 있는 문체수단이었지만 오늘날에는 회피된다.

durch den schrecklichen Abgrund *der Zweifel* (절망의 무서운 심연을 통해서)

3) 목적어와 유사한 부가어로서의 전치사구

이미 앞서 논의한 바와 같이(276쪽 비교) 목적어와 유사한 전치사 부가어의 전치사는 대부분 해당 목적어의 전치사와 동일하다. 왜냐하면 부가어는 보통 해당 동사나 형용사의 전치사 목적어와 일치하기 때문이다. 하지만 전치사 목적어가 격 목적어와도 일치할 수 있기 때문에(예컨대 2격 및 3격 목적어), 명사에서의 부가어의 전치사는 동사나 형용사에서의 격과 일치한다.

seine Freude *an der modernen Musik* – Er freut sich *an der modernen Musik.* (현대음악에 대한 그의 즐거움 – 그는 현대음악을 즐긴다)

mein Dank *an diesen Mann* – Ich danke *diesem Mann.*

(이 남자에 대한 나의 감사 - 나는 이 남자에게 감사한다)

meine Gewissheit *über seine Zuverlässigkeit*
- Ich bin *seiner Zuverlässigkeit* gewiss.
(그의 신뢰심에 대한 나의 확신 - 나는 그의 신뢰심을 확신한다)

목적어와 유사한 전치사 부가어의 관계어는 보통 동사에서 파생된 동작명사이거나 형용사에서 파생된 명사이다(*die Antwort* an den Kunden 고객에게 답변하는 것; *der Stolz* auf die Heimat 고향에 대한 자부심). 비록 드문 일이긴 하지만 동사에서 파생된 행위자 명사도 있을 수 있다. 직접 동사나 형용사로 소급될 수 없는 명사들도 있다(unser *Erlöser* vom Bösen 악으로부터 우리를 구원하는 자; seine *Ansicht* über die Sache 그 문제에 대한 그의 견해).

목적어와 유사한 전치사 부가어에서는 다음과 같은 전치사가 나타나는데 이들은 동사나 형용사에서도 나타낸다.

an: die Antwort *an den Kunden* (고객에게 답변)
auf: die Freude *auf den Besuch* (방문객을 기다리는 즐거움)
aus: die Erlösung *aus der Not* (고난으로부터의 구원)
bei: die Beschwerde des Lehrers *bei den Eltern* (부모님들에 대한 그 선생님의 불만)
für: der Dank *für die Unterstützung* (도와준 데에 대한 감사)
gegen: die Attacke *gegen den Minister* (장관에 대한 공격)
gegenüber: die Dankbarkeit *gegenüber dem Vater* (아버지에 대해 감사하는 마음)
in: der Eingriff der Großmacht *in die Rechte der kleinen Staaten*
      (약소국의 권리에 대한 강대국의 개입)
mit: seine Heirat *mit der Frau* (그 부인과의 그의 결혼)
nach: die Forderung *nach Frieden* (평화에 대한 갈망)
über: das Gespräch *über die Urlaubsreise* (휴가여행에 대한 대화)
um: die Angst der Mutter *um ihr Kind* (자기 아이에 대한 어머니의 걱정)
von: die Abhängigkeit des Sohnes *vom Vater* (아버지에 대한 아들의 의존)
vor: die Angst *vor dem Tod* (죽음에 대한 불안)
zu: die Aufforderung *zur Solidarität* (연대에 대한 요청)
zwischen: die Aussöhnung zwischen *Vater und Sohn* (부자간의 화해)
      (zwischen은 동사 및 형용사 목적어에서는 나타나지 않는다)

전치사 부가어에서는 아주 많은 전치사가 나타나기 때문에 전치사 부가어 역시 전치사 목적어처럼 몇 가지 내용, 즉 몇 가지 의미역(=심층격)을 실현시킬 수 있는 것은 당연하다. 이러한 의미격은 예를 들면 다음과 같다: 수신자격(die Antwort *an den Kunden* 고객에게 대답), 목적격(der Durst des Mannes *auf Bier* 그 남자의 맥주에 대한 욕구), 원인격(die Freude *auf den Besuch* 방문객을 기다리는 즐거움), 동반격(seine Heirat *mit der Frau* 그 부인과의 그의 결혼), 대상격(der Griff des Mannes *nach der Flasche* 그 남자가 병을 잡음), 주제격(das Gespräch *über die Reise* 여행에 대한 대화). 소수의 전치사 목적어는 단지 하나의 심층격 내용만을 표현한다(예: zwischen - 행위자격/피동자격). 대부분의 전치사는 몇 가지 의미역을 표현한다(예: nach - 목적격, 대상격, 주제격; an - 수신자격, 원인격, 동반격). 다른 한편으로는 명사적인 술어에서 소수의 의미역만이 오직 하나의 특정한 전치사에 의해 실현된다(예: 동반격은 mit를 통해서). 대부분의 의미역은 여러 전치사로 실현된다(예: 목적격은 auf, nach, gegen을 통해서).

◈ 역사적인 변천

목적어와 유사한 전치사 부가어는 시간이 지남에 따라 급증하였는데, 이것은 동사의 경우 해당 전치사 목적어의 증가에서 그 원인을 찾을 수 있다. 특히 전치사 부가어가 현대 독일어에서 전형적인 것이지만 현상 그 자체는 이미 고고지독일어에서도 있었다. Behaghel(1923-32,2:59)에 따르면 동작명사는 이미 초기부터 "해당 동사에 부가될 수 있는 전치사적 표현과 결합"되었다. Behaghel의 몇몇 예들은 부사어와 유사한 부가어이지만 몇몇 옛 증거들은 목적어와 유사한 부가어로서도 간주되어야 한다.

> thin gilobo *an thea maht Gotes* (Heliand)
> alle seine urteilda *uber guote und uber ubele* (Notker)

몇몇의 경우에서 부가어의 전치사가 이전에는 오늘날과는 다른 전치사였던 것처럼 보이거나 아니면 부가적인 사용이 그 후에 사라져버렸다.

> hier begin ih ein reda *umbe diu tier* ('Rede über'; MSD)
> der glaube *in Christum* (Luther; 'Glaube an')
> kein zuoversicht *zu got* (Luther; 오늘날은 부가어가 불가능하다)

부가어에서도 해당 동사에서는 불가능한 전치사들이 발견될 수 있다.

> ir vorhte *z'ir herren* (Nibelungenlied; mhd. *vürhten* mit Genitiv/*für, um, vor*)
> gruoz *gein iu* (Wolfram)

Behaghel(1923-32,2:61)은 행위자 명사의 전치사 부가어에 대해서도 고고지독일어 시대부터 고전주의자들에 이르기까지의 몇 가지 "개별적인" 자료들을 제시한다. 이에 반해 관계명사가 직접 동사나 형용사에서 기원할 수 없는 경우들에 대해서는 다만 신고지독일어의 자료들만을 제시한다.

du bist losare *fone ubele* (Notker)
losaer *uz den sünden* (Walther)
verwiveler *an aller milte* (Berthold)
die Teilnehmer *an diesem schönen Geschäft* (Goethe)
(이 좋은 사업에 참여한 사람들)

Antheil *an der Regierung* (Wieland) (정부에 참여)
einen natürlichen Trieb *nach Klarheit* (Fichte) (명료성에 대한 자연스러운 충동)

목적어적 2격 대신에 사용되는 von-전치사 부가어에 대한 옛날 자료는 몇 가지만 존재한다.

ein großer Liebhaber *von allerley lustigen Tragödien* (Gryphius)
(모든 종류의 희비극에 대한 대단한 애호가)

4) 목적어와 유사한 부가어로서의 부정사와 부문장

목적어와 유사한 부정사 부가어나 또는 부문장 부가어와 결합되는 일련의 명사들이 존재한다. 드물게는 부정사와 부문장이 명사에서 - 명사가 항상 직접 동사나 형용사로 소급될 수 있는 것은 아니다 - 목적어와 유사한 부가어의 유일한 가능성을 나타낸다. 일반적으로 부정사와 부문장이 전치사 부가어를 대체한다.

a) 소수의 명사에서만 부정사와 부문장이 목적어와 유사한 유일한 부가어이다 (경합하는 명사적인 부가어 없이). 이들 중 몇몇 명사에서는 부정사와 부문장이 대안적으로 나타나고, 다른 명사에서는 부정사가 나타나거나 혹은 부문장이 나타난다.

seine Behauptung, *die Aufgabe gelöst zu haben*
                  dass er die Aufgabe gelöst habe
(그 과제를 해결했다고 하는 그의 주장)
der Ehrgeiz des Mannes, *auf jeden Fall zu gewinnen*

(어떻게 해서든 이기겠다는 그 남자의 공명심)

b) 일반적으로 부정사 부가어와 부문장 부가어는 전치사 부가어의 대안이다. 이때 해당 대명사적 부사가 형식어로서 부정사 혹은 부문장 앞에 나타날 수 있다.

a) 몇몇 명사에서는 부정사가 유일하게 가능한 비명사적인 부가어이다(경합하는 부문장 없이). 부정사구조 앞에 종종 상관사가 나타난다.

das Ersuchen (*darum*), *Hilfskräfte zu bewilligen* (보조원들에 동의하라는 탄원서)
die Ermächtigung (*dazu*), *das Geld abzuholen* (돈을 가져오는 일에 대한 위임)

b) 부문장만이 가능한 경우들도 있다(경합하는 부정사 없이). 상관사가 대부분 의무적이지만 단지 예외적으로만 수의적이거나 불가능하다.

die Abstimmung *darüber, wie/ob der Beschluss verwirklicht werden soll*
(결정의 실행 방법/여부에 대한 투표)
die Demonstration *dagegen, dass die Preise erhöht werden*
(물가 인상에 반대하는 시위)
der Bericht (*darüber*), *wie man das Ziel am schnellsten erreicht*
(목표에 가장 빨리 도달하는 방법에 대한 보고)
die Anfrage, *wann er komme* (vgl. die Anfrage *nach etwas*)
(그가 언제 도착하느냐에 대한 문의 - 무엇에 대한 문의)

c) 비록 부정사와 부문장이 항상 서로 교환될 수 있는 것이 아님에도 불구하고, 대부분의 경우 명사가 부정사뿐만 아니라 부문장과도 결합될 수 있다. 상관사는 대부분 의무적이며 수의적이거나 불가능한 경우는 드물다.

der Anspruch *darauf, Krankengeld zu bekommen*
                    dass das Krankengeld bezahlt wird (selten)
(질병 보조금을 수령하려는 데 대한 요구)

die Angst (*davor*), *ihn zu verlieren*
                    dass man ihn verliert
(그를 잃을까 하는 데 대한 불안)

die Bitte, *ihm schnell zu helfen* (vgl. die Bitte *um Hilfe*)
                    dass sie ihn unterstützen möchte
(그를 빨리 도와주라는 요청 - 도움에 대한 요청)

◆ 역사적인 변천

부정사에서뿐만 아니라 부문장에서도 목적어와 유사한 부가어로서의 사용은 이미 고고지독일어에서 증명된다. 부정사에서의 부가적인 사용은 특히 신고지독일어에서 급증하였으며, 부문장에서의 부가적인 사용은 이미 중고지독일어에서 더욱 빈번하게 사용되다가 신고지독일어에서는 아주 널리 보급되었다.

> habet giwalt in erdu *zi furlazzenne sunta* (Tatian)
> sie habent den gewalt *ze binden und ze enbinden* (Berthold)
> und noch *ze tuonne* willen hat (Hartmann)

> he im giwalt fargaf, *that sie mostin helean halte endi blinde* (Heliand)
> do het zwivel genuoc, *daz in der lewe wolde bestan* (Hartmann)

현대어에서는 zu-부정사만이 부정사 부가어로서 사용된다. 원래의 순수한 부정사는 고고지독일어에서 여전히 증명되지만 이미 중고지독일어에서 전치사적 부정사에 의해 밀려났다. 원래의 순수한 부정사가 초기 신고지독일어에서도 가끔 나타났다.

> das volck hat synn *stroffen die sün Benyamin* (Brant)

Behaghel(1923-32,2:330)은 부정사 부가어의 상관사 사용("부정사의 선취")에 대해서는 언급하고 있지만(er hat Sehnsucht/Verlangen danach, zu ... 그는 ...에 대한 동경/욕구를 가지고 있다), 부정사의 상관사로서 대명사적 부사를 취하는 구조에 대해서는 어떠한 역사적인 증거도 발견되지 않는다.

4.2.1.2. 부사어와 유사한 부가어

결합가에 결속된 부사어와 유사한 부가어는 몇몇 다른 명사에서도 가능하지만 (예: Botschafter in Moskau 모스크바에 주재하는 대사), 무엇보다도 동사 파생명사에서 나타난다. 거의 전적으로 장소부가어가 문제된다. Der Junge hat ein *korrektes* Benehmen(그 소년은 올바른 행동을 취한다)와 같은 경우에서는 아마도 결합가에 결속된 방법부가어가 존재할 수 있을 것이다: Der Junge benimmt sich *korrekt.* (그 소년은 올바르게 행동한다).

장소부가어는 대부분 방향부가어이다.

die Fahrt der Familie *nach Berlin/ins Gebirge/ans Meer/DORTHIN*
(베를린/산/바다/거기로의 가족의 드라이브)

방향부가어는 "그 자체 방향성분을 포함하고 있는" 구체명사에서도 나타날 수 있다(Rall/Engel/Rall 1977:149).

der Weg *nach Hause/DORTHIN* (집으로/거기로 가는 길)
der Zug *aus Genf/VON DORT* (제네바에서/거기서 오는 기차)

중첩된 지시부가어는 이동과정의 여러 경유지를 표현할 수 있다.

die Flucht des Mannes *aus Deutschland über Frankreich in die USA*
(독일에서 프랑스를 거쳐 미국으로의 그 남자의 도주)
(여기서는 전체가 세 성분으로 된 하나의 보충어로 간주될 수 있다)

그러나 우세한 지시부가어 이외에 결합가에 결속된 정적인 장소부가어도 존재한다.

Stuttgarts Lage *am Neckar* (네카강가에 있는 슈투트가르트의 위치)
sein Aufenthalt *in Berlin* (베를린에서의 그의 체류)
die Ankunft *in Berlin/an der Haltestelle/beim Nachbarn*
(베를린/정류장/이웃집에 도착)
der Botschafter *in Moskau* (모스크바에 주재하는 대사)

형태상으로 볼 때 부사어와 유사한 장소부가어는 전치사구나 부사이다.

◆ 역사적인 변천

Behaghel은 이미 고고지독일어와 중고지독일어 이후의 지시부가어에 대한 예들과 그리고 또한 der Weg nach Hause(집으로 가는 길) 유형에 대한 예들도 제시한다.

er io in ferte ist *zuo dero sunnun* (Notker)
den val von demo riche *in den zarital* (Waag; 중고지독일어)
dem sprunge *von dem Pfärde uf den wasen* (Wolfram)
ein tor *zuo dem paradise* (Berthold)

4.2.1.3. 술어보충어와 유사한 부가어

명사화에서 형용사적 술어보충어는 독립적으로 보존되는 것이 아니라 그것과 함께 합성어를 형성하는 동사 파생명사 안으로 들어간다(Er ist krank - sein Kranksein). 명사적 1격 술어보충어와 4격 술어보충어는 일반적으로 부가어가 될 수 없다. 다만 als-, zu-, in-술어보충어만이 부가어로 변화될 수 있다.

> das Wirken des Herrn O. *als Nothelfer* - Herr O. wirkt *als Nothelfer*.
> (구난자로서의 O씨의 활동 - O씨는 구난자로서 활동한다)
>
> die Bezeichnung des Autos *als Kiste* - Das Auto wird *als Kiste* bezeichnet.
> (차를 상자로 표현 - 차는 상자로 표현된다)
>
> der Aufstieg des Sportlers *zum Weltmeister*
> - Der Sportler steigt *zum Weltmeister* auf.
> (세계 선수권자로의 그 운동선수의 승급
> - 그 운동선수는 세계 선수권자로 승급한다)
>
> die Ernennung des Politikers *zum Botschafter*
> - Der Politiker wird *zum Botschafter* ernannt.
> (대사로의 그 정치인의 임명 - 그 정치인이 대사로 임명된다)
>
> die Verwandlung des Zeus *in einen Schwan*
> - Zeus verwandelte sich *in einen Schwan.*
> (백조로의 제우스의 변신 - 제우스가 백조로 변신했다)

◆ 역사적인 변천

역사적인 통사론 기술에서 술어보충어와 유사한 부가어에 대한 자료를 찾는다는 것은 대단히 어려운 일이다. 필자는 als-부가어에 대한 어떠한 역사적인 자료도 찾지 못했다. 그것은 신고지독일어에서 처음으로 사용되었던 것 같다(해당 als-술어보충어는 초기 신고지독일어에서 유래한다). 전치사 부가어에 대한 유일한 예는 아마도 술어보충어와 유사한 부가어로 간주될 수 있는 in-구조에 대한 다음의 예가 될 것이다(Behaghel 1923-32,2:60).

> eine Umwandlung *in meine Denkart* (술어보충어와 유사한가?; Herder)
> (내 사고방식으로의 전환)

4.2.1.4. 동사/형용사에서 파생되지 않은 명사의 부가어

앞서 언급한 바와 같이 동사와 형용사에서 파생되지 않은 명사의 결합가 문제는 아직도 완전히 해결된 것이 아니다. 다음에서 맨 먼저 다루어지는 소위 부분의 2격 (및 그 등가어)과 긴밀한 동격이 아마도 보충어로 간주될 수 있을 것이다. 끝으로 Teubert(1979)에 의해 보충어로 간주되는 상이한 내용을 갖는 몇몇 부분적인 아닌 2격과 전치사 부가어가 자세히 관찰된다.

1) 부분의 2격과 그 등가어

부분의 2격의 관계어(Bezugswort)는 양이나 척도를 나타내고, 이에 반해 2격은 포괄적인 전체를 나타낸다. 특정한 명사만이 관계어로서 나타난다(그밖에 특정한 대명사, 최상급 형용사 및 명사). 아마도 부분의 2격은 하위부류 특수적인 것으로 볼 수 있으며 따라서 보충어이다.

a) 부분의 2격은 분할된 전체의 2격이다. 부분의 2격은 일정하게 제한된 전체를 표현하며, 2격 앞에 그것을 보다 자세히 규정해주는 대명사나 관사가 온다.

die Hälfte *meines Vermögens* (내 재산의 절반)
die älteste *meiner Schwestern* (나의 가장 큰 누님)
zwei/einige *meiner Freunde* (내 친구 두 명/몇 명)

비록 분할된 혹은 제한적인 전체의 2격이 일반적으로 보충어로서도 간주되는 전치사구조를 통해서 대체되지만 이 2격은 오늘날에도 여전히 가능하다.

die Hälfte *von meinem Vermögen* (내 재산의 절반)
die älteste *von meinen Schwestern* (나의 가장 큰 누님)
Wer *von euch?* (너희들 중에 누가?)
(2격은 대명사 부가어가 될 수 없음)

b) 2격은 비제한적인 전체의 2격이 될 수 있다. 이때 2격은 대명사나 관사를 그 앞에 갖지 않는다.

eine Schar *spielender Kinder* (한 무리의 노는 아이들)
ein Glas *guten Weins* (좋은 포도주 한 잔)

비제한적인 전체의 2격이 오늘날 단수에서는 항상 격식어로만 사용되고 복수에

서도 여전히 나타나며, 대체로 2격을 형식적으로 표현하는 형용사 부가어를 그 앞
에 갖는다.

> ein Strauß *duftender Rosen* (향기 나는 장미 한 다발)
> eine Menge *fauler Äpfel* (다량의 썩은 사과들)
> eine Schar *fröhlicher Kinder* (즐거워하는 어린이들의 한 무리)

그러나 정상적인 문체에서는 이러한 2격이 대부분 전치사구나 일종의 동격
(Apposition), 소위 관계어와 보충어가 동일한 격으로 오는 후위(Nachstellung)를 통
해서 대체된다.

> eine Schar *von fröhlichen Kindern* (전치사 부가어) (즐거워하는 어린이들의 한 무리)

> (동격 또는 후위):
> Auf dem Tisch steht ein Glas *guter Wein.* (1격)
> (식탁 위에 좋은 포도주 한 잔이 있다)
> Er gab mir ein Glas *guten Wein.* (4격)
> (그는 나에게 좋은 포도주 한 잔을 주었다)
> Er erquickte sich mit einem Glas *gutem Wein/guten Weins.*
> (3격 관계어에서는 종종 원래의 2격이 아직도 사용된다)
> (그는 좋은 포도주 한 잔으로 원기를 돋우었다)

확정되지 않은 전체에 대한 부분적인 부가어로서 오늘날 세 가지 상이한 구조가
병행할 수 있다: 원래의 2격, 전치사 부가어 및 동격.

> Eine Menge ⎧ *fauler Äpfel* lag unter dem Baum.
> 　　　　　 ⎨ *von faulen Äpfeln*
> 　　　　　 ⎩ *faule Äpfel*
> (다량의 썩은 사과들이 나무 밑에 놓여 있었다)

◈ 역사적인 변천

a) 제한적인 (분할된) 전체의 2격에 대한 자료가 고고지독일어 이래로 특히 원래
　의 명사에서뿐만 아니라 다른 명사어(대명사, 수사 등)에서도 관계어로서 존
　재한다. 2격의 인칭대명사 역시 오늘날의 사용과는 다르게 나타날 수 있었다.

> ein fuoder *der riuwe* (Wolfram)
> der hufe *der guottaete* (Berthold)

thero zweio andar ('der andere von den zwei'; Otfrid) (그 두 사람 중에서 다른 사람)
ein teil *ir* im dar naher dranc ('ein Teil von ihnen'; 대명사 부가어; Wolfram)
(그들 중의 일부)
thero liutu filu (Otfrid), *des silbers* wenig (Walther)
- 두 관계어는 명사화된 양의 형용사

분할된 전체의 2격이 오늘날 von-구조와 경합하고 정상적인 문체에서는 대부분 von-구조에 의해 이미 밀려나긴 했지만 잘 보존되었다. 분할된 전체의 2격은 대명사적 관계어에서는 완전히 사라졌다.

die Hälfte *meines Vermögens* - *jeder von uns*
(내 재산의 절반 - 우리들 각자)

b) 비제한적인 전체의 2격은 오늘날보다는 이전에 더욱 빈번하였다.

① 비제한적인 전체의 2격이 고대어에서는 종종 양과 척도를 나타내는 명사에서 나타났다.

ein hufo *steino* (Notker)
ein fuoder *guotes wines* (Walther)
ein phunt *vleisches*/ein trunc *wazzers* (정상적인 중고지독일어 표현)
ein Stück *Ackers* (Luther) (전답의 한 뙈기)
den besten Becher *Weins* (Goethe) (가장 좋은 포도주 잔을)
Tonnen *Goldes* (Schiller) (수 톤의 금)

부가어 자체가 어떠한 (형용사) 부가어도 갖지 않는 경우에는 2격이 오늘날 아주 드물다. 왜냐하면 2격은 거의 전적으로 동격(후위)에 의해 밀려났기 때문이다(비교: Als er den Becher Weins geleert hatte(그가 포도주 잔을 비웠을 때); Kasack, 1948).

ein Stück *Brot* (한 조각의 빵); ein Haufe *Steine* (돌 더미)

이 새로운 구조는 부가어 없는 여성과 복수에서처럼 2격이 어떠한 형태상의 표지도 갖지 않는 경우들에서 기원하며, 이에 유추하여 남성과 중성 단수로도 확대되었다.

ein Löffel *Suppe*; ein Pfund *Äpfel* - ein Stück *Brot* (vgl. *Brotes*)
(한 숟갈의 국 - 1파운드의 사과 - 한 조각의 빵)

　부분의 부가어가 자신의 형용사 부가어를 통해 규정되는 경우에는 오늘날에도 여전히 2격으로 온다. 단수에서는 2격이 격식어이며, 복수에서는 2격이 더욱 빈번하게 사용되지만 복수에서도 역시 후위 – 혹은 전치사 부가어 – 가 정상적인 구조이다.

> eine Flasche *guten Rheinweins* (격식어) (좋은 라인 포도주 한 병)
> eine Flasche *guter/guten Rheinwein* (정상적인 표현)
> eine Menge *faule Äpfel/von faulen Äpfeln/fauler Äpfel* (다량의 썩은 사과들)

　② 비제한적인 전체의 2격이 이전에는 또한 많은 명사화된 수량형용사와도 결합하였다: 중고지독일어 vil, wēnec, lützel 'wenig', genuoc, mē, mēre, minner 'weniger'.

> vil *geldes*; wenec *brotes*; minner *vröuden*

여기서 2격은 18세기까지 유지되었다.

> viel *Volks* (Luther) (많은 국민들)
> viel *Glücks* (Lessing) (많은 행복)
> mehr *solcher Fürsten* (Goethe) (많은 그러한 영주들)

　여기서 언어적인 사고방식은 완전히 변하였다. 이전의 관계어(wenig, viel 등)는 이제 부가어로 이해되고 이전의 부가어는 지배어(viel *Brot*)로 간주된다. 이러한 변천에 대한 시작점은 Walther von der Vogelweide의 다음 문장이 제시하는 바와 같이 이미 중고지독일어에서 발견된다.

> swa ein edeliu frouwe ... zuo vil *liuten* gat

　여기서는 예상할 수 있는 2격(vil + 2격) liute 대신에 3격 liuten이 사용되었다. 사람들은 전치사 zuo의 격지배를 표시하려고 했기 때문이다. 그러나 이때 단어 vil은 비굴절 형용사의 임무를 떠맡아야만 했다. 오늘날 viel은 부분적으로는 비굴절 형용사로 간주되고(특히 단수에서: er trinkt viel Milch. 그는 우유를 많이 마신다; mit viel Geld 많은 돈을 가지고; 그러나 또한: vielen Dank 감사합니다; vieles Lesen 많은 독서), 부분적으로는 굴절 형용사로도 간주된다(복수에서: viele Menschen 많은 사람들). wenig에서도 그 변천은 비슷했다: wenig Geld(적은 돈), mit wenig Geld(적

은 돈을 가지고), 그러나 wenige Leute(많은 사람들)(19세기까지도 복수는 비굴절
형태였다: wenig Versuche (Goethe), in wenig Fällen (Schiller)). ein wenig와 mehr의
변천에서는 비굴절 부가어에서 멈추었다: mit ein wenig Geld(약간의 돈을 가지고);
mit mehr Leuten(많은 사람들과 함께).

③ 비제한적인 전체의 2격이 이전에는 명사적인 대명사와 결합하였다: was,
wer, etwas, nicht(s) 등.

> waz *thionostes* (Otfrid)
> was *grozer sorge* (Nibelungenlied)
> was *Leides* (Wieland)
> swer *geste* (Wolfram)
> etewaz *lindes* (Notker)
> niht *wildes* mide sinen schutz (Walther)
> nichts *Glücks* (Luther)

오늘날에는 이러한 경우들에서 2격이 더 이상 불가능하다. 옛날의 2격 형식이 중
성 1격/4격으로 파악되는 was Neues?, nichts Neues, etwas Gutes와 같은 명사화된
형용사를 취하는 경우들이 옛날의 상태를 상기시킨다. 2격 구조가 여기서도 - 명사
화된 수량형용사에서처럼 - 대명사가 형용사적 부가어인 구조로 대체되었다.

> *was übel* uns wird angetan (Opitz) (무슨 나쁜 일이 우리에게 가해지는가)
> *wes* Landes bist du (*was*가 2격 명사와 일치하여 굴절; Kleist)
> (너는 어느 나라 출신인가)

부가어로의 변천은 다음과 같이 2격이 표시되지 않았던 경우들에서 출발한다.

> *was* davon *Rede* wird (Schiller) (그것에 대해 무슨 말이 있는가)
> *was* er *Süßestes* ersonnen (Uhland) (그가 최상의 매혹적인 무엇을 생각해내었는가)

그러나 부가적인 용법은 그후에 사라졌다. 예컨대 was에서 옛날의 용법은 was
für ein이나 welcher로 대체되었다. was가 지배어인 다음과 같은 was와 전치사 an
의 용법은 부분의 2격을 취하는 옛날의 용법을 아마도 가장 잘 상기시켜줄 것이다.

> *Was* haben wir noch *an Wein*?
> *Was an Wein* haben wir noch?
> ('Was für Wein und wie viel haben wir noch?')

(우리는 어떤 포도주를 얼마만큼 아직도 소유하고 있는가)

④ 고대어에서는 기수도 역시 비제한적인 전체의 2격과 결합할 수 있었다.

thri *manodo* (Otfrid)
zwelf *küener man* (Nibelungenlied)

"순수한" 수사에서의 이러한 비본래적인 2격 사용은 수사가 명사를 포함하고 부분의 2격이 정상적이었던 경우들에서 출발하였다.

zwei hunt *phendingo* (Tatian)
dreißigtausend *ehrlicher Soldaten* (Schiller) (3천명의 정직한 군인들)

오늘날에는 모든 수사가 그 관계명사에 대해 부가적인 관계에 놓여있다.

2) 긴밀한 동격

동격(Apposition)은 지시적으로 그 관계어와 일치하며 문장에서 관계어를 대체할 수 있고 특정한 경우에는 격에서도 그 관계어와 일치하는 명사적인 부가어이다.

Gestern besuchte mich mein Onkel *Paul.* (Paul=Onkel)
(어제 나의 삼촌 파울이 나를 방문했다)
Paul besuchte mich. (파울이 나를 방문했다)

Mit Karl, *meinem besten Freund*, gehe ich heute ins Kino.
(나는 오늘 나의 가장 좋은 친구인 카알과 함께 영화관에 간다)
Mit meinem besten Freund gehe ich heute ins Kino.
(나는 오늘 나의 가장 좋은 친구와 함께 영화관에 간다)

동격은 소위 긴밀한 동격과 느슨하거나 추가적인 동격으로 나뉠 수 있다. 상기 예문에서 첫 번째 예문이 긴밀한 동격(enge Apposition)을, 두 번째 예문이 느슨한 동격(lockere Apposition)을 나타낸다. 느슨한 동격은 언제나 그 관계어 뒤에 오며 콤마에 의해 관계어와 분리되고 보통 격에서 관계어와 일치한다. 긴밀한 동격은 그 관계어 앞에 올 수도 있고 또 뒤에 올 수도 있다. 긴밀한 동격과 해당 명사와의 결합은 너무나 긴밀하기 때문에 단지 한 번만, 예컨대 2격은 고유명사나 혹은 보통명사로 단지 한 번만 표현되므로 격일치가 존재할 수 없다.

das Haus Onkel *Ottos* (2격이 고유명사를 통해서 표현됨) (삼촌 오토의 집)
die Kriege König *Friedrichs/des Königs* Friedrich (2격이 고유명사나 보통명사를
통해서 표현됨) (프리드리히 왕의 전쟁들)

긴밀한 동격은 대부분 보충어로 간주될 수 있을 것이다. 왜냐하면 긴밀한 동격은
특정한 명사에 한정되어 있으므로 하위부류 특수적으로 간주될 수 있기 때문이다.
느슨한 동격은 모든 임의의 명사에서 나타날 수 있기 때문에 임의 첨가어로 간주
되어야 한다(314쪽 참조).

긴밀한 동격에서 관계어와 동격을 결정하는 것이 어려운 경우가 가끔 있을 수
있다. Teubert(1979:136ff.)는 모든 경우에서 고유명사를 보충어("명명보충어")로, 보
통명사를 관계어로 간주한다. 그러나 필자는 긴밀한 동격(단 하나의 굴절어미를 갖
는)에서 굴절하는 단어를 관계어로 간주하는 Helbig/Buscha(1984:67)의 견해에 따른
다. 따라서 관계어와는 반대로 동격은 굴절하지 않는다. 그래서 통합소 Onkel
Gerhard(Onkel Gerhards)에서는 보통명사 Onkel이 동격으로 간주되지만, 통합소
mein Onkel Gerhard(meines Onkels Gerhard)에서는 고유명사 Gerhard가 동격으로
간주된다.

긴밀한 동격들 중에서 보충어로서는 다음과 같은 그룹이 나뉘어질 수 있다.

a) 앞에 오는 이름, 친척관계 표현, 직업표현, 칭호 및 관사어가 없는 호칭. 이때
   관계어는 사람의 이름이다.

   Heinrich Mann/die Romane *Heinrich* Manns (하인리히 만의 소설)
   Onkel Otto 오토 삼촌; *Professor* Schulze 슐쩨 교수;
   Kollege Kuhn 동료 쿤; *Herr* Meier 마이어씨
   (2격은 *Onkel Ottos*, 그러나 *Herrn Meiers*; 단어 *Herr*는 항상 굴절한다)

b) 관계어가 친척관계 표현, 직업표현, 칭호 및 관사어가 있는 호칭이며 동격의
   앞에 오는 사람의 이름.

   mein Onkel *Gerhard*/das Haus *meines Onkels* Gerhard
   (내 삼촌 게르하르트/내 삼촌 게르하르트의 집)
   der Klempnermeister *Schulze* (함석 수공업의 장인 슐쩨)
   der Professor *Schmidt* (슈미트 교수)
   dieser Herr *Meier* (이분 마이어 씨)

c) 뒤에 오는 별명. 이때 일치가 예외 없이 적용된다.

Karl *der Große*/die Jugend Karls *des Großen*
(카알 대제/카알 대제의 젊은 시절)
Wilhelm *der Eroberer*/von Wilhelm *dem Eroberer*
(정복자 빌헬름이/정복자 빌헬름의)

d) 관계어는 관사가 있는 보통명사이고 대개 고유명사인 동격의 앞에 오는 사물의 이름.

die Stadt *Jyväskylä* (지베스킬레 시)
(die Einwohner der Stadt *Jyväskylä* 지베스킬레 시의 주민)

die Beat Band "*Rattles*" 비트 음악단 "래틀스"; der Name "*Karl*" 이름 "카알"; das Wort "*Askese*" 단어 "금욕생활"; der Monat *Juni* 6월; im Jahre *1980* 1980년

e) 수량표현 다음에 오는 재료명칭("후위"). 부가어와 관계어 사이에는 격일치(Kasuskongruenz)가 일어난다. 격식표현의 2격이나 또는 낡은 부분의 2격 중에서 양자택일이 문제가 된다.

Auf dem Tisch steht ein Glas *guter Wein*/(geh.) guten Weins.
(식탁 위에 좋은 포도주 한 잔이 있다)
Bringen Sie mir eine Tasse *schwarzen Kaffee.*
(나에게 블랙커피 한 잔을 가져다 주세요)
Er erquickte sich mit einer Tasse *gutem Kaffee*/guten Kaffees.
(그는 좋은 커피 한 잔으로 생기를 북돋우었다)

◆ 역사적인 변천

a) 우리들이 다룬 동격결합들 중에서 König Friedrich; der Maler Müller; Karl der Große; Karl, mein bester Freund 유형들이 언어사적으로 관계가 있다. 원래 동격은 추가되며 아마도 느슨한 동격이 되어 Karl, mein bester Freund의 유형이 최초의 동격유형인지 모른다.

Salome, *muoter kindo Zebetheen* (Tatian)

Karl der Große의 유형은 원래의 동격이 잦은 사용으로 인해 그 관계어에 긴밀하게 연결되어 동격적인 특성을 유지함으로써 생겨났다. 가장 초기에 나온 예들로부터 그것이 긴밀한 동격인지 아니면 느슨한 동격인지를 추론하는 것은 구두점의 결

여로 인해 어렵다: Salomon the cuning(Heliand); Johanne themo toufare(Tatian). König Friedrich의 유형에서는 이전의 동격이 관계어로 되었을지 모른다. 칭호와 직업명이 아마도 원래의 관계어이고 고유명사가 느슨한 동격으로서 그 관계어를 특징 지운다: der König, Friedrich; der Maler, Müller. 긴밀한 동격으로서 고유명사를 갖는 오늘날의 유형 der Maler Müller가 하나의 긴밀한 단위를 나타내는 것처럼, 점차로 고유명사와 칭호가 하나의 긴밀한 단위로 이해된다. 이것은 이미 고고지독일어에서 그랬던 것처럼 보인다.

> *thez wizagen* Esaies (Tatian)
> *der kunic* Nero (Kaiserchronik)

원래는 칭호와 직업명 앞에 항상 관사가 온다. 칭호표현에서 "12세기 후기 이후로 관사를 생략할 수 있는 가능성이 발전한다. 이때 다음 세 가지가 작용했을 것이다: 전반적으로 칭호의 미세한 어조로 인해 관사가 특히 미세한 어조를 받았을 때, 그리고 이름과 한 단위로 합쳐져서 전체가 이름과 같이 다루어졌을 때, 끝으로 이러한 표현들이 관사가 없는 호격(Vokativ)에서 종종 나타나는 상황"(Behaghel 1923-32,1: 102). 무관사의 긴밀한 동격으로서 König를 취하는 오늘날의 유형 König Friedrich가 이러한 발전단계를 나타난다. 이름 + 성의 통합소에서도 이전에는 이름이 관계어이고 성이 동격적인 별명(Beiname)이었는데, 이 별명이 후에 관계어로 되었다.

> Karl, *Müller* ‑ *Karl* Müller

b) die Stadt Jyväskylä의 유형은 중고지독일어에서 유래한다. "이 결합은 원초적이 아니다. 이 결합은 중고지독일어 시대에 von이나 ze로 도입된 이름과 장소명과의 결합에서 생겨났다. 즉 이 집단은 하나의 단위로 발전하고 전치사가 기능이 없어져 상실됨으로써 생겨났다"(Behaghel 1923-32,3:416).

> gein *dem wazzer* Larkant (Wolfram)
> *der stat* Cölne (Windeke; ebd. auch: mit der stat von Cöllen)
> für das sloss *Heideck* (Chr. dt. Städte)
> für daz closter *Tischoal* (Wolfdietrich)

c) 재료명칭의 동격(ein Glas *gutes Bier*)이 옛 부분의 2격 부가어를 대체하였다

(ein Glas *guten Biers*). 동격은 여성과 복수에서처럼 2격이 형식적인 표지를 갖지 않았던 경우들에서 기원하다: ein Löffel Suppe (한 숟갈의 국); ein Pfund Äpfel(1파운드의 사과). (296쪽 비교)

3) 부분적이 아닌 2격과 전치사구

부분의 2격과 동격 이외에 몇몇 다른 2격(대부분 전통적인 소유의 2격)과 전치사 구조가 동사나 형용사에서 파생되지 않은 명사의 보충어에 포함될 수 있을 것이다. 이들의 관계어는 종종 동사 파생명사와 유사성을 갖기 때문에 이 관계어에서는 종종 "심층격 내용"도 진술될 수 있다. 다음에 이러한 2격 부가어와 전치사 부가어에 대한 예들이 제시되며 이때 보충어의 의미내용(의미격)이 지칭된다.

a) 2격 부가어

das Komplott *der Imperialisten* (행위자격) (제국주의자들의 음모)
die Galapremiere *des Films* (대상격) (영화 축제 공연)
die Not *der unterentwickelten Länder* (상태보유자로서의 피동자격)
(저개발국가들의 고난)
Peters Vater (소유자로서의 피동자격) (페터의 아버지)

b) 전치사 부가어

das Buch *über den Frieden* (주제격) (평화에 관한 책)
meine Ehe *mit ihr* (동반격) (그녀와의 결혼)
der Brief *an Monika* (수신자격) (모니카에게 보내는 편지)
der Botschafter *in Dänemark* (장소격 – 정적) (덴마크 주재 대사)
die Straße *nach München* (장소격 – 방향) (뮌헨으로 가는 길)

4.2.2. 임의 부가어 (부가적 첨가어)

4.2.2.1. 동사 파생명사에서의 부가적 첨가어

동사 파생명사에서의 부가적 첨가어는 대체로 부사어와 유사한 보충어이다. 이들은 해당 동사의 부사첨가어에 상응한다. 형태상으로 볼 때 이들은 전치사구성과 부사이다. 술어보충어와 유사한 부가적 첨가어는 훨씬 드물게 나타난다.

부사어와 유사한 부가적 첨가어(attributive Angabe)나 혹은 임의 부가어(freies Attribut)는 다음과 같은 그룹으로 나뉠 수 있다: 장소부가어, 시간부가어, 양태부가어 및 이유부가어.

1) 장소부가어와 시간부가어

mein Studium *in Berlin/dort* (Ich studiere *in Berlin*)
(베를린에서의 나의 공부 - 나는 베를린에서 공부한다)
seine Ankunft *vor zwei Wochen* (Er kam *vor zwei Wochen* an)
(2주전의 그의 도착 - 그는 2주전에 도착했다)

2) 양태부가어

a) 방법첨가어

das Fahren *mit großer Geschwindigkeit* (Er fährt *mit großer Geschwindigkeit*)
(고속 질주 - 그는 매우 빨리 차를 운전한다)

b) 도구첨가어

die Fahrt nach Hause *mit dem Auto* (Er fährt *mit dem Auto* nach Hause)
(자동차로의 귀향 - 그는 자동차로 집에 간다)

c) 동반첨가어

die Fahrt *mit einer Unbekannten* in den Urlaub
(Sie fährt *mit einer Unbekannten* in den Urlaub)
(모르는 여자와의 휴가여행 - 그녀는 모르는 여자와 휴가를 떠난다)

d) 이유부가어

seine Verspätung *infolge des Unfalls* (*Infolge des Unfalls* hat er sich verspätet)
(사고로 인한 그의 지각 - 그는 사고로 지각했다)

술어보충어와 유사한 부가어는 동사의 명사적 술어첨가어에 해당된다. 이들이
드물게 나타난다.

Seine Rückkehr *als reicher Mann* war eine Überraschung.
(Er kam *als reicher Mann* zurück)
(부자로서의 그의 귀향은 놀라운 일이었다 - 그는 부자로 돌아왔다)

◆ 역사적인 변천

역사적인 통사기술에서 동사 파생명사의 부가적 첨가어에 대한 자료는 극히 일부만이 발견된다. 예컨대 Behaghel의 전치사 부가어나 부사 부가어에 대한 거의 모든 자료는 보충어에 대한 부가어를 나타낸다. 그러나 필자는 Behaghel에서 첨가어에 대한 두 가지 고고지독일어의 예를 발견했다.

mit then minnon *unter uns* (장소부가어; Otfrid)
lib *ana tod*, lioht *ana finstri* (양태부가어/동반부가어; Muspilli)
die Empfahung des Sacraments *in der Kirchen* (장소부가어; Luther)

4.2.2.2. 동사에서 파생되지 않은 명사에서의 부가적 첨가어

1) 대명사 부가어 또는 관사류 부가어

원칙적으로 임의의 모든 명사 앞에 올 수 있으며 따라서 첨가어인 대명사 부가어는 고유한 대명사 내용을 갖지만 또한 관사를 대체한다. 따라서 대명사 부가어는 관사류 부사어로도 일컬어질 수 있다. "한정사"(Determinativ)라는 명칭도 가능하다. 정관사와 부정관사는 이 책에서 부가어에 포함되지 않는다. 왜냐하면 관사는 통사적 표지, 즉 명사의 정상적인 "문법적 동반어"이지 명사의 내용을 결정하는 것이 아니기 때문이다. 관사는 문장성분 내부의 결합가에 따라서 해당하는 명사적 문장성분의 문법성분으로 간주될 수 있다. 하지만 관사어가 강조되면 관사어는 명사의 내용을 결정하고 정상적인 관사류 부가어와 비교될 수 있다.

Den Mann kenne ich nicht. (나는 그 남자를 안다)
Ich kenne nur *einen* Deutschen. (나는 독일인을 단 한 사람 알고 있다)

여러 대명사들이 대명사 부가어 또는 관사류 부가어로서 기능한다.

a) 소유대명사

Mein Vater interessiert sich für *deine* Arbeit.
(나의 아버지는 너의 일에 관심이 있다)

b) 지시대명사 (der, dieser, jener, derselbe, derjenige 등)

Dieses Haus gehört mir. (이 집은 나의 소유이다)

c) 의문대명사 (welcher, was für ein)

Welches Haus gefällt dir am besten? (어느 집이 가장 네 마음에 드는가)

d) 부정대명사 (kein, keine, kein; einige, wenige, mehrere, irgendwelche)

Ich habe heute *keine* Zeit. (나는 오늘 시간이 없다)
Ich habe *einige* Bücher gekauft. (나는 책 몇 권을 샀다)

◆ 역사적인 변천

오늘날 관사류 부가어의 모든 집단들은 이미 일찍부터 증명될 수 있지만 개개 대명사에서는 변화가 일어났다. 예컨대 대명사 was는 그의 변천과정에서 관사류 부가어로 사용된다(was übel; wes Landes). 새로운 대명사가 생겨나기도 하고 옛날의 대명사가 사라질 수도 있다. 소유대명사에서는 몇 가지 변화가 일어났으며, 더 나아가 관사는 언어사적인 관점에서 볼 때 본래 부가어에 포함될 수 있다.

a) 본래의 소유대명사는 mein, dein, unser, euer이고, 대명사 sein은 본래 2격의 재귀대명사이며, 대명사 ihr는 인칭대명사의 비굴절 2격이다. 소유대명사는 고고지독일어에서 굴절할 수 있었으며 그 관계어 다음에 올 수도 있었다.

ist sedal *sinaz* in himile gistataz (Otfrid)

그러나 보통 단수 1격의 소유대명사는 굴절하지 않았으며 그 관계어 앞에 왔다. 고고지독일어와 중고지독일어에서는 소유대명사에서 여전히 관사가 사용될 수 있었기 때문에 소유대명사가 아직 순수한 관사류는 아니었다.

so sliumo so ih gihorta *thia* stimmun *thina* (Otfrid)
den minen lieben man (Nibelungenlied)
ein min gast (Wolfram)

b) 오늘날에는 관사가 부가어에 속하지는 않지만 여기서 관사의 변천이 다루어져야 한다. 왜냐하면 관사는 대명사 부가어에서 생겨났기 때문이다. 이를테면 정관사는 지시대명사 der에서 기원하고 부정관사는 수사 ein에서 기원한다. 관사로의 변천은 문자가 전래되기 이전에 이미 시작되었다. 고고지독일어에서는 관사의 사용이 이미 널리 보급되었지만 아직 고정되지는 않았기 때문에

무관사의 명사도 여전히 나타났다: sang was gisungan. 인구어의 조어(祖語 Grundsprache)에서는 관사가 없었으며, 원시 북구어에서도 관사가 없었고, 고트어에서도 관사의 사용은 아직 활발하지 않았다. 이에 반해 서게르만어에서는 처음부터 관사가 나타난다.

정관사는 "개별화되며" 알려진 것으로 전제되는 특정한 대상을 나타낸다: *der* König ist gestorben(그 왕이 죽었다). 정관사는 지시대명사 der에서 기원하며 정관사의 과제는 알려진 대상을 동종의 다른 대상과 구별하는 데 있다. 오늘날에도 여전히 정관사의 강조적인 사용(*Den* Mann kenne ich nicht. 그 남자를 나는 안다)이 관사어 der의 지시적인 사용을 대표한다. 그러나 대명사 der는 지시적인 내용을 상실할 수도 있다. 이렇게 해서 명사의 문법성분인 정관사가 생겨났다. 정관사는 또한 "일반화하여" 사용될 수도 있으며 종(Gattung)을 표현할 수 있다: der Mensch ist sterblich(인간이란 죽기 마련이다). "부정관사는 동종의 다수로부터 하나의 개별대상을 끌어낸다: *ein* Mann hatte drei Söhne(한 남자가 세 아들이 있었다). 그밖에 부정관사도 역시 일반화하여 사용될 수 있다: *ein* Kind kann das begreifen(애들은 누구나 그것을 이해할 수 있다). 이러한 사용은 비교적 최근의 일이다. 고고지독일어와 중고지독일어에서는 여기서 무관사 명사가 나타났다: 고고지독일어 so muater kindline duat (Otfrid) ..."(Dal 1966:90). 그밖에 고고지독일어에서는 관사가 여전히 빠질 수도 있었다: *sang* was gisungan, *wig* was bigunnan, *bluot* skein in *wangon*; spilodun ther *Vrankon*. 'Der Sang war gesungen(노래를 불렀다), der Kampf hatte begonnen(전투가 시작되었다), das Blut leuchtete in den Wangen(피가 양 볼에 반짝였다); dort kämpften die Franken(거기서 프랑크 사람들이 싸웠다)'(Ludwigslied). 중고지독일어에서 정관사의 사용은 오늘날의 사용과 유사하였다. 이에 반해 부정관사의 사용은 약간 천천히 발전하였다.

2) 형용사 부가어와 분사 부가어

정상적인 경우 형용사 부가어(adjektivisches Attribut)는 명사에 의해 표현된 개념을 명사의 특수한 한 부분에 한정한다: die *gesunden* Menschen(건강한 사람들)은 사람들의 일부이다. 형용사 부가어(Adjektivattribut)는 명사를 전체적으로도 특징지울 수 있다: die *sterblichen* Menschen(죽게되어 있는 인간들). 이러한 부가어는 원래 잉여적이며 한정하는 부가어보다는 드물다. 부가적 형용사의 통사적인 특징은 오늘날 굴절(Flexion)이며 술어보충어는 어미가 없다: Er ist ein *fleißiger* Mann
- Der Mann ist *fleißig*(그는 근면한 남자이다 - 그 남자는 근면하다). 고정된 특정
한 어법에서는 부가적 형용사가 굴절하지 않는다(auf *gut* Glück 운을 하늘에 맡기
고; *ganz* Finnland 전체 핀란드).

부가적 형용사의 영역은 대체로 연사문장에서 술어적 형용사의 영역에 해당한
다. "이때 부가적 형용사가 관계명사에 대해 갖는 관계는 술어적 형용사가 동사에
서 파생된 1격 보충어(=주어)에 대해 갖는 관계와 같다"(Teubert 1979:190).

Er kaufte einen *grünen* Teppich. - Er kaufte einen Teppich. Der Teppich war *grün.*
(그는 녹색의 양탄자를 샀다 - 그는 양탄자를 샀다. 그 양탄자는 녹색이다)

명사는 여러 가지 형용사 부가어를 취할 수 있다. 그러면 결합은 병렬적이 될 수
있는데 이때 동급의 형용사는 교환될 수 있다. 그러나 결합이 종속적이 될 수도 있
는데, 이때 앞에 있는 형용사는 뒤에 있는 형용사와 명사로 형성된 집단을 의미적
으로 규정하며, 형용사는 서로 교환될 수 없다.

ein *nettes, kleines* Mädchen - ein *kleines, nettes* Mädchen
(멋있는 작은 소녀 - 작은 멋있는 소녀) (병렬적 결합)

hohes theoretisches Niveau (높은 이론적인 수준) (종속적 결합)
feine deutsche gewerbliche Arbeit (정교한 독일의 산업활동)

수사 부가어(Numeralattribut)도 역시 형용사 부가어의 하위부류로 간주될 수 있
다. 서수는 일반 형용사처럼 변화하고 기수는 몇몇 2격형과 3격형을 제외하고는 변
화하지 않는다.

der *zweite* Mann - des *zweiten* Mannes - dem *zweiten* Mann (두 번째 남자가/의/에게)
drei Männer - in *sechs* Jahren (세 사람 - 6년 후에)
der Vater *zweier* zuverlässiger Söhne(두 믿을만한 아들의 아버지)

수사 부가어는 형용사 부가어 앞에 오고 대명사(관사류) 부가어는 수사부가어
앞에 온다. 수사는 형용사와 명사에 의해 형성된 집단을 규정한다.

zwei kleine Jungen (두 작은 젊은이)
diese zwei (kleinen) Jungen (이 두 (작은) 젊은이)

분사 부가어(partizipiales Attribut)는 형용사 부가어의 하위집합을 이룬다. 분사 I
은 거의 항상 부가적으로 사용될 수 있다(sein이나 haben에서는 분사가 나타나지
않는다). 분사 I 은 능동적 기능을 가지며 특정한 경우에서는 zu를 첨부함으로써 수
동적으로 사용될 수 있다(zu + 분사I).

>   die *wachsende* Arbeitslosigkeit (증가하는 실업)
>   das *zu lesende* Buch (읽혀질 수 있는/읽혀져야 하는 책)

분사 II 중에서는 일부만이 부가적으로 사용될 수 있다: 내용상 타동사의 수동적
분사 및 sein을 취하는 완료동사와 동사구성의 능동적 분사.

>   das *gelöste* Problem (해결된 문제)
>   die *gelungene* Arbeit (성공한 일)
>   der *in den Wald gelaufene* Hund (완료동사) (숲속으로 달려간 개)
>   (*der im Wald gelaufene Hund - 미완료동사)

분사구문의 토대가 되는 문장의 문장성분 - 주어는 제외하고 - 은 분사의 부가
어로서 나타날 수 있으며 부가적 분사구를 확장시킬 수 있다.

>   die *in den Steinwüsten Anatoliens verdurstenden* Tiere
>   (아나톨리아의 암석사막에서 목말라 죽어가고 있는 동물들)
>   das *1969 in Buenos Aires veröffentlichte* Buch
>   (1969년 부에노스아이레스에서 출판된 책)

◆ 역사적인 변천

a) 고고지독일어와 중고지독일어에서는 1격 단수에서 대명사적 격변화형 이외에
   비굴절형도 나타났다.

>   ahd. (ein) *guot* man; (ein) *guot* frouwa; (ein) *liob* kind -
>   ein *guoter* man; ein *guotiu* frouwa; ein *liobaz* kind

중성에서는 19세기에도 여전히 어미 없는 형태가 나타났다: ein *fühlbar* Herz(느
낄 수 있는 가슴)(Lessing). 오늘날에도 몇몇 "잔존형태"가 있다: auf *gut* Glück(운
을 하늘에 맡기고); *ganz* Finnland(전 핀란드); in *ganz* Schweden(전 스웨덴에서);
lauter Gold(순금).

고고지독일어에서는 형용사 부가어가 그 관계어 다음에 – 격변화 하거나 또는 격변화 없이 – 나타났다: ein man guot – ein man guoter. 그러나 명사 다음에 오는 부가어는 그후에 다만 어미 없이 왔으며 1격 이외의 격에서도 사용되었다: von einem adamante hart(Alexanderlied). 오늘날에는 어미 없는 부가어가 불가능하다 (비교: Röslein rot ...)

  b) 수사들 중에서 서수(Ordinalzahl)는 처음부터 형용사처럼 변화하였으며 본래 는 단지 약변화만이 가능했다. "서수가 초기에는 규칙적으로 특정한 격 (Größe)을 나타내었다. 가장 초기에는 예외가 아주 드물었다"(Behaghel 1923- 32,1:440). 기수(Kardinalzahl)에서는 zwei, drei가 16세기까지 모든 격과 성에서 격변화형을 나타냈다. 다만 drei에서만은 1격과 4격에서 어미가 없었기 때문 에 drei는 고고지독일어에서는 때때로, 중고지독일어에서는 자주 형용사 어미 를 취하였다(고고지독일어 thria, 중고지독일어 drie). zwei와 drei의 3격에서는 16세기에 격변화하는 것이 규칙이 되었으며 16세기 말경에 비로소 어미 없이 사용되기 시작하였다. Schiller의 작품에서는 아직도 격변화형이 고풍으로 나 타날 수 있었다.

  mit *dreien* pferden und *zweien* knechten (Hofordnungen, 1524)
  (세 말과 두 하인을 데리고)
  an *dreyen* goldnen Lilien (Schiller) (세 황금빛 백합에게)

관사어가 격을 표현하는 경우에만 오늘날에도 2격에서 어미 없는 형태가 가능하 고 그밖에는 본래의 굴절이 아직도 규칙이다.

  das Treffen der *zwei* Freunde (두 친구의 만남)
  das Schicksal *zweier* so wichtiger Gefangenen (Schiller)
  (아주 중요한 두 포로들의 운명)

4-19까지의 수사가 명사 앞에서는 굴절하지 않았다. 그러나 이들이 그 관계어 다 음에 오면–이것이 고고지독일어와 중고지독일어에서는 제한된 범위 내에서만 가 능했다–굴절형이 모든 격에서 규칙이 되었다(고트어에서는 단지 2격과 3격에서만).

  sibun korbi (Otfrid) – zen *vier* wenden (Wolfram) – 비굴절
  mit knehton *sibinin* (Otfrid) – 굴절

"20-90까지의 10자리 수와 수사 hundert와 tausend("10자리 집단")는 원래 부가적

으로 사용되지 않으며 부분의 2격과 결합된다"(Behaghel 1923-32,1:431).

> *sezzoch* biderba gnehta (Williram)
> *driu unt drizec* jar (Minnesänger)

c) 분사 부가어는 이미 고고지독일어 문헌에 나타났다.

> *springentan* brunnon (Otfrid)
> binden *rinnenden* bachen (Williram)

> mit *gibratanemo* fisge (Otfrid)
> einem her *komen* man (Hartmann)

분사 I의 능동적인 의미 때문에 그 관계어는 보통 동사행위의 주어이다(der singende Junge 노래하는 젊은이 - der Junge singt. 젊은이가 노래한다). 그러나 간혹 부가어와 명사 사이에 논리적으로 부정확한 결합이 생겨날 수도 있는데, 이때 정상적인 주어관계는 변화된다: eine schwindelnde Höhe(현기증 나는 높이); eine liegende Stellung(누워있는 자세). "타동사에서 이러한 부정확한 결합은 명사가 분사의 동사적 행위에 대한 논리적 목적어가 되고, 분사의 동사적 행위가 수동적 의미를 갖게 되는 결과를 초래할 수 있다"(Dal 1966:116). 이러한 수동적인 분사가 고대어에서는 드물지 않았으며 오늘날에는 zu + 분사로 대체된다(das *zu singende* Lied 불려질 수 있는 노래).

> mit *blasenden* Instrumenten (Goethe) (취주악기로)
> unter *anhoffender* Erlaubnis (Goethe) (희망적인 허가를 받고서)

3) 2격 부가어

2격 부가어 중에서 소유의 2격, 성질의 2격, 비교의 2격은 원칙적으로 모든 명사를 규정할 수 있는 첨가어이다.

a) 소유의 2격

소유의 2격(Genitivus possessivus)은 소유관계와 귀속관계를 표현한다. 소유의 2격은 소유자를 나타내며, 더 나아가 "누군가 또는 그 무엇이 속하는 사람이나 사물, 장소나 시간"을 나타낸다(Jung 1980:267).

Peters Bleistift (페터의 연필)
der Garten *der Eltern* (부모님의 정원)
die Kleider *des Kindes* (아기의 옷들)
die Seite *des Buches* (책의 페이지)
die Bäume *des Waldes* (숲의 나무들)
die Kälte *des Winters* (겨울의 추위)
die Macht *des Staates* (국가의 권력)

소유의 2격은 원칙적으로 모든 명사에서 올 수 있기 때문에 첨가어로 간주될 수 있다. 그러나 관계개념(Mutter 어머니, Vater 아버지, Schwester 자매, Bruder 형제, (Ehe)frau 부인, Freund 친구)에서는 해당명사가 부가어를 개념적으로 "요구"하기 때문에 소유의 2격은 보충어로 간주되어야 한다.

der Bruder *der Mutter* (어머니의 오빠)

소유의 2격은 오늘날 다른 구성들과 경합한다.

① 소유의 2격 대신에 von을 갖는 전치사구조가 사용된다. 일상어에서 이러한 구성은 아주 많이 사용된다. 그러나 2격이 명확하고 일상적이면 von을 갖는 전치사구조는 피해야 한다(das Haus *meines Vaters*가 das Haus *von meinem Vater*보다 낫다). 부가적인 명사 앞에 비굴절 수사 따위가 오면 von을 갖는 전치사구조가 필수적이다. 지리적인 명칭에서 상호 종속하는 다수의 2격의 병렬을 피해야 하는 경우에도 von-구성이 빈번하게 나타난다.

der Besitzer *von fünf Häusern* (다섯 집의 소유자)
die Königin *von England* (=*Englands* Königin) (영국의 여왕)
das Jahr *von Wilhelms Tod* (빌헬름이 죽은 해)

② 장소의 전치사구조도 2격을 대체할 수 있다.

die Museen *in München* (=*Münchens* Museen) (뮌헨의 박물관들)

b) 성질의 2격

성질의 2격(Genitivus qualitatis)은 특히 격식어(gehobene Sprache)와 고차적인 문체 이외에는 고정된 어법에서만 나타난다. 성질의 2격은 관계어에 의해 표현된 사람이나 사물의 특성을 나타낸다. 성질의 2격은 보통 특성을 보다 자세히 규정하는 부가어를 자기 앞에 갖는다.

> ein Jüngling *edlen Gefühls* (고상한 감정을 가진 젊은이)
> eine Katastrophe *dieses Ausmaßes* (이 정도 규모의 재난)
> ein Hotel *erster Klasse* (일류 호텔)
> ein Mann *mittleren Alters* (중년 남자)
> ein Wein *bester Qualität* (최고 품질의 포도주)

2격 대신에 관사 없는 von-구조도 역시 관용적 표현으로 나타난다.

> ein Mann *von Welt* (처세에 능한 사람)
> eine Angelegenheit *von (großer) Bedeutung* (아주 중요한 사건)

c) 비교의 2격

비교의 2격(Genitiv der Steigerung)에서는 해당 본질이나 사물의 가장 값지고 전형적인 대표자가 언급된다. 비교의 2격은 격식문체에서 나타나는데 이 2격은 명사 내용의 증대에 사용된다.

> der König *der Könige* (왕 중의 왕)
> das Buch *der Bücher* (책 중의 책)
> das Fest *der Feste* (축제 중의 축제)

◆ 역사적인 변천

a) 소유의 2격은 이미 고대어에서 나타났다.

> *mines fater* hus (Otfrid)
> *des landes* künec (Wolfram)

부가적인 소유의 2격은 문어체에서 잘 보존되었다. 그러나 소유의 2격은 여러 다른 구성들과 경쟁관계에 있다.

ⓐ 민중어(Volkssprache)와 일상어에서는 부가적인 소유대명사와 결합한 3격이 이 소유의 2격을 대체했다.

Meinem Bruder sein Zimmer ist groß. (내 형의 방은 크다)

이 구조가 중고지독일어에서는 드물었으나 15세기 이후로 점점 증가하다가

17-18세기의 민중문학에서는 자주 나타났다: in dem Wolf seinem Leib(Grimm, Märchen)(여우의 몸 안에); meinem Feldwebel seine Frau(Auerbach)(내 하사의 부인). 3격과 4격이 4격의 형태로 일치했던 저지독일어(Niederdeutsch)에서는 2격이 4격으로 대체되었다: den vater sin hus(아버지의 집). 3격 구성은 4격 목적어와 소유대명사의 결합 및 이익의 3격과 소유대명사의 결합에서 기원한다. 여기서 4격 목적어와 이익의 3격 사이에는 하나의 귀속성이 존재했다: thaz ih druhtine sinan sun souge(Otfrid). 3격으로 명명된 사람과 문장에서 명명된 사물 사이에 소유관계가 존재하는 경우에는 오늘날에도 여전히 이익의 3격(Dativus commodi)은 소유자(Besitzer)를 명명할 수 있다.

> Er trägt *dem Bruder den Koffer* (=*den Koffer des Bruders*) zum Bahnhof.
> (그는 형의 트렁크를 역까지 운반한다)

소유의 3격(Pertinenzdativ)도 역시 소유자를 표현하지만 이것은 보충어로 간주되어야 한다(상기 272쪽 비교): Er drückte *mir* die Hand(그는 나와 악수했다). 이익의 3격과 소유의 3격은 문어에 속하는 반면에 소유대명사를 취하는 3격은 문어적이 아니다. 고대문학에서는 3격이 2격으로 대체되었던 혼합구조도 나타났다: *des Teufels* sein Gepäck(Goethe)(악마의 배낭).

ⓑ 특히 일상어에서는 소유의 2격이 종종 von-구조로 대체된다. 이러한 구조는 이미 중고지독일어에서 나타났다: das bluot von Abele(Ava); von Beiern herzog Ott(Österreichische Reimchronik).

b) Behaghel(1923-32,1:516)에 따르면 성질의 2격은 그것이 출발했을지도 모르는 술어보충어(195쪽 비교)로서보다도 부가어로서 사용되는 경우가 더 드물다. 가장 초기의 자료에서는 성질의 2격이 출신을 나타낸다.

godes kunnies man (Heliand)
vil knaben *edler slahte* (중고지독일어)

그러나 이미 고고지독일어에서 성질의 2격은 일반적으로도 성질을 표현할 수 있었다.

allero slahta tier (Notker)
boten *guotes willen* (Kudrun)

kint *gelicher art* (Jüngerer Titurel)

성질의 2격의 대안인 von-부가어는 중고지독일어에서 유래한 것처럼 보인다.

künigen *von hoher art* (Konrad von Würzburg)
ein mensch *von achzen jaren klug* (Oswald von Wolkenstein)

c) 비교의 2격은 부분의 2격과 유사하지만 Dal(1966:23)에 따르면 다른 원천에서 출발했을지도 모른다. 비교의 2격 사용에서는 아마도 라틴어의 모범들이 작용 했을지도 모르지만(rex regum(=Sg. Nom. der König - Pl. Gen. der Könige), servus servorum(=Sg. Nom. der Diener - Pl. Gen. der Diener)), 다른 한편으로 는 이 구성이 이미 고대 북구에서도 나타났다(karl karla). 독일어에서는 이러 한 2격이 이미 고고지독일어와 중고지독일어에서 나타났지만, 고대어에서는 2격이 오로지 "정신적이거나 박식한 작가들"에서만 발견되었다. 가장 오래된 자료에서는 부가어가 all이었다.

aller noete not (Warnung)
der aller hoehste unbeschaffene himel *aller himele* (Mystiker)
o sach *aller sach* (Hugo von Montfort)
der Götter Gott zu loben (Gryphius)
jenes Tuch *der Tücher* (Goethe)

4) 동격

동격 중에서는 추가적인 느슨한 동격이, 긴밀한 부가어 중에서는 몇몇 als-구조 와 wie-구조가 첨가어에 속한다.

a) 추가적인 (느슨한) 동격

"우리는 명사적, 형용사적, 분사적 핵어(Kern)를 가지며 보통 콤마에 의해 분리된 후위의 동격을 느슨한 동격구조로 간주한다"(Teubert 1979:186). 명사적인 핵어를 갖는 유형에서는 동격이 관계어와 동일한 격으로 오며, 형용사적 또는 분사적 핵어 를 갖는 유형에서는 형용사나 분사가 굴절하지 않는다.

Karl, *mein bester Freund* (명사적 핵어) (내 가장 좋은 친구 카알)
Stolper, *vier Jahre jünger als ich* (형용사적 핵어) (나보다 네 살 아래인 슈톨퍼)

der heilige Stuhl, *mit anderen Sorgen ausreichend belastet* (분사적 핵어)
(다른 근심들로 가득 차 있는 성좌/교황좌)

Teubert(1979)는 관계어가 술어의 시간규정어나 장소규정어인 소위 시간 및 장소의 상황첨가어를 느슨한 동격에 포함시킨다.

Er kommt am Donnerstag, *dem 12. September.* (그는 9월 12일 목요일에 온다)
Er liegt im Schatten eines Busches *am Wegrand.* (그는 길가 덤불의 그늘에 누워있다)

b) 긴밀한 동격

긴밀한 동격 중에서 특히 als-동격이 첨가어에 속한다. als-동격은 관계어에 의해 표현된 개념이 배열될 수 있는 범주를 나타낸다. 이 동격은 특정한 명사에 결속되어 있지 않기 때문에 부가적 첨가어로 간주될 수 있다. 동격과 관계어 사이에는 격 일치가 지배한다.

Der Arzt *als berufener Ratgeber* möge die Sache entscheiden.
(천부적인 조언자로서의 그 의사가 이 문제를 결정해주기 바란다)
der Wald *als königlicher Privatbesitz* (왕의 사유재산으로서의 숲)
Er schrieb dem Gesundheitsamt *als der zuständigen Behörde.*
(그는 보건위생국 당국에 편지했다)

wie-동격에서는 분명히 비교가 문제된다. 동격과 관계명사 사이에는 격일치가 지배하지만 예외도 있다.

ein Auto *wie dieses* (이것과 같은 자동차)
in Zeiten *wie den heutigen* (오늘날과 같은 시대에)
in einem Falle *wie diesem/wie dieser* (이와 같은 경우에)

◆ 역사적인 변천

a) 명사적 핵어를 갖는 후치된 동격은 가장 초기의 동격유형이며 이미 고고지독일어에서 나타났다(동격의 변천에 대한 보다 자세한 것은 300쪽 참조).

Johannes *themo toufare* (Tatian)
der heilich geist, *der troester* (Mystiker)

형용사적 또는 분사적 핵어를 갖는 느슨한 동격에 대한 명확한 자료들은 초기

신고지독일어 이후로 발견되지만, 분사적 핵어를 갖는 구성은 이미 고고지독일어
에서 나타났던 것처럼 보인다.

> Marianus Sozimus min latzman *von senis bürtig* (Wyle)
> von ainer person, *grave Hugon ganz nahe verwandt* (Zimmersche Chronik)
> taz urlub kab imo zeno, *sin lant ze sinen triuuon bevelehendo* (Notker)

b) 동등표현 als-동격은 아마도 오늘날의 wie-구성이 표현하는(예: ein Auto wie
 dieses 이것과 같은 자동차) 것과 유사한 비교구성에서 기원할 수 있을 것이
 다. 오늘날의 동등표현 als-구조는 후기 중고지독일어에서 유래한다.

> Heinrich von Hohenstein, *als furmund des edln graf Heinrich von Swarczburg*
> (Friedbf. Urkundenbuch; [1353])
> klagte dem Bischoff *als seinem öbern herrn* (Luther)

5) 부사 부가어와 전치사 부가어

동사에서 파생되지 않은 명사에서의 부사 부가어와 전치사 부가어는 많은 의미
군을 통해서 표현된다(Teubert는 약 20의 상이한 집단을 들고 있다). 아래에서는 우
선 장소 부가어와 시간 부가어가 다루어지고 그후에 다른 의미군은 간략히 종합적
으로 다뤄진다.

a) 장소 첨가어와 시간 첨가어

장소 첨가어와 시간 첨가어는 보통 전치사구나 독립적인 부사이다. 하지만 이들
은 다른 전치사 첨가어와는 달리 대용어 da, dort(장소) 및 dann, damals(시간)로 대
용화될 수 있다.

> der Mann *auf der Bank/dort* (벤취 위에/저기에 앉아 있는 남자)
> die Anwendung *in der Landwirtschaft/da* (농업/거기에서의 이용)
> der Mann *weit hinten/dort* (저 뒤에/저기에 있는 남자)
> die Sitzung *vor drei Wochen/damals* (3주전의/그 당시의 회의)

부문장도 역시 시간적인 부가어에서 나타난다.

> der Tag, *als er da war* (그가 왔던 날)

b) 비장소적 및 비시간적인 전치사 부가어

비장소적 및 비시간적인 전치사 부가어는 부사 da, dort, dann, damals로 대용화
될 수 없다. 그러나 이들 중 몇몇은 대명사적 부사로 대용화될 수 있다. 다음에서는
여러 의미군에 대한 예들이 제시된다.

> die Susi *aus Texas* (출신) (텍사스 출신의 수지)
> viele Pfarrer *mit volkspädagogischer Grundhaltung* (변별자질)
> (국민교육적인 기본자세를 가지고 있는 많은 목사들)
> ein Gefäss *aus Stahl* (재료) (철로 만든 통)
> das Institut *für Botanik* (식물연구소); eine Sonderlösung *für Firmen*
> (회사를 위한 특별해결책) (목적 또는 수익자)
> Milch *in Pulverform* (종류) (분말 우유)
> der Tathergang *nach/laut seiner Aussage* (이유)
> (그의 진술에 따른 범죄행위의 경과)
> der Abend *mit den Freunden* (동반) (친구들과 함께 한 저녁)
> Sondergesetze *anlässlich der Terroristenhysterie* (동기)
> (테러리스트의 히스테리에 대한 특별법)
> ein Urlaub *von drei Wochen* (척도) (3주간의 휴가)
> ein Auto *für 20000 Mark* (가치) (20,000마르크 짜리 자동차)

◆ 역사적인 변천

동사에서 파생되지 않은 명사에서의 전치사 부가어와 부사 부가어는 이미 고고
지독일어에서 나타났다. 장소 부가어와 전치사 부가어 중에서는 특히 고유명사에
서 장소의 출처를 표현하는 전치사 부가어(오늘날: die Susi *aus Texas*)가 가장 오
래되었다. Notker 이후로는 부가적 시간첨가어도 나타났으며, 방법부가어와 원인부
가어 등은 중고지독일어 이후에 비로소 사용되었다.

> Crist *fan Nazarethburg* (Heliand)
> ich Wolfram *von Eschenbach* (Wolfram)
> thaz giscrib *thar oba* (Tatian)
> thaz brot *in themo disge* (Otfrid)
> alter dirro werelte *fone erist unz in ende* (Notker)
> ab der mittewochen *in den kriuzetagen vor den pfingesten* (Berthold)
> vil volkes *zorse unt ze fuoz* (Wolfram)
> künigin *von hoher art* (Konrad von Würzburg)

6) 부문장 부가어

부가적 첨가어로 기능하는 부문장은 관계문(Relativsatz)이다. 관계문은 원칙적으로 모든 임의의 명사를 보다 자세히 규정할 수 있으므로 관계명사에 대한 서술문(Prädikation)을 표현할 수 있다(das *schöne* Mädchen - das Mädchen, *das schön ist*). 관계문은 하위부류 특수적이 아니며 통사적으로는 임의 첨가어이지만 내용적으로는 필수적이 될 수도 있다. 내용적으로 필수적인 관계문은 종종 제한적인 관계문(restriktiver Relativsatz)으로, 내용적으로 없어도 되는 관계문은 비제한적인 관계문(nicht-restriktiver Relativsatz)으로 일컬어진다.

> Den Mann, *den ich gestern sah*, sah ich heute wieder. (제한적인 관계문)
> (내가 어제 본 그 남자를 나는 오늘 다시 보았다)
> Den Mann, *den ich übrigens auch gestern sah*, sah ich heute wieder. (비제한적인 관계문) (나는 오늘 그 남자를 다시 보았는데, 더욱이 어저께도 그를 보았다)

관계문은 대체로 관계대명사 der, die, das(드물게는 welcher, welche, welches)로 유도된다.

> Der Mann, *der da steht*, ist mein Bruder. (저기 서 있는 남자가 내 형이다)
> Er ist der, *welcher der beste war.* (der의 반복을 피하기 위해서 welcher가 사용된다)
> (그는 가장 우수했던 사람이다)

관계어(=선행사 Bezugswort)가 중성의 대명사나 추상적인 의미를 갖는 명사화된 형용사이면 부정관계대명사 was가 사용된다.

> Sie suchten mancherlei, *was sie nicht fanden.*
> (그들은 많은 것을 찾았으나 그것을 발견하지는 못했다)
> Das Gute, *was hier geschaffen ist*, hat Bestand. (여기서 창조된 선은 영속한다)

관계어가 상황을 나타내거나 대상을 비구체적인 방법으로 명명하는 경우에는 전치사 + 관계대명사 대신에 종종 해당 대명사적 부사(wo(r) + 전치사)가 사용된다.

> etwas, *wovon er Nutzen hat* (그가 이득을 얻고 있는 것)
> das, *woran ich mich erinnere* (내가 회상하고 있는 것)
> vieles, *woran sie Freude hatte* (그녀가 즐거움을 가졌던 많은 것)

관계어가 장소적 또는 시간적 내용을 갖거나, 물질이나 원천을 표현하면 종종 전치사 + 관계대명사의 구성 대신에 관계부사(Relativadverb) wo, da, woraus가 사용된다.

> das Haus, *wo (=in dem) Berta wohnt* (베르타가 살고 있는 집)
> die Stadt, *wohin er zieht* (그가 가는 도시)
> das Material, *woraus der Stuhl ist* (걸상이 만들어진 재료)
> Es kam die Morgenstunde, *wo die Figur fertig wurde* (Hesse)
> (조상이 완성된 아침시간이 왔다)
> die Zeit, *da die alten Germanen noch lebten* (고대 게르만족이 아직 살고 있었던 시대)

◈ 역사적인 변천

부가적 첨가어로서의 관계문은 이미 가장 초기의 인구어에서 존재했던 것처럼 보인다. 게르만어에서는 관계문의 유도어로서 한편으로는 비굴절 불변화사가, 다른 한편으로는 관계대명사가 기능했다. 이전에는 연결요소를 갖지 않는 접속사 없는 (asyndetisch) 관계문도 있었다. 독일어에서는 관계사들이 중요한 역할을 하지 않는다. 부가적 관계문을 유도하는 "주요대명사" der, die, das는 동일하게 발음되는 지시대명사에서 생겨났다.

a) ① 독일어 관계문 중에서 가장 오래된 형태는 아마도 접속사가 없는 유형일 것이다. 이 유형은 고고지독일어에서, 그리고 가끔 신고지독일어도 발견되지만 문어에서는 곧 사라졌다.

> in droume si in zelitun den weg *sie faran scoltun*
> ('den Weg, den sie fahren sollten'; Otfrid) (그들이 가야하는 길을)

> diu sich gelichen kunde der grozen sul *da zwischen stuont*
> ('... der großen Säule, die dazwischen stand'; Wolfram)
> (그 사이에 서 있었던 커다란 기둥의)

> den ersten Fisch *du fehist*, den nimm ('den ersten Fisch, den du fängst, ...'; Luther)
> (네가 잡는 첫 번째 물고기를)

② 접속사 없는 문장은 상관사로서 명사 대신에 지시대명사를 취할 수 있었다. "우리는 이러한 결합에서 지시대명사에서 관계대명사로 발전한 것을 알아야 한다"(Dal 1966:199). 명사적인 상관사처럼 대명사는 원래 주문장에 속했으

며 그 문법형식에서는 주문장의 술어에 종속했다. 그러나 주문장과 부문장이 동일한 격을 요구하는 경우에, 대명사가 지시사로서 주문장의 구성성분을 나타내는지, 또는 이미 "관계사"로서 부문장의 구성성분을 나타내는지를 판단하기가 종종 어려웠다. der, die, das를 취하는 이러한 "상관사 없는" 관계문은 오래 유지되었으며 오늘날에도 몇몇 격언(Sprichwort)에서 나타난다.

antwurta demo *za imo sprah.* ('Er antwortete dem, der zu ihm sprach'; 3격 *demo*는 주문장의 술어에 의해 요구된다; ahd. Matth. Ev) (그는 자기한테 말을 걸어 왔던 사람에게 대답했다)

der bewiset in des *er suochte.* (*des*는 동사 *bewisen*에 의해 요구된다; Hartmann)

tho liefun sar *thie nan minnotun meist.* ('da liefen die gleich, die ihn am meisten liebten'; 1격 *thie*는 주문장의 술어에 의해 요구될 수 있을 뿐만 아니라 주어로서 부문장의 동사에 의해서도 요구될 수 있다; Otfrid) (그때 그를 가장 사랑했던 사람들이 바로 달려갔다)

Maria aber war, *die den Herrn gesalbet hatte.* (Luther)
(그러나 주님에게 성유를 발라주었던 사람은 마리아였다)
Ehre, *dem Ehre gebührt.* (영광을 받을만한 사람에게 영광 있어라)

③ 이미 고고지독일어에서는 주문장의 대명사가 부문장에서 반복될 수 있었지만, 상이한 문장들이 상이한 격을 요구하는 경우 처음에는 주문장에 의해 요구되는 격으로 왔다. 그러나 부문장의 대명사는 주문장의 명사와도 연관될 수 있었다. "이러한 구성에서 대명사는 부문장으로부터 아직 완전히 벗어날 수는 없었다. 부문장의 대명사가 반복되고 그 격이 부문장의 통사적 위치를 통해서 규정되는 경우에 비로소 원래의 관계대명사가 생겨난다. (...) 이러한 구성은 후기의 언어에서 정상적인 구성이다"(Dal 1966:200).

he *thes* wiht ni bisprak, *thes* sie imu ogean weldun
(' ... was sie ihm zeigen wollten'; Heliand)
(그들이 그에게 보여주려고 했던 것)

... *then selben* zwelif theganon, *then* thar umbi inan sazun; Otfrid
den mort, den da was geschen (Alexanderlied)
(신고지독일어: den Mord, *der* da geschehen war 거기서 일어났던 살인사건을)

b) 통사적으로 der, die, das와 등가인 관계대명사 welcher, welche, welches는 오늘날 매우 드물지만 아마도 라틴어 대명사 qui(=what, who)의 모방에서 기원할 것이다. welcher의 관계적인 사용은 15세기에 나타났으며, 처음에는 새로운 주문장에 해당하는 계속적인 부문장의 유도어로서 형용사 기능으로 나타났다(오늘날에도: Er ist ehrlich, welche Eigenschaft ich sehr schätze. 그는 정직하다. 나는 이러한 특성을 매우 높이 평가한다). 그러나 곧 부가어문의 유도어로서의 명사적인 사용도 역시 발전했다. 어떤 시기에는 관계적 welcher가 매우 빈번하였으며 19세기에는 대명사 der를 문어에서 거의 밀어내었다(Goethe와 Schiller의 작품에서 빈번했다). 오늘날 welcher는 대체로 반복을 피하기 위해서만 사용된다.

werdet ihr finden ein Füllen angebunden, *auf welchem* nie kein Mensch gesessen ist (Luther) (너희들은 지금까지 어떤 사람도 그 위에 앉아보지 않았던 새끼 당나귀 한 마리가 묶여있는 것을 발견할 것이다)

c) 오늘날에는 중성적인 대명사적 (형용사적) 상관사와 함께 was(고고지독일어 sō (h)waz sō 'solches, was', 중고지독일어 (s)waz)의 비확정적(indefinit)인 사용에서 생겨난 관계대명사 was가 사용된다: alles, was(모든 것); das Beste, was(최상의 것) 등. 이러한 사용은 새로운 것이며, 여기서는 18세기까지 das가 가장 빈번하게 사용되었다.

etwas, *das* bleibt, und etwas, *das* sich unaufhörlich verwendet (Schiller)
(영속적인 것과 그리고 끊임없이 사용되는 것)
etwas Vollständiges, *das* allen Menschen Ehrfurcht einflößte (Goethe)
(모든 사람에게 경외심을 불러일으켰던 완전한 것)

때때로 welches 역시 중성의 대명사에 관련되었다(그밖에 welches는 was처럼 전체 문장도 역시 지시할 수 있었다: Er hegte Hoffnung, ihn zu kaufen, welches jedoch nicht gelang.(Goethe) (그가 그것을 사려는 희망을 품었으나 그 일은 성취되지 않았다)).

alles Gute, *welches* Philipp II. gegen Elisabeth beschloß (Schiller)
(필립 2세가 엘리자베트에 반대하여 결의했던 모든 선행들)

d) 오늘날 wo(wohin, woher)는 관계부사로서 기능한다: die Stadt, wo(wohin). 원

래 이러한 경우에서는 der와 동일한 방식으로 지시적 요소에서 관계적 요소로 발전하였던 da(dahin, daher)가 사용되었다. 고전주의자들에서는 da가 자주 사용되었으나, 오늘날에는 da가 장소적인 사용에서 완전히 낡은 표현이고 시간적인 사용에서는 격식표현이거나 또는 낡은 표현이다.

im Meer, *da* es am tiefsten ist (Luther) (가장 깊은 바다에서)
auf der Höhe, *von da* man zu einem Wäldchen gelangte (Goethe)
(우리가 거기서부터 숲 속으로 도달했던 그 언덕 위에서)

4.3. 형용사 및 분사의 부가어

형용사의 규정어는 대체로 결합가에 제약된 보충어이다(Der Mann ist *der Auszeichnung* würdig. 그 남자는 표창을 받을 만하다). 이 보충어가 술어적 형용사에서는 그 치환가능성으로 인해 부가어와는 다른, 문장성분의 규정성분에 대한 고유한 집단으로 간주될 수 있다. 그러나 형용사의 부가적인 사용에서는 이러한 보충어가 해당 명사의 부가적인 보충어로 간주되어야 하지만 더 이상 치환될 수는 없다.

Ich habe den *des Diebstahls* verdächtigen Mann gesehen.
(나는 절도죄 의혹을 받고 있는 그 남자를 보았다)
Dieser *in Berlin* wohnhafte Künstler ist weltberühmt.
(베를린에서 살고 있는 이 예술가는 세계적으로 유명하다)

형용사의 본래적인 부가어는 부사, 곡용어미가 없는 형용사, 대체로 등급규정어로서 기능하는 als-구조와 wie-구조이다.

Er begrüßte mich mit *überaus* freundlicher Miene.
(그는 아주 친절한 표정으로 나에게 인사했다)
Ich bin *sehr* müde. (나는 매우 지쳐 있다)
Ein *eisig* kalter Wind weht über die *trostlos* öde Ebene.
(얼음처럼 차가운 바람이 삭막한 불모의 고원 위로 불고 있다)
Der Vogel flog schnell *wie der Wind.* (그 새는 바람처럼 빨리 날라갔다)
Fühlen Sie sich hier so wohl *wie zu Hause.*
(여기서는 마치 집에 있는 것처럼 편안하게 지내십시오)
Mein Bruder ist älter *als ich.* (내 형은 나보다 나이가 많다)

형용사의 형용사적 및 부사적 부가어는 임의 첨가어이다. so(ebenso)를 갖는 형용사의 wie-부가어가 통합소 so + 형용사의 보충어로 간주되는 것처럼, 비교형용사의 als-부가어는 비교급의 보충어로 간주될 수 있다.

분사적 부가어는 토대가 되는 문장의 모든 문장성분들을 자신의 규정어로서 취할 수 있다(분사I과 sein-완료형을 취하는 완료동사의 분사II에서의 주어와, 타동사의 분사II에서의 4격 목적어는 예외이다). 부가적인 분사의 규정어는 그 특성상 동사의 규정어(목적어, 부사어 등)이지만 부가어의 하위집단으로 간주되어야 한다.

> der *viel zu lange mit einem günstigen Ausgang* rechnende Angeklagte
> (너무 오랫동안 유리한 결과를 예상하고 있는 피고)
> der *über Nürnberg nach Frankfurt* fahrende Zug
> (뉘른베르크를 거쳐서 프랑크푸르트로 가는 기차)
> das *im Jahre 1969 in Buenos Aires* veröffentlichte Buch
> (1969년 부에노스아이레스에서 출판된 책)
> der *jüngst am Krebs* gestorbene Mann (최근에 암으로 죽은 남자)

◆ 역사적인 변천

개개 부사에서는 시간이 지남에 따라서 많은 변화가 일어났지만 원래의 부사는 형용사의 부가어로서 이미 가장 초기의 문헌에서 나타났다. 이에 반해 형용사의 부가적 첨가어로서의 어미 없는 형용사는 비로소 신고지독일어에서 유래한다. 중고지독일어에서는 고유한 어미 –e(고고지독일어 –o)를 갖는 해당 부사가 이 어미 없는 형용사 앞에 온다.

> *filu* langsam ('sehr langsam'; 고고지독일어)
> *mihil* werda salz (Otfrid)
>
> er was *toetliche* wunt (Hartmann)
> *grimme, hohe, menliche, trurecliche* gemuot (중고지독일어)

유형 der des Diebstahls verdächtige Mann(절도죄 의혹을 받고 있는 남자)의 부가어에 대해서는 상기 257쪽을 참조하고(부가적 형용사의 목적어와 부사어), 분사의 부가어에 대해서는 동사의 해당 문장성분의 변천을 참조할 것.

4.4. 부사의 부가어

부사, 곡용어미가 없는 형용사, als-구조, wie-구조 및 명사적인 전치사구가 부사의 부가어로서 기능한다.

> Wir gehen *sehr* gerne ins Theater. (우리는 아주 즐겨 극장에 간다)
> Wir haben *besonders* oft von dir gesprochen.
> (우리는 특히 자주 너에 대해 이야기했다)
> *Hoch* oben auf dem Berg steht ein Haus. (산 위의 높은 곳에 집이 한 채 있다)
> Ich esse Kartoffeln mehr *als du.* (나는 너보다 더 많이 감자를 먹는다)
> Wir trinken Wein ebenso gern *wie unsere Väter.*
> (우리는 우리 선조들과 똑같이 포도주를 즐겨 마신다)
> Ich begegnete ihm mitten *im Walde.* (나는 숲 한 가운데서 그를 만났다)

부사의 부가어는 보통 임의 첨가어이다. als-부가어와 wie-부가어는 아마도 해당 부사형의 보충어로서(비교급; so + 부사구조) 간주될 수 있을 것이다(322쪽의 형용사 부가어와 비교). 구조 mitten im Walde(숲 한 가운데서)에서 im Walde는 부사 mitten의 결합가에 제약된 부가어가 될 수 있을 것이다.

관계부사문 앞에는 형식어(상관사)로서 종종 부사(dort, dorthin 등)가 오는데, 이들은 형식상 부사의 부가어인 관계문의 관계어(=선행사)로서 기능한다.

> Er fährt *dorthin, wo ich im letzten Jahr war.*
> (그는 내가 지난해에 있었던 그곳으로 간다)
> Ich bin gestern *dort* gewesen, *wohin du heute fahren willst.*
> (나는 어저께 네가 오늘 가려고 하는 그곳에 있었다)

내용적으로 볼 때 관계문은 부사어이며, 전체 부사규정어는 형식어로서의 부사와 규정어로서의 관계문에 의해 형성된다.

제 2 부 독일어 문장의 직선구조(어순)

1. 독일어 어순의 본질

독일어 어순(Wortstellung)은 학자들과 비전문가들에 의해 종종 자유로운(frei) 것으로 간주된다. 물론 이러한 자유로움은 특정한 문장성분을 갖는 한 문장에서 모든 어순이 가능하리라는 것을 의미하지는 않는다. 이러한 자유로움은 또한 한 문장에서 다른 등가의 대안 없이 상이한 어순이 허용된다는 것을 의미하지도 않는다. 그래서 예컨대 다음과 같은 문장에서 어순이 문장의 내용에 기여하기 때문에 이 어순은 결코 자유롭지 않다.

> Man kann ihn einfach nicht entlassen. (사람들은 그를 결코 해고할 수 없다)
> Man kann ihn nicht einfach entlassen. (사람들은 그를 간단히 해고할 수는 없다)

그러나 하나의 관점에서 독일어 어순은 상당히 자유롭다. 독일어 어순은 보통 영어와 스웨덴어 어순처럼 상이한 문장성분을 구별하기 위해 그렇게 중요한 기능을 갖고 있지 않아서 예컨대 주어의 첫 번째 위치(Erststellung) 뿐만 아니라 후치(Nachstellung=중장위치 Mittelfeldstellung)도 가능하다. 이것은 독일어에서 굴절(Flexion)이 하나의 중요한 통사적 관계수단이라는 사실과 관계가 있다. 영어와 스웨덴어에서는 주어가 대체로 어순의 도움을 통해서만 목적어와 구별되기 때문에 도치(Inversion)에 의해 구성성분의 문장성분 특성(Satzgliedschaft)도 변화된다. 독일어에서는 문장성분 특성이 대체로 굴절에 의해 표현되므로 주어의 후치가 가능하고 어순이 더욱 자유롭다.

> *The boy* loves *the girl.* (주어 + 목적어)
> (*The girl* loves *the boy.*) (주어 + 목적어)
> *Pojken* älskar *flickan.* (주어 + 목적어)
> (*Flickan* älskar *pojken.*) (주어 + 목적어)
> *Der Junge* liebt *das Mädchen.* (주어 + 목적어)
> (그 소년은 그 소녀를 사랑한다)
> *Das Mädchen* liebt *der Junge.* (목적어 + 주어)
> (그 소녀를 그 소년은 사랑한다)

그러나 덧붙여 말하자면, 몇몇 경우에서는 독일어에서도 (예컨대 여성과 복수에서) 주어가 어순을 토대로 해서만 목적어와 구별될 수 있다. 여기서 문장성분의 특성을 오직 어순을 통해서만 표현하는 것은 이러한 경우들에서 4격이 1격과 일치하는 사실에 기인한다(영어와 스웨덴어에서처럼). 그래서 독일어에서의 어순은 굴절과 더불어 통사적인 보조수단으로 사용되는 반면에, 영어와 스웨덴어에서의 어순은 종종 오직 통사적인 수단만을 나타낸다.

Die Mutter liebt *die Tochter.* (주어 + 목적어) (어머니가 딸을 사랑한다)
(*Die Tochter* liebt *die mutter.*) (주어 + 목적어) (딸이 어머니를 사랑한다)
Die Jungen kannten *die Mädchen.* (주어 + 목적어)
(그 소년들은 그 소녀들을 알고 있었다)
(*Die Mädchen* kannten *die Jungen.*) (주어 + 목적어)
(그 소녀들은 그 소년들을 알고 있었다)

독일어 어순은 예컨대 주어와 목적어의 통사적 구별을 위해서는 덜 중요하지만 문장성분의 전달가와 관련해서는 중요하다. 따라서 어순은 예컨대 알려진 것(Bekanntes)이냐 아니면 새로운 것(Neues)이냐 하는 문제와 관련해서는 중요하다. 알려진 것(=테마 Thema)은 종종 문장관계에서 더욱 중요한 새로운 것(=레마 Rhema)보다 선행한다.

Das Auto steht auf der Straße. (das Auto는 알려져 있다)
(그 자동차는 길 위에 서 있다)
Auf der Straße steht *ein Auto.* (das Auto는 이제 처음으로 언급된다. *Ein Auto*
steht auf der Straße.도 가능하다) (길 위에 자동차 한 대가 서 있다)

독일어 어순에서 특징적인 것은 정동사의 위치이다. 정동사가 서술문(Konstativsatz, Aussagesatz)에서는 두 번째 위치에 오고, 의문문(Interrogativsatz)에서는 첫 번째 위치에 오며, 접속사가 있는 부문장에서는 마지막 위치에 온다. 우리는 정동사의 두 번째 위치를 핵심위치(Kernstellung, Zweitstellung), 첫 번째 위치를 문두위치(Stirnstellung, Anfangsstellung), 마지막 위치를 문미위치(Spannstellung, Schlussstellung)라고도 일컫는다.

Ich *helfe* dir. (두 번째 위치 또는 핵심위치)
Hilft er dir? (첫 번째 위치 또는 문두위치)
Ich weiß, dass er dir *hilft.* (마지막 위치 또는 문미위치)

　　그러나 정동사의 위치뿐만 아니라 부정사성분(부정사와 분사)과 소위 동사첨부어(Verbzusatz)의 위치도 독일어 어순에서 특징적이다. 즉, 이들도 역시 위치가 고정되어 있다. 다시 말해서 이들은 주문장에서는 문미에 오며, 접속사가 있는 부문장에서는 보통 정동사 직전에 온다.

> Bei uns hat es wieder Spaghetti *gegeben.*
> (우리 집에서는 다시금 스파게티가 나왔다)
> Ich werde dir bei dieser Aufgabe sicher *helfen.*
> (나는 네가 이 과제를 하는 데 틀림없이 도울 것이다)
> Ich mache dann schon wieder *mit.* (그리고 나서 나는 다시 참여할 것이다)
> Du weißt, dass ich dann wieder *mit*mache.
> (그리고 나서 내가 다시 참여하리라는 것을 너는 알고 있다)
> Er sagte, dass er es *tun* wolle. (그가 그 일을 하겠다고 말했다)

　　주문장의 부정사성분이 문미에 오기 때문에 정동사와 부정사성분으로 구성되는 두 성분구조가 생겨난다. 우리는 이것을 동사괄호(verbale Klammer)나 문장틀(Satzrahmen)이라고 일컫는다(접속사가 있는 부문장에서는 문장틀이 접속사와 정동사로 이루어진다). 문장틀은 독일어 문장의 어순에서 특징적이다. 문장틀은 문장을 세 개의 장, 즉 전장(Vorfeld), 중장(Mittelfeld), 후장(Nachfeld)으로 나눈다(부문장에는 전장이 없다).

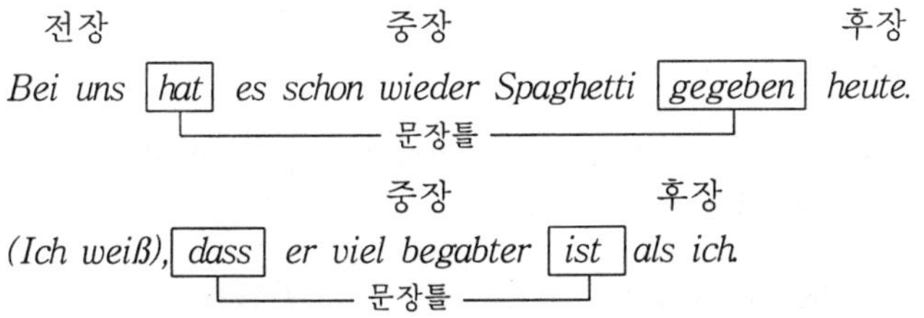

　　물론 단 하나의 성분으로 구성된 동사복합체(Verbalkomplex)에서는 문장틀이 실현될 필요가 없다. 그러나 이런 경우에도 문장틀은 잠재적으로 존재한다. 우리가 문장을 예컨대 완료형으로 변형하거나 화법동사로 확대하면 문장틀이 실현된다.

> Ich *komme* gern. – (나는 기꺼이 온다)
> Ich *bin* gern *gekommen.* (나는 기꺼이 왔다)
> Ich *will* gern *kommen.* (나는 기꺼이 오겠다)

정동사의 두 번째 위치는 몇몇 예외를 제외하고는 서술문의 전장이 정확히 하나의 성분(문장성분)으로 점유된다는 것을 의미한다.

Ich helfe dir. (전장의 주어, 소위 정치법) (나는 너를 돕는다)
Heute helfe ich dir. (전장의 첨가어, 소위 도치법) (오늘 나는 너를 돕는다)
Wenn du willst, helfe ich dir. (전장요소로서의 부문장)
(네가 원한다면 나는 너를 도울 것이다)

비동사적(nicht-verbal) 문장구성성분에 대한 위치는 동사성분의 위치처럼 그렇게 확고하게 고정되어 있지는 않다. 전장에는 모든 임의의 문장성분이 올 수 있으며, 중장에서는 문장성분의 순서에서 종종 여러 가지 가능성이 존재한다. 다시 말해서 중장에서는 비동사적 문장성분의 위치가 항상 문법화 되어 있는 것은 아니다. 그러나 중장에 있는 성분들에 대한 순서들 중에서 몇몇은 다른 어순들보다는 더 "정상적"(normal)인 것으로 간주될 수 있으며, 우리는 이러한 어순들을 종종 기본어순(Grundwortfolge) 또는 무표어순(unmarkierte Wortfolge)이라고 말한다. 예컨대 임의의 부사첨가어는 대체로 술어보충어나 부사보충어 앞에 오며, 또한 보통은 전치사 목적어 앞에도 오지만 4격 목적어 다음에 온다.

Er war in der Schule immer ein guter Schüler. (부사첨가어 + 술어보충어)
(그는 학교에서 항상 좋은 학생이었다)

Er fährt morgen mit seinem Wagen nach München. (부사첨가어 + 부사보충어)
(그는 내일 그의 자동차로 뮌헨에 간다)

Er sprach in der Schule von seinen Ferien. (부사첨가어 + 부사보충어)
(그는 학교에서 그의 방학에 대해서 이야기했다)

Ich habe dieses Buch in Berlin gekauft. (4격목적어 + 부사첨가어)
(나는 이 책을 베를린에서 샀다)

두 명사 목적어의 어순 중에서 사람의 3격 + 사물의 4격 어순이 4격 + 3격의 어순보다 더 "정상적"인 것으로 간주된다. 다른 한편으로는 전치사 목적어가 3격 목적어와 동일한 간접적인 인칭목적어의 기능을 갖더라도 4격 목적어가 대체로 전치사 목적어 앞에 온다.

Ich schreibe *meinem Bruder* einen Brief.

(둘 다 대명사인 경우에는 다음만 가능함: Ich schreibe *es ihm.*)
Ich schreibe einen Brief *an meinen Bruder.* (나는 내 형에게 편지를 쓴다)

이러한 모든 예들에서 우리는 문장성분의 기본어순이 최소한 부분적으로는 의존적으로 규정되어 있다는 사실을 추론할 수 있다. "성분들의 순서는 상당한 정도로 연결구조(Konnexionsstruktur)에 기인한다. 예컨대 한 성분의 위치는 (무엇보다도) 그것이 보충어인지 혹은 첨가어인지에 달려 있으며, 만일 그것이 보충어이면 E_0[= 주어], E_1[=4격 목적어], E_8[=형용사적 술어보충어] 따위와 관계가 있다"(Engel 1982: 203). 그러나 적어도 부분적으로는 문장의 테마성이 이 "결합가에 따른" 어순과 연관되어 있지 않느냐 하는 의문이 제기된다. 임의 첨가어가 문장에 대해 "중요한" 또는 레마적인 문장성분을 나타내지 않기 때문에 - "후치하는" 대부분의 보충어(예컨대 술어보충어와 형용사보충어)는 이미 그 본질상 레마적인 문장성분이다 - 임의 첨가어는 종종 특정한 보충어 앞에 오는 것이 아닌가? 사물목적어(=4격)는 보통 레마이고 인칭목적어(=3격)는 알려져 있는 테마이기 때문에 대체로 3격이 4격보다 앞에 오는 것이 아닌가? 아마도 의존구조에 따르는 요소들(문장성분들)의 순서는 문장의 "정상적인" 테마-레마 구조를 반영할 것이다. 그렇다면 문장은 어순과 관련해서 어떤 특별한 표지도 갖지 않는다. 다시 말해서 어순은 우리가 특정한 의사소통적 조건하에서는 벗어날 수 있는 무표어순 또는 소위 기본어순이다. 이러한 표지가 특별한 테마-레마 구분(Thema-Rhema-Verteilung)이다.

> Er gab ihr das Buch *gestern.* (그는 그녀에게 책을 **어제** 주었다)
> ("특수레마": **Wann** hat er ihr das Buch gegeben?(그는 그녀에게 책을 **언제** 주었느냐?) 첨가어 gestern은 의사소통적으로 중요하며 강조된다)

의존에 따르는 "정상적인 테마성"과 예외를 형성하는 "특수한 테마성" (무표적 어순 대 유표적 어순) 이외에, 부분적으로는 테마성과 관계가 있는 문장성분의 확정성·비확정성, 명사·대명사의 품사, 문장성분의 길이 따위와 같은 요인들도 어순에 영향을 준다.

지금까지 우리는 문장이라는 언어단위 내에서의 어순에 관해 언급했는데 여기서는 문장성분의 위치와 순서가 문제되었다. 그러나 또한 여러 단어들로 구성된 한 문장성분이나 또는 한 어군(Wortgruppe)(명사구) 내에서의 어순에 대해서도 이야기 할 수 있는데, 여기서는 특히 문장성분의 규정성분에 대한 위치, 예컨대 명사부가어의 위치가 문제된다. 모든 종류의 부가어는 어군에서 어느 정도 부가어와 핵어와의 의미·통사적 결합이 표현되는 특정한 정상적인 위치를 갖는다. 부가어가 핵어와 긴밀하게 결합되면 될수록, 부가어는 명사 옆에 더욱 가까이 오는데, 이때 물론 관사어(Artikelwort)와 핵어는 일종의 틀(Rahmen)을 형성한다.

die/unsere hundert olympischen *Medaillen* (명사틀)
(우리들의 100개의 올림픽 메달)

die Überreichung *der Urkunde an den Beamten* (핵어 다음의 부가어)
(공무원에게 문서전달)

viele gute *literarische Veranstaltungen* (literarische가 아주 긴밀하게 핵어 Veranstaltungen과 결합하여 literarische Veranstaltungen이 형성됨)
(많은 좋은 문학적인 행사)

문장에서처럼 어군에서도 다양한 위치장(Stellungsfeld)을 구별할 수 있다.

das von mir gestern gekaufte **Buch** *des Schriftstellers S.*
    (전장)   (핵어)   (후장)
(내가 어제 구입한 작가 S의 책)

분명히 결합가를 나타내는 동사 파생명사에서 결합가 동반어(Valenzpartner)나 부가적 보충어는 대체로 핵어 가까이 오며, 임의 부가어(부가적 첨가어)와 자리를 바꿀 수 없다는 사실은 흥미로운 일이다.

der Nachweis *von Kavernen im Röntgenbild* (보충어 + 첨가어)
(뢴트겐 사진 안에 있는 폐공동의 증거)
*der Nachweis im Röntgenbild von Kavernen

부가어의 전달가(테마-레마 구조)도 역시 명사군에서 비록 사소하지만 어떤 역할을 한다. 이때 부가적 보충어뿐만 아니라 부가적 첨가어도 역시 전달가(Mitteilungswert)에 따르며 치환될 수 있기 때문에 더 큰 전달가를 갖는 부가어가 명사군의 끝에 온다.

die Rettung einer Barlachfigur *durch die Kommunisten vor dem Zugriff der Nazis*
(무표 어순) (나찌의 강탈 이전에 공산주의자들에 의한 바를라하 동상의 구조)
die Rettung einer Barlachfigur *vor dem Zugriff der Nazis durch die Kommunisten*

(durch die Kommunisten은 더 큰 전달가를 갖는 특수레마)
der Zug *nach Berlin um acht Uhr* (8시에 베를린으로 가는 기차)
der Zug *um acht Uhr nach Berlin* (보충어와 첨가어가 상호 치환)

  형용사군과 부사군에서도 규정성분은 특정한 정상적인 위치를 갖는다. 규정어는 대체로 관계어(Bezugswort) 앞에 오며, 소위 부연사(Erweiterung)의 경우에는 술어적 형용사의 위치가 상당히 자유롭다(전치 혹은 후치). 결합가 동반어(=보충어)는 대체로 임의의 부연사(=첨가어) 뒤에 오지만, 전달가도 역시 어떤 역할을 할 수 있기 때문에 중요한 것이 중요하지 않은 것 뒤에 나타난다.

(Sie ist) *sehr* schön. (그녀는 매우 아름답다)
(Sie kommt) *sehr* bald. (그녀는 매우 빨리 온다)
(Das Land) ist *industriell* hochentwickelt. (그 나라는 산업적으로 매우 발전해 있다)
(Der Junge ist) *an dem Mädchen* interessiert.
                    interessiert *an dem Mädchen.*
(그 소년은 그 소녀에게 관심이 있다)

(der) *an dem Mädchen* interessierte (Junge) (그 소녀에게 관심이 있는 그 소년)
(der) *schon lange an der Veranstaltung* interessierte (Besucher) (첨가어 + 보충어)
(이미 오랫동안 그 행사에 관심을 가졌던 방문객)

(der) *auf jeden Fall der Auszeichnung* würdige (Arbeiter)
(첨가어 + 보충어="정상적 어순") (어떤 경우에도 표창을 받을 만한 노동자)
(der) *der Auszeichnung auf jeden Fall* würdige (Arbeiter)
(첨가어가 높은 전달가로 인해 보충어 다음에 왔다)

2. 동사형의 위치

2.1. 정동사의 위치

  이미 앞서 논의한 바와 같이 정동사(finites Verb)의 위치는 정해져 있다. 정동사는 문장유형(Satztyp)에 따라 두 번째 위치, 문두 또는 문미에 온다. 그밖에 정동사는 주문장의 복합동사형에서 술어의 부정형과 분리된다(=문장틀 Satzrahmen).

2.1.1. 서술문에서 정동사의 위치

서술문(Konstativsatz)에서 정동사는 두 번째 위치에 온다. 왜냐하면 전장은 물론 여러 단어로 구성될 수도 있고 또한 부문장으로 구성될 수도 있는 하나의 문장성분으로 채워지기 때문이다. 전장이 주어로 채워지면 우리는 전통적으로 정치법(gerade Wortstellung)이라고 말하고, 다른 문장성분이 문두에 오면 도치법(Inversion)이라고 말한다.

Mein Freund Karl kommt heute zu mir. (정치) (내 친구 카알이 오늘 나에게 온다)
Heute kommt mein Freund Karl zu mir. (도치)
Wenn mein Freund Karl heute kommt, gehen wir ins Kino.
(내 친구 카알이 오늘 오면 우리는 극장에 간다)

현대 독일어에서 정동사의 두 번째 위치는 예외가 없는 것으로 간주된다. 현대 문어에서 주문장 다음에 오는 doch를 취하는 이유의 서술문에서만 정동사가 문두에 온다. 그밖에 문학작품에서만 정동사의 첫 번째 위치와 마지막 위치가 나타난다.

Er bot mir den Wagen gar nicht an, *wusste* er doch (=*weil er wusste*), dass ich mir ein so teures Fahrzeug nicht leisten konnte. (그는 나에게 그 차를 전혀 제공하지 않았다. 그는 내가 그렇게 비싼 차를 구입할 수 없다는 것을 알았기 때문이다)

Sah ein Knab ein Röslein stehen. (Goethe)
(한 소년이 들장미 한 송이가 피어 있는 것을 보았다)
In die Lüfte hoch ein Reiher *steigt*, dahin weder Pfeil noch Kugel *fleucht*. (Mörike)
(공중 높이 왜가리 한 마리가 비상한다. 그쪽을 향해 활도 총도 쏘지 않는다)

그밖에 구어에서는 전장의 요소, 특히 1인칭과 2인칭의 대명사가 특정한 조건하에서는 생략될 수 있으므로 정동사가 첫 번째 위치에 온다.

Sollst auch was abkriegen. (너도 무엇인가를 차지해야 한다)
Habe darüber lange nachgedacht. (나는 그 문제에 대하여 오랫동안 숙고했다)
Ist in Ordnung. (오케이)

◈ 역사적인 변천

1) Behaghel은 이미 인구어에서 두 번째 위치가 정동사의 정상적인 위치였다고 가정하고 있다. "동사의 중간위치(Mittelstellung) 이외에 종결위치(Schlussstellung), 즉 문미위치(Endstellung)라는 명칭이 적합하지 않은 동사의 보다 나중 위치 (spätere Stellung=후치)도 존재했음에 틀림없다. 왜냐하면 후치된 동사 다음에도 여전히 다른 문장성분들이 올 수 있었기 때문이다"(Behaghel 1323-32,4:12). 이러한 "후치"(Spätstellung)는 고고지독일어에서, 특히 도입어(=접속사) 이외에 강조되지 않은 어휘를 포함했던 문장에서 나타났다.

> Isias so *festinoda* (후치와 동시에 문미위치: Isidor)
> fimfi duo dann *uuarun* unwiso (Monsee Fragmente)

후치가 라틴어의 영향이라고 가정하는 Behaghel에 따르면 후치의 다른 경우들은 상당히 드물다.

> thaz giscrib iz eristin *ward* gitan in Syria.
> (haec descriptio primo facta est a praeside Syriae Cyrino; Tatian)

> min tohter ubilo fon themo tiuvale giweigt *ist*. (vexatur; Tatian)
> got der rehte rihtere *ist* (Notker)

Behaghel에 따르면 두 번째 위치가 아닌 이러한 경우들은 고고지독일어 시대의 말기에 전반적으로 산문에서 사라졌다. 라틴어의 영향이 다시금 독일어 어순에 적용되었기 때문이 후기 중고지독일어 이후로 "후치"(Spätstellung)가 다시 인지될 수 있었다. "라틴어의 모범에 따라 독립적인 문장들이 관계문으로 연결되는 것은 후기 독일어에서는 아주 일상적이다. 그러나 그밖에 관계적인 성격이 확실한 대명사와 부사뿐만 아니라 보통 지시적인 것으로 느껴지는 대명사와 부사도 사용된다. 왜냐 하면 der, da는 지시적으로 뿐만 아니라 관계적으로도 사용되기 때문에 derselbe, dieser, deswegen, solch, also 역시 관계적인 것으로 간주되며 동사의 문미위치를 갖는 문장들을 유도할 수 있다"(Behaghel 1923-32,4:18). 우리는 이러한 문미위치에 대한 예들을 신고지독일어 시대의 고전주의 작가들에서 발견한다.

> darumb diz gemein verstantnüss *nimt* alle dingk als ein worheit (Eckhart)

von demselben heligen vater er gar früntlich enpfangen *warde* (Stretl. Chr.)

sonst er wohl darauf bestanden haben *würde* (Lessing)
(그렇지 않으면 그가 아마 그것을 주장했을지도 모른다)

so hielten sie mich acht Tage im Gefängnis, nach dem Ablauf derselben sie mich zum Verhör holen *ließen.* (Goethe) (그래서 그들은 나를 일주일 동안 감옥에 가두었다. 일주일 후에 그들은 나를 심문하기 위해 불러내었다)

Behaghel은 라틴어의 이러한 영향을 간접적인 것이라고 언급하지만, 그밖에 동사의 문미위치를 초래했던 라틴어의 직접적인 영향도 작용했다. 그러나 이에 대한 여러 작가들과 시대의 입장은 아주 달랐다. 16세기에는 많은 작가들에서 문미위치가 많이 나타나지만, 다른 작가들, 예컨대 Luther는 문미위치를 제한된 범위 내에서만 사용하였다. Behaghel의 마지막 예는 18세기에서 유래한다.

aber Gott auch nichts deste weniger *fortferet* (Luther)
über etlich zeit hernach dieser Fürst *bedachte* (Amadis)
vor eine Stube und Kammer soviel bezahlen *mußte* (Meister Diez; 18. Jh.)

정동사의 문미위치는 초기 신고지독일어 산문의 특정한 유형에서 사용되었는데, 여기서는 선행하는 부문장이 주문장의 어순에 영향을 주었다.

je mehr ihrer wird, *je* mehr sie wider mich *sündigen.* (Luther)
je mehr sie ihn besah, je mehr sie Reize *fand.* (Wieland)
(그녀가 그를 관찰하면 할수록 그녀는 더 많은 매력을 발견했다)
wie ich sage, so ich *denke.* (Goethe) (내가 말한 대로 나는 생각한다)
Wes Brot ich ess', des Lob ich *sing.* (Sprichwort)
(신세를 진 사람의 편을 들기 마련이다)

라틴어의 영향과 특수한 경우를 제외하고는, 두 번째 위치가 아닌 것(그리고 문미위치)은 Notker 이후로 산문(Prosa)에서 이미 사라졌다. 이에 반해 문학작품(Dichtung)에서는 이 문미위치가 현재까지 유지되었다. 그러나 이때 이미 중고지독일어의 구어에서는 더 이상 지주가 없었던 전통적인 문학작품의 어순만이 문제가 되었다는 사실이 강조되어야 한다. 중고지독일어의 고풍의 민중서사시에서는 문미위치가 현대의 창작문학 작품에서보다는 더 빈번하게 나타났다. 그 후에는 주로 초기 신고지독일어의 민중문학 작품에서 문미위치가 계속 유지되었으며 - 예컨대

Hans Sachs에서 자주 나타났다 - 18세기에 다시 창작문학 작품, 특히 옛 민중문학
작품의 모방으로서(예컨대 Goethe에서) 나타났다.

> diu edele küneginne vil sere weinen *began* (Nibelungenlied)
> zu ihr ich nit mehr wil noch *mag* (Sachs)
> kreftig sie auf den Füßen *steht* (Goethe) (그녀는 힘차게 일어선다)
> und hinein mit bedächtigem Schritt der Löwe *tritt* (Schiller)
> (그리고 사자는 의젓한 발걸음으로 안으로 들어간다)

신고지독일어에서는 여기서 특히 각운(Reim)이 어순에 영향을 주어 종종 문미위
치가 각운 때문에 생겨났다.

2) Behaghel에 따르면 두 번째 위치와 문미위치 이외에 인구어에서는 서술문에서 동
사의 절대적인 문두위치도 있었음에 틀림없다. 게르만어와 독일어에서는 예컨대
이야기의 처음에 나타날 수 있었던 이러한 절대적인 첫 번째 위치(Spitzstellung)가
생소했던 것 같다. 이에 반해 고고지독일어에서는 새로운 상황이 도입되었거나, 혹
은 첫 번째 위치를 취하는 새로운 문장이 선행문장의 결과나 원인을 표현했던 문
장에서는 동사가 가끔 문두에 왔다. 일종의 연결위치로서의 첫 번째 위치가 문제되
었다.

> (gilegita inan in crippea). *Warum* tho hirta in thero lantsceffi wahhante (Tatian)

> (bat inan sum Phariseus, thaz he goumoti mit imo. Inti ingieng inti gisaz). *Bigonda* the
> Phariseus ... queden (Tatian)

> ir aller iegelih habet sin swert in hanton, *cunnon* alle mahtigen vehtan (Williram)

후기 고고지독일어에서는 첫 번째 위치가 사라졌으나, 후기 중고지독일어에서는
물론 초기의 첫 번째 위치와는 상관없이 다시 첫 번째 위치가 나타났다. Behaghel
이 라틴어의 영향으로 돌리고 있으며 처음에는 특히 말하기 동사에서 나타났던 이
새로운 첫 번째 위치가 15세기 Luther에서 빈번하였으며 고전주의 작가들에서도
여전히 나타났다.

> *sprechen* zu im seine Jünger (Luther)
> *fehlt* leider nur das geistige Band (Goethe)
> *schlief* ich neulich in der Liebsten Hause (Rückert)

doch를 갖는 이유의 문장에서 첫 번째 위치에 대한 오늘날의 유형은 적어도
Luther 이후로 증명된다.

> *ist* doch niemand in deiner Freundschaft, der also heißet. (Luther)
> *hat* sich der alte Hexenmeister doch einmal wegbegeben. (Goethe)
> (그 늙은 마술사가 이전에 떠났기 때문이다)

오늘날에도 weiß Gott(정말로, 확실히), weiß der Himmel(결단코)과 같은 표현들
이 나타난다.

3) 정동사의 두 번째 위치에서 몇 가지 특수한 경우들이 존재하는데 이들은 논의
해보자.

a) 게르만어에서는 원래의 문장부정어(고고지독일어 ni)가 문두의 관계동사 앞에
   오기 때문에 정동사는 두 번째 위치에 나타났다. 그러나 그밖에 주어 또는 다
   른 문장성분을 갖는 "정상적"인 전장도 존재했기 때문에 부정어 다음의 동사
   는 말하자면 세 번째 위치에 왔다.

> ni *liugu* ih Davide (Isidor)
> ih ni *bin* Crist (Tatian)

b) 고고지독일어 시대부터 오늘날까지 나타나는 und 다음의 도치는 두 번째 위
   치에 대한 특수한 경우를 형성한다.

> biruorta her ira ougun, inti *intatun* sih ira ougun (Tatian)
> sie wisent uns ze himele, und *varent* sie zer helle (Walther)
> der König führte das Mädchen in sein Schloß, und *lebten* sie lange vergnügt
> zusammen. (Grimm) (왕이 그 소녀를 성으로 데리고 갔다. 그들은 오랫동안 즐겁게 같
> 이 살았다)

오늘날 순수한 접속사로 간주되는 und가 아마도 하나의 문장성분으로서 이해되
었을지도 모른다. Behaghel은 und가 원래 '그것에 비하여'(demgegenüber)를 의미한
다고 가정한다. "물론 문장유도 부사 다음에 바로 동사가 와야 했기 때문에 첫 번
째 위치는 원래 존재하지 않는다"(Behaghel 1923-32,4:31). 오늘날 Duden에 따르면
특히 관청어(Amtsprache)에서 다음과 같은 경우들이 나타난다.

Die Abhaltung der Prüfung wird auf den 10. Juni festgesetzt und *sind* die Gesuche (statt: *und die Gesuche ... sind*) um Zulassung zu derselben bis zum 1. Juni einzureichen. (시험실시가 6월 10일로 정해져서 시험허가에 대한 신청서는 6월 1일까지 제출되어야 한다)

"간혹 관청어와 상업어에서 관찰될 수 있는 바와 같이 und만으로 전장을 채우는 것은 옳지 않은 것으로 간주된다"(Duden1984:719). und는 오늘날 문장성분으로 간주되지 않기 때문에 상기의 관청어에서는 원래 두 번째 위치가 아니라 첫 번째 위치가 문제된다.

c) "Als er das hörte, *brach* er sofort aus.(그가 그것을 들었을 때 그는 즉시 출발했다)"에서와 같이 부문장 다음에 오는 주문장에서는 첫 번째 위치가 문제되는 것이 아니다. 왜냐하면 부문장이 하나의 문장성분을 형성하며 동시에 문장의 전장을 차지하기 때문에 여기서는 정상적인 두 번째 위치의 경우가 존재한다. 그러나 주문장이 주어로 시작하며 전장이 예외적으로 두 문장성분을 포함하는 몇몇 양보적인 문장구조가 존재한다.

Wen ich auch fragte, niemand *wusste* Bescheid. (세 번째 위치)
(내가 누구에게나 질문을 했지만 아무도 몰랐다)
Wenn es auch spät war, niemand *wollte* nach Hause gehen.
(비록 시간이 늦었지만 아무도 집으로 가려고 하지 않았다)

2.1.2. 의문문에서 정동사의 위치

의문사로 시작하는 보충의문문(Ergänzungsfrage)에서는 정동사가 예외 없이 두 번째 위치에 온다.

Wer *hilft* mir heute? (누가 오늘 나를 돕는가?)
Um wie viel Uhr *kommt* dein Freund heute? (오늘 몇 시에 너의 친구가 오는가?)
Wann *bringt* er uns das Buch? (그가 언제 우리에게 책을 가져다 주느냐?)
Was *macht* dein Freund heute? (너의 친구는 오늘 무슨 일을 하느냐?)

결정의문문(Entscheidungsfrage)에서는 정동사가 첫 번째 위치에 오는데, 이것이 결정의문문의 통사적 표지이다.

Kommt er heute? (오늘 그가 오느냐?)
Fragte er nach meinem Namen? (그가 내 이름을 물었는가?)

◆ 역사적인 변천

오늘날 보충의문문의 어순은 원래의 상태와 일치한다. 두 번째 위치는 서술문의 위치에서 출발했다. 왜냐하면 의문사는 원래 부정대명사와 부정부사와 일치하기 때문이다(Behaghel 1923-32,4:42).

> Waz *sculun* wir tuon? (Tatian)
> Wanne *tuot* ir so? (Notker)

접속사가 없는 의문문이나 결정의문문에서도 정동사는 이미 최초의 문헌에서도 문두에 왔다.

> *Ist* iaman hiar in lante, es iauuiht firstante? (Otfrid)
> *Welt* ir mit mir loufen mit ze wette zuo dem brunnen? (Nibelungenlied)

2.1.3. 요구문과 기원문에서 정동사의 위치

명령문(Imperativsatz)에서는 보통 주어가 없으며 동사가 첫 번째 위치에 온다. 비록 강조하기 위해 주어가 사용되더라도 동사는 대체로 문두에 온다. 동사의 문두 위치는 주어가 의무적인 공손한 명령형에서도 적용된다.

> *Geh/Geht* sofort nach Hause! (즉시 집으로 가거라)
> *Hilf* du dem alten Mann, ich kann es nicht!
> (저 노인을 도와주라. 나는 도울 수가 없구나)
> *Helfen* Sie mir! (나를 도와주시오)

1인칭 복수의 명령법 표현에서 정동사는 첫 번째 위치에 온다.

> *Lasst* uns ihnen helfen! (우리가 그들을 돕도록 하자)
> *Helfen* wir ihnen! (우리가 그들을 도웁시다)

3인칭의 접속법 형태나 혹은 화법동사 형태에서 정동사가 첫 번째 내지는 두 번째 위치에 온다.

> Lang *lebe* der König! Der König *lebe* lang! Es *lebe* der König! (왕 만세)

> *Mag/Möge* der Vater mir heute helfen. Der Vater *möge* mir heute helfen.

(아버지께서 오늘 나를 도와주시기를)

비현실적 기원문은 형태상 결정의문문이나 혹은 wenn-문장과 동일하다. 따라서 정동사가 문두나 혹은 문미에 온다.

> *Wäre* ich doch auf dem Lande! (만일 내가 시골에 있다면)
> Wenn ich doch auf dem Lande *wäre*! (만일 내가 시골에 있다면)

◈ 역사적인 변천

2인칭 명령법을 취하는 요구문에서 동사의 원래 위치는 첫 번째 위치이다.

> *Lazzent* sin iuwer gedingen an daz unreht (Notker)
> *Gang* in die freud dines herren (Berthold)
> *Sey* wilfertig deinem Widersacher bald (Luther)

그러나 고대어에서는 불변화사, 대용적인 대명사, 그러한 것을 갖추고 있는 명사 및 정의적으로 강조된 다른 문장성분들도 명령법도다 선행할 수 있었다. 오늘날에는 그것이 특정한 경우에서만 가능하다(예컨대 Jetzt hilf mir! 지금 나를 도와라).

> nu *wird* thu stummer sar (Otfrid)
> so *sag* (Schiller)
> daz *wisset* (Williram)
> disa dige *habe* gemeina sament martyribus (Notker)
> den *werft* mir in die hölle dort (Schiller)
> heile *weset* (*heile* betont; Tatian)
> durch den almehtigen got *keret* an die rehten buoze (Berthold)
> unser täglich Brod *gib* uns heute (Luther; 여기서는 그리스어 어순과 불가타(Vulgata) 성서의 어순이 표현된다)
> dem lieben Gotte *weich* nicht aus (Schiller)

1인칭 복수의 명령법 표현에서 첫 번째 위치는 이미 오래된 것이다. 이전에는 강조되지 않은 어휘가 정동사보다 선행할 수 있었다.

> Nu *binden* uf die helme (ohne Subjekt; Nibelungenlied)
> *gen* wir zuo des meien hochgezite (Walther)
> *lasset* uns die spielsteine holn (Spiel von den zehn Jungfrauen)

접속법 I을 취하는 3인칭 요구문에서는 원래 주어가 동사보다 선행하지만, 접속법 II를 취하는 비현실 기원문에서는 주어가 동사 다음에 왔다.

> got *stande* uf und sine fienda *werden* geworfen (exsurgat deus et dissipentur inimici eius; Notker)
> got *helfe* dir (Mystiker)
> dein Name *werde* geheiligt, dein Reich *komme* (Luther)
> Andreas Doria *falle* (Schiller)
>
> *wolti* got habetin wir deheina (Notker)
> ach *hulfin* mir alle die menschen (Nikolaus v. Straßburg)

"그러나 이들은 서로 영향을 주고 받았다. 접속법 현재에서도 주어의 후치가 나타난다"(Behaghel 1923-32,4:41).

> *hahe* man in (Tatian; crucificatur)
> S*ehe* jeder, wie er's treibe (Goethe)
> *helfe* mir Gott (Schiller)

2.1.4. 부문장에서 정동사의 위치

접속사가 있는 부문장은 정동사가 문미에 오는 "후치문장"(Spannsatz)이다. 부정형은 정동사보다 선행한다. 부정사가 분사 II의 기능을 갖는 문장들은 하나의 예외를 형성한다. 여기서는 정동사가 부정사 앞에 온다.

> ..., wenn er mit uns *spielt* (그가 우리와 함께 놀 때)
> ..., als er mit uns gesprochen *hatte* (그가 우리와 함께 이야기했을 때)
> Ich weiß nicht, ob er *kommt*/kommen *kann.*
> (나는 그가 올지 안 올지/올 수 있는지 없는지를 모른다)
> Ich hörte, dass er es *hätte* tun wollen.
> (나는 그가 그것을 하려고 했다는 사실을 들었다)

부문장이 비현실 비교문이고 접속사가 als(접속사 als ob 대신에)로 시작하는 경우에는 정동사가 여타의 문장성분 앞, 즉 접속사 다음의 "엄폐된"(gedeckt) 문두위치에 온다.

> Er sieht aus, als *wäre* er krank. (비교: ..., als ob er krank *wäre*)

(그는 마치 아픈 것처럼 보인다)

소위 접속사가 없는 부문장에서는 정동사가 두 번째 위치나 혹은 첫 번째 위치에 온다. 특히 주문장과 유사한 서술적인 부문장("내용문")에서는 정동사가 두 번째 위치에 오고, 조건문과 양보문에서는 첫 번째 위치에 온다.

Ich weiß, er *ist* gewissenhaft. (비교: ..., dass er gewissenhaft ist)
(나는 그가 양심적이라는 사실을 알고 있다)
Hilft er mir, so helfe ich ihm. (비교: wenn er mir hilft)
(그가 나를 도우면 나도 그를 돕는다)
Ist der Weg auch steil, so gehen wir ihn doch. (비교: wenn der Weg auch steil ist)
(그 길이 아무리 가파르더라도 우리는 그 길을 갈 것이다)

◈ 역사적인 변천

부문장의 정동사에서는 언제나 두 번째 위치가 부여되지 않는다. 오늘날 독일어 문어의 특징을 잘 나타내는 절대적인 마지막 위치는 물론 신고지독일어에서 비로소 관철되었다. 그 이전에는 정동사 다음에 하나 혹은 여러 문장구성요소들이 올 수 있었다. 하나 이상의 문장성분이 정동사보다 선행하는 모든 문장들도 이 유형에 속한다. 특히 정동사 다음에 오는 것으로서는 술어의 일부나 보충어로서의 부정사, 술어의 일부로서의 분사, 형용사 술어보충어와 명사 술어보충어, 규정어로서 형용사, 2격, 특히 관계문을 취하는 목적어나 주어가 있다.

daz ir immer erlost *muget* werden (Berthold)
da ich mich aber *wollte* erkündigen der Ursache (älteres Nhd.)
was von allen deinen Schätzen dein Herz am höchsten *mag* ergötzen (Schiller)

den Got selbst *hat* erkoren (Luther)
wenn seine Gewalt nicht *wäre* gebrochen worden (Schiller)
Sie wanden, daz sie *waeren* wise (Berthold)
daß ich nicht nur *sei* dein gekaufter Knecht (Eyb)
welche *sind* seine Zeugen an das Volk (Luther)
daß er *würde* der Spiegel deiner Seele (Goethe)

also diu sunne an sich *ziuhet* den fiuten luft (Mystiker)
daß die Schuldigen zuvor entsetzt *werden* priesterlicher würde (Luther)
daß ich dir nicht ausdrücken *kann* die Empfindungen, die mein Herz bestürmen

(Goethe)

zu 있는 부정사는 원래 항상 정동사 다음에 왔다. 원래의 후치가 더 빈번하고 자연스러운 것처럼 보이지만 오늘날에는 후치뿐만 아니라 전치도 가능하다.

> dar wir *wünschen* nach gotes willen ze sin (Mystiker)
> als es *hatte* aufgehört zu regnen (Luther)
> nhd ..., daß er *beschloß* das zu tun
>   , daß er das zu tun *beschloß*

Behaghel에 따르면 특히 고대어에서 정동사가 특정한 요소의 앞에 오느냐 또는 뒤에 오느냐 하는 것은 주로 그 요소의 길이에 달려있다. "정동사보다 짧거나 더 길지 않는 문장성분들은 보통 정동사에 선행하고, 정동사보다 더 긴 문장성분들은 주로 정동사 다음에 온다. 즉 증가하는 성분의 법칙(Gesetz der wachsenden Glieder)이 작용한다. 필수적인 규정어는 비필수적인 규정어보다 앞에 온다" (Behaghel 1923-32,4:32).

als로 시작하는 비현실 비교문장은 접속사 바로 다음에 정동사를 갖는다. 이러한 위치가 생긴 것은 오래되지 않았다. 왜냐하면 원래 주어가 동사보다 선행하였기 때문이다.

> al so he thriftig *habdi* wintro (Heliand)
> als sie *weren* patriarchen (Frankfurter Reichskorrespondenz; mhd.)
> als ich zum Sichermal *schösse* (Luther)
> als *wolt* Sanct Paul sprechen (Luther)
> als *hätte* sie heurathen wollen (Grimmelshausen)

"그 이유는 리듬적인 이유이다. 부문장의 주어가 대명사이면 – 이것이 대부분의 경우이다 – 옛날의 방법에 따라서 전혀 강조되지 않는 두 음절이 보다 강하게 강조되는 동사보다 선행하는데, 독일어는 이러한 문장시작에 대해 거부감을 나타낸다"(Behaghel 1923-32,4:45-46).

daß-문장 대신에 접속사가 없는 서술적인 부문장에서는 정동사가 – 서술적인 주문장에서처럼 – 두번째 위치에 온다. 이것은 접속사 daß가 형성되기 전의 어떤 시대를 연상케 하는 본래의 어순이다(비교: Ich sehe, dass er kommt < Ich sehe das: er kommt). 그러나 그밖에 초기 신고지독일어에서 여전히 나타났던 마지막 위치도 역

시 특히 접속사에 의해 유도되는 부문장의 모범에 따라서 이미 일찍부터 확인된다.

> er chit, wola so tuon *muosi* (Notker)
> daz wip sprach, sie gerne *behielte* (Kaiserchronik)
> nit denken möcht, er bösz *wär* (v. Hutten)

의문문에서 기원하며 정동사가 첫 번째 위치에 오는 접속사가 없는 조건문과 양보문은 이미 고고지독일어에서 증명된다.

> *Quimit* he gisund uz, ih gilonon imoz, *bilibit* her thar inne, sinemo kunnie
> (Ludwigslied)
> *Scutti* copia uzer iro horne samowilo rates, so mere tiuret crizes fone winde
> erwegeter (Notker)
> *si* ouh ich immer zuo allen eren virkorn, nu was ich doch ze Rome
> ein riche man (Kaiserchronik)

그러나 그밖에 이전에는 두 번째 위치도 나타났었다.

> mich *entriege* min wan, daz habt ir durch schimpf getan (Hartmann)
> si *laze* in iemer ungeweret, ez tiuret doch wol sinen lip (Walther)
> wolgemut ist ein man, der ein bideres weib hat, er *gewin* es wo er wolle (Ackermann)

2.2. 부정형과 동사첨부어의 위치

부정사, 분사Ⅱ 및 동사첨부어(Verbzusatz)가 주문장에서는 문미에 위치하지만, 접속사가 있는 부문장에서는 정동사가 이들 다음에 온다. 이러한 요소들 중에서 몇몇 요소들은 함께 나타날 수도 있다. 그러면 어떠한 형식에서도 동일하게 주동사 (Hauptverb)가 맨 처음에 나타난다. 그리고 동사첨부어는 주동사에서만 나타나기 때문에 이들은 보통 문장을 종결짓는 동사복합체(Verbalkomplex)의 첫 번째 요소이다. 배열상으로 볼 때 주동사 다음에 부동사(Nebenverb)가 오는데, 이들은 상호 규정한다.

> Er war gestern sehr spät nach Hause *gekommen.*
> (그는 어제 매우 늦게 집으로 왔다)
> Heute darf er nicht sehr spät nach Hause *kommen.*

(오늘 그는 매우 늦게 집으로 와서는 안 된다)
Er stand heute sehr früh *auf*. (그는 오늘 매우 일찍 일어났다)
Er hat früh *aufzustehen versucht*. (그는 일찍 일어나려고 시도했다)
Pinkus hätte auch *gefragt werden müssen*. (핀쿠스 역시 질문을 받았어야만 했다)
Er sagte, dass er es *tun wolle*. (그가 그 일을 하려고 한다고 그는 말했다)
Er sagte, dass er es hätte *tun wollen*. (그가 그 일을 하려고 했다고 그는 말했다)
(부정사가 분사Ⅱ의 기능을 하기 때문에 부문장에서는 부정사군이 정동사 뒤에 온다)

그러나 정동사와 문미에 있는 부정사로 형성되는 문장틀(Satzrahmen)은 예외적이다. 대체로 부정사나 분사Ⅱ 뒤에, 즉 후장(Nachfeld)에 오는 특정한 요소들이 있다(=괄호이탈 Ausklammerung). 예컨대 비교요소들은 대체로 후장에 나타나는데, 후장은 구어에서도 상당히 빈번하게 쓰인다.

In Hamburg ist es kälter gewesen *als in Berlin*.
(함부르크는 베를린보다 날씨가 더 추웠다)
Ich habe mich geärgert *über diesen Typ*. (구어)
(나는 이러한 유형의 사람에 대해 화를 냈다)

◈ 역사적인 변천

부정사와 분사Ⅱ의 마지막 위치는 이미 오래 전부터 있었다.

taz mag wola fona diu gelimflih *sin* (Notker)
leit habet mih alten *getan* (Notker)

하지만 고대의 문미위치가 현대 문어에서처럼 그렇게 절대적인 것은 아니었다. 그래서 동사의 부정형 다음에 자주 이들의 규정어가 올 수 있었다. 다시 말해서 많은 괄호이탈 현상이 나타났다. 특히 여러 가지 목적어들이 괄호이탈 된 것처럼 보이지만, 동사틀 뒤에는 다른 문장성분들도 왔다.

er scal ane imo selbemo beduhan *des lichamen gluste* (4격 목적어; Notker)
la dich benugen *miner gnade* (2격; St. Georgener Prediger; mhd.)
hie wirt befohlenn *einem iglichen glid* (3격 목적어; Luther)
welt ir nu genesen *von dem ewigen tode* (전치사 목적어; Berthold)
was inen die Lamparter genommen hettent *vor langen ziten*
(부사첨가어; Closener; 중고지독일어)

du hast uns gemacht durch dein blut *zu priestern und kunigen*
(술어보충어; Luther)

부문장에서는 오늘날에도 여전히 정동사가 부정사나 분사 뒤에 오는데, 정동사의 문미위치는 부정사의 문미위치보다 더 절대적이다. 부문장에서 정동사의 문미위치가 원래 "후치"(Späterstellung)였던 고대어에서도 부정형이 정동사 다음에 올 수 있었다.

daz si mugen *werdan* domus dei (Williram)
thaz sie wurdin *gitoufit* (Tatian) (더 많은 보기에 대해서는 343쪽 참조)

분사Ⅱ가 부정사로 대체되는 경우에 오늘날 부문장에서는 정동사가 두 개의 부정사 앞에 오는데, 이때 부정사는 술어의 일부(상위 부정사)로서 문미에 위치한다. 이것은 주문장에서도 적용된다. 하지만 원래 상위 "술어 부정사"(Prädikatsinfinitiv)는 보충어 부정사보다 선행하였다.

ich habe meinem gesellen nicht *wöllen* glauben.
(Eyb; 오늘날: *habe nicht glauben wollen*)
hat mich *lassen* vergessen alles meines unglücks (Luther)

부언하자면 오늘날 부정사가 분사Ⅱ의 기능으로 나타나는 몇몇 경우에서 이전에는 분사가 나타났었다.

hete uz *geheizen* rüefen (Mystiker)
habt ir ieht *gehört* sagen (Lanzelot; 오늘날: *habt ihr sagen hören/gehört*)

3. 비동사적 문장성분의 위치

3.1. 전장

전장(Vorfeld)이란 서술문이나 혹은 보충의문문에서 정동사 앞에 있는 문장의 부분이다. 전장은 오늘날 단 하나의 문장성분에 의해 점유된다. 거의 모든 임의의 문장성분이 이러한 전장의 요소가 될 수 있다. 이 요소가 주어이면 우리는 정치법

(gerade Wortstellung)이라고 말하고, 다른 문장성분이면 도치법(Inversion)이라고 말한다.

> *Mein Bruder* hat mir nichts gesagt. (주어)
> (나의 형은 나에게 아무 것도 말하지 않았다)
> *Dieser Versicherung* bedarf es nicht mehr. (2격 목적어)
> (더 이상 이러한 보험이 필요치 않다)
> *Das* hat mir mein Bruder erledigt. (4격 목적어)
> (나의 형은 나를 위해 그 일을 처리했다)
> *Lange* dauerte es nicht. (부사보충어) (그것은 오래 걸리지 않았다)
> *Gestern/Dort* habe ich ihn gesehen. (부사첨가어)
> (어제/그곳에서 나는 그를 보았다)
> *Gesund* kam er zurück. (술어첨가어) (그는 건강해져서 돌아왔다)

부문장 역시 전장의 문장성분이 될 수 있다. 그러면 부문장 다음에 오는 "문장"(더 좋은 표현: 문장의 일부)은 동사로 시작한다(전장이 두 개의 성분으로 구성된 경우에는 예외적으로 주어로 시작한다).

> *Weil die Männer hungrig waren*, gingen sie ins Restaurant.
> (전장의 요소는 원인의 부문장으로 구성됨)
> (그 남자들은 배가 고팠기 때문에 레스트랑으로 갔다)
>
> *Wenn es auch dunkel ist, ich* werde gehen.
> (전장은 예외적으로 두 문장성분으로 구성됨. 주문장은 정치)
> (비록 어둡지만 나는 갈 것이다)

전장은 문장의 정보구조에 대해 두 가지 다른 종류의 기능을 갖는다. 한편으로는 무자질 어순이나 무표적 어순(=기본위치 Grundstellung)에서 전장은 강조되지 않은 문두위치를 형성하며, 우선 알려진 테마적인 구성성분을 포함한다. 이 구성성분은 또한 종종 그 문장을 이전에 텍스트에서 언급된 내용과 연결시킨다(=연결기능 Anschlussfunktion). 다른 한편으로는 전장이 상당히 강조된 유표적인 "표현위치"(Ausdrucksstellung)를 형성할 수 있으며 특히 강조된, 무엇보다도 대조되거나 강조된 구성성분을 포함할 수 있다. 이 구성성분이 문장의 유표적 초점(Fokus)으로 간주된다(=강조기능 Hervorhebungsfunktion).

1) 전장에서는 보통 문장의 테마(Thema)가 오는데, 테마는 문장의 출발점을 표

현하거나 또는 그것에 관해 문장에서 무엇이 언급되는 것을 표현한다. 이러한 테마
는 보통 주어이지만, 다른 문장성분들도 테마가 될 수 있으므로 전장에 올 수 있다.
특히 다른 문장성분들이 대용적인 대명사나 부사, 또는 선행하는 텍스트를 지시하
는 대명사적 부가어나 관사어를 포함하는 경우에는 이들이 전장에 올 수 있다. 시
간의 임의첨가어와 원인의 임의첨가어가 특히 자주 테마가 된다.

> *Der Vater* kaufte mir eine Wohnung.
> (아버지께서 나에게 아파트 하나를 사주셨다)
> *Peter* war gestern im Schwimmbad. *Er* blieb dort zwei Stunden.
> (페터는 어제 수영장에 있었다. 그는 그곳에서 두 시간 머물렀다)
> (전장에 있는 테마로서의 주어)
>
> (Gestern bekam ich einen Brief aus Deutschland.)
> (어제 나는 독일에서 온 한 통의 편지를 받았다)
> *Den Brief/Den* hatte mein deutscher Brieffreund geschrieben.
> (그 편지를/그것을 나의 독일 펜팔이 썼다)
> *Im Brief/Darin* war Geld. (그 편지 안에는/그 안에는 돈이 있었다)
> (전장에 있는 테마로서의 4격 목적어/부사보충어)
>
> *Nach dem Gespräch* hat Hans dem Lehrer das Buch zurückgegeben.
> (전장에 있는 테마로서의 시간첨가어)
> (대화 후에 한스는 선생님께 책을 되돌려 주었다)
>
> *Aus diesem Grunde* hat Hans dem Lehrer das Buch zurückgegeben.
> (전장에 있는 원인첨가어)
> (이러한 이유로 한스는 선생님께 책을 되돌려 주었다)

   그밖에 문장이 전장을 갖지 않으면 대명사 es가 문장의 처음에 온다. es는 문중
에도 오는 동사의 형식적인 보충어가 될 수 있지만, 소위 자리메꿈어(Platzhalter)로
서도 기능할 수 있다. 이 자리메꿈어는 전적으로 어순에 의해 요구되는 임의의 "통
사적 첨가어(syntaktische Angabe)"이다.

> *Es* regnet. (비교: Jetzt regnet *es; es*는 형식적 주어)
> (비가 온다. 지금 비가 온다)
> *Es* kamen an demselben Abend auch noch Gäste.
> (바로 그날 저녁에 다른 손님들도 왔다)
> (*An demselben Abend kamen *es* auch noch Gäste; *es*는 문두에서만 통사적인
> 자리메꿈어로서 가능하다)

2) 이미 언급한 바와 같이 전장은 테마의 기능이나 혹은 연결의 기능 이외에 아주 다른 기능도 갖고 있다. 특정한 경우에는 보통 테마가 아니거나 혹은 테마가 될 수 없는 문장성분들도 전장에 올 수 있다. 이런 문장성분들에 대해서 전장은 강조의 기능을 갖는다. 즉 이러한 요소는 특히 강조되거나 혹은 초점화된다. 초점(Fokus)의 관점에서 전장은 유표적 위치이며, 일반적으로 해당 요소는 중장, 즉 무표적 위치에 온다. 구어에서 초점화(Fokussierung)는 또한 운율적으로도, 즉 중장의 레마영역인 문미에서 특징적인 문장의 액센트와 억양의 절정으로서 표현된다. 하지만 문두에서의 초점은 정의적(affektisch)으로 강조되어 있을 뿐만 아니라("표현위치"), 또한 대체로 레마적이며 새로운 정보(=신정보)도 전달한다. 그밖에 이것은 중장에 있는 레마적인 성분의 과제이기도 하다. 그러나 초점은 또한 알려진 정보(=구정보)를 포함할 수도 있다.

> *Von dir* habe ich gesprochen. (신정보) (나는 너에 대해 이야기했다)
> *Eben das* meinte ich. (구정보) (나는 바로 그것을 말했다)

초점화 되어 문장의 전장에 나타날 수 있는 문장성분들은 예컨대 술어보충어와 술어첨가어, 장소·시간·방법의 부사규정어(보충어뿐만 아니라 첨가어도 역시)이다.

> *Gesund* sollst du bleiben. (초점으로서 술어보충어)
> (너는 계속 건강해야 한다)
> *Gesund* sollst du zurückkehren. (초점으로서 술어첨가어)
> (너는 건강하게 돌아와야 한다)
> *Nach München* wollte ich fahren. (초점으로서 장소의 부사보충어)
> (나는 뮌헨으로 가려고 했다)
> *Schlecht* hat er sich benommen. (초점으로서 방법의 부사보충어)
> (그는 나쁘게 행동하였다)
> *Lange* dauerte es nicht. (초점으로서 시간의 부사보충어)
> (그것은 오래 걸리지 않았다)
> *Gerne* habe ich das nicht getan. (초점으로서 방법첨가어)
> (나는 그 일을 기꺼이 하지는 않았다)

보통 문법화된 마지막 위치를 차지하는 부정사나 분사 II 가 초점으로서 전장에 나타날 수도 있다.

> *Gesehen* habe ich ihn noch nicht, aber ...

(나는 그를 아직 보지는 못했으나, 그러나...)
Helfen will ich ihm nicht.
(나는 그를 도와주지 않으려고 한다)

◈ 역사적인 변천

이미 고고지독일어에서 전장은 보통 단 하나의 문장성분에 의해 점유되었으며,
두 번째 위치는 이미 초기부터 서술문에서 정동사의 정상적인 위치였다. 그러나 동
사의 두 번째 위치가 이전에는 오늘날처럼 그렇게 절대적인 것이 아니라 두 번째
위치와 더불어 "후치"(Spät(er)stellung)도 나타났기 때문에, 현대어와는 달리 전장
에 두 가지 혹은 많은 문장성분들이 올 수도 있었다.

(thaz giscrib) *iz eristin* ward gitan in Syria. (두 요소; Tatian)
darumb diz gemein verstantnüss nimt alle dingk als ein worheit.
(두 가지 요소; Eckhart)
daruff burgermeister und rat ... in irer antwurte schribent.
(세 요소가 오고 동시에 동사가 문미에 위치하기 때문에 문장은 "전장"으로만
구성된다; Basler Urkundenbuch; 중고지독일어)

정동사가 첫 번째 위치에 올 수 있기 때문에 이전에는 서술문이 전장을 점유할
수 없었다는 사실도 고려해야 한다.

sprechen zu ihm seine Jünger. (Luther)
(그의 제자들이 그에게 말한다)

만일 전장이 오늘날처럼 단 하나의 문장성분을 포함했을 경우, 이전의 증거들로
부터 전장이 아마도 현대어에서와 동일한 기능을 가지고 있었다는 사실을 추론할
수 있을 것이다: 동사 앞에 다양한 문장성분들을 가지고 있는 테마 기능, 연결 기능
및 초점화 기능.

daz wip sprach, sie gerne behielte. (테마로서의 주어; Kaiserchronik)

daz ist ein erber bihter. *Den bihter* süllen wir prüeven daran.
(테마로서의 4격 목적어; Mystiker)

mit rehte habet sol den namen, wanda ...
(초점으로서의 방법첨가어; Notker)

ich will das Kloster sehen! *Wehmüthig* hub der Abt an.
(초점으로서의 술어첨가어; Scheffel)
(나는 수도원을 보겠다. 수도원장은 애처롭게 말했다)

was hat der Vater auf meinem Brief gesagt? *Einen Brief* hat er niemals erhalten.
(초점으로서의 4격 목적어; Freytag)
(아버지께서 내 편지에 대해 뭐라고 말씀하셨어? 아버지께서는 한 번도 편지를 받은 일이 없어)

첫 번째 성분이 부문장인 경우에는 어순이 이미 초기에도 오늘날과 같았다. "후치문(Nachsatz)에 비하여 전치문(Vordersatz)은 첫 번째 문장성분으로 나타나며, 후치문의 동사는 가운데 위치에 있으면서 이 첫 번째 문장성분에 직접 연결되어야 한다. 이러한 위치가 이전에는 아주 일반적이 되었다"(Behaghel 1923-1932,4:53). 하지만 그밖에 주문장이 정치법 어순을 가지며 따라서 "전체문장"(Gesamtsatz)의 전장이 두 가지 요소를 포함했던 경우들도 나타난다(비교: *Wenn es auch dunkel ist, ich* werde gehen. 비록 어둡지만 나는 갈 것이다).

suie uilo iro si, sie sint ie doh unum. (Williram)
drewet man yhn mit einem conzilio, sie ertichtensz. (Luther; 오늘날에는 접속사가 없는 조건문 다음의 정치는 불가능하다)

3.2. 중장

중장(Mittelfeld)에서는 임의의 요소들이 나타날 수 있다. 어순에 의해서만 요구되는 자리메꿈어(Platzhalter)로서 중장에 올 수 없는 소위 허사(expletiv) es는 예외이다(*Es* kommen heute Gäste - *Heute kommen es Gäste). 중장의 요소들의 수 역시 이론적으로는 거의 무제한적이다.

중장은 무표적 어순에서 전장에 존재하는 테마에 의해 진술되는 정보를 포함하는 소위 문장의 레마적인 성분이다. 보통 술어도 그 중의 하나인 이러한 레마영역에서 대체로 질문검사(Fragetest)를 통해 조사될 수 있는 구성성분이 원래의 레마로 간주된다.

(1) Ich habe das Geld *meinem Bruder*(레마) gegeben.

레마영역

(*Wem* hast du das Geld gegeben? 그 돈을 **누구**에게 주었느냐)

(2) Ich habe meinem Bruder *das Geld* gegeben. (나는 나의 형에게 돈을 주었다)
   (*Was* hast du deinem Bruder gegeben?) (**무엇**을 너는 너의 형에게 주었느냐?)

예문 (1)에서는 meinem Bruder가 레마이고, 예문 (2)에서는 das Geld가 레마이다. 레마는 레마영역의 중심이며 문장에 대한 억양과 강조의 정점을 형성한다. 중장의 끝은 인상위치(Eindrucksstellung)를 형성하므로 레마의 위치이다. 그러나 중장에서는 다른 구성성분들 사이에서도 "중요성에서의 차이"(Wichtigkeitsunterschied)가 존재한다. 왜냐하면 문장에서는 소위 의사소통적인 역동성(kommunikativer Dynamismus)이 지배하기 때문이다. 모든 요소는 그 자신의 비중에 따라 문장의 의사소통적인 활동에 기여한다. 중장에 있는 구성성분들의 순서에는 절대적인 규칙은 없지만 그 속에서 특정한 경향을 관찰할 수 있다.

통사적으로 문장성분의 어순은 문장의 의존구조(Dependenzstruktur)에 종속하는 것처럼 보인다. 즉 문장성분의 위치는 "기본어순"(Grundfolge)에서 문장성분이 보충어인지 혹은 첨가어인지, 만일 보충어라면 어떤 보충어, 즉 어떤 문장성분(주어, 목적어, 술어보충어, 부사보충어)인지에 따른다. 문장성분의 "내부에서"도 그 형태(예컨대 목적어의 경우에는 여러 가지 격, 격 대 전치사구)나 품사(명사 대 대명사) 혹은 "길이"("증가하는 성분의 법칙": 더 짧은 구성성분 대 더 긴 구성성분)가 어순에 영향을 끼칠 수 있다.

중장의 첨가어(특히 임의 부사어, 임의 술어첨가어 및 임의 3격)는 무표적으로 중장의 앞부분이나 혹은 중간부분에 위치하려는 경향이 있다. 따라서 보충어들 중에서 보통 술어보충어와 부사보충어(특히 장소의 부사보충어) 및 특정한 형태의 목적어(전치사 목적어와 2격 목적어)는 첨가어 다음에 온다. 모든 이러한 보충어들은 일반적으로 다른 보충어와 관련해서도 문장의 레마적인 종결부분으로 향한다(이들은 "우측경향"(Rechtstendenz)이 있는 문장성분들이다). 이에 반해 4격의 사물목적어와 3격의 인칭목적어는 "문장의 종결부분으로 향하는 경향"이 없는 것처럼 보이므로 중장의 첨가어는 종종 이들 앞이나 혹은 뒤에 온다.

Er war *in seiner Kindheit/in der Schule* ein braver Junge/fröhlich.
(그는 유년시절에/학교에서 얌전한 소년이었다/명랑했다)
(중장의 끝에는 술어보충어가 오고 그 앞에 시간/장소의 부사첨가어가 온다)

Mein Vater ist *gestern mit dem Zug* nach Helsinki gefahren.

(나의 아버지는 어제 기차를 타고 헬싱키로 갔다)
(중장의 끝에 장소의 부사보충어가 오고 시간/도구의 부사첨가어는 그보다 선행한다)

Wir sprachen *gestern/im Betrieb* (oder: *gestern im Betrieb*) über die Löhne.
(우리는 어제/공장에서 임금에 대해 이야기했다) (마지막 구성성분은 전치사 목적어
이며, 그 앞에 시간의 부사첨가어나 장소의 부사첨가어가 온다)

Wir gedachten *deshalb gestern zu Hause* unserer Großeltern.
(그 때문에 우리는 어제 집에서 우리의 조부모님을 추모했다) (중장의 마지막 요소가
2격 목적어이며 원인, 시간 및 장소의 부사첨가어는 그보다 선행한다)

Er liest *mit Sicherheit* das Buch. (그는 확신을 가지고 그 책을 읽는다)
Er liest das Buch *mit Sicherheit.* (그는 그 책을 확신을 가지고 읽는다)
(방법의 부사첨가어가 4격 목적어 앞이나 혹은 뒤에 온다)

Er kam *gestern froh* nach Hause. (그는 어제 기뻐하며 집으로 왔다)
(마지막 요소가 부사보충어이며 그 앞에 시간첨가어와 술어첨가어가 온다)

Er öffnete *seiner Frau* die Tür. (그는 그의 부인을 위해 문을 열어주었다)
(임의 3격이 4격 목적어에 선행한다)

　임의 첨가어를 특정한 보충어의 앞이나 혹은 뒤에 둘 경우에 구성성분의 길이도
중요한 역할을 하는 것처럼 보인다(Behaghel은 이것을 "증가하는 성분의 법칙"이라
고 불렀는데, 그는 독일어 어순에서 이 법칙에 커다란 의미를 부여하였다). 예컨대
술어보충어가 짧은 첨가어와 함께 나타나면 첨가어가 보충어에 선행해야 한다. 이
에 반해 첨가어가 술어보충어보다 길면 첨가어는 보충어 다음에 올 수도 있는 것
처럼 보인다.

Er ist *immer* artig. (*er ist artig *immer*.) (그는 항상 공손하다)
Er war *nach dem Match* müde. - Er war müde *nach dem Match.*
(그는 시합 후에 피곤했다) (둘 다 "정상적"인 무표적 어순이 될 수 있다)

　이미 앞에서 언급한 바와 같이, 임의 첨가어를 특정한 보충어 앞에 두는 것은 의
존적으로 제약된 통사적인 어순원칙(Wortstellungsprinzip)으로 간주될 수 있다. 그
러나 물론 결합가 결속성과 테마성이 항상 일치하는 것은 아니지만, 이 어순원칙은
종종 소위 의사소통적인 역동성으로 소급되는 문장테마의 정보구조(Informations-
struktur)와 일치한다. 예컨대 임의 첨가어를 술어보충어, 부사보충어 및 특정한 목

적어 앞에 두는 것은 이러한 보충어가 대체로 임의 첨가어보다 더 레마적이므로 이들이 문미로 오려는 경향이 있다고 설명할 수 있을 것이다. 우리는 어순에 따르는 무표적인 문장에서 문미의 인상위치(Eindrucksstellung)를 요구하는 이러한 보충어를 "정상적인 레마"(Normalrhema)로 간주할 수 있을 것이다. 그러나 임의 첨가어가 문미를 추구하는 우측경향의 보충어 뒤에도 올 수 있는데, 이렇게 함으로써 임의 첨가어의 정보값이 상승하며 임의 첨가어는 문장의 원래의 레마로 변화한다. 그러나 이와 동시에 전체 문장의 어순이 변화하기 때문에, 이 어순은 더 이상 무표적인 "정상적인 어순"(Normalstellung)이 아니라 유표적인 어순이 된다. 즉 이제는 문장의 통사적인 최소치(Minimum)에 속하지 않는 "비일상적"인 문장성분, 예컨대 임의 부사어가 강조된다. "예외적으로" 강조되는 이러한 문장성분이 아마도 위상학적으로 "특수한 레마"(Sonderrhema)로 일컬어질 수 있을 것이다. 이러한 레마는 종종 대조화를 통해 생겨나기 때문에, 문장이 어순에 따라 자연스럽게 되기 위해서는 대체로 대조적인 상대어가 요구된다.

Dieser Sportler wurde auf Grund seines Fleißes *Sieger.*
(이 운동선수는 근면함 때문에 승리자가 되었다) (*Sieger* - 정상적인 레마)
Dieser Sportler wurde Sieger *auf Grund seines Fleißes.*
(이 운동선수는 근면함 때문에 승리자가 되었다)
(*auf Grund seines Fleißes* - 특수한 레마)

Er brachte seiner Frau jeden Samstag *einen Strauß Rosen.*
(그는 자기 부인에게 매주 토요일마다 장미 한 다발을 가져왔다)
(*einen Strauß Rosen* - 정상적인 레마)
Er brachte seiner Frau einen Strauß Rosen *jeden Samstag.*
(그는 그의 부인에게 장미 한 다발을 매주 토요일마다 가져왔다)
(*jeden Samstag* - 특수한 레마)

Er fährt morgen mit dem Bus *nach Oulu.*
(그는 내일 버스를 타고 오울루로 간다) (*nach Oulu* - 정상적인 레마)
Er fährt morgen nach Oulu *mit dem Bus*, nicht mit dem Zug.
(그는 내일 오울루로 기차가 아니라 버스를 타고 간다)
(*mit dem Bus* - 대조화로 인한 특수한 레마)

그러나 모든 첨가어가 다 특수한 레마로서 문미로 올 수 있는 것은 아니다. 레마화는 강조와 억양을 통해서 운율적으로만 가능하다.

Er stellte das Glas vorsichtig *auf den Tisch.* (그는 잔을 조심스럽게 식탁 위에 놓았다)
(*auf den Tisch* - 정상적인 레마, *vorsichtig*는 강조되지 않음)

Er stellte das Glas *vorsichtig* auf den Tisch. (그는 잔을 조심스럽게 식탁 위에 놓았다)
(*vorsichtig*가 강조됨 - 특수한 레마)
비교: *Er stellte das Glas auf den Tisch *vorsichtig.*

첨가어와 보충어의 어순 이외에 의존구조(Dependenzstruktur)나 결합가구조(Valenzstruktur)도 몇몇 보충어의 어순에 영향을 미친다. 그러나 또한 - 어쨌든 부분적으로는 - 문장의 테마성도 의존구조나 결합가구조와 관계가 있다. 예컨대 4격 목적어 다음에 장소보충어가 오는 것은 아마도 장소보충어가 보통 정상적인 레마로 간주되는 사실에 기인할 것이다. 하지만 여기서 정상적인 테마-레마의 구분에도 해당되는 통사적인 어순(4격 목적어 - 장소보충어)이 너무 고정되어 있어서, 이 어순은 "특수한 레마적인" 목적을 위해서도 변화될 수 없다(상기의 방법첨가어와 부사보충어에서처럼: Er stellte das Glas *vorsichtig auf den Tisch* - *... *auf den Tisch vorsichtig*). 3격 목적어 + 전치사 목적어의 어순과 4격 목적어 + 목적격 술어 보충어의 어순도 이와 유사한 고정된 통사적인 결합을 형성한다.

Er stellte *das Glas auf den Tisch.* (그는 잔을 식탁 위에 놓았다)
*Er stellte *auf den Tisch das Glas.*

Er dankt *seinem Freund für die Hilfe.*
(그는 그의 친구에게 도와준 것에 대해 감사한다)
*Er dankt *für die Hilfe seinem Freund.*

Er hält *die Entscheidung für einen Fehler.*
(그는 그 결정을 실수로 생각한다)
*Er hält *für einen Fehler die Entscheidung.*

4격 목적어(사물목적어) + 3격 목적어/간혹 전치사 목적어(인칭목적어)의 그룹이 중장에서 두 보충어의 매우 빈번한 결합을 나타낸다. 문법에서는 "정상적인" 어순으로서 대체로 3격 + 4격이 제시된다(Ich habe dem Jungen das Buch gegeben. 나는 그 소년에게 책을 주었다). 실제로 4격 목적어와 3격 목적어의 어순은 이러한 구성 성분들 중에서 어느 성분이 정보의 정점, 즉 원래의 레마로 간주되느냐에 달려있다. 4격 목적어가 레마이면 사람의 3격 + 사물의 4격의 어순만이 가능하다. 하지만 3격의 인칭목적어가 레마이면 4격 + 3격뿐만 아니라, 3격 + 4격도 자연스러운 어순이다.

> (*Was* hast du dem Kassierer gegeben?)
> (너는 경리직원에게 무엇을 주었느냐?)
> Ich habe dem Kassierer *das Geld* gegeben.
> (나는 경리직원에게 돈을 주었다)
> *Ich habe *das Geld* dem Kassierer gegeben. (*das Geld*가 레마)

> (*Wem* hast du das Geld gegeben?) (너는 돈을 누구에게 주었느냐?)
> Ich habe das Geld *dem Kassierer* gegeben. (나는 돈을 경리직원에게 주었다)
> Ich habe *dem Kassierer* das Geld gegeben. (나는 경리직원에게 돈을 주었다)

인칭목적어가 전치사 목적어이면 그것은 레마로서 4격 목적어 다음에만 올 수 있다.

> (*An wen* hast du das Paket geschickt?) (너는 소포를 누구에게 보냈느냐?)
> Ich habe das Paket *an meinen Bruder* geschickt. (나는 소포를 나의 형에게 보냈다)
> *Ich habe *an meinen Bruder* das Paket geschickt.

비록 주어가 중장에 오더라도 주어는 보통 상기의 결합에서 명사적 요소보다 선행한다. 즉 주어는 문장의 세 번째 위치에 온다.

> Morgen fährt *mein Bruder/er* mit dem Bus nach Oulu.
> (내일 나의 형이/그가 버스를 타고 오울루로 간다)
> Dann stellte *der Junge* das Glas auf den Tisch.
> (그리고 나서 그 소년은 잔을 식탁 위에 놓았다)
> Dann hatte *der Mann/er* dem Kassierer das Geld gegeben.
> (그리고 나서 그 남자는/그는 경리직원에게 돈을 주었다)

그러나 주어가 뒤에 올 수도 있는데, 이때 주어는 아주 강조된 특수한 레마를 형성할 수 있다.

> Doch bald trat näher und näher an unser Ufer *der große Wald.*
> (그러나 곧 점점 더 우리 쪽으로 커다란 숲이 다가왔다)

의사소통적인 역동성과 - 대부분 - 그것과 관계가 있는 의존구조를 통한 방법 이외에도, 중장에 있는 문장성분의 순서는 확정성과 비확정성(소위 정관사와 부정관사)에 의해 영향을 받는다. 확정성(Definitheit)과 비확정성(Indefinitheit)은 다시

단지 부분적으로만 문장의 테마-레마 구조로 소급될 수 있다. 상기 예문을 관찰해
보면, 명사는 그것이 테마이든지 혹은 레마이든지 간에 그들의 속성상 확정적이라
는 사실을 알 수 있다. 문장성분이 부정관사를 취하면 그것은 새로운 정보를 포함
하기 때문에 대체로 레마이다.

  4격 목적어가 레마이면 그것은 부정관사의 형태로서 – 정관사의 형태에서도 마찬
가지로 – 3격 목적어 다음에 온다. 따라서 4격 목적어는 레마로서 관사와 관계없이
3격 목적어 다음의 위치, 즉 문미의 레마적인 인상위치를 요구하는 것처럼 보인다.

> (*Was* hast du dem/einem Schüler geschenkt?)
> (너는 그 학생에게/한 학생에게 무엇을 선물했니?)
> Ich habe dem Schüler *ein Buch* geschenkt.
> (나는 그 학생에게 책 한 권을 선물했다)
> Ich habe dem Schüler *das Buch* geschenkt.
> (나는 그 학생에게 그 책을 선물했다)
> Ich habe einem Schüler *ein Buch* geschenkt.
> (나는 한 학생에게 책 한 권을 선물했다)
> Ich würde dem Schüler *ein Buch* schenken.
> (나는 그 학생에게 책 한 권을 선물할 것이다)
> (몇 가지 선물에 대한 하나의 대안)

  비확정적인 3격 목적어가 레마이면, 그것은 확정적인 3격 목적어처럼 4격 목적어
앞이나 혹은 뒤에 올 수 있다. 다만 4격 목적어도 비확정적인 경우에는 비확정적인
4격 목적어가 비확정적인 3격 목적어 뒤에 와야 한다.

> (*Wem* hast du das Buch geschenkt?)
> (너는 그 책을 누구에게 선물했니?)
> Ich habe das Buch *einem Schüler* geschenkt.
> (나는 그 책을 한 학생에게 선물했다)
> Ich habe *einem Schüler* das Buch geschenkt.
> (나는 한 학생에게 그 책을 선물했다)
> Ich habe *einem Schüler* ein Buch geschenkt.
> (나는 한 학생에게 책 한 권을 선물했다)
> (비교: Ich habe das Buch *dem Schüler* geschenkt.
>   (나는 그 책을 그 학생에게 선물했다)
>   Ich habe *dem Schüler* das Buch geschenkt.)
>   (나는 그 학생에게 그 책을 선물했다)
> *Ich habe ein Buch *einem/dem Schüler* geschenkt.

따라서 레마적인 4격 목적어는 항상 3격 목적어 다음에 온다. 이에 반해서 레마적인 3격 목적어는 그 자리를 바꿀 수 있다. 즉 그것은 4격 목적어보다 앞에 올 수도 있고 또 다음에 올 수도 있다. 하지만 4격 목적어가 비확정적인 경우에는 이러한 변화가 불가능하다. 왜냐하면 그것은 그룹에서 마지막 성분이 되어야 하기 때문이다. 따라서 이러한 경우에는 비확정성이 테마성("레마성")과 상관없이 어순의 요인이 된다.

인칭목적어가 전치사구(전치사 목적어)이면 비확정적인 사물목적어(4격 목적어)가 레마로서 인칭목적어보다 선행할 수도 있다. 따라서 형태적인 요인이 인칭목적어와 사물목적어의 어순에서는 확정성 내지는 비확정성의 요인보다도 더 강한 영향을 끼칠 수 있다.

> (*Was* hast du an deinen Bruder geschickt?) (너는 너의 형에게 무엇을 보냈니?)
> Ich habe an meinen Bruder *ein Paket* geschickt.
> (나는 나의 형에게 하나의 소포를 보냈다)
> Ich habe *ein Paket* an meinen Bruder geschickt.
> (나는 하나의 소포를 나의 형에게 보냈다)
> (비교: *Ich habe ein Paket meinem Bruder geschickt.)

비확정적인 문장성분, 예컨대 문미에 있는 부정관사를 취하는 3격 목적어(Ich gab das Buch *einem Jungen*. 나는 그 책을 한 소년에게 주었다)가 문미의 첨가어(Er fährt morgen nach Oulu *mit dem Bus*. 그는 내일 오울루로 버스를 타고 간다)와 동일한 방식으로 "특수한 레마"로 간주되어야 하느냐 하는 의문을 제기할 수 있다. 비확정적인 구성성분은 새로운 것이므로 이들은 보통 비확정성으로 인해 레마적이기 때문에, 필자는 이러한 비확정적인 구성성분을 특수한 레마로 보는 것이 아니라, 정상적인 레마로 간주하고 싶다.

확정성 이외에 특정한 구성성분의 품사(Wortklasse)가 중장요소의 어순규정에서 "주요인"(Hauptfaktor)인 테마성과 의존구조에 추가되어야 하는 하나의 요인이다. 즉 여러 가지 목적어들(혹은 주어 + 목적어 그룹의 성분들) 중에서 하나가 인칭대명사이고 다른 하나가 명사(명사들)이면, 문장성분의 기능이 무엇이든지 간에 혹은 구성성분의 테마적인 과제가 무엇이든지 간에, 무표적 어순에서는 대명사가 대체로 명사 내지는 명사들에 선행한다.

> Ich habe *es* dem Mann gegeben. (나는 그것을 그 남자에게 주었다)
> Ich habe *ihm* das Buch gegeben. (나는 그에게 그 책을 주었다)

Gestern gab *ihm* der Lehrer das Buch. (어제 그에게 선생님은 그 책을 주었다)

인칭대명사가 대조화로 인해 강하게 강조되는 경우에만 인칭대명사가 특정한 경우에서 명사 다음에 올 수 있다. 이때 인칭대명사는 특수한 레마를 형성한다(강한 유표적인 어순).

Ich habe das Buch *ihm*, nicht seinem Bruder, gegeben.
(나는 그 책을 그의 형이 아니라 그에게 주었다)
(aber: *Ich habe dem Mann *es* gegeben, nicht den Bleistift.)

4격과 3격 둘 다 인칭대명사인 경우에는 항상 3격이 4격 다음에 온다.

Ich habe *es ihm* gegeben. (나는 그것을 그에게 주었다)
(*Ich habe ihm es gegeben – 항상 비문법적이다)

대명사적 인칭목적어가 전치사구로 구성되면 대명사 + 명사의 어순이 더 이상 유일하게 올바른 어순은 아니다. 아마도 격 대명사 + 전치사를 갖는 대명사의 어순도 가능할 것이다.

Ich habe *an ihn* den Brief geschrieben. (나는 그에게 편지를 썼다)
Ich habe den Brief *an ihn* geschrieben. (나는 편지를 그에게 썼다)
Ich habe *ihn an ihn* geschrieben. (나는 그것(편지)을 그에게 썼다)
(*Ich habe an ihn ihn geschrieben.)

임의 첨가어, 보충어 및 다양한 유형의 보충어의 어순에서 상당히 많은 여지가 존재하는 것처럼, 첨가어들 상호간의 어순에서는 더 넓은 여지가 존재한다. 독일어 문법에서는 종종 여러 가지 부사첨가어의 어순에 대해 다음과 같은 "기본규칙" (Grundregel)이 제시된다: 시간(temporal) – 원인(kausal) – 방법(modal) – 장소(lokal)의 첨가어.

Die Kinder spielen *in der Pause*(시간) *aus Lust an der Bewegung* (원인)
laut schreiend(방법) *auf dem Schulhof*(장소). (아이들은 휴식시간에 운동하는 것을 좋아하기 때문에 큰 소리로 외치면서 교정에서 뛰어 논다)

물론 여기서도 결정적인 것은 문장의 테마성이다. 즉 레마적인 요소는 중장의 끝을 지향한다. 하지만 몇몇 경우에서는 위에서 언급된 부사어의 의미집단(즉 방법,

장소 등)이 문장의 테마성과 결합된다. 그래서 레마적인 시간첨가어는 장소첨가어
보다 선행하거나 또는 다음에 올 수도 있으나, 레마적인 장소첨가어는 시간첨가어
다음에 와야 한다.

> (*Wann* hast du in Berlin gearbeitet?) (너는 언제 베를린에서 일을 했니?)
> Ich habe *im Frühjahr* in Berlin gearbeitet. (나는 연초에 베를린에서 일을 했다)
> Ich habe in Berlin *im Frühjahr* gearbeitet. (나는 베를린에서 연초에 일을 했다)
>
> (*Wo* hast du im Frühjahr gearbeitet?) (너는 연초에 어디서 일을 했니?)
> Ich habe im Frühjahr *in Berlin* gearbeitet. (나는 연초에 베를린에서 일을 했다)
> *Ich habe *in Berlin* im Frühjahr gearbeitet.

여기서는 첨가어들 상호간의 순서에 대해 상세히 논의할 수가 없다.

◆ 역사적인 변천

Behaghel에 따르면 여러 가지 부사규정어 – 그는 물론 오늘날의 전치사 목적어
도 부사규정어에 포함시킨다 – 의 어순은 주로 "부사규정어가 동사에 대해 가지고
있는 관계의 긴밀성에 따른다: "필수적인, 즉 가장 중요한 부사규정어가 문미에 오
고, 가장 비필수적인, 즉 덜 중요한 부사규정어가 문두에 오며, 나머지 부사규정어
가 문중에 온다"(Behaghel 1932:228). Behaghel에 따르면 필수적인 규정어는 대체로
장소규정어이다. 독일어 문법에서 부사어의 "전통적"인 어순(시간 – 방법 – 장소의
부사어)은 장소규정어에서 유래한다. 그는 2격 목적어와 술어보충어 앞에 있는 부
사첨가어에 대한 자료들도 제시한다. 따라서 Behaghel의 역사적인 예들로부터 임
의 첨가어가 이미 초기부터 부사보충어, 전치사 목적어, 2격 목적어 및 술어보충어
앞에 오는 경향이 있었다는 사실을 추론할 수 있다.

> er komt *niemer* dar. (장소보충어 앞의 시간첨가어; Berthold)
>
> her ginc *eines males mit vier bruderen* vor die stat zu Paris.
> (시간첨가어와 방법첨가어는 장소보충어보다 선행한다; Mystiker)
>
> bei der Hofhaltung des Landgrafen ging es *nach der Sitte der damaligen Zeiten*
> einfach und still zu. (방법보충어 앞의 방법첨가어; Novalis) (그 방백의 궁정생활에서
> 는 그 당시의 관습에 따라서 검소하고 조용하게 일이 진행되었다)
>
> indem er ihm *mit Herzlichkeit* für das schöne Vertrauen dankte

(전치사 목적어 앞의 방법첨가어; Tieck)
(그가 그에게 진심으로 아름다운 신뢰에 대해 감사함으로써)

daß es *durch Einfalt* über die verwickelte Kunst triumphiert
(전치사 목적어 앞의 방법첨가어; Schiller)
(그것이 복잡한 기술에 대해 간단하게 개가를 올린 사실)

was in *der alten Kirchenhistorie* von einem Bischof erzehlet wird
(전치사 목적어 앞의 장소첨가어; Weise)
(고대의 교회사에서 주교가 이야기 한 것)

tie scament sih *note* iro lobes (2격 목적어 앞의 방법첨가어; Notker)

daß der Mensch *nirgends mehr* eines Führers und Gehilfen bedarf
(2격 목적어 앞의 장소첨가어와 방법첨가어; Schiller)
(인간은 어디서도 더 이상 지도자와 조수를 필요로 하지 않다는 사실)

daß die Pfarren *allenthalben* so elend liegen
(술어보충어 앞의 장소첨가어; Luther)
(교구들이 도처에서 아주 비참한 상태에 놓여 있는 사실)

die nur *einigermaßen* von Belange war (술어보충어 앞의 방법첨가어; Schiller)
(어느 정도만 중요했던 것)

do kam er *flüchtig* in das Land Arabia. (장소보충어 앞의 술어첨가어; Eyb)
(그는 아라비아 국가로 도망갔다)

  그러나 Behaghel은 상기의 우측경향이 있는 보충어들 중의 하나 다음에 첨가어
가 오는 경우에 대한 많은 증거들도 제시한다. Behaghel은 이것을 대체로 리듬적인
이유로써 - 예컨대 증가하는 성분의 법칙으로써 - 설명하지만, 첨가어가 적어도 증
거들의 일부에서는 특수한 레마를 형성하는지의 유무에 대해 의문을 제기할 수 있
다(Behaghel 역시 몇몇 경우에서는 부분적인 설명으로서 "강조의 특수한 방법"에
대해 이야기하고 있다).

am abend satzte sich Jhesus zu tische *mit zwelffen.*
(아마도 강조되지 않는다; Behaghel: 증가하는 성분의 법칙; Luther)

wir müessent vür unsern vatter *von gar ernstlicher sache wegen.*
(아마도 강하게 강조된 특수한 레마; Behaghel: 증가하는 성분의 법칙; Nikolaus von
Basel)

welcher sich um meine fäuntschaft *so sehr* beworben hatte
(아마도 특수한 레마; Behaghel(1923-1932,4:231): "리듬적인 방법의 효과"; v. Zesen)

daß er zu dieser Böhmischen Gräfin *oftmals* einkähret
(아마도 특수한 레마; Behaghel(1923-1932,4:234): "리듬적인 이유를 제외하고서도 장애
가 일어난다"; v. Zesen)

doch wurde er auf vorige und bessere Gedanken *wiederum* gebracht.
(위의 문장과 비교; v. Ziegler)

4격 목적어와 3격 목적어에서는 첨가어가 Behaghel의 예에서 대체로 목적어 앞
에 온다. 첨가어가 목적어 다음에 오는 경우에는 Behaghel에 따르면 첨가어의 보다
강한 강조(즉, 특수한 레마)나 혹은 증가하는 성분의 법칙이 문제가 된다(Behaghel
1923-1932,4:168-170).

her solde *eines males* ein buch koufen (Mystiker)
sy hat *durch eer* alle freuden vnd wollust vermiten (Eyb)
wenn der Weltmensch *in ausgelassener Freude* seinem Schicksal entgegengeht
(Goethe) (처세에 능한 사람이 자유분방한 쾌락 속에서 자신의 운명에 순응할 때)

ich wil mein gelück noch males versuchen. (4격 목적어 다음에 특수한 레마로서의 시
간첨가어; Eyb)

wie man gote *aller liebeste* dienete (3격 목적어 다음에 특수한 레마로서의 방법첨가
어; Berthold)

tu disa werlt ordenost ... *mit tinemo ewigen wistuome* (Behaghel에 따르면 방법첨가어
의 "후장위치"(Nachfeldstellung)는 증가하는 성분의 법칙에서 기원한다. 그러나 방법
첨가어가 특수한 레마로서도 간주될 수 있을 것이다; Notker)

장소보충어가 4격 목적어 다음에 오는 경우에 목적어 + 부사보충어의 어순은 오
늘날 고정되어 있다(Ich lege das/ein Buch auf den Tisch - *Ich lege auf den Tisch
das/ein Buch). 이러한 순서가 원래의 순서이지만, Behaghel(1923-1932,4:168)은 도치
(Umstellung)에 대한 두 개의 증거를 제시한다.

daz *etewaz inner sich und uzer sich* besliuzet (4격 목적어 + 장소 보충어; Mystiker)

ich befilch mich vnnd *mein leben in deinen schirm vnnd getrawen.*

(4격 목적어 + 장소보충어; Eyb)

die lekkent *ufen Got iro sculde* (도치: 장소보충어 + 4격 목적어; Notker)

so ließ er einst *in eine dürre Felszacke einen Brunnen* hauen.
(도치: 장소보충어 + 4격 목적어; Kopisch)
(그는 이전에 마른 암각 안으로 하나의 샘을 파도록 했다)

3격 목적어와 4격 목적어가 결합할 경우에 3격은 "전통적인 방법에 따라서 고유한 강세가 없는 대명사에서 뿐만 아니라 (...) 명사에서도 4격보다 선행한다" (Behaghel 1923-1932,4:166). Behaghel의 거의 모든 예에서 3격 목적어는 확정적인 반면에, 4격 목적어는 비확정적이므로 분명히 레마적이다.

du *dien rehten* gibest *heili.* (Notker)
so kanst du *gote* niemer *lieberz* getuon. (Berthold)
Christus gibt *dem Papstthum viel Zeichen.* (Luther)

4격 + 3격의 어순에 대한 예에서 대체로 레마적인 3격이 문제가 되는 것처럼 보인다(Behaghel(1923-1932,4:167)에 따르면 이러한 어순은 예컨대, 1) "4격이 선행하는 성분을 간접적으로나 또는 직접적으로 수용하는" 사실에 근거할 수도 있으며, 2) 증가하는 성분의 법칙에서 기원할 수도 있다).

der *solche Macht den Menschen* gegeben (첫 번째의 경우; Luther)
schlossen bald *ein glänzendes Innere dem Auge des erfreuten Zuschauers* auf
(두 번째의 경우; Goethe)

und *viele Freiheit dem Dichter* verschaffen (Behaghel(1923-1932, 4:167)에 따르면 4격은 정의적으로 강조된다; Herder)

ich opfere *eine nicht unbedeutende Schuld dieser Verrücktheit.*
(Behaghel: "... 도치에 대한 특별한 이유를 인식할 수 없다"; Thieß)

3격 목적어 + 4격 목적어 (+ 주어) 집단의 성분들 중에서 한 성분이 인칭대명사이고 다른 성분이 명사(명사들)인 경우에, 대명사가 이미 초기부터 (오늘날처럼) 명사에 선행하였다.

der hat *uns* ouch *die gnade* erzeiget damite. (Berthold)

kam *mir ein sin* in (Nikolaus von Basel)
nist *uns gnada* versaget (Williram)
lasse *sich ein geglicher* teuffen (Luther)

특히 부정사나 과거분사가 문미에 오는 경우 대명사가 문미 가까이로 밀려나는 데 대한 예들도 존재한다. "그러면 대명사는 위치에서도 객관적인 귀속성을 결합시키려는 노력이나 혹은 가능한 한 접근하려는 노력과 함께 전접어(enklitisches Wort)를 앞으로 밀어내려는 경향에 저촉된다"(Behaghel 1923-1932,4:69). 초기 신고지독일어 이후로 증명되는 이러한 명사 + 대명사의 어순은 오늘날 낡은 표현이나 격식표현으로 간주된다.

(das menschlich hertz sol von jm genomen vnd) *ein viehisch Hertz jm* gegeben werden (Luther)

so werden einst *die Würmer* auch an euren fleischernen Stötzchen *sich* erlustigen. (Mörike)

3격 목적어와 4격 목적어가 인칭대명사인 경우 오늘날에는 4격 + 3격의 어순이 유일하게 가능한 어순이다(Ich gab es/ihn ihm/uns). 이것이 대부분의 대명사 결합에서 원래의 상태였다: ihn uns/euch/mir/dir/ihr; ihn ihm; es uns/ihm/ihnen(예외는 드물었다: da gib ihr ihn; Lessing). 그러나 오늘날의 규칙과는 달리 es mir/dir – mir/dir es 사이에서 동요가 있었다(이 어순은 후기 신고지독일어에서는 훨씬 빈번하였다; 오늘날에도 구어에서는 전접으로서 가능하다: Ich hab ihm's gesagt).

wie du *ez im* umbe sus ane gewinnest (오늘날과 마찬가지로; Nikolaus von Basel)
haltet *es mir* zu gut (Meyer)
wer mag *dir es* denne geseit haben (Nikolaus von Basel)
daß ich *dir es* sagen will (Lessing)

오늘날의 용법과는 다른 mir/dir es 그룹에서, 그리고 또한 mich/sich es 결합에서도 es는 주어가 될 수 있다(오늘날의 es mich/sich와 더불어).

vielleicht gelingt *mir's*. (Schiller) (아마도 나는 그 일에 성공할 것이다)
mag man *sich's* gern gefallen lassen (Schiller)
(사람들은 그것을 기꺼이 감수하고자 한다)

여러 가지 첨가어의 어순에 대해 Behaghel(1923-1932,4:229-236)은 상당히 많은
증거들을 제시하고 있다. 이러한 증거들에서 추론할 수 있는 것은 테마성이 아마
도 고대에서도 대체로 첨가어들 상호간의 순서를 결정했었다는 사실이다. 원래
Behaghel(1923-1932,4:229) 자신도 다음과 같이 말하고 있다: "어떤 규정어도 필수적
이 아니라면 행위에 대해 가장 가까운 관계를 가지고 있는 그러한 규정어가 나중
에 온다."

> wenn sie *nach der itzigen Mode mit lateinischen Arien* ... aufgezogen kommen
> (Behaghel(1923-1932,4:229)에서 *mit lateinischen Arien*은 아마도 *nach der itzigen
> Mode*보다도 더 레마적이다; 설명 I, 132, 14)

장소첨가어와 시간첨가어가 동시에 나타나는 경우 Behaghel에서는 시간첨가어
가 대체로 선행한다. 하나의 예만이 장소첨가어 다음에 레마적인 시간첨가어가 나
타난다.

> ich habe *einmahl auf der Cantzel* gesagt. (Schupp)
> (나는 이전에 설교단 위에서 말했다)
> Ich habe *vor kurzem in einem Wirtshause* zum Zeitvertrieb mit ihm Mora gespielt.
> (Heinse) (나는 조금 전에 음식점에서 기분풀이로 그와 같이 모라놀이를 했다)
> welchen Ideen und Beschäftigungen man *bei Hofe in dieser Zeit* nach geht (Gutzkow)
> (이 시간에 궁정에서는 사람들이 어떤 생각과 활동을 추구하는가)

3.3. 후장

주문장과 부문장에서 특정한 문장성분을 동사틀로부터 괄호이탈(Ausklam-
merung)시킴으로써 생겨날 수 있는 후장(Nachfeld)은 특히 구어에서 전형적이다.
후장은 어떤 문장에서도 문법적인 이유에서 점유되어서는 안 된다. 후장의 위치는
오히려 의미적 기능이나 혹은 문체적 기능을 갖는다(비교: Engel 1982:236f.).

1) 후장의 위치는 추가(Nachtrag)의 기능을 가질 수 있다. 그러면 보통 중장
   (Mittelfeld)이나 전장(Vorfeld)에 오는 하나의 요소가 추가된다. 그 이유는 문
   장이 미리 계획되어 있지 않기 때문이다.

> Bei uns hat es Spaghetti gegeben *heute.*
> (우리 집에서는 오늘 스파게티가 나왔다)

Ich habe mich geärgert *über diesen Typ.*
(나는 이러한 유형의 사람에 대해 화를 내었다)
Ich weiß, dass du dich geärgert hast *über diesen Typ.*
(나는 네가 이러한 유형의 사람에 대해 화를 냈다는 것을 알고 있다)

2) 후장의 위치는 강조(Hervorhebung)의 기능을 가질 수 있다. 후장은 보통 미리
계획되어 있으며 하나의 요소를 중장의 위치에서보다는 더욱 강조하므로 -
전장처럼 - 일종의 강조위치(Ausdrucksstellung)로 간주될 수 있다.

Ich habe gekündigt *aus diesem und keinem anderen Grunde.*
(나는 다른 이유가 아니라 이러한 이유로 사직통고를 했다)

후장에 올 수 있는 요소들의 수는 아주 제한되어 있다. 개별적인 문장성분들 중
에서 전치사 목적어와 특정한 첨가어만이 제약 없이 후장에 올 수 있다.

a) 전치사 목적어

Es war nicht mehr zu rechnen *mit seinem Manuskript.*
(그의 원고는 더 이상 고려될 수 없었다)
Du solltest zufrieden sein *mit diesem Angebot.*
(너는 이러한 제의에 만족해야만 한다)

b) 첨가어

Bei uns hat es Spaghetti gegeben *gestern.* (시간첨가어)
(우리 집에서는 어제 스파게티가 나왔다)
Habt ihr nichts gefunden *im Kaufhaus*? (장소첨가어)
(너희들은 백화점에서 아무 것도 찾지 못했니?)
Ich habe nichts gespendet *dafür.* (목적첨가어)
(나는 그것을 위해 아무 것도 기부하지 않았다)
Es ist ihm gut gegangen *in finanzieller Hinsicht.* (제약첨가어)
(경제적인 관점에서 그는 잘 지냈다)

Engel(1982:235)에 따르면 상기의 예들은 부분적으로 구어에서만 실제로 수용될
수 있다. 예컨대 방법첨가어는 결코 후장에 올 수 없다.

*Ihr habt gestern gearbeitet *fleißig.*

전치사 목적어 이외의 다른 보충어들도 이들이 접속사로 연결되어 중첩적으로
나타나면 후장에 올 수 있다. 그러면 첫 번째 요소는 중장에, 두 번째 요소는 후장
에 올 수 있다. 아니면 모든 중첩된 요소들이 후장에 위치한다.

> Wir haben den Präsidenten getroffen *und seinen Außenminister.*
> (우리는 대통령과 외무장관을 만났다)
> Er wird Regierungsdirektor sein *oder Ministerialrat.*
> (그는 행정장관이 되거나 아니면 참사관이 될 것이다)
> Wir haben in diesem Jahr aus Steuergeldern gebaut *über fünftausend Sozialwohnungen,*
> *sechsundzwanzig Kindergärten und dreiundzwanzig Schulen.* (우리는 올해 세금으로
> 5천 채 이상의 사회복지 주택, 26개의 유치원과 23개의 학교를 지었다)

부문장과 문장가를 지닌 부정사가 특히 빈번하게 괄호이탈 된다. 부가어문으로
확대되며 그 자체 후장에 올 수 없는 그러한 보충어들도 자주 괄호이탈 된다. 그렇
게 함으로써 부가어문과 관계어의 직접적인 결합이 유지될 수 있다.

> Sie sprach die Hoffnung aus, *dass sie bald fahren könnte.*
> (그녀는 그녀가 곧 갈 수 있으리라는 희망을 말하였다)
> (nicht gern: Sie sprach die Hoffnung, dass ... fahren könnte, aus.)

> Wir haben aus Steuergeldern gebaut *Wohnungen, in denen nahezu zwanzigtausend*
> *Menschen untergebracht sind.* (우리는 세금으로 약 20,000명의 사람들이 거주하게 될
> 집을 지었다)

끝으로 대체로 후장에 나타나는 특정한 요소들이 존재하는데 이들은 특히 비교
요소들이다.

> Die Mieten sind schneller gestiegen *als die Lebensmittelpreise.*
> (집세는 생필품 가격보다 더 빨리 올라갔다)
> Weißt du, dass es in Hamburg kälter gewesen ist *als in Berlin?*
> (함부르크 날씨가 베를린 날씨보다 더 추웠다는 것을 너는 알고 있니)
> Er ist ebenso fleißig gewesen *wie seine Schwester.*
> (그는 그의 누이와 똑같이 부지런했다)

◆ 역사적인 변천

현대 독일어에서 매우 제한되어 있는 후장의 위치는 상당히 최근의 현상이다. 주문장에서 부정사와 분사의 문미위치 및 부문장에서 정동사의 문미위치가 이전에는 현대 문어에서처럼 그렇게 절대적인 것이 아니었기 때문에, 부문장에서 부정형 동사와 정동사 다음에 종종 이들의 규정어가 올 수 있었다. 따라서 오늘날의 상황과 비교해볼 때, 지금보다 훨씬 많은 괄호이탈이 있었다. 이러한 "후치"(Nachstellung)가 올바른 괄호이탈로 간주될 수 있는지 하는 것은 다른 문제이다. 왜냐하면 이러한 후치가 문장의 장(Satzfeld)에서의 위치에 대한 본래의 대안이었기 때문이다. 몇몇 예들은 다음과 같다(더 많은 증거에 대해서는 346쪽을 참조할 것).

> la dich benugen *mit miner gnade* (St. Georgener Prediger)
> hie wirt befolhen *einem iglichen Glid* (Luther)
> daß er würde *der Spiegel deiner Seele* (Goethe)

4. 문장성분의 규정성분의 위치

문장성분의 규정성분(Bestimmungsteil) 중에서 부정사의 규정어, 술어적 형용사의 보충어 및 소유의 3격은 치환될 수 있기 때문에, 이들은 예컨대 문장성분핵(Satzgliedkern=관계어)으로부터 분리되어 전장을 점유할 수 있다. 그러나 이들이 문장성분핵과 함께 문장의 중장에 오면, 이들은 이들 고유의 어순규칙을 통해서 하나의 고정된 어군을 형성한다.

> Der Mann will *mir helfen.* (목적어로서의 부정사군)
> - *Mir* will der Mann *helfen.* (부정사의 목적어가 치환됨)
> (그 남자가 나를 도와주려고 한다)
>
> Der Mann ist *des Diebstahls schuldig.* (술어보충어로서의 형용사군)
> - *Des Diebstahls* ist der Mann *schuldig.* (형용사의 목적어가 치환됨)
> (그 남자는 절도죄가 있다)
>
> Ich klopfe *dem Mann auf die Schulter.* (부사보충어의 보충성분으로서의 소유의 3격)
> - *Dem Mann* klopfe ich *auf die Schulter.* (소유의 3격이 치환됨)

(나는 그 남자의 어깨를 두드린다)

부가어는 보통 치환될 수 없다는 사실을 통해서 부가적인 어군은 위에서 언급된
어군과 구별된다.

Mein *alter* Lehrer hilft mir *sehr* oft.
(나의 연로하신 선생님께서 나를 아주 자주 도와주신다)
- *Alter* mein Lehrer hilft mir oft *sehr*.

4.1. 부정사 규정어의 위치

부정사군(부정사구)에서는 성분핵(=부정사)의 위치가 문법화 되어 있다는 관점
에서, 부정사군은 이들의 내적인 어순과 관련해서 규정성분을 갖는 술어적 형용사
및 부가어를 갖는 어군과 구별된다. 즉 부정사는 부정사구(및 문장)의 끝에 오기 때
문에 부정사의 규정어는 단 하나의 전장만을 사용할 수 있다.

Ich bat ihn, *das Buch in den Schrank* zu stellen.
(나는 그 책을 책장 속에 넣어줄 것을 그에게 부탁했다)
비교: Der Junge ist *an dem Mädchen* interessiert.
　　　 Der Junge ist interessiert *an dem Mädchen*.
　　　 (그 소년은 그 소녀에게 관심이 있다)

부정사군의 전장에서 부정사 규정어의 어순규칙은 술어로서 해당 동사를 갖는
문장의 중장에서 문장성분의 어순규칙과 동일하다.

Ich bat ihn, *mich morgen im Institut* zu besuchen.
(나는 그에게 내일 연구소로 나를 방문해 줄 것을 부탁했다)
- Er besucht *mich morgen im Institut*.
(그는 내일 연구소로 나를 방문한다)

문장의 중장에 있는 문장성분의 경우처럼 부정사의 규정성분에 대한 어순에서
도 여러 가지 가능성이 존재한다. 다시 말해서 부정사구의 전장 내부에서 보충어
와 첨가어의 위치가 엄격하게 문법화 되어 있지 않다. 그러나 문장성분에서처럼
의존구조와 정상적인 테마-레마 구조에 근거하는 "정상적인" 기본어순(Grundfolge)

과 이와는 다른 특수한 테마성으로 소급되는 치환된 유표적인 "특수한 어순" (Sonderwortfolge)이 존재한다(상기 355쪽 중장에서의 어순과 비교 바람).

Er muss *mir morgen das Buch* geben. (기본어순; 무표적)
(그는 나에게 내일 그 책을 주어야만 한다)
Er muss *mir das Buch morgen* geben. (그는 나에게 그 책을 내일 주어야만 한다)
(치환된 어순; 유표적: *morgen*이 강하게 강조된 특수한 레마로서 구의 전장의 끝에 온다)

◈ 역사적인 변천

문장에서 부정사의 마지막 위치가 이전에는 현대 문어에서처럼 그렇게 절대적인 것은 아니었다. 부정사 다음에 하나 혹은 다수의 규정어가 올 수 있었기 때문에 현대 문어에서와는 달리 부정사군에서는 후장도 존재할 수 있었다.

las dich benugen *miner gnade* (2격 목적어; 중고지독일어)
welt ir nu genesen *von dem ewigen tode.* (전치사 목적어; 중고지독일어)

4.2. 술어적 형용사 보충어의 위치

1) 술어적 형용사의 격 보충어(Kasusergänzung)는 형용사군(형용사구)의 전장에 온다.

3격 목적어: Er ist *seinem Bruder* ähnlich. (그는 그의 형과 닮았다)
   Die leichte Auffassungsgabe ist *beiden Brüdern* gemeinsam.
   (쉽게 이해하는 재능은 두 형제의 공통점이다)

2격 목적어: Er fühlte sich/war *seines Erfolges* sicher.
   (그는 자신의 성공을 확실히 느꼈다/확신했다)
   Der Student ist *das Internatsleben* nicht gewohnt.
   (그 대학생은 기숙사 생활에 익숙하지 않다)

2) 형용사의 전치사 목적어와 전치사적 부사보충어는 형용사구의 전장이나 후장에 올 수 있지만, Engel(1982:138)에 따르면 여기서도 보충어 + 형용사의 어순이 기본어순이다(Duden(1984:627)에 따라서도 역시).

Oskar ist *mit schnellen Autos* vertraut.

Oskar ist vertraut *mit schnellen Autos.* (오스카는 빠른 자동차에 익숙해 있다)
Ich bin *mit deinem Vorschlag* einverstanden. (나는 너의 제안에 동의한다)
Die Sowjetunion ist reich *an Bodenschätzen.* (구 소련연방은 지하자원이 풍부하다)

여기서는 부분적으로 구성성분의 길이도 어떤 역할을 할 수 있기 때문에 보다 짧은 보충어는 형용사에 선행하고, 이에 반해 보다 긴 보충어는 형용사 다음에 올 수도 있다(Behaghel의 "증가하는 성분의 법칙"(Gesetz der wachsenden Glieder)을 비교).

Der Beklagte war wohnhaft *in Eurasburg.* (그 피고는 오이라스부르크에서 살았다)
Er ist *hier/in München* beheimatet. (그는 여기서/뮌헨에서 살고 있다)
Die Sowjetunion ist reich *an Bodenschätzen.* (구 소련연방은 지하자원이 풍부하다)

후장의 위치는 대조화를 통해서도 야기될 수 있다.

Er ist wohnhaft *in München,* nicht in Berlin.
(그는 베를린이 아니라 뮌헨에서 살고 있다)

3) 술어적 형용사가 두 개의 보충어를 가지며 이들 중 하나가 3격 목적어이고 다른 하나가 전치사 목적어이면, 두 보충어는 보통 전장에 오고 3격이 전치사구보다 선행한다. 대조하는 경우에는 전치사 목적어가 후장에도 올 수 있다.

Ich bin *meinem Bruder für seine Hilfe* dankbar.
(나는 내 형에게 그의 도움에 대해 감사한다)
Ich bin *meinem Bruder* dankbar *für seine Hilfe,* nicht für sein Geld.
(나는 내 형에게 그의 돈이 아니라 그의 도움에 대해 감사한다)

4) 부정사 목적어와 부문장 목적어는 형용사 다음에 오며 대체로 콤마에 의해 형용사와 분리된다.

Er ist bereit *zu kommen/mir zu helfen.*
(그는 올 준비가 되어 있다/나를 도와줄 준비가 되어 있다)
Er ist nicht fähig, *fremde Sprachen zu lernen.*
(그는 외국어를 배울 수 있는 능력이 없다)
Er ist dessen würdig, *dass er ausgezeichnet wird.*
(그는 표창을 받을 만하다)

◈ 역사적인 변천

1) 격 보충어는 이미 최초의 전래 이후로 대체로 형용사구의 전장에 오는 것처 럼 보인다.

thaz thaz firstantnissi *uns allen* lihtera si (Otfrid)
nach dem das jetzige Kammergericht *diesem Heil* argwöhnig geworden ist (Melanchton)
zwo ellen hoch (4격은 신고지독일어에서 비로소 나타났다; Luther)
was *thes gisiunes* filu fro (Otfrid)
alles arges fri (Kudrun)
aller dinge reich (Luther)
(aber auch: werden richa *des unwehsallichen guotes*; Notker)

2) Behaghel(1923-1932,4:172)에 따르면 전치사 목적어에서는 전장의 위치뿐만 아 니라 후장의 위치도 가능하지만, 이들의 빈도수는 시대마다 매우 달랐다. Behaghel은 다음과 같이 기술한다: "고대에는 필수적인 규정어와 비필수적인 규정어가 후치될 수 있으며 이러한 가능성이 충분히 사용된다. 물론 필수적인 규정어에서는 대체로 전치가 우세하다. 근대에는 후치가 생생한 구두화법에 제약되어 있으며, 이러한 후치는 비필수적인 규정어에만 해당된다"(Behaghel 1923-1932,4:172). 인용문의 마지막이 전적으로 옳은 것처럼 보이지는 않는다. 왜냐하면 Behaghel 자신이 "필수적인 규정어"(목적어)의 후장위치에 대한, 상 당히 후기의 증거들을 제시하고 있기 때문이다.

waren sie in der That zufrieden *mit mir.* (Freytag)
(그들은 실제로 나에게 만족했다)
sie bezeugten sich sehr zufrieden *damit.* (Goethe)
(그들은 그 일에 매우 만족해하고 있는 것으로 확인되었다)

3) 부정사 목적어와 부문장 목적어는 가장 초기부터 후장에 온다.

thar was hie giwuno *gangan* (Heliand)
warun giwono, *that gihordun* (Heliand)

4.3. 소유의 3격의 위치

소유의 3격(Pertinenzdativ)이 그 관계명사와 함께 문장의 중장에 나타나는 경우 3격은 대부분의 구문안(Satzbauplan)에서 관계어 앞에 온다.

> Ich klopfe *dem Mann* auf die Schulter. (나는 그 남자의 어깨를 두드린다)
> (*Ich klopfe auf die Schulter dem Mann)
> Er wollte *ihr* nicht die Hände binden. (그는 그녀의 손을 묶으려고 하지 않았다)
> Er streichelt *ihr* die Wangen. (그는 그녀의 뺨을 쓰다듬는다)
> Was hat *ihr* das Herz so schwer gemacht?
> (무엇이 그녀의 마음을 그렇게 무겁게 만들었느냐?)

소유의 3격의 관계어가 문장의 주어인 경우 3격과 주어는 대체로 서로 다른 장에 온다(주어는 대체로 문장의 전장에, 3격은 중장에 온다).

> Der Kopf brummt *mir* wie ein Bienenschwarm. (내 머리가 벌처럼 윙윙거린다)
> Die Augen fallen *mir* gleich zu. (내 눈이 저절로 감긴다)
> Das Rückgrat tut *dem Jungen* weh. (그 소년의 등골이 아프다)
> *Dem Kind* blutet die Hand. (그 아이의 손에서 피가 난다)
> (Aber auch: Dann blutet *dem Kind die Hand*)

◆ 역사적인 변천

역사적인 증거들은 대체로 오늘날의 규칙을 확인하는 것처럼 보인다.

> zuo ir wolte er gahen und *ir* die hende vahen (Hartmann)
> so riuzit *thir* thaz herza (Otfrid)

4.4. 부가어의 위치

4.4.1. 명사 부가어의 위치

부가어의 위치에서는 원칙적으로 두 가지 가능성이 존재한다. 즉 부가어는 명사구의 전장이나 혹은 후장에 올 수 있다. "이 두 위치 중에서 어느 위치를 부가어가 취하는가는 품사가 결정한다: 형용사와 분사(굴절형태)는 관계어 앞에 오고, 부사(비굴절 형태), 2격 명사와 전치사격 명사 및 zu 있는 부정사는 관계어 다음에 온다. 이 기본규칙에 대한 일련의 예외가 존재한다"(Helbig/Buscha 1984:597). 동일한 명사가 두 장에서 부가어를 취할 수 있다.

der *kleine* Bruder *meines Freundes* (내 친구의 남동생)

1) 명사구의 전장에 있는 부가어

명사구의 전장에는 a) 대명사적 부가어 혹은 관사류의 부가어, b) 형용사 부가어와 분사 부가어, c) 소위 작센의 2격, d) 결합가에 제약된 특정한 동격이 올 수 있다.

a) *dieser/jener/kein/mein* Mann (이/저/아무도 아닌/내 남자)
   all diese Argumente; *diese wenigen* Bemerkungen
   (모든 이러한 논증들; 이러한 몇 안 되는 언급들)

b) ein *schlechter* Lehrer; *zwei kleine* Kinder
   (좋지 않은 선생님; 두 명의 작은 어린이)
   die *wachsende* Arbeitslosigkeit (증가하는 실업)

c) Wir besuchen *Goethes* Gartenhaus. (=das Gartenhaus Goethes/von Goethe)
   (우리는 괴테의 정자(정원이 있는 집)를 방문한다)
   aller Laster Anfang(모든 악덕의 시작), *seines Glückes* Schmied(자기 행복의 대장장이), *der Arbeit* Lohn(노동의 임금), *der Menschheit* Glück(인류의 행복) (고정된 어법이나 고상한 문체)

d) *Heinrich* Mann; *Onkel* Otto; *Kollege* Kuhn

전장이 여러 가지 부가어를 포함하는 경우 Engel(1982:144-146)에 따른 소위 기본 어순에서는 다음과 같은 부가어 어순을 관찰할 수 있다: all, manch, solch와 같은 비굴절 대명사(Engel: 불변화사 Partikel)가 첫 번째 위치에 오며, dieser, jener와 같은 관사류의 부가어(Engel: "기타 한정사")가 두 번째 위치에, 수사와 다른 양적인 요소(drei, wenige 등)가 세 번째 위치에, bestimmt, gewiss, dortig와 같은 지시적 형용사가 네 번째 위치에, 질적인 형용사(schön, braun, eisern 등)가 다섯 번째 위치에, päpstlich, studentisch와 같은 분류형용사만이 여섯 번째 마지막 위치에 온다.

all diese damaligen fleißigen studentischen Hilfskräfte
 1   2   4   5   6
(모든 이러한 그 당시 부지런한 대학생 보조원)

2) 명사구의 후장에 있는 부가어

명사구의 후장에는 a) (작센의 2격이 아닌) 2격, b) 특정한 동격, c) 전치사 부가어, d) 부사 부가어, e) 부정사 부가어, f) 부문장 부가어가 온다.

- a) die Ankunft *des Zuges*(기차의 도착); die Einladung *des Gastes*(손님의 초대); eine Menge *fauler Äpfel*(다수의 썩은 사과); das Buch *des Mädchens/Annas*(그 소녀/안나의 책)

- b) mein Onkel *Otto*(내 삼촌 오토); Karl *der Große*(카알 대제); ein Glas *guter Wein* (좋은 포도주 한 잔); Karl, *mein bester Freund*(내 가장 친한 친구 카알); das Gesundheitsamt *als die zuständige Behörde*(주무관청으로서의 보건위생국)

- c) sein Stolz *auf die Heimat*(고향에 대한 그의 자부심); seine Reise *nach Italien*(이태리로의 그의 여행); mein Studium *in Helsinki*(헬싱키에서의 내 공부); der Mann *auf der Bank*(벤치에 앉아 있는 그 남자)

- d) meine Reise *dorthin*(그곳으로의 나의 여행); die Sitzung *gestern*(어제의 회의)

- e) die Kunst *zu schweigen* (침묵하는 기술)

- f) die Antwort, *dass er komme* (그가 온다는 회답)
     der Junge, *der dort sitzt* (거기에 앉아 있는 그 소년)

"치환(Permutation)(기본어순의 변칙으로서)은 적은 범위 내에서만 가능하다. 치환에 대해서는 아직 많은 상세한 연구가 필요하다. 치환은 때때로 중의성을 해소하는 데 사용된다"(Engel 1982:147).

◆ 역사적인 변천

여기서는 대명사 부가어, 형용사 부가어, 2격 부가어, 전치사 부가어 및 부사 부가어의 위치가 다루어질 수 있다. 동격의 위치는 이미 다른 변천과 관련하여 고찰되었다. 부정사 부가어와 부문장 부가어에서는 어순과 관련하여 몇 가지 변화만이 나타났다.

1) 초기 게르만어에서는 부가적 형용사와 대명사가 명사구의 전장에서뿐만 아니라 후장에도 올 수 있었다. 그러나 이미 초기의 문헌에서는 전장의 위치가 압도적이었으며, 특히 시문학(Poesie)에서 후장의 위치가 빈번하였던 고고지독

일어에서도 전장의 위치가 우위를 차지하였다. 중고지독일어에서 후장의 위치
가 산문(Prosa)에서는 사라졌지만, 문학작품(Dichtung)에서는 계속 유지되었으
며, 궁중문학(höfische Dichtung)에서보다는 민족서사시(Volksepos)에서 더 많
이 사용되었다. 그 후에는 후장의 위치가 다만 고풍문학의 표지가 될 뿐이었
다. 질풍노도의 시기에는 후장의 위치가 민요의 모방을 통해서 다시 되살아났
다. 19세기에는 후장의 위치가 Uhland와 Heine와 같은 시인에게서 빈번하였
다. 후기의 자료들에서는 후치된 부가어가 굴절되지 않았으나 원래는 굴절될
수도 있었다.

fateres *mines* (Hildebrandslied)
ellenes *guotes* (Otfrid)
in einemo felde *sconemo* (Notker)
ein swert vil *guot*; der bruoder *sin* (Nibelungenlied)
einen ger vil *starken* (Nibelungenlied)
Röslein *rot*; Blümlein *wunderschön* (Goethe)
Kaiser Rotbart *lobesam*; ein Riese *groß und wild* (19세기)

고착된 형식 Vater unser(주님)에서의 후장위치는 고고지독일어 이후로 라틴어
pater noster에서 기원한다.

부가어가 보다 큰 범위를 갖는 경우에 부가어는 오늘날에도 명사 뒤에 올 수 있
다. "문학적인 문체에서 부가적 형용사와 분사를 강조할 수 있는 가능성은 이들을
분리하여 후치에서 사용하는 데 있다. 이러한 후치(Nachstellung)는 형용사와 분사
가 적어도 쌍으로 나타나거나 혹은 보다 자세한 규정어를 소유하는 경우에만 가능
하다"(Helbig/Buscha 1984:598). 여기서는 부가어와 명사와의 결합이 아주 느슨하기
때문에 부가어는 추가적인 동격에 근접한다. 후치된 부가어는 굴절하지 않기 때문
에 신고지독일어에서는 거의 1격명사에서만 나타나며, 사격(斜格 obliquer Kasus)에
서는 아주 과감한 것으로 간주된다.

Das Mädchen, *jung und unternehmungslustig*, fuhr an die See.
(젊고 모험심이 강한 그 소녀는 바닷가로 차를 몰았다)
Der Junge, *siebzehn Jahre alt*, kam in die Lehre. (17세의 그 소년은 견습생이 되었다)
Kinder, *hold wie Engelsharen* (Uhland)
totes Werkzeug, *belebt durch des edelsten Geistes Vertrauen* (Goethe)
(가장 고귀한 정신의 믿음을 통해서 소생한 죽은 도구)
dem Prinzen, *jetzt zu schwach* ..., blieb nichts übrig. (Schiller)

(현재 너무 연약한 왕자에게는 아무 것도 남아 있지 않았다)

2) 2격 부가어에서는 부분의 2격과 다른 2격 부가어가 구별될 수 있다.

a) 부분의 2격은 최초의 전래 이후로 보통 명사구의 후장에 오지만 고고지독
일어와 중고지독일어에서는 전장의 위치도 증명될 수 있다.

ein hufo *steino* (Notker)
ein Kelch *kalts wassers* (Luther)
die meisten *der Schüler* (중고지독일어)
thero zweio andar (Otfrid)
der recken zwelfe (Nibelungenlied)
des gelts eine grosse summe (Murner)

b) 부분적이 아닌 2격은 게르만어에서 원래 관계명사 앞에 왔으며, 고트어와
고고지독일어에서도 여전히 대체로 관계명사 앞에 왔다. 그후에 사물표현의 2
격을 후장에 두는 경향이 나타났으며, 2격의 인칭표현은 대체로 전장에 왔다.

thes selben dages kunfti (Notker)
mit *thes herzen* ougon (Otfrid)
in huse *Dauides sines knehtes* (Tatian)
ein zuonemen *ewiger Dinge* (Mystiker)
des Teufels Herrschaft (Luther) (악마의 지배)

그 후 14세기부터는 2격이 대부분의 방언에서 사라졌다. 예외가 있긴 했지만 문
어에서는 점차로 후장의 위치가 규칙이 되었다. 오늘날에는 특히 고유명사의 2격이
명사 앞에 올 수 있지만, 그밖에는 전장의 위치(소위 작센의 2격 sächsischer
Genitiv)가 고정된 어법이나 격식의 문체에서만 나타난다.

das ist *der Weisheit* letzter Schluß. (Goethe)
(그것은 지혜의 마지막 결론이다)
Wir besuchen *Goethes* Gartenhaus(=das Gartenhaus *Goethes*).
(우리는 괴테의 집을 방문한다)
seines Glücks Schmied (자기 행복의 대장장이)

관계어가 보통명사의 2격과 그것과 결합된 고유명사 사이에 올 수 있었던 것처
럼, 고대어에서는 2격 부가어가 종종 다른 문장성분(예컨대 술어)에 의해 그 관계

어와 분리되었다(Behaghel: "먼위치"(Fernstellung)). 고대어에서는 관계명사의 관사도 역시 전치한 2격 앞에 올 수 있었다.

> das dis *die wise* was *des obersten priesters* (Tauler)
> also wirt *das wort* war und volbracht *des evangelisten* (Mystiker)
> *Johannis* houbit *des toufares* (Tatian)
> von *themo mannes sune* (Tatian)

3) 전치사 부가어는 최초의 문헌에서부터 명사구의 후장에 왔으며 예외는 드물다.

> thin gilobo *an thea maht gotes* (Heliand)
> thaz brot *in themo disge* (Otfrid)
> thaz giscrib *thar oba* (Tatian)
> *bi Rine* liute unde lant (Nibelungenlied)

오늘날에는 "특히 정관사가 있는 주어에서 ... 장소부사가 문장 앞에 나타날 수도 있다"(Helbig/Buscha 1984:598).

> *Nebenan* das Haus gehört einem Ingenieur. (바로 옆집은 어떤 엔지니어의 소유이다)
> *Dort* der Mann will dir helfen. (저기 저 남자가 너를 도우려고 한다)

4.4.2. 형용사 부가어와 부사 부가어의 위치

형용사와 부사에 대해 정도첨가어(Gradangabe)로서 기능하는 부사와 형용사는 형용사구와 부사구의 전장에 오는 반면에, als-구조와 wie-구조는 후장에 온다.

> *sehr* müde (아주 피곤한); *sehr* oft (매우 자주);
> mit *überaus* freundlicher Miene (지나치게 친절한 표정으로);
> ein *eisig* kalter Wind (얼음처럼 차가운 바람)
> Der Vogel flog schnell *wie ein Wind.* (그 새는 바람처럼 빨리 날라 갔다)
> Mein Bruder ist älter *als ich.* (내 형은 나보다 나이가 더 많다)

형용사의 술어적인 사용에서 형용사의 목적어나 부사보충어(비교: Der Lehrer ist *des Russischen* mächtig – *Des Russischen* ist der Lehrer mächtig)에 해당하는 형용사의 부가적인 보충어는 형용사구의 전장에 온다.

der *des Russischen* mächtige Lehrer (러시아어를 구사할 수 있는 선생님)
das *dem Freund* teure Geschenk (친구에게 비싼 선물)
der *vom Weinen* müde Säugling (울음에 지친 젖먹이)

형용사 앞에 보충어 이외에 또한 임의 첨가어도 오는 경우, 이 임의 첨가어는 의존구조에 따라서 보통 보충어 앞에 오지만, 전달가에 따라서 레마적인 중요한 첨가어는 보충어 다음에 올 수도 있다.

der *schon lange an der Veranstaltung* interessierte Besucher
(벌써 오랫동안 그 행사에 관심을 가졌던 그 방문객)
(정상적인 레마로서의 *an der Veranstaltung*를 갖는 무표적인 의존어순)

der *der Auszeichnung auf jeden Fall* würdige Arbeiter
(어떠한 경우에도 표창을 받을 만한 그 노동자)
(강조된 특수한 레마로서의 *auf jeden Fall*을 갖는 유표적인 어순)

분사의 규정어에서는 술어의 규정어(=문장성분)에서와 동일한 어순규칙이 지배한다. 따라서 부가어의 어순은 문장의 의존구조뿐만 아니라 테마-레마 구조에도 따른다(상기 355쪽과 370쪽의 "부정사 규정어" 비교).

der *viel zu lange mit einem günstigen Ausgang* rechnende Angeklagte
(너무 오랫동안 유리한 결과를 예상하고 있는 그 피고인)
der *jüngst am Krebs* gestorbene Mann (최근에 암으로 죽은 그 남자)

◈ 역사적인 변천

형용사와 부사에 대한 정도첨가어는 최초의 전래 이후로 그 관계어 앞에 오며, wie/als를 갖는 비교첨가어는 관계어 뒤에 온다. 보충어를 요구하는 형용사의 부가적 사용에 대한 역사적인 증거는 거의 찾을 수 없다.

mihil werda salz (Otfrid); *filu* ferro (Otfrid)
ein *der Sache* verständiger Mann (Adelung)
(그 사건을 알고 있는 어떤 남자)

제 3 부　역사적인 변천의 요약

여기서는 독일어 문장구조의 역사적인 변천에 대한 특징이 다시 한 번 요약되는데, 맨 먼저 의존적인 문장구조에서 출발한다. 이때 통사적인 문장구성요소(예컨대 술어, 주어, 목적어 및 부가어)와 이들을 표현하는 형태범주(예컨대 태, 서법 및 격)가 부분적으로 분리되어 고찰된다. 둘째로 직선적인 문장구조(=어순)의 변화, 셋째로 독일어의 통사적 변화에 대한 몇 가지 유형과 원인이 간략하게 다루어진다.

1. 의존적인 문장구조의 변천

1.1. 문장구성요소의 표현형태의 변화

1.1.1. 술어

술어의 문법적 기능에 대한 형태에서 우선 한편으로는 서법들 상호간의 차이와, 다른 한편으로는 시제와 태 사이의 차이를 구별해야 한다. 서법의 경우에서는 특히 직설법을 위해서 접속법 형태의 사용이 강하게 후퇴되는 현상을 관찰할 수 있으며, 새로운 서법형태(würde + 부정사; 화법동사의 서법 Modalverbmodus)는 전반적으로 상당히 적은 역할을 한다. 이에 반해 시제와 태(수동)에서는 통사적인 문장성분구조(예컨대 현재완료, 미래; werden-수동과 sein-수동)로부터 새로운 형태가 생성된다는 사실이 특징적이다. 그러나 새로운 형태의 생생과정이 부분적으로는 독일어가 최초로 전래되기 이전에 이미 종결되었다는 사실을 인지해야 한다. 새로운 형태에서는 소위 문법의 분석적인 형태범주나 혹은 풀어쓰기(Periphrase, Paraphrase)의 형태범주가 문제된다. "풀어쓰기(=바꿔쓰기(Umschreibung) 형태 또는 분석적인 (analytisch) 형태)는 한 단위를 형성하는 두 개의 자율적인 요소의 결합이다. 풀어쓰기의 의미는 더 이상 개별 요소들의 의미에서 유도될 수 없다. 풀어쓰기의 표현형태가 완결된 체계로 통합되는 경우 그것은 문법화 된다"(Ebert 1978:57). 다음에서는 1) 서법내용(서법), 2) 시제내용(시제), 3) 사건의 수동적인 고찰방법(수동), 4) 부정어, 5) 술어의 인칭과 수의 표현에서 변천경향이 고찰된다.

1) 서법

a) 여러 가지 서법내용에서 '현실'(Wirklichkeit)이 가장 적은 변화를 나타낸다. 왜
냐하면 현실의 서법은 처음부터 직설법(Indikativ)이기 때문이다. 우리는 중고
지독일어 시대부터 접속법 II(또는 würde + 부정사)를 사실(Tatsache)에 대한
신중한 표현이나 혹은 공손한 표현('신중한 유보')을 위해서만 사용하고 있다
(So *ist* es besser에 대한 신중한 표현은 So *wäre* es besser이다).

b) '비현실'(Irrealität)의 서법내용은 여전히 접속법 II로 표현된다. 그러나 단순한
접속법 형태보다는(예: käme) 후기 중고지독일어 이후로 증명되고 오늘날 이
미 완전히 문법화된 분석적인 würde-형태(예: würde kommen)가 점점 더 많
이 사용된다. 이 würde-형태가 고고지독일어와 중고지독일어에서 단순한 접
속법 이외에 sollen, wollen 등을 취하는 가능한 화법동사 구조도 역시 거의 완
전히 몰아내었다. 접속법 II가 비현실적 조건구조(Wenn ich Geld hätte, ginge
ich ins Theater. 내가 돈이 있으면 극장에 갈텐데)에서는 원래부터 있었으나,
비현실적 소원을 표현하기 위한 접속법II(예: Käme er doch! 그가 왔으면)는
고대 독일어에서는 아직도 드물었다. 비현실적 양보문(Wenn du mir auch
hundert Mark gäbest, ... 네가 나에게 100마르크를 준다고 해도 ...)에서는 접속
법 II가 이미 고고지독일어와 중고지독일어에서 유일한 접속법 형태로서 나타
났다. 이에 반해 예컨대 비현실적 비교문에서는(als ob 등) 원래 접속법 I과
접속법 II가 시제의 일치 규칙(Consecutio temporum-Regel)에 따라서 상호 교
체되어서, 현재시제의 주문장 다음에서는 접속법 I이 오고, 과거시제의 주문
장 다음에서는 접속법 II가 왔다. 오늘날에는 이러한 변화가 없어졌지만 정상
적인 접속법 II(드물게는 접속법 I)와 더불어 이미 직설법도 나타난다(Er tut
so, als ob er sie nicht *sähe/sehe/sieht.* 그는 마치 그가 그녀를 보지 못한 것처
럼 행동한다).

c) 서법내용 '가설적 양보'(hypothetische Einräumung)를 표현하기 위해서는 주문
장에서와 주문장과 유사한 부문장에서 여전히 원래의 접속법 I이 사용되었으
며, 접속법I 이외에 물론 mögen을 갖는 분석적인 화법동사의 서법도 나타난
다(Komme/möge kommen/mag kommen, was da wolle 무슨 일이 일어나더라
도). 보편적인 부문장에서는 직설법도 가능하다(Was auch geschieht/geschehe/
geschehen mag/geschehen möge, wir sind vorbereitet. 무슨 일이 일어나더라도

우리는 준비가 되어 있다).

d) 일상적인 대화에서는 서법내용 '주장과 의견'(Behauptung, Meinung)을 표현하는 경우에도 직설법이 간접화법(indirekte Rede)의 접속법을 거의 완전히 밀어내었다. 문어(Schriftsprache)의 규칙에 따라서 부문장의 서법이 현재시제의 주문장 다음에서는 접속법 I 인데, 이 접속법 I 이 발음상 직설법과 일치하는 경우에는 접속법 II 로 대체된다(Er sagte, dass er *komme*/dass sie *kämen*). 원래 말하기 동사와 주관적인 추측의 동사 다음에서는 부문장의 서법이 항상 접속법이었다. 이때 이전에는 현재시제의 유도동사 다음에서 접속법 I 이 왔던 반면에, 과거시제의 유도동사 다음에서는 접속법 II 가 왔었다(=시제의 일치). 18세기에 현재시제의 주문장 다음에서는 직설법이 관철되었지만, 과거시제의 주문장 다음에서는 접속법(접속법 I 로서)이 유지되었다. 하지만 오늘날의 일상어에서는 과거시제의 주문장 다음에서도 이미 직설법이 나타난다. 오늘날에는 주장을 표현하기 위해서 간접화법 이외에도 sollen과 wollen을 갖는 화법동사의 서법이 나타난다(Er *soll*/*will* auch gepredigt haben. 그가 설교도 했다는 소문이다/주장한다).

e) 서법내용 '추측'(Vermutung)에서는 화법동사의 서법(dürfen, können, mögen, müssen; werden)이 전형적이다. 그러나 중고지독일어 이후로 나타나고 오늘날까지도 아직 완전히 문법화 되어 있지는 않은 이 "서법"(würde-접속법의 경우처럼)의 의미는 문법적 서법체계 전체를 위해서는 특별히 중요하지 않다. 왜냐하면 일반적인 대화에서 추측은 종종 예컨대 양태어(Modalwort)를 통해서 표현되기 때문이다(*Vielleicht* kommt er. 아마 그가 올 것이다).

f) 긍정적인 직접 '요구문'(Aufforderung)(2인칭)의 서법은 가장 초기부터 명령법(Imperativ)인 반면에, 초기 고고지독일어의 금지에서는 여전히 접속법 I (인구어의 명령법(Injunktiv))이 나타났다. 간접 요구문(3인칭 단수, 1인칭 복수)에서는 원래의 접속법 I 이 여전히 나타나지만, 이와 더불어 3인칭 복수에서는 - 발음상 직설법과 일치하기 때문에 - 접속법을 완전히 대체한 분석적인 구조도 나타난다(예컨대 Gott helfe ihm/möge ihm helfen(그에게 신의 가호가 있기를); Mögen sie nur kommen!(그들이 제발 왔으면); Gehen wir nach Hause!/ Lasst uns nach Hause gehen!(집으로 갑시다)).

2) 시제

a) 시제(Tempus)에서는 시간이 지남에 따라 특히 '과거'의 시제형태에서 변화가 일어났다. 게르만어의 유일한 과거시제인 과거(Präteritum)(인구어의 현재완료)의 자리에 세 개의 상이한 시제가 나타났다: 과거(Präteritum, Imperfekt), 현재완료(Perfekt) 및 과거완료(Plusquamperfekt). 이중에서 새로운 시제인 현재완료와 과거완료는 통사적인 구성에서 기원한다. 이 통사적 구성에서는 오늘날 조동사(haben/sein)의 문장성분 내부의 형식적인 보충어가 원래 하나의 독립적인 문장성분, 즉 술어동사의 주격 술어보충어(sein에서)나 혹은 목적격 술어보충어(haben에서)이었다. 과거시제의 사용에서는 특히 현재완료 사용의 확장이 눈에 띈다. 상부독일어 방언에서는 분석적(analytisch)인 현재완료가 haben과 sein에서도 옛날의 종합적인(synthetisch) 과거를 완전히 밀어내어서, 과거완료에서는 "단순한" 조동사 구성(예: hatte gesehen) 대신에 "이중의" 과거완료(예: habe gesehen gehabt)가 나타났다. 이 과거완료가 절대적으로 사용되어 역시 이중의 분석적인 현재완료로 되었다(habe gesehen gehabt = habe gesehen). 표준어(Hochsprache)에서도 원래 항상 과거의 동사내용을 현재에 관련시켰던 현재완료가 특히 구어에서 옛날의 과거를 대부분 교체하였다. 문어에서는 과거의 서술시제(Erzähltempus)로서 과거가 아직도 규칙이다.

b) 시제내용 '미래'를 위해서도 새로운 형태가 생겨났다. 그것은 werden을 취하는 미래 I (미래)과 미래 II (미래완료)이다(미래 II 는 라틴어의 영향으로 인문주의 시대부터 나타났다). 미래 I 은 현재완료와 과거완료처럼 주격 술어보충어를 취하는 문장성분 구성으로 소급될 수 있을 것이다: wird binden < wird bindenn(e) < wird bindende(원래의 분사적 술어보충어가 아마도 발음상의 변천에 의해 부정사로 되었을 것이다). werden-미래형이 또한 이전에 가능했던 sollen-미래형과 wollen-미래형도 문어에서 대부분 밀어내었다.

3) 수동태

태(Genus verbi)에서 수동형(werden-수동과 sein-수동)은 그 발생사와 관련하여 분석적인 과거시제와 비교될 수 있다. 즉 분사적인 술어보충어는 술어의 일부가 된다. 그러나 동사내용의 수동적인 고찰방법은 종종 형태상 능동의 경쟁형태 및 대치형태(Man liest Bücher/Man schämt sich. 등)로도 표현된다.

4) 부정어

문장부정(Satznegation)에서 정동사 앞에 오는 고고지독일어 부정어 ni가 동사 뒤에 오는 신고지독일어 부정어 nicht로 대체되었다. nicht는 원래의 부정어 ni를 강화한 'keineswegs, gar nicht, nichts'(고고지독일어 ni + eo + wiht > ni + eowiht > 중고지독일어 niht > 신고지독일어 nicht)라는 의미를 갖는 임의의 문장성분(부사첨가어)이었다. 변천의 다음 단계는 아마도 전체가 이미 술어동사의 문장성분 내부의 의존소, 즉 술어의 일부로 간주될 수 있는 이중부정(Doppelnegation)(고고지독일어 ni - niowiht, 중고지독일어 ne/en - niht)이었다. 그 후에 이중부정으로부터 중고지독일어에서 불필요한 것으로 생각된 원래의 부정어 ne가 탈락함으로써 문장부정어 nicht가 생겨났다. 즉 문장부정어 nicht는 임의의 문장성분에서 술어의 일부로 발전하였다. 그러나 "순수한" 부정어 nicht 이외에 독일어에서는 부정의 문장성분(niemand와 nichts같은 부정보충어; niemals와 같은 부정첨가어)으로 간주될 수 있는 부정어도 존재한다. 부정어는 원래 술어에 속하는 부정성분(=부정요소) 이외에 문장성분의 일부도 포함하며, 부정어로 기능할 뿐만 아니라 문장성분(주어, 목적어, 부사첨가어 등)으로도 기능한다. 이들은 순수한 부정어 nicht와 동일한 방법으로 생겨났다. 즉 부정어는 부정대명사나 부사 앞에서 반복되는데, 이로 인해 새로운 부정대명사와 부사가 생성된다(ni + io > nio 'nie'). 그러나 nicht와는 달리 이러한 부정어는 원래의 대명사적 내용을 상실하지 않았다. 이중부정은 문어에서 완전히 사라졌는데(nicht - niemals와 같은 그러한 결합 역시), 이것은 아마도 부분적으로는 라틴어의 영향일 것이다.

5) 인칭과 수

서법, 시제, 태 및 부정어는 술어가 오로지 자신의 고유한 형태를 통해서만 표현하는 술어의 문법적 기능(grammatische Funktion)이다. 그밖에 인칭과 수는 또한 주어를 통해서, 즉 전체적으로 두 번 표현되는 술어의 기능이다. 여기서 소위 일치(Kongruenz), 다시 말해서 인칭과 수에서 정동사와 주어의 형식적 일치가 생겨난다(Ich komme - Wir kommen). 주어의 의미내용과 형태가 서로 모순되는 경우(예컨대 die Menge는 내용적으로는 복수이지만 형태로는 단수), 고대 독일어에서는 정동사의 수가 형태가 아니라 주어의 내용에 따라 결정될 수 있었기 때문에, 형식적인 일치관계 대신에 소위 의미구문(Synesis), 즉 의미에 따른 구조가 생겨났다(Eine Menge *steinigten* ihn. 많은 사람들이 그를 돌로 쳐죽였다). 오늘날에는 수의 일치

(Numeruskongruenz)에서 예외가 없다. 단수의 관계어 대신에 복수의 동격이 주어로 간주될 수 있는 동격구조에서만 때때로 일치와 의미구문 사이에서 동요가 나타난다(Eine Menge Äpfel *lag/lagen* unter dem Baum. 다수의 사과들이 나무 밑에 놓여 있었다). 관계대명사가 상관사로서 1인칭과 2인칭의 인칭대명사에 관련되는 경우를 제외하고(오늘날: Was kann ich tun, der *ich* selber hilflos *bin*?; Schiller에서: Was kann ich tun, der selber hilflos *ist*?), 인칭에서는 시간이 지남에 따라 일치에 대한 몇 가지 사소한 강화만이 나타났다.

1.1.2. 비정동사적 문장성분

1.1.2.1. 술어의 결합가에 결속된 보충어

결합가에 결속된 문장성분들 중에서 목적어가 고고지독일어에서 신고지독일어까지 시간이 지남에 따라 가장 커다란 형태변화를 하였다. 특히 이전에 매우 빈번하게 사용되었던 목적어 형태들 중의 하나인 2격이 비일상적이 되었으며 오늘날 일상어에서는 거의 완전히 사라졌기 때문이다. 다른 보충어에서의 변화는 목적어에서의 변화와 비교해 볼 때 전반적으로 상당히 적은 편이다.

1) 주어

  a) 주어의 형태는 여전히 1격이다. 그밖에 물론 후기 신고지독일어에서는 여전히 부분의 2격(partitiver Genitiv)이 나타났다. 부분의 2격이 소멸되었을 때 주어는 - 목적어처럼 - 2격을 통해 양적으로 전체의 비일정 부분을 표현하는 능력을 상실하였다(Klopstock: *Seines Gesanges* schallet noch. 그의 노래 소리가 아직도 울리고 있다). 고고지독일어와 중고지독일어의 부정문에서도 증명될 수 있는 2격은 전반적으로 독일어 주어의 격(Subjektkasus)으로서는 작은 역할만 한다. 오늘날의 특수형태 중에서 부정사와 부문장은 이미 고고지독일어에서 나타났다. 부정사의 경우에는 물론 원래의 주어형태인 zu 없는 부정사(순수 부정사)가 zu 있는 부정사에 의해 거의 완전히 밀려났다. 익명의 인칭주어에 대한 특수형태 man은 명사 Mann에서 기원하면 이미 고고지독일어에서 나타났다.

b) 독일어 문장은 소수의 예외를 제외하고는 표층구조적인 주어를 가져야 하기 때문에, 그 자체 "주어가 없는" 날씨의 표현은 이미 고고지독일어에서 통사적인 표현을 위해 형식적인 주어 es를 발전시켰다(*Es regnet.* 비가 온다). Mich friert.(나는 춥다)에서처럼 원래 주어가 없는 표현에서도 중고지독일어 이후로 주어 es가 수의적으로 나타날 수 있거나(보다 빈번한 Mich friert. 이외에 Mich friert *es.*도 가능), 혹은 해당구조가 인칭주어와의 결합으로 바뀔 수도 있다(Mich friert. 이외에 Ich friere.). 비인칭 수동만이 여전히 주어 보충어가 없다(문장 *Es* wurde mir geholfen.에서의 es는 수동동사에 의해 요구되는 것이 아니라 어순에 의해 요구된다). 그러나 표층주어의 의무적 표현에 대한 이러한 경향은 1인칭과 2인칭 대명사에서 가장 뚜렷하게 볼 수 있다. 이러한 대명사가 고고지독일어의 문헌에서는 여전히 결여될 수도 있었지만 오늘날의 문어에서는 의무적이다(일상어에서는 다음도 가능함: Bin schon fertig.(나는 이미 일을 끝냈다); Hast recht.(네가 옳다)).

2) 목적어

a) 현대 독일어에서 격 목적어의 정상적인 형태는 4격(대체로 사물목적어)과 3격(대체로 인칭목적어)이다. 이 두 목적어는 그들의 원래의 영역을 전반적으로 잘 유지할 수 있었다. 이들 상호간의 경쟁 역시 적었으며 개별 동사들에서 변화가 드물게 나타났다. 처음부터 드문 유형인 인칭의 4격 목적어와 사물의 4격 목적어(Er lehrte mich Französisch. 그는 나에게 프랑스어를 가르쳤다)만이 오늘날 정상적인 유형인 두 목적어 "사물의 4격 + 인칭의 3격"에 의해 위협을 받았다(일상어에서는 이미: Er lehrte mir Französisch.). 하지만 인칭의 4격 목적어가 간접적으로 3격 목적어를 희생으로 하여 또한 그의 영역을 확장하였다. 즉, 특히 인칭의 3격 목적어를 갖는 원래의 구성 이외에 4격의 인칭목적어를 갖는 타동사 be-합성어(Zusammensetzung)가 나타남으로써 인칭의 4격 목적어가 확장되었다(Der Kaufmann liefert dem Kunden die Ware. = Der Kaufmann beliefert den Kunden mit Ware. 그 상인은 고객에게 상품을 공급한다). 하지만 4격 목적어의 본래의 영역확장은 아주 다른 방향에서 진행되었다. 4격 목적어는 이를테면 많은 경우에서 소멸된 부분의 2격 목적어 자리에 나타났다(Er trank *Wassers* : Er trank *Wasser*). 이때 4격 목적어는 물론 목적어의 양의 일부에만 제한된 2격 목적어의 부분적인 내용을 표현하는 것은 아니다.

그밖에도 중고지독일어 시대에 이르기까지 점차로 많이 사용되었던 옛날의 2격 목적어가 오늘날에는 일상어에서 거의 사용되지 않으며, 문어에서도 잔존 형태로 간주된다. 2격 목적어는 4격 목적어를 통한 방법 이외에도 고고지독일 어 이후로 사용되었지만 특히 초기 신고지독일어에서 빠르게 증가한 전치사 목적어로 대체되었다. 게다가 전치사 목적어는 부분적으로는 옛날의 2격 목적 어의 부분적인 내용을 표현할 수도 있다(Er aß vom Brot. 그는 빵을 약간 먹 었다 : Er aß das Brot. 그는 그 빵을 먹었다). 전치사 목적어는 간혹 3격 목적 어와도 경쟁한다(Er hat mir/an mich geschrieben. 그는 나에게 편지를 썼다).

b) 목적어의 특수형태 중에서 부정사뿐만 아니라 부문장도 역시 이미 고고지독 일어에서 존재했다. 부정사의 경우에는 목적어 기능이 원래의 통사적 기능에 속하며, 부문장의 경우에는 - 비록 부문장 목적어가 이전에는 주로 병렬적 (parataktisch) 구조, 즉 주문장으로 구성되는 텍스트 구조 때문에 오늘날보다 는 훨씬 드물었지만 - 접속사 daß에 대한 독일어 이전의 발생사까지도 목적 어와 유사한 기능을 하는 하나의 문장으로 소급된다(Ich sehe, daß er kommt < Ich sehe das: er kommt). 부정사 목적어는 원래 단순 부정사의 형태를 취했 는데, 이 단순 부정사는 시간이 지남에 따라 많은 경우에서 이미 고고지독일 어에서 빈번했던 zu-부정사에 의해 밀려났다.

3) 부사보충어

비록 전치사가 원래의 품사를 형성하지는 않지만, 부사보충어에서는 전치사구성 과 부사가 최초로 전래된 이후로 가장 큰 집단을 이룬다. 시간이 지남에 따라 전치 사에서 변화가 일어났던 전치사적 부사보충어는 그들의 영역을 확장하였다. 왜냐 하면 이들은 종종 다양한 격 부사어(Kasusadverbial)를 대체하였기 때문이다. 다양 한 격 부사어들 중에서 실제로 시간의 4격(예: Es dauerte zwei Tage. 2일간 지속되 었다)만이 부사보충어로서 여전히 살아 남았다. 형용사 형태의 방법보충어(Er benimmt sich schlecht. 그는 나쁘게 행동한다)는 신고지독일어에서 비로소 유래한 다. 왜냐하면 중고지독일어에서는 아직도 해당 형용사 어간에 -e(고고지독일어 -o) 를 붙여 형성했던 올바른 부사가 대체로 형용사 형태의 방법보충어보다 앞섰기 때 문이다(비교: 신고지독일어 lang - lange). 이미 가장 초기의 문헌에서도 gehen(드 물게는 kommen)에서는 오늘날까지도 가능한 단순부정사(Ich gehe einkaufen. 나는

물건을 사러 간다)가 부정사형의 부사보충어로서 나타났지만, 이러한 단순부정사
는 오늘날보다도 이전에 더 많은 이동동사(예컨대 laufen, eilen, fahren, reiten)에서
가능하였다. 그러나 부사보충어로서 결코 적절하게 관철될 수 없었던 zu-부정사가
이미 초기부터 단순부정사와 경쟁하였다.

4) 술어보충어

① 주격 술어보충어(Subjektsprädikativ)에서는 1격 명사와 전치사 없는 비굴절
형용사가 "기본형"(Grundform)을 나타낸다. 다른 형태는 "특수형"(Sonderform)으
로 간주될 수 있다.

a) 오늘날의 명사적 주격 술어보충어의 1격이 술어보충어의 원래의 형태를 대
   표하며, 형용사적 술어보충어(Adjektivprädikativ)는 오늘날의 비굴절 형태
   (Der Mann ist *fleißig.* 그 남자는 근면하다)와 더불어 이전에는 복수에서 원
   래의 형태를 형성했던 굴절된 1격도 나타내었다. 명사적 주격 술어보충어뿐
   만 아니라 형용사적 주격 술어보충어도 이전에는 전반적으로 현대 독일어에
   서와 동일한 연사동사(sein, werden 등)에서 나타났다. 목적격 술어보충어
   (Objektsprädikativ)로부터 변형된 명사적 1격(형용사적 술어보충어처럼)이 이
   전에는 수동에서만 더욱 빈번하였다. 왜냐하면 명사적인 1격의 토대가 되는
   4격의 목적격 술어보충어도 빈번했기 때문이다. 그러나 대체로 문자가 전래되
   기 이전인 가장 초기의 독일어에서는 werden과 sein의 분사적 술어보충어가
   후에 수동형과 sein-현재완료에서 술어의 일부로 변천했던 경우들도 형용사
   적 주격 술어보충어에 속했다.

b) 주격 술어보충어는 기본형 이외에 다른 형태들도 나타낸다. 이러한 형태들 중
   에서 für-술어보충어와 als-술어보충어(Er gilt als/für dumm. 그는 어리석은
   사람으로 간주된다)는 중고지독일어와 초기 신고지독일어에서 유래하며, zu-
   술어보충어(Er ist zum Dieb geworden. 그는 도둑이 되었다)는 이미 고고지독
   일어에서 증명된다. 오늘날 잔존형태로 간주되며 의미상 형용사적인 2격 술어
   보충어(Er war *frohen Mutes.* 그는 기뻐했다)는 고고지독일어부터 초기 신고
   지독일어까지 빈번했으며, sein 이외에 werden, bleiben, scheinen에서도 나타
   났다. 또한 형용사적 von-술어보충어와 aus-술어보충어(Das ist *von Nutzen.*

그것은 유익하다; Der Ring ist *aus Gold.* 그 반지는 금으로 되어 있다)는 아마도 중고지독일어에서 유래하며, 소위 "부사적" 술어보충어(Das Glück ist *vorbei.* 행복이 끝났다)는 이미 고고지독일어에서 증명된다.

② 목적격 술어보충어(Objektsprädikativ)의 기본형은 (명사적) 4격과 전치사 없는 비굴절 형용사이다(Ich nannte ihn einen Faulenzer/faul. 나는 그를 게으름뱅이라고/게으르다고 말했다). 이러한 형태들 중에서 4격은 고전주의 작가들에 이르기까지는 현대어에서보다는 훨씬 더 많은 동사들에서 나타났다. 가장 초기의 독일어에서는 오늘날의 haben-현재완료의 분사적 술어성분도 목적격 술어보충어에 속했다(Ich habe das Buch *gelesen*). 많은 경우에서 zu-술어보충어와 in-술어보충어 및 als-술어보충어와 für-술어보충어가 명사적 4격을 대체하였다(마지막 두 술어보충어는 형용사적이 될 수도 있다: Ich halte ihn für einen Faulenzer/für faul. 나는 그를 게으름뱅이라고/게으르다고 생각한다). 이러한 술어보충어는 이미 고고지독일어에서 그 예가 제시된 zu-구조를 제외하고는 초기 신고지독일어에서 비로소 나타났다. 2격 목적격 술어보충어가 오늘날에는 낡은 표현이 되었지만(Ich machte ihn *anderen Sinnes*), 중고지독일어와 초기 신고지독일어에서는 2격 목적격 술어보충어가 machen, tun, wissen, halten과 같은 동사들에서 상당히 빈번하였다.

1.1.2.2. 임의 문장성분

임의 문장성분에는 부사첨가어, 술어첨가어 및 임의 3격이 있다.

1) 부사첨가어

부사보충어에서처럼 부사첨가어(Adverbialangabe)에서도 전치사구성과 부사가 최초의 전래 이후로 가장 빈번한 형태이며, 형용사적 방법첨가어는 여기서도 옛날의 형용사 형태에서 기원한다(Sie singt *schön.* 그녀는 아름답게 노래한다). 격 부사어(Kasusadverbial)는 첨가어에서도 의미를 상실하였지만, 보충어에서보다는 더욱 잘 유지되었다(*Eines Tages* kam er. 어느날 그가 왔다). um zu/anstatt zu/ohne zu를 갖는 부정사 부사어(Infinitivadverbial)는 신고지독일어에서 처음으로 유래한다. 부사보충어와는 달리 부사첨가어는 매우 자주 부문장으로 왔는데, 부문장의 유도 접속사에서는 시간이 지남에 따라 많은 변화가 일어났다.

2) 술어첨가어

주격 술어첨가어(Subjektsprädikativangabe)에서 뿐만 아니라 목적격 술어첨가어(Objektsprädikativangabe)에서도 오늘날의 형태는 als-구조와 전치사 없는 비굴절 형용사이다(*Als reicher Mann/Reich kam er zurück*. 그는 부유한 사람으로/부자로 돌아왔다). 고고지독일어에서부터 고전주의 시대까지 명사에서는 1격(주어에 관련되는)과 4격(목적어에 관련되는)이 als 없이, 즉 술어보충어에서와 동일한 형태로 나타났다. 주격 술어첨가어는 중고지독일어까지 형용사가 굴절하거나 혹은 굴절하지 않았으며, 목적격 술어첨가어는 원래 4격에서 항상 굴절하였다.

3) 임의 3격

임의 3격(freier Dativ) 중에서 이익의 3격(*Er öffnete mir die Tür*. 그가 나를 위해 문을 열어 주었다)은 이미 고고지독일어에서 여러 번 그 예가 제시되었으며, 중고지독일어 이후로는 손해의 3격(*Mir* sind Blumen vertrocknet. 내 꽃이 시들었다)에 대한 증거도 간혹 나타났으나, 관심의 3격(Fall *mir* nur nicht auf. 제발 참견하지 말아라)은 신고지독일어에서 처음으로 나타났던 것처럼 보인다.

1.1.3. 비정동사적 문장성분의 규정성분

규정성분 중에서 부정사의 규정어와 소유의 3격(Pertinenzdativ)이 몇 가지 역사적인 변화를 나타낸다. 술어적 형용사의 보충어에서는 전체 체계 내에서의 대부분의 변화가 2격의 쇠퇴에서 기원하는데, 그것은 2격이 가장 잘 유지되었던 명사의 부가어에서 명백하다.

1.1.3.1. 부정사의 규정어

그 자체 술어의 규정어인 부정사의 규정어가 부정사를 확장하기 때문에 우리는 이를 종종 부정사문(Infinitivsatz)이라고 일컫는다. 해당 술어동사에서 문장성분으로서도 기능을 하는 이러한 규정어가 고고지독일어 이후로 부정사에 종속할 수 있다. 술어에서는 주어가 하나의 예외를 형성하며, 부정사의 경우에서는 4격만이 소위 AcI-구성(=부정사를 갖는 4격 구성)에서 주어의 대응물로 간주될 수 있다(Ich sah ihn kommen. 나는 그가 오는 것을 보았다). 오늘날 술어동사 sehen, hören, fühlen, spüren에서의 경우는 원래부터 있었다. 라틴어의 영향으로 초기 신고지독일어에서는 "비순수한" AcI-구성(예컨대 *Ich sage ihn kommen)도 많이 생겨났지만 이들은 그 후에 사라졌다.

1.1.3.2. 술어적 형용사의 보충어

동사보충어와 유사하게 형용사의 목적어류 보충어는 격형태(3격, 2격 및 4격)와 전치사구가 될 수 있으며, 부정사와 부문장이 특수형태로서 이러한 보충어에 추가된다.

1) 술어적 형용사의 명사목적어 중에서 3격과 2격은 원래부터 있었던 것이며 가장 초기의 문헌에서도 증명될 수 있다. 3격은 오늘날 특정한 경우에서 경쟁형태로서 für-구조를 가지고 있긴 하지만(Es ist uns/für uns unangenehm. 그것은 우리에게 불쾌한 일이다) 3격은 잘 유지되었다. 그에 반해 고고지독일어와 중고지독일어에서 매우 빈번하였던 2격이 신고지독일어에서는 대부분 없어졌으며, 현대어에서는 대체로 격식어에 속하며 이미 다른 형태가 2격과 종종 경쟁을 하고 있는 대략 20개의 형용사에서만 아직도 2격이 나타난다. 신고지독일어에서는 원래 형용사의 경우에 전혀 나타나지 않았던 4격(Ich bin *ihn* los. 나는 그로부터 벗어나 있다; Er ist *zehn Jahre* alt. 그는 열 살이다)이나 혹은 이미 고고지독일어에서 증명되지만 2격의 대치형태로서 비로소 빈번하게 된 전치사 목적어(Ich bin *darüber* froh. 나는 그것에 대해 기뻐하고 있다)가 2격을 대체하였다.

2) 형용사의 보충어로서 부정사는 이미 고고지독일어에서 나타났으며, 특히 zu 없는 원래의 형태(순수 부정사)로서 뿐만 아니라 zu-부정사로서도 나타났었다. 중고지독일어에서는 순수 부정사가 zu-부정사에 의해 밀려났다. 부문장도 이미 초기부터 형용사에서 증명될 수 있지만 상관적 대명사(Korrelatpronomen)의 규정어로부터 이차적으로 발전되었을지도 모른다.

1.1.3.3. 소유의 3격

현대 독일어 언어규범에서 신체의 일부 등을 표현할 때 대체로 소유의 2격을 대체하는 소유의 3격(Ich klopfe *dem Mann* auf die Schulter : Ich klopfe auf die

Schulter *des Mannes*)은 고고지독일어 이후로 증명될 수 있다.

1.1.3.4. 부가어

여기서는 부가어(Attribut) 중에서도 명사의 부가어만 다루어진다. 형용사와 부사의 정도첨가어(*sehr* gut 아주 좋은/*sehr* bald 아주 빨리)는 이미 고고지독일어에서 증명되지만 역사적인 변천의 관점에서는 그렇게 중요하지 않다. 부가적 형용사의 경우에서 가능한 보충어 부가어(Ergänzungsattribut)(der *des Diebstahls* verdächtige Mann 절도죄의 의혹을 받고 있는 그 남자)에 대한 변천은 이미 술어형용사의 보충어에서 언급되었다.

1) 명사의 결합가에 결속된 부가어

a) 주어 및 목적어와 유사한 부가어

① 동사에서 파생된 명사와 형용사에서 파생된 명사(die *Ankunft* des Zuges 기차의 도착/die *Zerstörung* Karthagos 카르타고의 파괴)의 주어 및 목적어와 유사한 부가어 중에서 고고지독일어 이후로 증명되는 원래의 2격(주어적 2격이나 목적어적 2격)은 아직도 여전히 사용된다. 원칙적으로 주어적 2격뿐만 아니라 목적어적 2격도 가능한(die Regierung *des Königs* 왕의 통치/die Regierung *des Landes* 나라를 통치), 타동사로 형성된 동작명사(Nomina actionis)에서는 중의성 때문에 대체로 주어적 2격 혹은 목적어적 2격만이 관철되었다. 목적어적 2격은 고고지독일어 이후로 주어적 2격보다 훨씬 빈번하였다. 그러나 주어적 2격은 몇몇 명사에서 승리하여 이전에 가능했던 목적어적 2격이 신고지독일어에서는 전치사 부가어로 대체되었다(예컨대 die Liebe *zu dem Kind* 어린이에 대한 사랑/der Hass *gegen den Feind* 적에 대한 증오). 주어적 2격이 불가능한 경우에는 신고지독일어에서 durch-부가어가 사용되었다(die Belagerung *durch die Römer* 로마인들에 의한 포위).

② 동일성의 2격 중에서 규정의 2격(der Begriff *des Unendlichen* 무한의 개념)은 오늘날에도 여전히 정상적인 언어이지만, 초기 신고지독일어에서 문체수단으로서 선호되었던 설명의 2격(der Strahl *der Hoffnung* 희망의 빛)은 오늘날에는 회피된다. 두 가지 모두 고고지독일어 이후로 증명되지만 원래의 2격 부가

어에 속하지는 않는다.

③ 목적어와 유사한 전치사 부가어(seine Freude *an der Musik* 음악에 대한 그의 즐거움)는 특히 현대 독일어에서 전형적이다. 이것은 무엇보다도 신고지독일어에서 동사의 2격 목적어 대신에 해당 전치사 목적어의 증가에서 기원한다. 그러나 현상 그 자체는 이미 고고지독일어에서 나타났다.

④ 목적어와 유사한 부가어로서의 부정사와 부문장(seine Behauptung, die Aufgabe gelöst zu haben/dass er die Aufgabe gelöst habe 그 과제를 해결하였다고 하는 그의 주장)은 이미 고고지독일어에서 증명되지만, 이들의 사용은 신고지독일어에서 아주 증가하였다.

b) 부사보충어 및 술어보충어와 유사한 부가어

대체로 방향의 장소부가어인 부사보충어와 유사한 부가어(seine Fahrt *nach Berlin* 베를린으로의 그의 출발)에 대한 예가 고고지독일어 이후로 존재하는 반면에, 술어보충어와 유사한 부가어(예컨대 seine Ernennung zum Botschafter 대사로의 그의 임명)에 대한 예는 역사적인 통사론 기술에서 거의 발견되지 않는다.

c) 동사 및 형용사에서 파생되지 않은 명사의 부가어

여기서는 1) 부분의 2격, 2) 긴밀한 동격이 다루어진다. 398쪽에서 임의의 소유의 2격에 대해 언급한 것은 der Vater *des Jungen*(그 소년의 아버지)처럼 결합가에 결속된 2격으로 간주된다. 결합가에 결속된 다른 종류의 2격 및 전치사 부가어에 대한 역사적인 변천은 잘 알려져 있지 않다.

① i) 부분의 2격 부가어 중에서 한정된 전체에 대한 옛날의 2격은 오늘날 문어에서는 아직도 가능하지만 대체로 von-부가어로 대체되었다(die Hälfte *meines Vermögens/von meinem Vermögen* 내 재산의 절반). 이미 고고지독일어에서 증명되는 부분의 2격 부가어에 대한 이 하위부류는 전반적으로 잘 유지되었다.

ii) 이에 반해 가장 초기의 문헌에서도 나타나는 한정되지 않은 전체에 대한 부분의 2격(eine Schar *spielender Kinder* 한 무리의 노는 아이들)에서는 대체로 이미 격식화된 오늘날의 사용법이 그 원래의 사용에 대한 한 단편만을 나타낸다. 이러한 2격은 특히 관계어와 동일한 격으로 된 동격(=병렬위치 Nebenstellung)으로 대체되었지만(eine Schar *spielende Kinder*), 전치사적 부가어도 나타난다(eine Schar *von spielenden Kindern*). 이전에 빈번하게 사용된 한정되지 않은 전체에 대한 부분의 2격이 오늘날에는 명사화된 수량형용사(viel, wenig 등), 명사적 대명사(wer, was, etwas 등) 또는 수사(hundert, tausend)에 전혀 종속할 수 없는 것이 아니라, 이전의 관계어가 대체로 부가어로 변했다(Luther: viel Volks, 오늘날: *viel* Volk).

② 긴밀한 동격결합의 몇몇 경우에서는 결합의 어떤 부분이 관계어로, 또 어떤 부분이 동격으로서 간주되어야 하는가에 대한 여러 가지 의견이 있다. 위에서 1) 다만 관사 없는 이름, 친척관계 표현, 직업명만이 전치한 동격에 속하고 (*Karl* Müller, *Onkel* Otto, *Professor* Schulze), 모든 다른 경우에서는 결합의 두 번째 단어가 동격으로 간주된다: 2) mein Onkel *Otto*, der Maler *Müller*(관사가 있는 친척관계 표현의 동격으로서의 인명), 3) 후치한 별명(Karl *der Große*), 4) 대체로 고유명사를 나타내는 후치한 "사물이름"(die Stadt *Jyväskylä*; im Monat *Juni*), 5) 수량첨가어 다음에 오며 격에서 그것과 일치하는 물질표현(=병렬위치 Nebenstellung: ein Glas *guter Wein*). 처음의 세 경우는 콤마에 의해 그 관계어와 분리된 느슨한 동격첨가어(Appositionsangabe)로 소급될 수 있으며, 이러한 동격첨가어는 많은 사용으로 인해 관계어와 긴밀하게 결합되었다(Karl, *Müller* > *Karl* Müller; mein Onkel, *Otto* > mein Onkel *Otto*; Karl, *der Große* > Karl *der Große*). 사물이름은 전치사 구조로 소급되며(die Stadt *Köln* < die Stadt *von Köln*), 소위 병렬위치는 형식적 표지를 갖지 않았던 부분의 2격에서 기인한다(ein Löffel *Suppe*).

2) 명사의 임의 부가어

여기서는 동사 및 형용사에서 파생되지 않은 명사에서의 가장 중요한 부가적 첨가어가 간략하게 고찰된다. 동사에서 파생된 명사(=동사 파생명사: Verbal-substantiv)에서의 부가적 첨가어(예컨대, seine Ankunft *vor zwei Wochen* 2주 전의 그의 도착)에 대한 역사적인 변천에 대해 우리는 아는 바가 별로 없다.

a) 대명사적 (관사류) 부가어(예컨대 *dieser* Mann)는 옛날의 부가어 집단이지만 개개 대명사에서 많은 변화가 일어났다. 지시적인 대명사 부가어 der에서 정

관사가 발전하였으며, 부가적 첨가어로서의 수사 ein에서 부정관사가 발생하였다(dér Mann > der Mánn; eín Mann > ein Mánn). 따라서 문장성분의 규정성분, 즉 결합가에 따르는 임의의 부가어가 의무적인 표지어로, 즉 문장성분 내부의 결합가에 따라 명사어의 형식·문법적인 보충어를 나타내는 명사의 형식적인 동반어(Begleiter)로 발전하였다.

b) 형용사적 부가어는 오늘날 모든 격에서 강변화하거나 혹은 약변화하지만, 고고지독일어와 중고지독일어 단수 1격에서는 대명사적으로 굴절하는 (강변화) 형태뿐만 아니라, 굴절하지 않는 원래의 명사형태도 나타날 수 있었으며, 이 두 형태가 고고지독일어에서는 명사 다음에 올 수도 있었다(ein guot/guoter man – ain man guot/guoter). 수사와 분사도 형용사적 부가어에 속한다. 수사 중에서 서수는 원래 오직 약변화만 하지만, 기수 중에서 zwei와 drei는 모든 격에서 16세기까지 굴절하는 형태를 나타냈으며, vier에서 neunzehn까지의 수사는 이들이 관계어 다음에 올 경우에 고고지독일어와 중고지독일어서 굴절하였다. 분사적 부가어는 이미 고고지독일어에서 원래의 형용사처럼 굴절하였다.

c) 2격의 부가적 첨가어 중에서 옛날의 소유의 2격이 문어적으로는 잘 유지되었지만, 중고지독일어 이후로는 전치사 구성이 이들과 경쟁하였으며, 민중어 (Volkssprache)에서는 3격도 역시 소유대명사와 결합하여 소유의 2격과 경쟁하였다(das Haus *meines Vaters/von meinem Vater* – *meinem* Vater *sein* Haus). 이미 고고지독일어에서 나타났던 성질의 2격(ein Jüngling *edlen Gefühls* 고귀한 감정을 가지고 있는 소년)과 비교의 2격(der König *der Könige* 왕중의 왕)은 오늘날 대체로 격식문체에 한정되어 있다. 성질의 2격 이외에 관용구에서는 von-부가어도 나타난다(ein Mann *von Welt* 처세에 능한 사람).

d) 동격(Apposition) 중에서는 특히 소위 느슨하거나 혹은 추가적인 동격(Karl, mein bester Freund 나의 가장 친한 친구 카알)이 임의 첨가어에 속한다. 이러한 동격이 가장 오래된 동격유형을 나타내며 동격 보충어(예컨대 Karl *der Große*)도 이러한 동격에 근거를 두고 있다. 다른 임의의 동격은 비교구조에서 기원한다(der Arzt *als berufener Ratgeber* 천부적인 조언자로서의 의사; ein Auto *wie dieses* 이와 같은 자동차).

e) 부사부가어와 전치사부가어 중에서 장소부가어(die Susi *aus Texas* 텍사스 출신의 수지)가 가장 오래된 부가어이며, 시간부가어(die Sitzung *gestern* 어제의 회의)는 Notker 이후로 나타나고, 다른 집단(예컨대 방법부가어)은 중고지독일어서 비로소 유래한다.

f) 부문장 중에서는 관계문이 부가적 첨가어에 속한다. 관계문의 오랜 생성과정은 문자가 전래되기 이전에 이미 시작되었지만, 신고지독일어에서 비로소 오늘날의 발전상태에 도달하였다(320쪽 비교).

1.2. 형태범주의 변화

여기서는 문장구성요소의 표현형태(Ausdrucksform)에서 위에서 다루어진 변화가 해당 형태범주의 관점에서 간략하게 요약된다.

1.2.1. 동사적 형태범주

1) 전통적인 서법(Modus) 중에서 접속법 I 은 그 효력을 가장 많이 상실하여 일상어에서는 거의 나타나지 않는다. 대부분의 경우(예컨대 간접화법과 다른 부문장)에서는 직설법이 접속법 I 의 과제를 떠맡았다(문어에서는 접속법이 아직도 종종 규칙이거나 혹은 어쨌든 가능하다). 이에 반해 몇몇 부문장에서는 직설법이 접속법 II 와 경쟁을 하고 있지만, 접속법 II 가 – 특히 후기의 분석적인 würde-형태로 – 살아남았다. 특히 서법내용 '추측'과 '가설적인 양보'를 위해서 새로운 분석적인 "화법동사 서법"이 생겨났다(Er *dürfte* zu Hause sein. 그가 집에 있을지도 모른다; Was auch geschehen *mag/möge*,... 무슨 일이 일어나더라도). 본래 문장서법(문장유형)을 대표하는 명령법은 잘 유지되었다.

2) 시제(Tempus)의 영역에서는 부분적으로 이미 문자가 전래되기 이전에 분석적인 형태로서 술어보충어 구성으로부터 현재완료(Perfekt)와 과거완료(Plusquamperfekt)가 생겨났다. 현재완료가 상부독일어의 방언에서는 완전히, 문어에서도 많은 경우에서 옛날의 과거를 대체하였다. 과거완료에서는 상부독일어에서 haben과 sein의 과거가 소멸됨으로써 이중의 과거완료가 형성되었는데, 이것이 절대적으로 사용되어서 상부독일어와 그밖에 일상어에서도

새로운 현재완료 형태가 되었다(Ich habe gesehen gehabt ① 'Ich hatte gesehen', ② 'Ich habe gesehen'). 분석적인 미래형 중에서 중고지독일어 이후로 더욱 빈번하게 사용된 werden-미래가 이전의 화법동사 미래형(sollen, wollen, müssen)을 밀어내었지만, 아주 일반화되지는 못했으며 대부분 현재로 대체된다. 그에 반해 werden-미래는 새로운 서법기능을 얻게되었다(추측: Er *wird* jetzt zu Hause sein. 그는 지금 집에 있을지 모른다).

3) 부분적으로 이미 고고지독일어의 전래 이전에 술어보충어 구성에서 생겨난 werden-수동(Passiv)은 잘 유지되었지만, 오늘날에는 werden-수동과 더불어 형태상 능동적인 경쟁형태가 나타난다(예컨대 Das Schauspiel *kam* gestern *zur Aufführung.* 연극이 어제 상연되었다). 소위 sein-수동(=상태수동 Zustandspassiv)(Das Geschäft ist heute geschlossen. 그 가게는 오늘 닫혀 있다)은 실제로 원래의 술어보충어 구성의 형태를 나타내며, 이 형태로부터 오늘날의 수동형(werden-수동 역시)이 발전되었다.

4) 부정어(Negation)에서 본래의 문장부정어(Satznegation) ni는 이미 중고지독일어에서 원래 부정을 강화하는 부정첨가어 nicht에 의해 밀려났다(중간형태로서 고고지독일어에서는 이중부정어 ni - niowiht가, 중고지독일어에서는 이중부정어 ne - niht가 나타난다).

5) 동사의 부정형 중에서 부정사와 과거분사는 오늘날 문장성분 내부의 결합가에 따라 정동사에 종속하는 술어의 일부로 기능할 뿐만 아니라 고유한 문장구성요소로도 기능을 한다. 그에 반해 현재분사는 오늘날 문장구성요소(Satzteil)의 기능만을 갖는다.

a) zu 없는 부정사(=단순 부정사)가 중고지독일어 이후로 소위 화법동사 서법(예컨대 Er *dürfte* heute kommen. 그가 오늘 올지 모른다)과 접속법 würde + 부정사구성 및 고고지독일어 이후로는 미래(신고지독일어 werden-미래)에서 술어의 일부로서 기능한다. werden-미래에서는 zu 없는 부정사가 원래부터 있었던 것이 아니며, 술어적인 현재분사에서 기원한다(wird *bindende > bindenne > binden*). zu 없는 부정사는 문장성분으로서 대부분 zu-부정사로 대체되지만, 아직도 제한적으로 주어, 목적어, 부사보충어로서 나타난다(예컨

대 Er will *kommen*; Er geht *einkaufen*). 형용사와 명사의 규정어로서의 단순 부정사는 원래 전치사 zu가 있는 부정사의 3격이었던(zu sagen < zu sagenne) zu-부정사에 의해서 완전히 밀려났다(Er ist fähig, das zu tun. 그는 그것을 할 수 있다; seine Fähigkeit, das zu tun 그것을 할 수 있는 그의 능력). zu-부정사는 처음부터 주어와 목적어로서 기능하지만, 오늘날에는 술어의 일부로서도 기능한다(예컨대 화법: Er scheint das zu wissen. 그가 그것을 알고 있는 것처럼 보인다). 신고지독일어에서 새로운 부정사의 문장성분 형태로서 um zu/(an)statt zu/ohne zu + 부정사구조가 생겨났다.

b) werden-수동 및 분석적인 과거시제인 현재완료와 과거완료에서 과거분사는 술어의 일부를 나타낸다. 이에 반해 소위 상태수동(Das Geschäft ist *geschlossen*. 그 가게는 닫혀 있다)에서는 과거분사가 형용사적 술어보충어로서도 해석될 수 있는데, werden-수동과 과거시제에서도 과거분사는 원래부터 술어보충어였다. Der Versuch scheint *gelungen*(그 시도는 성공한 것처럼 보인다)과 Wir glauben uns *verborgen*(우리는 안전하게 숨어 있다고 믿는다)과 같은 경우에서는 오늘날에도 여전히 과거분사가 명백히 술어보충어이다. kommen의 방법첨가어로서 과거분사의 현대적 사용은 중고지독일어에서 유래한다(Er kommt *gelaufen*. 그가 달려온다). 그러나 문장구성요소로서 과거분사의 주요영역은 부가어로서의 사용이다: die *zerstörte* Stadt 파괴된 도시; eine *verblühte* Rose 시들은 장미.

c) 현재분사는 전과 마찬가지로 주로 형용사적 부가어로서 사용된다: eine *drückende* Hitze(찌는 듯한 더위). 그에 반해 술어보충어로서의 현재분사의 사용은 신고지독일어에서 거의 완전히 중단되었으며, 다만 임의의 목적격 술어보충어(Objektsprädikativ)로서만 나타날 수 있다: Er fand sie *schlafend/weinend*(그는 그녀가 잠자고 있는 것을/우는 것을 발견했다). Das Kind ist *reizend*(그 아기는 호감이 간다)와 같은 경우에서의 현재분사는 이미 순수 형용사가 되었다. 술어의 일부로서 이전에는 가능했던 현재분사의 사용도 사라졌다: Ich bin ... erwartend(Schiller; 지속상 durativer Aspekt). 그에 반해서 현재분사는 일종의 방법첨가어로서 아직도 여전히 사용되며, 원래 술어동사의 내용과 동시에 일어나는 행위를 표현한다: Der Junge kam *weinend* nach Hause(그 소년은 울면서 집으로 왔다).

1.2.2. 명사적 형태범주

여기서는 명사의 격이 그 역사적인 변천에서 다루어진다. 전통격인 1격, 4격, 3격, 2격 이외에 전치사구("전치사격")도 그 문장성분 기능에서 고찰된다. 이때 전치사 그 자체의 변천은 제외된다.

1) 1격(Nominativ)은 문장성분으로서만 나타나지 문장성분의 규정성분으로서는 결코 나타나지 않는 유일한 격이다. 1격의 주기능은 주어의 기능인데, 여기서 1격은 술어의 인칭형태를 결정하며(=일치 Kongruenz), 종종 술어와 더불어 두 번째 주요 문장성분으로 간주된다. 1격의 두 번째 기능은 술어보충어의 기능인데, 원래 술어보충어의 기능뿐만 아니라 술어첨가어의 기능도 한다. 술어첨가어로서는 순수한 1격이 현대 독일어에서 als-구로 완전히 대체되었다 (Lessing: ..., daß sie eine Christin geboren sei; 오늘날: als eine Christin). 이에 반해 술어보충어(오늘날 sein, werden, bleiben, scheinen, dünken에서)로서는 1격이 잘 유지되었다.

2) 1격이 주어의 격이라면, 4격(Akkusativ)은 소위 직접 목적어의 격이다. 이러한 기능 속에서 4격은 전반적으로, 특히 옛날의 2격 목적어를 대신하여 그 영역을 확장하였다. 이에 반해 술어보충어(목적격 술어보충어)로서의 4격 사용은 아주 퇴조하였다. 임의 술어첨가어로서의 4격은 현대어에서는 더 이상 나타나지 않으며(Schiller: Mein Vater grüßte sie Brüder und Kinder; 오늘날: als Brüder und Kinder), 술어보충어로서도 순수한 4격은 오늘날보다는 고대어에서 훨씬 자주 나타났다(Luther: du machst dich einen Gott; 오늘날: zu einem Gott). 또한 4격의 많은 부사적인 사용법 중에서도 몇 가지 방법만이 오늘날 남아있다. 하나의 새로운 기능은 문장성분에 대한 규정성분의 기능이다. 왜냐하면 4격이 많은 형용사에서 이전의 2격 보충어를 대체하였기 때문이다(Ich bin *ihn* los. 나는 그로부터 벗어나 있다; Er ist *zehn Jahre* alt. 그는 열 살이다).

3) 게르만어의 3격(Dativ)에서는 4개의 인구어 격이 일치하였다: 3격, 도구격 (Instrumental), 장소격(Lokativ) 및 탈격(Ablativ). 독일어의 3격은 간혹 고고지독일어에서만(아주 드물게는 중고지독일어에서도) 도구적, 장소적 및 탈격적 의미를 나타냈으며, 그후에는 이러한 의미내용이 전치사구로 표현되었다. 오

늘날의 사용법은 원래의 3격 내용을 대표한다. 독일어에서 3격의 주기능은 인칭의 기능, 소위 간접 목적어의 기능이다(Er hat *mir* das Buch gegeben. 그가 나에게 책을 주었다; Er gefällt *mir*. 그가 내 마음에 든다). 이러한 본래의 기능에서(특히 두 번째 목적어로서 뿐만 아니라 또한 유일한 목적어로써) 3격은 소수의 경쟁자를 가졌다(비교: Er hat *mir/an mich* geschrieben. 그가 나에게 편지를 썼다; Er belieferte mich mit Ware. 그는 나에게 상품을 공급했다). 또한 여러 가지 임의의 인칭첨가어에 대한 후기의 3격 사용(=임의 3격; 예컨대 이익의 3격: Er öffnete *der Frau* die Tür. 그는 부인을 위해 문을 열었다)은 오늘날에도 여전히 일상적이다. 신체의 일부 등을 표현할 때 명사에 대한 소유의 3격 보충어(=소유의 3격 Pertinenzdativ)로서 이미 고고지독일어에서 확인된 3격의 사용도 활발하다(Er drückte *mir* die Hand. 그는 나와 악수했다). 그밖에 3격은 문장성분의 규정성분으로서 전과 마찬가지로 형용사의 인칭보충어로서 나타난다. 이때 형용사의 3격은 때때로 경쟁자로서 für-구조를 갖는다(Er ist *seinem Vater* ähnlich. 그는 자기 아버지를 닮았다; Er ist *uns/für uns* unangenehm. 그는 우리에게 호감이 가지 않는다).

4) 4격과 3격은 결코 명사적인 문장성분의 부가적 규정성분으로서, 즉 명사의 부가어로서 나타나지 않았다. 이러한 기능은 처음부터 2격(Genitiv)에 유보되었다. 비록 원래의 민중어(Volkssprache)에서는 더 이상 그렇지 않았지만, 문어에서는 아직도 많은 경우에서 2격이 이러한 기능을 보존하고 있었다. 오늘날에는 2격이 거의 부가어로서만 사용된다. 하지만 이전에는 2격이 자주 문장성분으로서도, 즉 목적어, 부사보충어, 부사첨가어 및 술어보충어로서 나타났었다. 이러한 기능들 중에서 아직도 일부의 잔재가 남아있는데 그것은 대체로 격식어에서 나타난다(특히 2격 목적어에서). 4격 및 특히 전치사구가 목적어로서의 2격을 대체하였다(이전에는: Er aß Brotes, 오늘날: Er aß Brot; Notker: sie baten fleiskes, 오늘날: sie baten um Fleisch). 전치사구는 부사어로서도 대부분 2격을 교체하였다: eines schönen Tags/an einem schönen Tag(술어보충어로서의 2격은 그 내용상 형용사였으며 오늘날에는 대체로 정상적인 형용사로 대체되었다: sie sind gleichen Alters/gleich alt. 그들은 나이가 같다). 그러나 오늘날에는 동사에서뿐만 아니라, 결합가에 따르는 형용사적 문장성분의 규정성분으로서의 2격 사용도 역시 잔존형태일 뿐이다(Herder: gierig der Arbeit, der List gewohnt, 오늘날: gierig nach der Arbeit 일을 갈망하는, die

List gewohnt 술수에 습관이 되어 있는).

5) 전치사격(Präpositionalkasus)은 3격, 2격과 같이 원래 순수 종합적인 것으로 간주되는 "어미격"(Endungskasus)과는 달리 그들의 통사적인 기능을 조사 (Hilfswort), 즉 여러 가지 전치사를 통해 표현하며, 모든 문장성분 기능에서 그 사용영역을 확대하였다. 전치사격은 오늘날 부사규정어로서의 원래의 사용 이외에 목적어, 술어보충어, 형용사의 보충어 및 명사 부가어의 영역에서도 사용된다. 이러한 추가기능 중에서 많은 것은 이미 고고지독일어에서 나타났지만, 초기 신고지독일어와 신고지독일어에서 비로소 더욱 빈번하게 되었다. 이러한 사실은 특히 현대어에서 가장 빈번하게 옛날의 2격 목적어를 교체한 전치사 목적어에서 적용된다. 전치사격의 발달은 분석적인 통사론 변천의 전형적인 경우를 나타낸다.

2. 직선적인 문장구조의 변천

2.1. 동사적 문장구성요소의 위치

직선적인 문장구조(lineare Satzstruktur)나 혹은 어순(Wortstellung)의 변천에 대해 점점 더 확고해지는 하나의 규정이 특징 지워져 있다. 그것은 특히 현대 독일어 어순의 실제적인 특징을 나타내는 정동사와 부정사 성분의 위치에 관련된다: 정동사가 서술문(Konstativsatz, Aussagesatz)에서는 두 번째 위치(Zweitstellung)에 오고, 결정의문문(Entscheidungsfrage)에서는 문두위치(Anfangsstellung)에 오며, 접속사가 있는 부문장에서는 문미위치(Endstellung)에 온다. 이러한 어순유형은 이미 가장 초기의 문헌에서도 우세하였지만, 그 규칙이 현대어에서처럼 그렇게 절대적이며 무예외적인 것은 아니었다. 예컨대 서술문은 정상적인 두 번째 위치와 더불어 초기 신고지독일어까지는 문두위치와 문미위치도 드물지 않게 나타났다. 그밖에 두 번째 위치 그 자체는 많은 경우에서 오히려 후치(Spätstellung)가 되었다. 왜냐하면 전장에는 하나의 문장성분 이외에 두·세 개, 혹은 더 많은 문장성분도 올 수 있었기 때문이다. 이것이 오늘날에는 불가능하다. 이전에는 종종 부문장의 어순도 후치를 나타내었다. 왜냐하면 고대에는 정동사 다음에 하나 혹은 더 많은 문장구성요소가 올 수 있었기 때문이다. 현대 문어에서 특징적인 정동사의 절대적인 마지막 위치(Schlussstellung)는 신고지독일어에서 비로소 관철되었다. 동일한 것이 부정사와 분사에서도 적용된다. 즉 주문장에서 이들의 마지막 위치도 이전에는 현대 문어에서처럼 그렇게 절대적인 것은 아니었다. 오늘날에도 여전히 구어에서 나타나는 괄호이탈(Ausklammerung)은 특히 목적어에서 빈번하였다. 오늘날에는 전치사 목적어에서만 괄호이탈이 허용되어 있다.

2.2. 비동사적 문장성분의 위치

비동사적 문장성분의 위치에서는 동사형의 위치에서보다 더 적은 변화가 일어났다. 즉 이들의 위치와 어순은 여전히 보다 덜 확고하게 규정되어 있으며, 엄격하게 문법화 되어 있지 않다. 문장의 의존구조(Dependenzstruktur)와 종종 그것과 관계가 있는 개별적인 문장성분의 전달가 및 구성성분(Konstituente)의 범위(=증가하는 성분의 법칙)가 신고지독일어에서처럼 고대어에서도 그들의 위치와 어순을 규정하는 것처럼 보인다. 대체로 중장에서 보충어가 임의 첨가어 다음에 오며, 전달가에 따라서도 더 중요한 대부분의 이러한 보충어는 문미, 즉 문장의 인상위치(Eindrucks-stellung)에 온다. 왜냐하면 이들은 정상적인 레마의 문장요소이기 때문이다(무표적 어순 unmarkierte Wortstellung). 그러나 첨가어도 높은 전달가를 가질 수 있으며 특수한 레마(Sonderrhema)로서 상대적인 마지막 위치를 요구할 수 있다. 화자 자신에게 강조적인 중요한 문장성분은 강조된 초점요소로서 문두에 온다(표현위치 Ausdrucks-stellung). 그렇지 않으면 전장에 있는 구성성분은 테마이거나 혹은 선행하는 텍스트 부분과의 연결을 나타낸다. 원래 전장과 후장의 점유에서만 보다 큰 변화가 일어났다. 서술문에서 정동사의 두 번째 위치가 이전에는 현대어에서처럼 그렇게 절대적인 것이 아니었기 때문에, 전장에서는 때때로 하나 이상의 문장성분이 올 수도 있었다. 동일한 것이 후장에서도 적용된다. 조금 덜 엄격한 정동사의 문미위치로 인해 이전에는 오늘날보다 더 많은 문장의 구성성분들이 동사틀(verbaler Rahmen) 뒤에 올 수 있었다. 따라서 비동사적 문장성분의 위치에 대한 역사적인 변천은 대부분 동사성분의 위치에 대한 역사적인 변천과 관계가 있다.

2.3. 문장성분의 규정성분의 위치

부정사의 규정어는 오늘날 - 소수의 괄호이탈을 제외하고는 - 부정사 앞에 오지만, 이전에는 종종 부정사 뒤에 올 수도 있었다. 술어적 형용사의 격 보충어 (Kasusergänzung)는 여전히 형용사 앞에 오지만, 전치사 보충어는 형용사보다 선행 하거나 혹은 후행할 수도 있다. 부가어에서 몇 가지 변화가 나타났다. 예컨대 이전 에는 관계명사(Bezugssubstantiv) 다음에 올 수도 있었던 형용사와 원래 관계명사 앞에 왔던 부분적이 아닌 2격에서 변화가 나타났다.

3. 문장구조 변화의 유형과 원인

이 책의 저자 서문 첫 번째 문장에서 언급한 바와 같이, 통사적인 문장구조는 문 장구성요소(Satzteil)들과 이들 사이의 특정한 귀속성 관계 및 구체적인 문장에서 이들의 어순으로 구성된다. 앞서 문장구성요소는 언제나 우선적으로 현대 독일어 에서 의존문법의 개념에 따라서 조사되었다. 그러나 동일한 의존적인 문장성분과 문장성분의 규정성분은 이미 고대 독일어 문장에서도 존재했던 것처럼 보인다. 정 동사로 구성되는 술어나 혹은 정동사를 갖는 동사복합체(Verbalkomplex)로 구성되 는 술어가 이미 고고지독일어 텍스트에서 문장의 구조적 중심으로 간주될 수 있다. 문장의 주동사(Hauptverb)는 오늘날처럼 그 당시에도 이미 그 보충어(목적어)에 대 한 특정한 집단의 형태를 결정했으며, 다른 집단은 형태상 주동사에 따르지 않았다 (부사보충어). 술어의 형태가 부분적으로는 술어보충어의 형태도 역시 결정했던 주 어에 의해서 결정되었다(일치 Kongruenz). 따라서 의존적 문장구조의 이러한 주요 소들 모두 독일어의 역사적인 변천에서 상당히 확고하게 남아있었던 것처럼 보인 다. 이러한 주요소의 하위요소들이 더욱 많은 변화를 나타난다. 비록 전체의 문장 성분 목적어가 이미 고고지독일어에서 존재했지만, 예컨대 오늘날 일상적인 하위 목적어인 전치사 목적어의 등장은 아직도 적었던 반면에, 오늘날 드문 2격 목적어 의 등장은 많았다. 비록 주어와 술어 사이의 일치(Kongruenz)가 문장구조를 형성했 지만, 그 규칙이 이전에는 현대 독일어에서와 결코 동일한 규칙은 아니었다. 이러 한 변화에서 통사론 변천의 특정한 유형이 구별될 수 있으며, 이 변화의 배후에는 비록 객관적으로 조사하기는 힘들지만 특정한 이유와 동인을 가정할 수도 있다.

3.1. 통사적인 변화의 유형

독일어 문장구성요소의 형태상의 변화는 점진적으로 독일어 전체 언어유형

(Sprachtyp)의 변화도 야기하였다. 새로운 형태는 거의 항상 전치사나 혹은 조동사를 갖는 여러 단어로 구성된 어휘결합(Wortfügung)이었다. 이러한 동반어는 이전에 널리 사용된 격어미(Kasusendung)의 통사적 기능을 떠맡았다. 따라서 이전에 주로 종합적(synthetisch)인 문장구조가 더욱 분석적(analytisch)인 문장구조로 변화하였다. 필자의 생각으로는 이러한 통사적 변화와 또 다른 통사적 변화에서 두 가지 주요유형을 구별할 수 있다. 한 유형에서는 그 과정이 정확하게 추구되거나 혹은 설명되지 않고서 옛날의 형태가 점차적으로 사용되지 않고 새로운 (다른) 형태로 대체되었던 것처럼 보인다. 또 다른 유형에서는 대체과정과 형성과정이 보다 잘 설명될 수 있으며 동기화 되어 있다. 두 유형에서의 원래의 동인을 "학문적으로" 조사하여 객관적으로 설명하기는 어렵다. 첫 번째 유형에 대한 예는 격형태 2격과 서법형태 접속법에서의 변화이며, 두 번째 유형에 대한 예는 수동과 현재완료를 위한 형태의 형성이다. 두 번째 유형에서는 물론 몇몇 하위유형을 구별할 수 있다.

1) a) 15세기까지 많은 기능으로 사용된 2격이 현대 독일어 방언에서 고정된 몇 가지 잔재를 제외하고는 소멸되었으며, 특히 부가적인 소유의 2격을 제외하고는 문어에서도 다소간 격식어의 잔재형태를 나타낸다. Behaghel에 따르면 이러한 변천에 대한 원인은 특히 고고지독일어 말기에 완전한 굴절어미(Flexionsendung)의 약화에서 찾을 수 있다. "이러한 쇠퇴에 대한 원인은 이미 중고지독일어에서 아주 많은 2격이 1격 및 4격과 동음이었다는 사실과, 특히 중고지독일어 시대가 지남에 따라 형용사와 대명사의 남성과 중성 2격이 1격 및 4격과 일치했다는 사실에 있다(비교: ich bin *es* satt; viel Gut*es*). 왜냐하면 z와 s가 더 이상 구별되지 않았기 때문이다"(Behaghel, Sprachgeschichte 1916:320). 그러나 2격을 4격으로 대체하는 것은 확실히 부분적으로만 발음상 제약되었다. 목적어에서 4격이 늘어나고 2격이 퇴조한 이유는 아마도 예컨대 부분적인 내용(Er aß *des Brotes* : Er aß *das Brot*)처럼 2격 목적어의 명확한 특수의미가 사라지고, 4격 목적어에 대한 2격 목적어의 특성이 더 이상 느껴지지 않았다는 사실로 소급될 수 있을 것이다(비교: Dal 1966:21). 그밖에 2격은 대부분의 경우에서 4격이 아니라 전치사구로 대체되었는데, 전치사구는 발음상 2격과 일치할 수가 없었다. 여기서는 오히려 고고지독일어 말기 이후로 순수격을 전치사 구조로 대체하려는 일반적인 경향, 즉 분석적인 언어유형에 대한 경향이 문제가 된다. 단수에서의 격자질(Kasusmerkmal)은 지금까지 모

든 격 중에서 2격이 가장 잘 유지되었다는 사실도 고려되어야 한다(비교: der Mann - dem Mann - des Mannes - den Mann). 2격(특히 목적어로서)이 여러 가지 의미로 사용되었기 때문에 직접 목적격으로서의 4격과 간접 목적격으로서의 3격처럼 강한 고유한 특징을 갖지 않았다는 사실이 어쨌든 부분적으로는 2격의 점차적인 소멸에 기여했을 것이다. 3격의 경우 게르만어에서 형성된 의미기능은 아주 초기에 제거되었다. 왜냐하면 장소적, 도구적 및 탈격적 내용은 이미 초기에 상실되었고 격은 다만 그 자신의 고유한 특징적인 의미 안에서만 살아남을 수 있었기 때문이다. 2격의 경우에서도 바로 부가어로서의 특수한 사용이 가장 잘 유지되었다. 부분의 2격에 대한 소멸은 또한 특정한 형태를 취하는 소멸된 기능이 언어에서 무조건 다른 형태로 변화될 필요가 없다는 사실을 보여준다. 비록 부분의 내용도 특정한 경우에서는 전치사 목적어로 표현될 수 있지만(Er trank von dem Wein/aß von dem Brot. 그는 약간의 포도주를 마셨다/약간의 빵을 먹었다), 소위 부분목적어(Partialobjekt)는 현대 독일어에서 더 이상 고유한 형태를 가지고 있지 않다. 이러한 관점에서 부분의 2격 목적어가 소멸된 것은 필자의 생각으로는 독일어의 표현수단에 대한 빈곤화를 의미한다.

b) 명사의 2격 형태처럼 동사의 접속법 I 의 형태가 사라지고 있다. 이미 1916년에 Behaghel은 다음과 같이 기술하였다: "접속법 현재가 종속적인 화법의 부문장에서 사용되지 않는 모든 영역에서 아마도 접속법 현재는 사라졌다"(Behaghel, Sprachgeschichte 1916:267-268). 긴 텍스트에서 주문장을 통해 간접화법(indirekte Rede)이 계속되는 소위 보고화법(berichtete Rede)에서는 현대어에서 종속적인 화법의 접속법이 아직도 의무적이다. 그에 반해서 간접화법의 부문장에서는 접속법 I 이 다소간에 다만 직설법과 접속법 II 에 대한 하나의 수의적인 대안이 되었으며(Ich sagte, dass er zu spät komme/käme/kommt), 일상어에서는 거의 직설법만이 나타난다. 이러한 사실은 다른 부문장 안에 있는 접속법 I 의 사용에서도 적용된다. 접속법이 극소수의 경우에서는 의무적이다. 이것은 아마도 특정한 부문장 유형의 표지로서 접속법 I 의 필수성에 대한 어감이 사라졌다는 사실에 기인할 것이다. 예컨대 어떤 부문장은 화법을 유도하는 동사와 부문장 형태를 토대로 간접화법으로 간주되며, 현대의 어감은 접속법 I 을 더 이상 필요로 하지 않을 것이다. 그에 반해서 초기 신고지독일어에서는 접속법이 목적어문 전반에 대한 표지로 간주되었으며 또

한 사용되었다. 그렇지만 접속법이 실제로 필수적이며 문장내용에 대해 중요한 통사적인 부문장 요소가 아니었기 때문에, 접속법은 현대어에서도 정보의 손실 없이 직설법으로 대체될 수 있었다. 그러나 명확한 목적의 접속사 damit가 형성되어 오직 목적성만을 표현할 수 있기 이전에는, 몇몇 경우에서 접속법이 이전에는 부문장 유형, 예컨대 목적문의 실제적 표지가 되었다. 시제의 일치(Consecutio temporum) 규칙을 포기한 것도 접속법 I 의 소멸에 기여했기 때문에, 이전에 상호 교체하던 접속법(I과 II) 중에서 접속법 II 만이 많은 경우에서 잔존하게 되었다. 명령법의 주문장(Lange *lebe* der König. 왕 만세)에서는 접속법이 많은 부문장과는 달리 항상 내용적으로 (서법상) 중요했지만, 이와 같은 문장의 사용빈도수가 적었기 때문에 이러한 사용 역시 접속법 I 을 구출할 수가 없었다.

접속법 II 는 접속법 I 보다 훨씬 잘 유지되었다(würde를 취하는 오늘날 정상적인 분석적인 구조에서도 옛날 접속법의 요소가 여전히 포함되어 있다). 그것은 아마도 접속법 II 의 주요 서법내용(='비현실성')이 독일어에서는 다른 수단, 예컨대 순수 어휘적인 수단을 통해서 표현될 수 없다는 사실에 기인할 것이다. 그에 반해서 특정한 다른 부문장에서는 접속법 II 도 역시 비연관적이며 다만 수의적인 서법이 되었다(예컨대 damit-문장에서).

2) 2격과 접속법이 소멸한 원인에 대해서는 대체로 가정만 할 수 있을 뿐이다. 좀더 명확한 변화요인은 통사적인 재해석과 유추 및 외국어의 영향(=통사적 차용)이다.

a) 통사적인 재해석(syntaktische Umdeutung)에서는 두 가지 주요한 경우를 구별할 수 있다. 그 하나의 경우에서는 통사적인 문장성분 구조가 하나의 통일적인 문법적 형태로 재해석된다. 이러한 방법으로 독일어에서는 수동, 현재완료/과거완료, 미래에 대한 오늘날의 분석적인 형태가 형성되었다. 발음상의 변천도 역시 변화에 관계될 수 있을 것이다. 즉 미래의 경우에서 주동사(Hauptverb)의 부정사는 통사적으로 기대할 수 있는 분사 I 대신에 아마도 자음동화(Assimilation)와 어미음 탈락(Apokope)으로 소급될 수 있을 것이다(wird bindende > bindenne > binden). 다른 하나의 경우에서는 재해석된 구조가 그 통사적 특징을 잃지 않고, 통사적 특징이 변화할 뿐이다. 따라서 dem Vater sein Hut(아버지의 모자) 안에 있는 소유의 3격은 동사에서 나타나는 임

의 3격(이익의 3격)으로부터 부가어와 유사한 명사의 규정어가 되는 그러한 구조변화에서 기인한다. 오늘날 um zu + 부정사의 첨가어구조에서 전치사 um 은 원래 동사에 종속하는 전치사 보충어의 한 부분이었는지도 모른다([Er ging aus um Wasser] [zu holen] > [Er ging aus] [um Wasser zu holen]). 대부분의 접속사의 생성은 흥미로운 경우를 나타낸다. 즉 통사적인 문장성분에서 통사적인 형식어(Formwort)가 형성된다(Ich sehe das: er kommt > Ich sehe, daß er kommt).

b) Ebert(1978:16)에 따르면 예컨대 Der Kommandant ließ die Brücke von den Soldaten bauen(< Die Brücke wird von den Soldaten gebaut)(사령관은 군인들이 다리를 건설하도록 시켰다 < 다리는 군인들에 의해 건설된다)과 같은 문장에서 오늘날 4격 대신에 가능한 부정사문의 von-주어는 유추(Analogie)의 영향으로 소급된다. 통사적 영역에서 특히 빈번한 일종의 유추는 구조혼합이나 혹은 혼성어(Kontamination)를 형성한다. "그래서 우리는 das gehört mein을 das gehört mir와 das ist mein의 혼합으로, mich freut deines Mutes(Klinger에서)를 ich freue mich deines Mutes와 mich freut dein Mut의 혼합으로, das lohnt sich der Mühe를 das lohnt sich와 lohnt der Mühe (Paul...)의 혼합으로 설명한다"(Ebert 1978:16). 구조혼합 중의 많은 것이 오래 지속되지는 않았지만, 몇 가지는 해당 문장구조의 실제적인 변화를 의미한다.

c) 통사적 영역에서의 차용(Entlehnung)은 종종 확인하기가 아주 어렵다. 독일어 문장구조에서 학자들은 특히 라틴어의 흔적을 발견한다. 예컨대 주문장에서 부정사와 분사의 문미위치(Endstellung), 부문장에서 정동사의 마지막 위치, 관계대명사로서 대명사 welcher의 사용, 미래 II의 형성은 라틴어의 영향에서 기원한다. Polenz(1972:95)에 따르면 예컨대 초기 신고지독일어에서는 "이를테면 라틴어 모범에 따라 비독일어적인 분사구조와 부정사구조의 증가하는 사용처럼 순수 라틴어적 표현으로 나타나는" 확실히 통사적인 문체요소가 존재한다. 예컨대 말하기 동사와 생각하기 동사 다음에 오는 AcI-구조(초기 신고지독일어: Ich sagte ihn kommen)가 비독일어적인 것으로 간주된다. AcI-구조는 고고지독일어의 번역문학과 16세기와 17세기의 인문주의자들의 독일어에서는 나타나지만, 중고지독일어의 문학작품에는 알려지지 않은 것이나 마찬가지였다. Ebert(1978:17)는 다음과 같이 기술하였다: "이러한 사실로부터 부정사를 취하는 라틴어 4격의 모방이 문제가 된다는 것을 추론할 수 있다. 그러나

고고지독일어는 이러한 구조를 게르만어로부터 물려받았을지도 모른다. 왜냐하면 라틴어의 영향을 전혀 나타내지 않는 고대 아이슬란드어에서도 부정사를 취하는 4격이 존재했기 때문이다. 독일어에서는 또한 lassen, sehen, hören(er sah ihn kommen 등)에서 4격과 부정사 보충어를 취하는 구조의 재해석 가능성과, 그리고 말하기 동사(Verba dicendi)로 재해석을 확대하는 가능성이 존재했다." 가정된 라틴어 영향에 대한 대부분의 경우는 Ebert에 의해 언급된 부정사에서의 4격처럼 독일어 자체의 체계 안에 있는 가능성으로서도 이해될 수 있다. 그러나 이러한 가능성은 외국어의 영향하에서 더 잘 실현될 수 있었으며 또 빈번하게 사용될 수 있었다. 이러한 사실은 예컨대 부문장 안에 있는 정동사의 위치에도 적용된다. 왜냐하면 절대적인 마지막 위치가 현대 문어에서처럼 그렇게 체계적으로 관철되지는 않았지만 이미 고고지독일어에서도 가능했기 때문이다. 예컨대 미래Ⅱ와 관계대명사 welcher처럼 "순수 라틴어적 표현"도 물론 존재하지만, 그러나 이들은 대체로 올바르게 관철되지는 않았다. 라틴어 이외에 다른 언어, 특히 프랑스어와 영어도 독일어 문장구조에 작은 흔적을 남겼다.

3.2. 통사적인 변화의 원인

위에서 다루어진 변화유형의 몇 가지 "원인"(Ursache), 예컨대 어미모음의 약화와 종합적인 문장구조에서 분석적인 문장구조로의 변천에 대한 경향이 언급되었다. 그러나 이러한 "원인"은 현상의 배후에 있는 실제적인 동인의 설명이 아니라 대체로 확인일 뿐이다. 위에서 다루어진 변화요인들 중에서 실제적인 하나의 원인은 언어변화의 외부적 원인으로 분류될 수 있는 독일어 통사론에 대한 외국어의 영향이다. "우리가 외부적 원인에 포함시키는 것은 언어를 에워싸고 있는 환경에서 출발하여, 특히 사회의 역사적인 변천에 대한 특수성, 즉 이주와 이동, 언어공동체의 결합과 분열, 의사소통 형태의 변화, 진보하는 문화와 기술 등과 관계가 있는 아주 다양한 모든 자극(Impuls)이다"(Allgemeine Sprachwissenschaft 1975:185). 그러나 언어변화가 또한 민족의 역사와는 상관없이 정신적·육체적 본질로서의 인간의 언어기구(Sprachmechanismus)에 대한 단순한 작동만으로도 유발될 수 있는 소위 내적인 원인도 가질 수 있다. 따라서 외적인 원인과는 달리 내적인 원인은 역사적으로 제한된 시간상의 어떤 제약도 받지 않는다. "즉 내적인 원인은 확실히 범연대기적(panchronisch)이으므로, 지금까지의 모든 언어에서, 즉 오늘날에는 사라진 언어들에도 영향을 미쳤으며, 현대어에도 영향을 미치고 또 미래의 언어에도 영향을 미칠 것이다”(Allgemeine Sprachwissenschaft 1975:196). 비록 그러한 목록이 “원칙적으로 아주 임의적이며 근본적으로 쉽게 보충될 수 있고 또 변화될 수 있지만”(Lenerz 1984:14) 독일어 문장구조에서의 변이형 및 변화와 관련하여 이러한 내적인 동인들 중 몇 가지가 본보기로서 다음에 간략하게 논의된다. 1) 언어경제성의 원칙, 2) 감정적 표현성에 대한 경향, 3) 명료성에 대한 추구, 4) 미학적이며 사회적으로 제약된 몇몇 이유가 논의된다. 동일한 이유는 때때로 여러 집단으로 분류될 수 있다.

1) 여기서 언어경제성(sprachliche Ökonomie)의 원칙이란 특히 “언어수단의 절약에 대한 경향”(Allgemeine Sprachwissenschaft 1975:204)을 말한다. Havers는 “에너지 절약에 대한 추구”에 관하여 언급한다(Havers 1931:162). 절약에 대한 여러 가지 하위집단이 구별될 수 있는데, 독일어 문장구조의 변천도 역시 그러한 절약의 모든 하위집단에 대한 예를 제시한다.

a) 여러 언어에서 문법관계는 종종 과잉특성화 되어 있거나 혹은 과잉기술화 되어 있지만, 언어는 보통 동일한 문법현상에 대한 중복된 표현수단을 줄이려는 경향을 가지고 있다(비교: Allgemeine Sprachwissenschaft 1975:208ff). 과잉특성화(Übercharakterisierung)의 과제에 대한 이러한 노력이 적어도 부분적으로는 독일어에서 접속사 없는 문장에서보다는 오히려 접속사 있는 문장에서 접속법이 사라지는 이유를 확실히 설명해준다(Er sagte, dass er morgen kommt : Er sagte, er komme morgen. 그가 내일 온다고 말했다). 즉 접속사와 접속법을 동시에 사용하는 것은 많은 경우에서 하나의 통사내용을 이중으로 표현하는 것을 의미한다. 과잉기술(Überbeschreibung)의 과제에 대한 다른 예는 독일어 문장부정어의 역사이다. 즉 원래 부정어 ni, ne를 단지 강조하는 nicht가 원래의 부정어로 간주된 이후에, 불필요하게 된 옛날의 부정어 ni, ne는 사라졌다. 새로운 전치사 목적어가 형성되는 경우에 처음에는 종종 여러 전치사가 서로 경쟁하다가 대체로 이들 중의 하나가 사용되고 다른 전치사는 잉여적인 표현수단으로서 사라진다. 특히 상부독일어에서 과거가 소멸된 것은 독일어에서 흥미로운 일이다. 오늘날 독일어 화자는 – 많은 다른 언어의 화자와는 달리 – 과거와 현재완료의 공존에서 시제내용 ‘과거’의 표현에 대한 과잉특성화를 느끼는가? 다른 한편으로는 독일어에서 상기의 예와는 달리

항상 예외 없이 사용되는 일치(Kongruenz)에서 과잉특성화 – 주어인칭의 수에 대한 이중 표시 – 가 강화되었다는 사실도 역시 흥미로운 일이다(예컨대 스웨덴어에서는 복수 주어에서 정동사의 단수형이 관철되었으며, 이로 인해 과잉특성화가 제거되었다).

b) 통사적인 단축(Kürzung)은 언어수단의 절약에 대한 상당히 빈번한 경우를 형성한다. Ich habe Müllers(=Müllers Familie) besucht(나는 뮐러 부부를 방문했다)와 같은 문장의 Müllers처럼 외관상의 복수에서는 원래 생략(Ellipse)이 존재한다. 문장구성요소를 절약하는 문장성분의 재구성(=변화, Satzgliedverschiebung)은 통사적인 단축의 다른 경우이다: Der Eimer(=Das Wasser im Eimer) läuft über(양동이의 물이 넘친다); den Hasen(=dem Hasen die Haut) abziehen(토끼가죽을 벗기다).

c) 언어에는 보통 발음(Aussprache)을 쉽게 하려는 경향이 존재한다. 예컨대 이러한 경향의 구체적인 현상은 독일어에서 몇 가지 문법적 형태의 형성도 설명해주는 자음동화(Assimilation)와 어미음 탈락(Apokope)이다. 그래서 기대될 수 있는 원래의 현재분사 대신에 오늘날 werden-미래에서의 부정사는 자음동화뿐만 아니라 어미음 탈락으로도 소급될 수 있을 것이다: Er wird bindende > Er wird bindenne(-nd-에서 -nn-으로의 자음동화) > Er wird binden(종자음의 단순화와 어미음 탈락). 불변화사 zu를 제외하고는 단순부정사와 형태상 동일한 오늘날의 소위 zu-부정사는 원래 격어미 -e를 갖는 부정사의 3격이었으나(고고지독일어: za/zi bindenne), 어미 -e가 탈락함으로써 비로소 순수 부정사와 동일하게 되었다.

2) 감정적인 표현성(emotionale Expressivität)에 대한 경향에서는 언어사용자가 언어를 의사소통 수단으로서 이외에 감정과 정서의 표현으로서도 사용하기 때문에, 종종 표현이 강한 언어수단을 찾는 것이 문제가 된다. Havers는 이것을 "감정 표출에 대한 노력"이라고 일컫는다(Havers 1931:156). 이에 대한 전형적인 예가 어순에서 유표적 초점으로서 강조되는 구성성분을 문두에 두려는 경향이다(표현위치 Ausdrucksstellung; 상기 350쪽 비교). 독일어에서는 후장의 위치도 그러한 감정적인 표현의 강조기능을 가질 수 있다(Ich habe gekündigt *aus diesem und keinem anderen Grunde*. 나는 다른 이유가 아니라 이런 이유에서 사직을 통고했다). 보고하는 과거 대신에 역사적인 현재

(historisches Präsens)의 사용도 역시 감정적인 표현성에 이용된다. 이를테면 이러한 극적인 현재에서는 가장 초기의 문헌에서부터 아마도 인상수단 (Eindrucksmittel)이라기보다는 오히려 표현수단(Ausdrucksmittel)이 문제가 될 것이다. 말하자면 이야기하는 동안에 화자 자신이 체험한 것에 대한 기억 이 화자로 하여금 지나간 과정을 새롭게 체험하도록 한다. 이러한 사실이 화 자로 하여금 정상적인 서술시제(Erzähltempus)인 과거의 사용에서 명료한 현 재의 사용으로 이행하도록 유발한다.

3) 감정적인 표현성에 대한 경향 이외에 언어에서는 다른 표현에 대한 경향, 즉 가능한 한 명료한 표현수단의 사용에 대한 경향도 존재한다. "여러 언어사에 서 나온 사실은 유사한 의미를 갖는 여러 형태들 중에서 가장 명료한 표현형 태가 선호된다는 것을 아주 분명하게 말해준다"(Allgemeine Sprachwissen-schaft 1975:209). 감정에 따라서 이야기를 생생하게 할 경우에 정상적인 서술 시제인 과거보다 훨씬 명료한 시제형으로 간주되는, 위에서 이미 감정적 표현 방법의 경향에 대한 예로서 언급한 역사적인 현재는 "2차적"으로는 명료성 (Anschaulichkeit)의 추구에 대한 하나의 통사적인 예를 나타낸다. 또한 분석적 인 문법형태는 종합적인 문법형태보다 더 큰 명료성을 전달한다. 이러한 관점 에서 독일어에서 특징적인 것은 2격 목적어 대신에 전치사 목적어의 빠른 보 급이다. 이러한 경향에 대한 또 다른 예가 오늘날의 문장부정어 nicht의 형성 이다. 이 문장부정어 nicht는 처음에 원래의 부정어 ni, ne의 강조수단으로 기 능하였으나, 점차로 그것을 밀어내고 원래의 부정어가 되었다. 이와 동일한 방법으로 nie, niemals, nirgends와 같은 부정어 문장성분도 형성되었는데, 이 들은 오늘날까지 - nicht와는 달리 - 부정어 기능 이외에 부정어 문장성분으 로서 원래의 명료한 강조기능도 유지하였다. 단순과거와 비교해서 현재완료 의 더 큰 명료성이 독일어에서 현재완료를 선호하는 데 기여했을지도 모른다. 추가적인 동격(Karl, *mein ältester Bruder*)은 아주 명료한 통사적인 표현수단 이다. 왜냐하면 이것은 처음에 언급한 개념내용을 쉼표 다음에 "구체적으로" 설명하기 때문이다(비교: mein ältester Bruder Karl).

4) 미학적이며 사회적으로 제약된 내적인 원인에 의해서도 통사적인 수단은 변 화한다.

a) 언어는 문학에서뿐만 아니라 일상어에서도 미학적인 목적에 사용된다. 특히 리듬적인 경향에서 표현되는 표현미에 대한 이러한 추구는 통사론의 영역에서는 무엇보다 어순(Wortstellung)에서 명백하다. 즉 보다 짧은 구성성분은 문장에 상승하는 리듬을 주기 위해서 종종 보다 긴 구성성분보다 선행한다. 이러한 사실은 어쨌든 부분적으로는 Behaghel의 "증가하는 성분의 법칙"(Gesetz der wachsenden Glieder)을 설명해 줄지도 모른다. 왜냐하면 중장에 있는 구성성분의 어순에서는 의존적이거나 테마적이 아니라 해당 구성성분의 길이를 토대로 해서만 이해될 수 있는 경우들이 실제로 존재하기 때문이다. 그러나 문장성분의 어순에 대한 몇몇 경우뿐만 아니라 병렬적으로 형성된 문장성분의 내적 구조도 리듬적인 "미학적 원인"으로 소급될 수 있다(Edelsteine und Gold 대신에 Gold und Edelsteine 금과 보석들). 이러한 경우에는 확실히 리듬적으로 제약된 언어경제성(Sprachökonomie)에 대한 경향도 미학적 동기와 결부되어 있다.

b) 특정한 텍스트에서는 1인칭 단수가 종종 회피된다. 그래서 학술논문의 저자가 자기 자신을 말할 경우에는 종종 필자(der Verfasser)라는 말을 쓴다(예컨대 Ich bin der Meinung. 대신에 Der Verfasser ist der Meinung. 필자는 이러한 생각이다). 이러한 주어에 대한 결정은 아마도 사회적으로 제한되어 있으며, 일종의 겸손과 공손함을 나타내고 불손함을 방지하는 것을 의미한다. 고려하는 어순에서도 자기 자신을 나중에 두는 경우들이 나타난다(Du und ich 너와 나; Ich habe heute... 대신에 Heute habe ich deinen Brief erhalten. 오늘 나는 당신의 편지를 받았다). 공손함(Höflichkeit)을 표현하기 위해서 직접적인 호칭을 금지할 수도 있는데, 독일어에서 소위 공경해야 하는 사람이나 혹은 거리를 두는 사람으로서 2인칭 복수를 피하고 3인칭 복수를 사용한다. 이때 접속법 I도 역시 공손한 명령법(거리를 두는 명령법)으로서 사용되었으며, 이전의 명령법(2인칭 복수)을 이러한 기능에서 몰아내었다(이전의 Kommt (Ihr)! 대신에 Kommen Sie!). 그밖에 공손함은 요구문(Aufforderung)의 통사적 형태에도 영향을 미칠 수 있다: Wollen Sie mal hierher kommen?(이쪽으로 한 번 오시렵니까?) Du könntest mir ein Päckchen Zigaretten holen(나에게 담배 한 갑을 갖다 주십시오). Du wirst mich doch nicht alleine lassen!(너는 나를 혼자 내버려 둬서는 안된다!). 여기서는 상기 81쪽에서 다루어진 접속법 II의 사용도 역시 '신중한 유보'(vorsichtige Zurückhaltung)의 서법으로서 언급될 수 있다: So wäre es besser(그래서 그것이 더 낫겠지요). Dürfte ich Sie um einen Gefallen bitten?(내가 당신에게 하나의 부탁을 해도 되겠습니까?) 모든 이러한 경우는 공손함을 표현하기 위한 목적으로 형성된 통사구조에 대한 예이다.

언어적인 변동과 변화의 원인에 대해 위에서 다루어진 내용이 결코 완전하지는 않다. 다루어진 내적인 원인들 중의 많은 것이 몇몇 학자들로 하여금 청년문법학파(Junggrammatiker)의 통사론에 대한 "기능적이며 심리적인 관찰방법"을 상기시키며, 내적인 원인에 대한 "임의성" 때문에 그들에 의해서 거부된다는 사실을 필자역시 알고 있다(Lenerz 1984:15 비교). 그렇지만 필자가 보기에는 내적인 원인이 독일어 문장구조의 변동과 변화 중의 많은 것을 설명할 수 있는 것처럼 보인다. 필자는 "언어학이 외적인 요인뿐만 아니라 내적인 요인에도 따른다"는 "일반 언어학"(Allgemeine Sprachwissenschaft)의 견해에 찬성한다.

예문에서 제시된 문헌의 색인

색인은 책에서 인용된 예문을 개략적으로 기록하는 데 사용된다. 예문은 특히 Ingerid Dal과 Otto Behaghel에서 나왔다. 대체로 축약된 저자 이름으로서 예문 다음의 괄호 안에 제시된 문헌은 색인의 표제어(Stichwort)로서 기능을 하며, 출생일 및 사망일과 함께 저자의 완전한 이름은 표제어 다음에 온다. 몇몇 경우에서는 작품의 제목이 발행연도와 함께 표제어로서 제시된다(이탤릭체로 기술된다). 문헌은 여러 가지 언어시대(고고지독일어, 중고지독일어 등)에 따라 배열된 것이 아니라, 순수 알파벳순으로 제시되어 있다. 이미 텍스트 안에 기록된 몇몇 문헌은 색인에 수용되지 않았으며, 또한 보다 정확하게 조사될 수 없었던 Behaghel의 문헌도 빠져 있다(그러나 대체로 Behaghel의 해당 부분에 대한 참조가 텍스트 안에 나와 있다).

Ackermann = "Der Ackermann aus Böhmen" des Johannes von Saaz (geb. um 1350)

Adelung = Johann Christoph Adelung (1732-1806)

Alexanderlied = "Alexanderlied" des Pfaffen Lambrecht (um 1150)

Amadis = Das erste Buch der Historien von Amadis auß Frankreich ... (1561)

Arnold = Julianenlegende des Priesters Arnold (14. Jh.)

Auerbach = Berthold Auerbach (1812-1882)

Ava = Frau Ava (gest. 1127)

Alexis = Willibald Alexis (1798-1871)

Beheim = Michel Beheim (1416 - um 1474)

Brant = Sebastian Brant (1457/58-1521)

Berthold = Berthold von Regensburg (um 1220-1272)

Bürger = Gottfried August Bürger (1747-1794)

Claudius = Matthias Claudius (1740-1815)

Chr. dt. Städte = Die Chroniken der deutschen Städte vom 14. bis ins 16. Jh.

Closener = Fritsche Closener (gest. 1373)

Decameron = "Decameron" des Heinrich von Steinhöwel (1412-1482/3)

Ecke = Ecken auszfahrt. Wie er von dreien künigin außgesandt ... (1559)

Eckhart = Meister Eckhart (um 1260-1327)

Eyb = Albrecht von Eyb (1420-1475)

Fichte = Johann Gottlieb Fichte (1762-1814)

Fischart = Johann Fischart (1546/47-1590)

Frankfurter Reichskorrespondenz = Frankfurts Reichskorrespondenz ... von 1376-1513

Freytag = Gustav Freytag (1816-1895)

Goethe = Johann Wolfgang von Goethe (1749-1832)

Griesh. Pred. = Deutsche Predigten des X Ⅲ. Jahrhunderts. Zum erstenmal hg. v. E.
        K. Grieshaber

Grimm = "Kinder-und Hausmärchen" (1812-1822) von Jacob und Wilhelm Grimm

Grimmelshausen = Hans Christoffel von Grimmelshausen (1621/22-1676)

Gryphius = Andreas Gryphius (1616-1664)

Gutzkow = Karl Gutzkow (1811-1878)

Hagedorn = Friedrich von Hagedorn (1708-1754)

Hartmann = Hartmann von Aue (1160-1210)

Hebbel = Friedrich Hebbel (1813-1863)

Hebel = Johann Peter Hebel (1760-1826)

Heine = Heinrich Heine (1797-1856)

Heinrich von Veldeke (um 1140/50 - um 1210)

Heinse = Johann Jakob Wilhelm Heinse (1746-1803)

Heliand = der altsächsische "Heliand" (um 830)

Helmbrecht = "Meier Helmbrecht" (um 1265) des Wernher des Gartenaeren

Hensler = Peter Wilhelm Hensler (1742-1779)

Herder = Johann Gottfried Herder (1744-1803)

Hesse = Hermann Hesse (1877-1962)

Heyse = Paul Heyse (1830-1914)

Hildebrandslied (um 810/820)

Hoffmann = E.T.A. Hoffmann (1776-1822)

Hofmannswaldau = Christian Hormann von Hofmannswaldau (1617-1679)

Hofordnungen = deutsche Hofordnungen des 16. und 17. Jh. Hugo von Montfort

(1357-1423)

v. Hutten = Ulrich von Hutten (1488-1523)

Iffland = August Wilhelm Iffland (1759-1814)

Isidor = der ahd. "Isidor" (2. Hälfte des 7. Jh.)

Jeroschin = Nikolaus von Jeroschin (14. Jh.)

Jüngerer Titurel = "Der jüngere Titurel" des Albrecht von Scharfenberg (um 1270)

   Kaiserchronik (1150)

Kasack = Hermann Kasack (1896-1966)

Kleist = Heinrich von Kleist (1777-1811)

Klopstock = Friedrich Gottfried von Klopstock (1724-1803)

Konrad von Haslau (Mitte/Ende des 13. Jh.)

Kopisch = August Kopisch (1808-1856)

Krone = "Der maget krone". Ein Legendenwerk aus dem 14. Jh.

Kudrun (um 1230)

Lanzelot = Der Prosaromann von Lanzelot des Ulrich Füetrer (gest. 1496/1500)

Lessing = Gotthold Ephraim Lessing (1729-1781)

Liselotte = Elisabeth Charlotte von Orleans (1652-1722)

Livl. Chr. = "Chronik livländscher und rigascher ereignisse" (1593-1638)

Logau = Friedrich von Logau (1604-1655)

Ludwig = Otto Ludwig (1813-1865)

Ludwigslied (um 881/2)

Luther = Martin Luther (1483-1546)

Mai u. Beaflor = "Mai und Beaflor". Eine Erzählung aus dem 13. Jh.

Mann = Thomas Mann (1875-1955)

Manuel = Niklaus Manuel (1484-1530)

Melanchton = Philipp Melanchton (1497-1566)

Meyer = Conrad Ferdinand Meyer (1825-1898)

MsH / Minnesänger = deutsche Liederdichter des 12., 13. und 14. Jh.

Monsee Fragmente (um 800)

Mörike = Eduard Mörike (1804-1875)

MSD = Denkmäler deutscher Poesie und Prosa aus dem 8.-12. Jh.

Müller = Friedrich Müller (1749-1825)

Münster = Sebastian Münster (1489-1552)

Murner = Thomas Murner (1475-1537)

Muspilli (um 830)

Mystiker = deutsche Mystiker des 14. Jh.

Neidhart = Neidhart von Reuenthal (um 1180 - um 1240)

Nibelungenlied (um 1200)

Nikolaus von Straßburg (1. Hälfte des 14. Jh.)

Nonne von Engelthal = "Der Nonne von Engelthal büchlein von der genaden
　　　überlast" der Christine Ebner (1277-1355)

Novalis = Dichtername des Freiherrn Friedrich von Hardenberg (1772-1801)

Notker = Notker Labeo (der Deutsche) (um 950-1022)

Nürnberger Polizeiordnungen = Nürnberger Polizeiordnungen aus dem 13. bis 15. Jh.

Opitz = Martin Opitz (1597-1639)

Oswald von Wolkenstein (1377-1445)

Österreichische Reimchronik = "Österreichische Reimchronik" des Ottokar von
　　　Steiermark (1260/65 - um 1320)

Otfrid = Otfrids Evangelienbuch (um 885)

Paul = Jean Paul (1763-1825)

Rebhuhn = Paul Rebhuhn (1505-1546)

Reineke de Voß (gedr. 1498)

Reinmar von Zweter (um 1200 - nach 1252)

Rolandslied des Pfaffen Konrad (um 1170)

Rosegger = Peter Rosegger (1843-1918)

Rückert = Friedrich Rückert (1788-1866)

Sachs = Hans Sachs (1494-1576)

Scheffel = Josef Victor Scheffel (1826-1886)

Schiller = Friedrich von Schiller (1759-1805)

Schupp = Johann Balthasar Schupp (1610-1661)

Schwabenspiegel (1274/75)

Spiel von den zehn Jungfrauen (1321 in Eisenach aufgeführt)

St. Gallen = St. Gallener Paternoster (Ende des 8. Jh.)

Stifter = Adalbert Stifter (1805-1868)

Stretl. Chr. = "Die Stretlinger Chronik" des Elogius Kiburger (15. Jh.)

Tatian = Übersetzung einer lateinischen Evangelienharmonie (9. Jh.)

Tauler = Johannes Tauler (um 1300-1371)

Tetzel = Gabriel Tetzel (gest. 1479)

Thieß = Frank Thieß (1890-1977)

Tieck = Ludwig Tieck (1773-1853)

Tristan = "Tristan und Isolde" (1205/1215) des Gottfried von Straßburg

Tucher = Hans Tucher (1428-1491)

Uhland = Ludwig Uhland (1787-1862)

Voß = Heinrich Voß (1751-1826)

Waag = Kleinere deutsche Gedichte des 11. und 13. Jh., hg. von A. Waag

Walther = Walther der Vogelweide (um 1170 - um 1230)

Warnung = "Die Warnung", eine Reimpredigt aus dem 13. Jh.

Weise = Adolph Christian Weise (1642-1708)

Welscher Gast = "Der Welsche Gast" des Thomasin von Zirclaere (um 1186-1238)

Wendunmuth = "Wendunmuth" (1563) des Hans Wilhelm Kirchhof (um 1525 - um
     1603)

Wieland = Christoph Martin Wieland (1733-1813)

Williram = "Das hohe Lied" des Williram (Anfang des 11. Jh. - 1085)

Windecke = Eberhard Windecke (um 1380 - um 1440)

Wolfdietrich (ca. 1230)

Wolfram = Wolfram von Eschenbach (um 1170 - um 1220)

Wyle = Niclas von Wyle (Anfang des 15. Jh. - 1478)

v. Zesen = Philipp von Zesen (1619-1689)

Ziegler = Heinrich Anselm Ziegler und Kliphausen (1663-1696)

Zimmersche Chronik (1564-66)

Zweig = Arnold Zweig (1887-1968)

참고문헌

I. 주요 참고문헌

Allgemeine Sprachwissenschaft = Allgemeine Sprachwissenschaft. Band I. Existenzformen, Funktionen und Geschichte der Sprache (1975). Von einem Autorenkollektiv unter der Leitung von B.A. Serébrennikow. Ins Deutsche übertragen und herausgegeben von Hans Zikmund und Günter Feudel. 2., berichtigte Auflage. Berlin.

Behaghel = Behaghel, Otto (1923-32) : Deutsche Syntax I-IV. Eine geschichtliche Darstellung. Heidelberg.

Behaghel Sprachgeschichte = Behaghel, Otto (1916) : Geschichte der deutschen Sprache. 4. verbesserte und vermehrte Auflage. Straßburg.

Dal = Dal, Ingerid (1966) : Kurze deutsche Syntax. Auf historischer Grundlage. 3., verbesserte Auflage. Tübingen.

Duden = Duden. Grammatik der deutschen Gegenwartssprache (1984). Der Große Duden. Bd. 4. 4., völlig neu bearbeitete und erweiterte Auflage. Mannheim.

Ebert = Ebert, Robert Peter (1978) : Historische Syntax des Deutschen. Stuttgart.

Engel = Engel, Ulrich (1982) : Syntax der deutschen Gegenwartssprache. 2., überarbeitete Auflage. Berlin.

Engelen = Engelen, Bernhard (1975) : Untersuchungen zu Satzbauplan und Wortfeld in der geschriebenen Sprache der Gegenwart. Bd. 1. Heutiges Deutsch. Reihe I : Linguistische Grundlagen. Bd. 3.1. München.

Havers = Havers, Wilhelm (1931) : Handbuch der erklärenden Syntax. Ein Versuch zur Erforschung der Bedingungen und Triebkräfte in Syntax und Semantik. Heidelberg.

Helbig/Buscha = Helbig, Gerhard / Buscha, Joachim (1984) : Deutsche Grammatik. Ein Handbuch für den Fremdsprachenunterricht. 8., neubearbeitete Auflage.

Leipzig.

Jung = Jung, Walter (1980) : Grammatik der deutschen Sprache. Neuausgabe. Bearbeitet von Günter Starke. Leipzig.

Lenerz = Lenerz, Jürgen (1984) : Syntaktischer Wandel und Grammatiktheorie. Eine Untersuchung an Beispielen aus der Sprachgeschichte des Deutschen. Tübingen.

Polenz = Polenz, Peter von (1972) : Geschichte der deutschen Sprache. Achte, verbesserte Auflage. Berlin. New York.

Rall/Engel/Rall = Rall, Marlene / Engel, Ulrich / Rall, Dietrich (1977): DVG für DaF. Dependenz-Verb-Grammatik für Deutsch als Fremdsprache. Mit einem Beitrag von Dietmar Essen. Heidelberg.

Schulz/Griesbach = Schulz, Dora / Griesbach, Heinz (1970): Grammatik der deutschen Sprache. Neubearbeitung von Heinz Griesbach. 8., neubearbeitete Auflage. München.

Teubert = Teubert, Wolfgang (1979) : Valenz des Substantivs. Attributive Ergänzungen und Angaben. Sprache der Gegenwart 49. Düsseldorf.

Weigand = Weigand, Fr. L. K. (1909-10) : Deutsches Wörterbuch. 5. Auflage. Neubearbeitet von Karl von Bahder, Herman Hirt und Karl Kant. Gießen.

Welke = Welke, Klaus (1965) : Untersuchungen zum System der Modalverben in der deutschen Sprache der Gegenwart. Ein Beitrag zur Erforschung funktioneller und syntaktischer Beziehungen. Schriften zur Phonetik, Sprachwissenschaft und Kommunikationsforschung 10. Berlin.

Ⅱ. 기타 참고문헌

Beiträge zu Problemen der Satzglieder (1978). Hg. von Gerhard Helbig. Linguistische Studien. Leipzig.

Boretzky, Norbert (1977): Einführung in die historische Linguistik. Hamburg.

Brinker, Klaus (1972): Konstituentenstrukturgrammatik und operationale Satzgliedanalyse. Methodenkritische Untersuchungen zur Syntax des einfachen Satzes im Deutschen. Frankfurt/M.

Duden. Das große Wörterbuch der deutschen Sprache in sechs Bänden (1976-1981). Mannheim.

Engel, Ulrich (1970): Die deutschen Satzbaupläne. In: Wirkendes Wort 6/1970, 361-392.

Engel, Ulrich / Schumacher, Helmut (1978): Kleines Valenzlexikon deutscher Verben. Forschungsberichte des Instituts für deutsche Sprache. 2., durchgesehene Auflage. Tübingen.

Erben, Johannes (1954): Gründzüge einer Syntax der Sprache Luthers. Vorstudie zu einer Luther-Syntax, zugleich ein Beitrag zur Geschichte der deutschen Hochsprache und zur Klärung der syntaktischen Grundfragen. Deutsche Akademie der Wissenschaften zu Berlin. Veröffentlichungen des Instituts für deutsche Sprache und Literatur 2. Berlin.

Erben, Johannes (1972): Deutsche Grammatik. Ein Abriß. 11., völlig neubearbeitete Auflage. München.

Eroms, Hans-Werner (1981): Valenz, Kasus und Präpositionen. Untersuchungen zur Syntax und Semantik präpositionaler Konstruktionen in der deutschen Gegenwartssprache. Heidelberg.

Fillmore, Charles J. (1968): The Case for Case. In: Universals in Linguistic Theory. Edited by Emmon Bach and Robert T. Harms. 1-88. New York.

Geschichte der deutschen Sprache (1984). Verfaßt von einem Autorenkollektiv unter der Leitung von Wilhelm Schmidt. 5., überarbeitete und erweiterte Auflage. Berlin.

Grimm, Hans-Jürgen (1972): Zum Problem der Satzglieder in der deutschen Grammatik. In: Deutsch als Fremdsprache 1/1972. 42-49.

Grundzüge einer deutschen Grammatik (1981). Von einem Autorenkollektiv unter der Leitung von K.E. Heidolph, W. Flämig und W. Motsch. Berlin.

Helbig, Gerhard (1972): Probleme der deutschen Grammatik für Ausländer. 2., unveränderte Auflage. Leipzig.

Helbig, Gerhard (1976): Zur Valenz verschiedener Wortklassen. In: Deutsch als Fremdsprache 3/1976. 131-146.

Helbig, Gerhard (Hg.) (1977): Probleme der Bedeutung und Kombinierbarkeit im Deutschen. Leipzig.

Helbig, Gerhard (1977): Zur semantischen Charakteristik der Argumente des Prädikats. In: Helbig (Hg.) 1977. 40-92.

Helbig, Gerhard (1979): Zum Status der Valenz und der semantischen Kasus. In: Deutsch als Fremdsprache 2/1979. 65-78.

Helbig, Gerhard (1982): Valenz - Satzglieder - semantische Kasus - Satzmodelle. Leipzig.

Helbig, Gerhard / Schenkel, Wolfgang (1973) : Wörterbuch zur Valenz und Distribution deutscher Verben. 2., überarbeitete und erweiterte Auflage. Leipzig.

Itälä, Marja-Leena (1986): Verbvalenz - Valenzsemantik. Annales Universitatis Turkuensis. Ser B. Tom. 172. Turku.

Jäntti, Ahti (1978): Zum Reflexiv und Passiv im heutigen Deutsch. Eine syntaktische Untersuchung mit semantischen Ansätzen. Annales Academiae Scientiarum Fennicae. Dissertationes Humanarum Litterarum 15. Helsinki.

Klaren, G.A. (1913): Die Bedeutungsentwicklung von *können, mögen* und *müssen* im Hochdeutschen. Umeå.

Korhonen, Jarmo (1977): Studien zu Dependenz, Valenz und Satzmodell. Teil Ⅰ. Theorie und Praxis der Beschreibung der deutschen Gegenwartssprache. Dokumentation, kritische Besprechung, Vorschläge. Bern.

Korhonen, Jarmo (1978): Studien zu Dependenz, Valenz und Satzmodell. Teil Ⅱ: Untersuchung anhand eines Luther-Textes. Bern.

Lenerz, Jürgen (1977): Zur Abfolge nominaler Satzglieder im Deutschen. Studien zur deutschen Grammatik 5. Tübingen.

Lockwood, W.B. (1968): Historical German Syntax. Oxford.

Lüdtke, Helmut (1985): Ansätze zu einer Theorie des Sprachwandels auf syntaktisch-morphologischer Ebene. In: Werner Besch u.a. (Hrsg.), Sprachgeschichte: ein Handbuch zur Geschichte der deutschen Sprache und ihrer Forschung. 753-761.

Nikula, Henrik (1976): Verbvalenz: Untersuchungen am Beispiel des deutschen Verbs mit einer kontrastiven Analyse Deutsch-Schwedisch. Dissertation. Uppsala.

Paul, Hermann (1919-20): Deutsche Grammatik. Bd. Ⅲ. Teil Ⅳ: Syntax (erste Hälfte). Halle a.S. (1919). Bd. Ⅳ. Teil Ⅳ: Syntax (zweite Hälfte). Halle a.S. (1920)

Piitulainen, Marja-Leena (1980): Zum Problem der Satzglieder in der deutschen Grammatik der Gegenwart. Dissertation. Studia philologica Jyväskyläensia 14. Jyväskylä.

Piitulainen, Marja-Leena (1981): Das deutsche unflektierte Adjektiv als Satzglied und seine Entsprechungen im Finnischen. Veröffentlichungen des Instituts für Philologie I der Universität Tampere. Serie B. No 6. Tampere.

Piitulainen, Marja-Leena (1983): Zu den valenzgebundenen Bestimmungen des Adjektivs im Deutschen und Finnischen. Veröffentlichungen des Instituts für Philologie I der Universität Tampere. Serie B. No 7. Tampere.

Rosengren, Inger (1978): Status und Funktion der tiefenstrukturellen Kasus. In: Beiträge zu Problemen der Satzglieder. Hg. von G. Helbig. 169-211.

Sommerfeldt, Karl-Ernst / Schreiber, Herbert (1974): Wörterbuch zur Valenz und Distribution deutscher Adjektive. Leipzig.

Sommerfeldt, Karl-Ernst / Schreiber, Herbert (1977): Wörterbuch zur Valenz und Distribution der Substantive. Leipzig.

Tarvainen, Kalevi (1976): Die Modalverben im deutschen Modus- und Tempussystem. In: Neuphilologische Mitteilungen 1/1976. 9-24.

Tarvainen, Kalevi (1976): Zur Satzgliedfrage in einer deutschen Dependenzgrammatik. In: Neuphilologische Mitteilungen 2/1976. 282-305.

Tarvainen, Kalevi (1979): Dependenzielle Satzgliedsyntax des Deutschen. Mit sprachgeschichtlichen Erläuterungen. Veröffentlichungen des Instituts für germanische Philologie der Universität Oulu 3. Oulu.

Tarvainen, Kalevi (1981): Einführung in die Dependenzgrammatik. Tübingen.

Tarvainen, Kalevi (1981): Die historische Syntax im germanistischen Unterricht an den Universitäten. Linguistische Studien (Akademie der Wissenschaften der DDR). Reihe A 77. Berlin. 1-11.

Tarvainen, Kalevi (1984): Zur satzgliedinternen formalen Dependenz. In: Zeitschrift für Germanistik 4/1984. 415-427.

Tarvainen, Kalevi (1985): Kontrastive Syntax Deutsch-Finnisch. Deutsch im Kontrast 4. Heidelberg.

Tarvainen, Kalevi (1985): Kielioppia kontrastiivisesti. Suomesta saksaksi (=Grammatik kontrastiv. Finnisch-Deutsch). Veröffentlichungen des Germanistischen Instituts der Universität Jyväskylä 4. Jyväskylä.

Tarvainen, Kalevi (1985): Semantic Cases in the Framework of Dependency Theory. L.A.U.T. Series A. Paper no. 145. Trier.

Vernaleken, Theodor (1861-63): Deutsche Syntax I - II. Wien.

Wolf, Norbert Richard (1982): Probleme einer Valenzgrammatik des Deutschen. Mitteilungen aus dem Institut für Sprachwissenschaft der Universität Innsbruck. Report 3. Innsbruck.

부록: 독일어 변천사

다음의 부록은 독자들에게 이 책을 이해하는 데 도움을 주기 위하여 역자가 Hugo Moser의 『Annalen der deutschen Sprache』(1972)(이광숙 역), 『Deutsche Sprachgeschichte』(1969)(허발/이덕호 역), Peter von Polenz의 『Geschichte der deutschen Sprache』(1978)(이덕호 역) 및 『실용독일어』(2000, 이점출)를 참고로 하여 독일어 변천사를 요약·정리한 것이다.

1. 독일어 선사 시대(Vorgeschichte der deutschen Sprache)

Hugo Moser의 독일어 시대구분은 다음과 같다.

1. 기원 후 8세기 중엽까지: 독일어 선사 시대
   1.1. 기원전 2000년: 게르만어 이전 시대
   1.2. 기원전 1000년: 초기 게르만어 시대
   1.3. 기원후 1세기부터 5세기까지: 게르만어 제 방언 시대
   1.4. 5세기부터 8세기 중엽까지: 독일어 이전 시대(Vordeutsch)

2. 8세기 중엽부터 16세기초까지: 고대 독일어(Altdeutsch)
   2.1. 750-1170년: 초기 독일어(=고대 고지독일어(Althochdeutsch)및 고대 저지독일어(Altniederdeutsch))
   2.2. 1170년부터 13세기 중엽까지: 전성기 중세 독일어(=중세 고지독일어 (Mittelhochdeutsch) 및 중세 저지독일어 (Mittelniederdeutsch))
   2.3. 13세기 중엽부터 16세기초까지: 후기 중세 독일어(=후기 중세 고지독일어 (Spätmittelhochdeutsch) 및 후기 중세 저지독일어(Spätmittelniederdeutsch))

3. 16세기 초기부터 현대까지: 근대 독일어(Neudeutsch)
   3.1. 16세기부터 18세기까지: 초기 근대 독일어(Älteres Neudeutsch)
   3.2. 19세기: 후기 근대 독일어(Jüngeres Neudeutsch)
   3.3. 20세기 이후: 현대 독일어(Deutsch der Gegenwart)

독일어는 인도 유럽어 또는 인도 게르만어 군에 속한다. 인도 유럽어(=인구어)는 다시 켄툼어(=햄족어)와 자템어(=셈족어)로 나뉜다. 켄툼어에는 그리스어, 이탈리아어(라틴어 등), 게르만어, 켈트어, 히타이트어 등이 있고, 자템어에는 슬라브어, 발틱어, 알바니아어, 아리아어(인도-이란어), 아르메니아어 등이 있다. 인구어 중에서 가장 먼저 생성된 언어로는 기원전 2000년대부터 전해져 오는 산스크리트어(Sanscrit)와 히타이트어가 있다. 개별 언어가 형성되기 이전인 기원전 1000년경(=초기 게르만어 시대)에 게르만어만이 지니는 몇 가지 특성이 발전하였으며, 이를 통해서 게르만어가 다른 인구어와 명확히 구분된다.

원래 자유로웠던 강세가 단어의 의미를 지니는 어간음절로 이동함으로써 단어의 말음절, 특히 굴절음절의 약화가 일어났다. 또한 음성의 영역에서도 커다란 변화가 일어났는데, 게르만어 또는 제1차 음운추이(germanische oder erste Lautver-schiebung)가 그것이다. 제1차 음운추이는 기원전 3세기에서 2세기경에, 즉 게르만인들이 로마인들과 최초로 접촉한 시기에는 이미 종결되었다. 이 음운변화는 외부의 영향에 의해 일어날 수도 있으나 문법적 교체(grammatischer Wechsel)에서 알 수 있는 바와 같이 음운변화의 언어 내적인 인과성에서 그 원인을 찾을 수 있다.

제1차 음운추이의 내용은 다음과 같다: 인구어의 무성 폐쇄음 p, t, k(ph, th, kh)가 게르만어에서는 무성 마찰음 f, th(Þ), h(ch)로 된다. 그러나 p, t k가 sp, st, sk와 결합하면 그대로 유지된다.

lat. pater → got. fadar 'Vater'
lat. tres → got. Þreis[Þrīs] 'drei'
lat. cornu → got. haúrn 'Horn'

인구어의 bh, dh, gh는 게르만어의 유성 마찰음 ƀ, đ, g로 되었다가 후에 다시 b, d, g로 되었다.

lat. ferō → got. baíran[beran] 'tragen'
griech. thýrā → got. daúr[dor] 'Tor'
lat. hostis → got. gasts 'Gast'

끝으로 인구어의 무성 폐쇄음 b, d, g가 p, t, k로 추이되었다.

lat. scabere 'kratzen' → got. gaskapjan 'schaffen'
lat. edere → got. itan 'essen'

lat. jugum → got. juk 'Joch'

　p, t, k 바로 앞에 강세가 있을 경우에는 위에서처럼 f, th(Þ), h(ch)로 추이되었지만, 강세가 이들 뒤에 있거나 앞에 있어도 직전에 없을 경우에는 유성 마찰음 ƀ, đ, g로 추이되어서, 인구어 bh, dh, gh에서 생겨난 ƀ, đ, g와 합쳐졌다. 또한 무성음 s도 유성음 z로 변했으며 z가 서게르만어에서 소멸되지 않으면 r로 변했다. 이와 같이 강세의 위치에 따라서 무성 마찰음과 유성 마찰음 사이의 교체가 일어났는데, 이것을 문법적 교체(grammatischer Wechsel) 혹은 베르너의 법칙(Verners Gesetz)이라 일컫는다. 이러한 현상은 오늘날의 독일어에도 영향을 미치고 있다.

griech. patér/altind. pitár → got. fadar[fáđar] 'Vater'
griech. phrå̄tōr → got. brōÞar 'Bruder'

f-b : dürfen - darben / Hefe - heben
　　　(비교: Hanóver[f] - Hanoveráner[v])
d-t : leiden - litt / schneiden - schnitt
h-g : ziehen - Zug/gezogen
s-r : Verlust - verlieren / gewesen - war
　　　(비교: póssible[s] - posséss[z])

　다른 음성적인 변화도 역시 게르만어에서 공통적으로 일어났다. 어간모음변화(Brechung)라고 일컫는 위치 변이음들이 생겨났는데 이 결합적 음성교체는 아직도 독일어 변화 쌍들에서 잔재로 남아있다.

nehmen/nimmst　　　(ahd. neman/nimist)
ober-/über　　　　(ahd. obar/ubir)
fliegen/fleugst(고형)　(ahd. fliogan/fliugist)

　게르만어의 단어굴절은 점차 종합적인 구조에서 분석적인 구조로 변화하였다. 탈격과 처소격이 거의 사라지고 도구격의 사용이 아주 제한되었으며 그 대신에 전치사구조가 나타났다. 게르만어에 대한 자료들은 네가우 지방의 투구문자를 제외하고는 시저, 타키투스 및 다른 로마의 작가들에서 전해오는 몇몇 게르만어 단어들뿐이다.

　기원후 1세기경에 게르만 종족은 북게르만족, 동게르만족, 북해 게르만족(후에

프리스족, 앙글로 · 작센족), 베저-라인강 게르만족(후에 프랑크족, 헷센족), 엘베강 게르만족(후에 튀링엔족, 알레만족, 바이에른족)의 다섯 집단으로 나뉘어 있었다. 후자의 세 게르만족이 사용한 방언을 서게르만어라고 칭하고 북게르만어, 동게르만어와 더불어 전통적으로 게르만어를 세 가지로 분류하였다. 그러나 서게르만어는 역사문법과 어원학의 목적을 위해 만들어 낸 하나의 추상화일 뿐이다.

게르만어 방언들 중에서는 일부만이 문서로 전해진다. Wulfila(?-382/383)가 동게르만어인 고트어로 번역한 성서 이외에 다른 자료들은 아주 빈약하다. 4세기 이후에 나타나는 몇몇 초기 북부 루넨문자, 몇몇 서게르만어 루넨문자 및 라틴어 문학작품에 나타나는 소수의 단어들뿐이다.

독일어는 프랑크 왕국의 성립과 연관하여 세 집단의 게르만어 방언에서 성장하였다: 북해 게르만어(잉베온어), 엘베강 게르만어(헤르미논어) 및 베저 · 라인강 게르만어(이스트베온어). 결정적인 변화는 남쪽에서(알레만어와 바이에른어에서) 시작된 소위 고지독일어 또는 제2차 음운추이(hochdeutsche oder zweite Laut-verschiebung)이다. 여기서는 제1차 음운추이의 결과로 생긴 게르만어의 폐쇄음이 다시 변화한다.

제2차 음운추이의 내용은 다음과 같다: p, t, k가 고지독일어 영역에서 중간음, 모음들 사이, 모음 다음의 말음에서는 ff, zz, hh(ch)로 변화하지만, 두음, 자음 뒤, 중자음에서는 pf, z(tz), kch로 변화한다. 고대 상부 독일어에서는 d가 t로 변화하고, 알레만어와 바이에른어에서는 b, g도 p, k로 변화하였다.

got. greipan[grīpan] 'greifen', itan 'essen', juk 'Joch' →
ahd. grīf(f)an, ëzzan, joh(h)

got. pund 'Pfund', twai 'zwei', kaisar[cāser] 'Kaiser' →
ahd. pfunt, zwei, cheisar[kcheisar]

got. daúr[dor], daúhtar → ahd. tor 'Tor', tohter 'Tochter'
got. giban 'geben' → ostfränk. gëban, altbair. këpan 'geben'
got. brinnan → ahd. prinnan 'brennen'

제2차 음운추이는 5세기에 시작하여 7세기에는 랑고바르덴어, 알레만어, 동프랑크어의 지명에서 나타나며, 7/8세기에는 라인프랑크어와 중부프랑크어에서도 나타난다. 제1차 음운추이와 마찬가지로 제2차 음운추이의 원인과 전파에 대해서도 확실한 것은 알 수가 없다. 제2차 음운추이는 남쪽에서 북쪽으로 점차 약화되어 갔으며

("파동설 Wellentheorie"), 이 음운추이가 완전하게 나타난 것은 상부독일어(Oberdeutsch) (알레만어, 바이에른어, 랑고바르덴어) 뿐이고, 중부 독일어(Mitteldeutsch)에서는 일부 방언들에서 나타나며, 저지독일어(Niederdeutsch)와 고대 작센어는 이 음운추이에 참여하지 않았다. 음운추이선(Lautverschiebungslinie)은 아헨의 이남에서 시작하여 넓은 반원으로 쾰른을 포괄하여 뒤셀도르프 바로 남쪽 지점에 있는 벤라트에서 라인강과 교차되고, 여기서부터 처음에는 동남으로, 그 다음 로트하르 산악지대에서부터는 동북으로 나아가 폴란드어 경계선까지 뻗어있는 선이다(=벤라트선, Benrather Linie). 제1차 음운추이를 통해서 인구어에서 게르만어가 분리되었으며, 서게르만어에서 고지독일어(Hochdeutsch)로 변천하게 된 계기는 제2차 음운추이를 통해서이다.

2. 고대 독일어(Altdeutsch)

'deutsch'라는 단어가 8세기 말 이후로(786년에 처음으로) 라틴어의 형태로 나타났다가, 2세기 후에는 독일어의 형태로 나타났다(mittellat. theodiscus/theodisce, ahd. diutisc). 이 단어가 처음에는 민중어(ahd. theota, diot 'Volk'), 특히 게르만어 일반을 의미하였으나 나중에는 프랑크 제국 내에서의 게르만어를 표현하였다: ahd. diutisc, mhd. diutsch, tiu(t)sch 'deutsch'. theodiscus가 처음에는 언어, 다음에는 민족이라는 개념으로 사용되어 vulgaris(민중의)라는 의미를 지녔으며 처음에는 라틴어에 대한 민중어(Volkssprache)라는 의미였다. teutonicus는 처음부터 deutsch라는 의미로 언어에서 사용되었으며 Teutoni는 민족을 뜻하였다. theodiscus라는 말은 이 말과 동일한 의미를 지니는 것으로 취급된 teutonicus의 영향을 받아서 라틴계 언어를 사용하는 프랑크 민족에 대하여 라틴화 되지 아니한 사람들을 지칭하는 용어로서 deutsch라는 축소된 의미를 지니게 되었다.

프랑크 제국에서의 통일어는 서유럽 전반에서와 마찬가지로 라틴어였다. 통일된 독일문어는 존재하지 않았으며, 초기 독일어 필사본과 당시의 라틴어 필사본은 라틴어의 소문자, 소위 카로링어 소문자(karolingische Minuskel)로 쓰여졌다. 8세기에 몇 가지 음운변화가 있었는데, 후속 음절 i와 j의 영향을 받아 a-변모음이 최초로 나타났으며 게르만어 ē, ō가 고고지독일어 ia(ie), uo로 변하였다.

gast 'Gast' → gesti 'Gäste'
got. hēr, broÞar → ahd. hiar 'hier', bruoder 'Bruder'

이 변화는 8/9세기에 고대 프랑스어와 동시에 일어났다. 분석적인 수동형성, sein이나 haben에 의한 과거시제 형성, 명사 동반어로서 지시대명사로부터 정관사로의 발전 및 부정대명사 man/on의 발전은 두 언어에서 공통적이다. 10세기 이후로 프랑크어에서 처음으로 완전한 어미모음이 e로 변하는 모음약화 현상(Vokalabschwächung)이 나타났다(예: namo 'Name' > name).

초기 독일어(750-1170: 고대 고지독일어와 고대 저지독일어) 전반기의 문어는 문학에서와 마찬가지로 주로 종교적이며 학문적인 성격을 지니고 있다. 문어의 내적인 발전은 특히 기독교 사상과 고대 사상을 통해 규정된다. 새로운 정신적이며 영적인 내용을 표현하려는 과제로 인해 추상명사가 많이 증가하게 되었다. Notker der Deutsche(955-1022)의 작품에서는 종교적인 어휘와 더불어 철학적인 어휘가 나타났다.

포교과정에서 특히 라틴어가 강력한 영향을 미쳤다. 많은 라틴어 차용어(Lehnwort)와 수많은 문장구성들(부정사를 취하는 4격, 3격 형태의 절대적인 탈격 및 분사구조)이 독일어로 침투했으며, 운문에서는 두운(Stabreim) 대신에 각운(Endreim)이 사용되었다. 차용어는 대부분 종교적·교회적인 것(예: Münster, Kreuz, Zelle)이며 특히 라틴어의 모범에 따른 차용형성이 많다.

침투해 오는 로만어에 대해 9세기에 서부의 언어경계가 확고하게 형성된 것은 특히 카알 대제(Karl der Große)와 밀접한 관계가 있다. 그는 프랑크 왕국을 토대로 800년에 독일 신성로마제국을 건설하였으며 형성과정에 있는 독일어를 지속적으로 장려하였다. 그는 학술과 교육의 진흥에도 힘을 기울여 각종 학교를 세우고 세계적인 학자를 모았으며, 라틴어의 교육을 장려하였을 뿐 아니라 독일어 발달에도 유의하고 고대전설과 영웅가요를 수집하여 민족문화의 발달과 보존에도 커다란 기여를 하였다.

Notker의 죽음과 더불어 독일문학과 독일어는 이후 40년 동안 우리에게 전해지지 않는다. 라틴어만이 문학작품의 언어로 남는다. 초기 독일어 후반기는 전성기 중세 독일어로 넘어가는 과도기의 특징을 명확히 보여준다. 즉 강세 없는 말음절의 약화가 계속되고, i-변모음이 a음에 한정되지 않고 o, u로 확대된다. 독일어가 라틴어의 모범에서 벗어났으며 영적인 것을 표현할 수 있는 능력이 이 시대의 종교문학에서 현저하게 증가하였다.

3. 중세 독일어(Mitteldeutsch)

전성기 중세 독일어(1170-13세기 중엽까지) 시대에 동방이주정책을 통해서 독일어의 영역이 엘베강과 잘레강 건너편까지 확장되고, 1226년 이후로는 동프로이센에서 독일 수도원이 활동하여 동남유럽(Siebenbürgen, Zips)에 최초의 독일어 섬(deutsche Sprachinsel)이 생겨났다. 이 시대 음성형태의 특징은 어간강세와 동반어(관사와 인칭대명사)의 사용으로 인한 말음절의 약화이다(ahd. gëba → mhd. gëbe 'Gabe'; ahd. lisit → mhd. liset 'liest'). 그 결과로서 어미변화가 단순화 되었다. 그리고 i-변모음(i-Umlaut)도 계속 확장되었다(a>e/ä, o>ö, u>ü, ā>æ, ō>œ, ū>iu(ü), ou>öu, uo>üe. 예: geste 'Gäste', nähte 'Nächte', swære 'Schwere'). 이 철자는 대략 180년 전에 Lachmann이 만든 "표준화된 중세 고지독일어"에 속하며 필사본에서는 불규칙적인 기호, 즉 u, ü, ū, iu, uo, üe, v 대신에 v를 사용하였다. 이리하여 고대 고지독일어의 강세모음 체계는 16개 음운으로 구성되었으나 중세 고지독일어의 체계는 24개의 음운을 갖게 되었다. 이 시기에 유성 폐쇄음 b, d, g가 말음에서 무성 폐쇄음 p, t, k로 변화했다. 이러한 말음강화(Auslautverhärtung)는 표기의 변화에서도 나타난다(tages – tac, lībes – līp, mundes – munt).

전성기 중세 독일어의 특징은 초지역적인 문학어인 소위 '고전적인' 중고지독일어(Mittelhochdeutsch)의 발생이다. 이 언어는 대략 1190년 이후로 궁중에서 발전되었으며 모든 지역에서 사용된 최초의 독일어이다. 도처에서 동일하게 쉽게 이해되고 형태를 통일하려는 노력에서 사람들은 동일한 어형과 어휘를 사용하였다. 압운어(Reimwort)를 제외하고 발음에서는 많은 곳에서 단일화가 이루어지지 않았다. 문학장르와 개별 작가들에 따라 많은 차이가 있긴 하지만 광범위한 공통점을 보이는 문체는 예술적인 특수어(Sondersprache)의 문체이다. 이 특수어는 시민사회에서도 사용되었지만 우선 궁정사회에 한정되었다. 이 언어를 형태면에서 보다 자세히 고찰하는 것은 어려운 일인데, 그 이유는 필사본이 작품보다 대체로 100여 년 이후에 나타났기 때문이다. Heinrich von Veldeke, Hartmann von Aue, Gottfried von Straßburg, Wolfram von Eschenbach(이상 궁정 서사시), Walter von der Vogelweide(서정시)를 중심으로 역사상 최초의 독일문학의 황금시대가 열렸다. 독일어가 이제 처음으로 독일문학과 마찬가지로 유럽 수준에 도달했다.

후기 중세독일어(13세기 중엽부터 16세기초까지: 후기 중세 고지독일어와 후기 중세 저지독일어) 시대에는 표준 독일어(deutsche Hochsprache)의 주요 사용자가 이제 귀족이 아니라 '시민계급'인 도시귀족들이다. 이 표준어는 지역적인 문어 및 문학 관용어의 형태로, 초지역적인 문어, 전문어 및 직업어의 형태로 나타났다. 수공업의 다양화와 동업조합의 번성은 직업어(Berufssprache), 특히 상인과 광부들의 언어를 풍부하게 발전시켰다.

여타의 서유럽에서와 마찬가지로 이미 12세기 이후로 준비되었던 새로운 서체, 즉 굴곡된 '고딕체'(gotische Schrift)인 독일체(Fraktur)가 관철되었다. 이 서체가 독일에서는 20세기까지 사용되었으나 다른 나라에서는 후기 중세 이후로 다시 라틴체(Antiqua)로 대체되었다.

13세기 말경에 기사독일어가 후퇴하고 문학어는 점점 다시 지방색을 띠게 되었다. 운문 장편소설과 서정시가 계속해서 주요한 장르가 되었다. 라틴어를 모범으로 삼으며 처음에는 강한 지방색의 형태를 보여주는 독일 문서어(Urkundensprache)의 사용이 확산되기 시작했다. 종교분야에서는 독일어가 본질적으로 새로이 확장되고 내적으로 풍부해졌으며, 찬송가도 더욱 발전하기 시작했다.

처음에는 라틴어 서적의 번역에서 독일어로 쓰여진 스콜라 철학이 발전하였다. 특히 중요한 것은 13세기 중엽 이후로 신비주의자(Mystiker)들이 라틴어 이외에 독일어도 사용한 점이다. 이들은 추상명사의 사용으로 독일어 어휘를 풍부하게 했으며, 정신적·영적인 것, 특히 종교적인 체험을 궁정독일어를 넘어서는 말로 표현할 수 있는 독일어의 능력을 고양시켰다. 궁정독일어 자체가 특히 신비주의자들의 언어에 영향을 주었는데, 이는 신비주의자들이 귀족출신이었기 때문이다. 스콜라 철학자들과 신비주의자들이 독일철학의 전문용어에 대한 기초를 세웠다.

표준어의 사용지역이 급격히 확장되었다. 이것은 유럽식 사고에서 민족감정의 심화와 관련하여 모국어가 체험한 새로운 평가에 대한 징표이다. 내면적인 신비주의의 언어와 스콜라 철학의 언어가 계속 발전하였다. 독일 문서어는 특히 14세기 초엽부터 서부독일에서 북쪽과 동쪽으로 그 세력을 넓혀갔다. 하지만 학문의 언어는 여전히 라틴어가 우세하였다. 문학어는 14세기 이후로 서민적이며 단순한 성격을 띠게 되었다.

특히 중요한 것은 독일어가 14세기 이후로 급속히 확장된 교역어(Geschäfts-sprache)가 되었다는 점이다. 교역과 관청의 필요에 의해서 새로운 초지역적인 문어들이 형성되었다. 이들은 중세 네델란드 문학어와 함께 나타났는데, 이 문학어가 또한 교역어와 문서어로서도 사용되었다. 14세기 후반 이후로 처음에는 한자동맹의 교역어로서 중세 저지독일어(Mittelniederdeutsch) 문어가 발전하였는데, 이 문어가 또한 광범위한 시어와 산문문학의 언어로서도 사용되었다. 이 중세 저지독일어가 인접어, 특히 스칸디나비아어에 많은 영향을 주었지만 처음부터 고지독일어(Hochdeutsch)와 경쟁하였다. 서부와 동부 프로이센의 한자동맹 도시들은 프로이센의 독일교단과 마찬가지로 일반적으로 동·중부독일어를 사용하였다.

14/15세기에는 튀링엔어, 프랑크어, 바이에른어에서 영향을 받은 동·중부독일 통용어(ostmitteldeutsche Verkehrssprache)가 대두되었다. 14세기 초기부터 튀링엔 출신의 Meister Eckhart와 같은 많은 신비주의자들이 동·중부독일어(Ostmittel-deutsch)를 사용했으며, 튀링엔 지방의 성서 번역자들과 14세기 중엽 이후로는 프로이센 교단의 성서 번역자들도 동·중부독일어를 사용하였다. 중부와 남부간의 균형과정이 특히 문자화에서 이루어졌으며, 문체의 관점에서는 제국 관청어(Kanzleisprache)의 영향도 무시할 수 없다.

14세기 이후로 독일 문어에서는 중요한 서체의 특성이 나타난다. 문장, 연, 시행의 서두와(부분적으로는 이미 중세 초기에) 고유명사에서(이미 13세기에) 뿐만 아니라, 명사와 형용사의 강조에서도 대문자가 사용되었다.

15세기 후반기에 비로소 막시밀리안의 관청어로부터 남부의 초지역적인 문어인 공통독일어((All)gemeines Deutsch)가 생겨났다. 상부독일어(Oberdeutsch)로 쓰여진 신비주의자들의 텍스트가 생겨났다. 즉 1461년에 스트라스부르크에서 최초의 독일어 완역 성경이 상부독일어로 인쇄되었다. 15세기에 저지독일어 지역인 안할트와 작센지방의 관청어가 동·중부독일 문어를 수용하였다. 15세기에는 수많은 민중본(Volksbuch)이 생겨났다. 그 당시 인문주의 학자들의 독일어는 어휘, 조어, 문장연결에서 과도하게 라틴어의 영향을 받았다. 학문어로서의 라틴어의 지위는 앞으로도 수 백년 동안 확고해진다. 15세기 말경에 인문주의 학자들에 의해 최초의 독일어 사전들이 나왔다.

4. 근대 독일어(Neudeutsch)

16세기의 초기 신고지독일어(Frühneuhochdeutsch) 시대에는 특히 인쇄술의 보급과 관련하여 통일된 문어에 대한 욕구가 생겨났다. 16세기초에는 제국의 관청어로서, 주도적인 인쇄도시 아욱스부르크의 언어로서, 그리고 대부분의 성서번역의 언어로서 상부독일 문어의 영향력이 가장 막강하였다. Martin Luther의 성서번역(1522년 이후에 인쇄된)을 통해서 동·중부독일어가 부각되었다. 그의 독일어는 마이슨 관청어(meißnische Kanzleisprache)에 의거하며 동·중부독일어 균형어

(Ausgleichssprache)에서 유래한다. 300년 전과 마찬가지로 독일어가 루터의 저술을 통해서 두 번째로 유럽적인 의미를 갖게 되었다.

루터의 언어는 동·중부독일과 서·중부독일에서 빨리 보급되었다. 종교개혁과 한자동맹의 붕괴로 인해 동·중부독일어(Ostmitteldeutsch)가 저지독일로 침투하였다. 점점 더 많은 지역에서 동·중부독일어가 문서어로서 사용되었다. Hans Sachs, Jörg Wickram, Sebastian Franck와 같은 신교도들의 언어는 상부독일어(Oberdeutsch)에 가까웠다. 이들 언어형태는 상호간에 영향을 끼쳤다. 즉 상부독일어가 동·중부독일어에 영향을 주고 또 그 반대현상도 있었다.

루터에게서 언어란 단지 복음서를 위해서 신에 의해 창조된 것이다. 그래서 그는 모국어를 중세의 '성스러운' 언어인 히브리어, 그리스어, 라틴어와 동등한 반열에 두었다. 루터가 근대 독일문어의 '창시자'는 아니지만 동·중부독일어의 음과 굴절을 토대로 독일문어의 기초를 세웠다. 그의 언어, 특히 그가 사용한 어휘들은 중세 후기의 성경과 기도서에서 나온 것인데, 이들은 특히 신비주의를 통해 궁정독일어의 영향도 받았기 때문에 궁정독일어와 루터의 언어 사이에는 간접적이지만 어떤 관계가 있다. 그는 많은 새로운 단어들도 창조하였다. 독일어가 다시금 종교영역으로부터 깊고 내적인 풍요함과 변혁을 겪게 되었다. 이제 독일어가 신교의 예배언어가 되었으며 구교의 예배에서도 높은 의미를 갖게 되었다.

학문의 언어는 대부분이, 문학작품의 언어는 일부가 라틴어였다. 반인문주의 입장을 취한 Paracelsus는 그의 작품을 독일어 산문으로 작성했으며 1526/27 겨울 바젤에서 첫 강의를 독일어로 했다. Johann Fischart도 학문어로서 독일어 보급에 노력했으며, 모국어가 철학과 다른 분야의 학문연구에 적합하다는 점을 강조했다. 이 점에서 그는 Leibnitz의 선구자인 셈이다. 중요한 것은 사람들이 모국어를 학문적으로도 연구하기 시작했다는 점이다. 인문주의 영향하에서 라틴어 학교문법의 모범에 따라 생겨난 독일어 문법이 다양한 관점에서 작성되었으며, 독일어 사전도 계속적으로 발간되었다.

17세기 바로크(Barock) 시대에 유럽에서는 민족감정이 강하게 형성되었는데, 이것이 언어영역에도 영향을 주었다. 중부유럽에서는 인문주의와 종교개혁을 통해 그 지위가 강화된 민족어(Nationalsprache)가 인문주의를 통해 초민족적인 통일어로 확정된 라틴어에 대해 그 영향력을 증대했다. 독일에서는 언어생활의 문제에 대한 태도가 다른 국가에서보다는 훨씬 감정적이었다. 정치적인 분열로 인해 독일문어는 그 통일적인 구조에서 매우 지체되었으며 외국어의 차용, 즉 이탈리아어와 스페인어 외에 특히 라틴어와 프랑스어의 차용이 많았다. 독일어를 순화하고 통일하려고 노력한 집단은 '언어학회'(Sprachgesellschaft: 최초의 것은 1617년에 창설된 '결실의 회' Fruchtbringende Gesellschaft)였다. 그 구성원은 Opitz, Logau, Moscherosch, Rist, Zesen, Harsdörffer와 같은 작가와 Gueinz, Schottel과 같은 문법가들이었다.

네델란드가 1648년에 공식적으로 정치적인 독립을 함으로써 네델란드의 표준어는 독자적인 길을 가게 되었다. 17세기초에 저지독일어(Niederdeutsch)가 문어형태의 투쟁에서 탈락하였다. 즉 17세기초까지 저지독일어가 공식문서에서는 거의 모든 곳에서 사라지고 설교에서도 점점 고지독일어(Hochdeutsch)가 사용되었으나, 문학의 관용어로서는 저지독일어가 사라지지 않았다. 스위스 독일어의 문어형태는 처음부터 그 사용범위가 지방으로 한정되었다.

동·중부독일 문어와 상부독일 문어 사이의 경쟁은 계속되었다. 동·중부독일어는 루터의 독일어와 동일시될 수 있다. 즉 동·중부독일어는 독일의 남쪽과 북쪽으로부터 많은 영향을 받았다. 17세기에 비텐베르크 대신에 프랑크푸르트가 주도적인 인쇄도시로 되었다는 사실은 중부의 언어적인 영향력이 강화되고, 동·중부독일어에 대한 서·중부독일어의 영향력이 강화되었다는 것을 의미한다. Martin Opitz는 언어투쟁에서 중재적인 입장을 취한다. 즉 그는 루터의 언어형태와 더불어 제국의 관청어를 표준으로 삼는다.

오핏츠와 다른 작가들에 의해서 바로크 시대의 교양인과 작가들의 언어가 생겨났는데, 이 언어는 화려함, 지나친 비유, 인위적인 합성으로 인해 특수어(Sondersprache)를 형성하였다. 품사를 고려하지 않고 대문자를 점점 많이 사용하는 경향은 바로크 시대의 과장과 자기 과시에 대한 풍조를 대변한다.

17세기 중반에 독일에서는 유럽 전반에서와 마찬가지로 프랑스어가 교양인의 언어로 되기 시작했다. 이탈리아어의 영향도 강화되었다. 문학작품과 역사기술의 분야에서는 독일어가 라틴어를 밀어내었다. Thomasius는 1687년에 할레에서 독일어로 강의했으며 1688/89년에 최초의 독일어 잡지 '월간담화'(Monatsgespräch)를 출간하였다. 같은 시기에 Leibniz가 학문적인 사고를 위해서는 모국어가 적당할 뿐만 아니라 가장 유리하다고 선언했다. 이로써 그는 본질적으로 16세기의 견해를 극복했다.

바로크 시대의 작가와 문법가들이 뿌린 씨앗은 다음 세기에 가서야 비로소 싹이 트게 된다. 동·중부독일 문어와 상부독일 문어 사이의 싸움에서 동·중부독일어가 지방색이 강하고 관청어의 영향을 받은 상부독일어보다는 훨씬 통일적이었다. 동·중부독일어는 학문서적(특히 문법서)과 문학작품에서 많이 사용되었다. 그리하여 언어의 무게중심은 서서히 동·중부독일어 쪽으로 기울었다.

18세기초에 정서법과 발음을 규정하려는 언어학회의 노력이 표준 독일어를 점차적으로 통일하는 데 기여하였다. 1722년에 H. Freyer가 여전히 불규칙적인 정서법을 통일하기 위해서 '독일어 정서법에 대한 지침'이라는 중요한 저서를 출간하였다. 대학에서의 강의는 점차 독일어로 이루어졌다. 18세기말에는 박사논문을 제외하고 학문어로서의 라틴어가 거의 완전히 사라졌다. 그리고 일련의 문어사전들과 방언 사전들이 출간되었다.

동·중부독일어의 위치는 Gottsched의 영향으로 특히 강화되었다. 그의 원대한 목표는 독일 상류층의 언어로서 프랑스어를 몰아내고 독일어를 외국어로부터 정화하며, 마이슨어의 토대 위에서 (드레스덴) 궁전의 모범에 따라 방언이 없는 통일된 독일 문어와 구어를 창조해내는 것이었다. 여기서 아주 중요한 것은 그가 (18세기의 다른 문법가들처럼) 루터의 독일어가 아니라 오핏츠의 독일어를 사용했다는 점이다. 그의 주저인 '독일 언어예술'(Deutsche Sprachkunst)은 1748년에 동·중부 독일문어를 새로이 규정하고 당시까지 매우 논란이 많았던 명사의 대문자 쓰기를 관철시켰다.

고트쉐트가 언어통일의 사상에 대한 비인궁정의 지지를 획득한 이후에 다른 남부독일의 구교도들도 동·중부독일어 보급에 진력했다. 강화되고 심화되는 국민감정과 더불어 특히 중요한 것은 위대한 작가들, 특히 Klopstock, Herder, Wieland, Schiller, Goethe 및 낭만주의자들이 동·중부독일어로 글을 썼다는 점이다.

18세기의 4/4분기에 특히 Adelung이 언어정화의 사상을 수용하였다. 그는 1774-1786년까지 최초의 독일어 대사전을, 1788년에는 '독일어 정서법에 대한 완전한 지침'을 출간하였다. Campe는 언어정화자로서 더욱 많은 성과를 거두었다. 세계적인 작가인 Wieland와 Klopstock가 모국어를 문학작품의 도구로 만들어 그 발판을 마련해 놓았기 때문에, 독일 고전주의와 낭만주의의 작품에서는 독일어가 600년 전, 300년 전처럼 유럽에서 커다란 영향력을 행사하게 되었다.

19세기 초기 이후로 강화되는 언어의식은 언어의 규범적인 문법규칙에 대한 추구가 아니라, 이제는 오히려 언어의 계속적인 통일과 정화에 대한 노력, 역사문법의 의미에서 언어사에 대한 연구, (산스크리트어의 발견 이후로는) 언어비교에 대한 연구에서 표현된다. Jacob Grimm은 '독일어 문법'(Deutsche Grammatik, 1819-1837)을 쓰고, Campe는 '독어화 사전'(Verdeutschungswörterbuch, 1801)을 출판하였다. Grimm형제는 1961년에 와서야 완성된 '독일어 사전'(Deutsches Wörterbuch, 1854-1961)에서 수세기 동안의 어휘들을 총괄하였다.

고전주의와 낭만주의 시대는 문학작품이 표준어(Hochsprache)를 형성하는 데 결정적인 역할을 했던 마지막 시기이다. 오늘날의 문어구조는 본질적으로 고전주의와 낭만주의의 문학작품에서 기원한다. 음성과 형태 및 통사구조는 그 후로도 별로 변하지 않았다. 그러나 어휘면에서는 많은 변화가 있었다. Goethe, Schiller, Hölderlin, Grillparzer가 희랍어의 모범에 따라 수많은 합성어를 만들어 내었다. 특히 기술의 시대를 맞이하여 독일어는 어휘면에서 결정적인 변화를 했으며 또 영어의 영향도 많이 받았다.

1870년 이후에는 새로운 국가건설의 결과로서 정서법(Rechtschreibung)과 발음을 통일하려는 '언어학회' 설립 이후 면면이 이어온 노력들이 결실을 보게 되었다. 독일역사에서 처음으로 국가가 언어조정자의 역할을 하였다. 1901년에 독일제국, 오스트리아, 스위스에서 정서법이 통일적으로 확정되었다. 주로 독어학자 Karl von Raumer의 음성학 원리에 근거하고, 특히 Duden의 '정서법 교본'(Rechtschreibbuch)에 기록되어 있는 결과는 많은 점에서 비통일적이고 불만족스럽다. 특히 대·소문자 쓰기와 모음의 음량을 표시하는 분야가 제외되었다.

독일어 구어를 위해서 1898년에 독어학자 Theodor Siebs의 '독일어 표준발음'(Deutsche Bühnensprache)이 출간되었는데, 이 책은 주로 북독일의 어법을 따르고 있다. 물론 Siebs의 규범은 제대로 관철될 수가 없었다. 이 규범은 강세위치에 오는 15개의 모음과 비강세 위치에 오는 7개의 모음 및 21개의 자음으로 구성되어 있다.

비록 단어사용에서는 몇 가지 지역적인 차이가 있고 발음에서는 상당한 차이가 있지만, 세기 전환기 이후로 근대 독일어 표준어가 통일어(Einheitssprache)로 간주될 수 있다. 1890년 이후의 시기는 - 다른 곳에서와 마찬가지로 독일에서도 강력히 형성된, 일부는 매우 편협한 국민감정의 형태로 - 언어정화운동의 강력한 물결을 통해서도 특징 지워진다. 이 운동은 인문주의자들, 언어학회 및 18세기말의 정화운동에 이은 네 번째 언어정화운동이다.

5. 현대 독일어(Deutsch der Gegenwart)

독일어권이 양차 세계대전으로 두 번이나 축소되었다. 2차 대전 이후 오더강과

나이세강을 경계로 폴랜드와 국경을 이루면서 독일의 영토가 줄어들었으며 약 1200만 명의 독일어 화자들이 독일로 이주하였다. 2차 대전 중에 수 백만 명의 유태인이 나찌에 의해 희생됨으로써 그 당시까지 1200만 명이 사용하고 있었던 유태인 독일어(Jiddisch)가 그 존립의 위기를 맞게 되었다. 다른 언어권에서도 양차 대전으로 인해 독일어에 대한 인식이 심각한 타격을 받았다. 특히 영어가 현재 급속도로 세계적인 언어로 발전함으로써 독일어가 더욱 위축되고 있다. 현재 독일어 화자는 전 세계적으로 약 1억 명에 이르고 있다.

독일어의 외부적인 모습에서 의식적으로 규정하려는 몇 가지 노력이 있었다. 40년대에 독일체(Fraktur)가 라틴체(Antiqua)로 대체되었다. 국제적인 소문자 사용에 대한 과도기를 갖자는 권장은 강력한 저항을 받아 관철되지 않았다. '무대발음'(Bühnenaussprache)이 '표준발음'(Hochlautung)이 되었다.

형태구조에서는 계속적으로 평준화하고 단순화하며 분석적(analytisch)인 구조에 대한 경향을 보이고 있다. 그리하여 접속법 I(현재)이 점점 줄어들고 있다(Er sagt(e), dass er *komme / käme / kommen würde*). 복수의 (종합적인!) 형성수단으로서 변모음이 계속 확장된다(Häfen, Abwässer). 남성과 중성의 강변화 3격과 2격의 강세 없는 -e가 사라지고 있다(in diesem Buch*e*, des Ring*es* 대신에 Buch, Rings). 2격의 -s 역시 고유명사는 물론 다른 명사에서도 사라지고 있다(die Dichtung des Barock(*s*), die Tage des Mai(*s*), das Ufer des Neckar(*s*)). 굴절형태소가 아니라 관사가 격을 표시하는 경우가 점점 늘어난다. 분석적인 형태에 대한 경향이 강화된다: 일상어의 2격에서(der Hut mein*es* Vater*s* 대신에 der Hut *von* meinem Vater, meinem Vater *sein* Hut), 표준어의 이름에서(der Hut Karl*s* 대신에 der Hut *von* Karl), 접속법 II에서(wenn er *käme* 대신에 *kommen würde*). sein, haben과 화법동사에서는 접속법 II의 종합적(synthetisch)인 형태가 우세하다(wäre, hätte, könnte).

문장구조에서는 구어의 영향을 받아서 병렬문(Parataxe), 주문장을 사용하는 경향과 es, dies, darauf 따위에 의한 후방지시의 경향 및 명사구조의 경향을 보여준다 (Er gesteht *es*, dass er nicht mehr daran gedacht habe. die *Einsicht* in die Denkweise (der Menschen) einer vergangenen Zeit). 분리동사, 관계문 및 특히 전치사 보충어와 첨가어에서 문장괄호(Satzklammer)를 포기하는 경향이 나타난다(Ich *anerkenne* das/Ich *erkenne* das *an.* Der Mann ist soeben gekommen, *mit dem wir gestern gesprochen haben.* Er wurde wiederholt angegriffen *wegen seines merkwürdigen Verhaltens*).

어휘의 분야에서는 일종의 명사화 구조에 대한 경향으로서 기능동사구 (Funktionsverbgefüge: FVG)에 의한 표현이 선호된다(beweisen, abstimmen 대신에 unter Beweis stellen, Abstimmung durchführen). 이들은 정보를 신속히 전달하고 세분화하며 추상화하려는 언어 경제적인 노력에서 생겨났다. -heit, -keit, -tum, -ung, -ismus로 형성된 새로운 추상명사가 과다하게 생겨났다. 인상깊은 비유화에 대한 경향이 나타나는데, 이때 비유와 은유는 특히 기술과 스포츠 분야에서 나온다 (Lohn-Preis-Spirale, entgleisen, starten, stoppen). 세분화가 어휘발전의 주요한 특징이며 어휘가 엄청나게 확대된다(Rundfunk, Fernsehen, Atom, Kern, Rakete). 어휘들을 독일어화 하려는 노력이 계속된다(Boom, Jazz, Team, Hobby, Job, Trend, Fan, Makeup, clever 등).

현대 독일어의 본질적인 경향은 언어 경제적인 의미에서 평준화하려는 노력이다. 즉 방언(Mundart)이 일상어(Umgangssprache)에 근접하고, 일상어가 다시 표준어(Hochsprache)가 되는 경향이 있다. 표준어 내에서도 여전히 남아 있는 지역적인 특성이 대체로 북부지방의 형태가 유리하게 평준화 된다(남부와 서부의 형태 Samstag, Mappe, Metzger 대신에 Sonnabend, (Akten)tasche, Fleischer). 어미변화의 영역에서도 남부지방의 Er *ist* gestanden/gegessen.이 아니라 북부지방의 Er *hat* gestanden/gegessen.이 관철되었다.

1945년 이후 독일의 분단으로 동·서독의 공식적인 문어와 구어 텍스트의 어휘들은 많은 차이를 보였으나 1990년 통일 이후 점차 동화되고 있다. 그러나 형태론을 포함한 문장구조, 정서법과 표준발음의 규칙은 변화가 없었다.

1996년 7월 1일에 비인에서 독일어권 국가들과 그 밖의 이해 당사국들의 정치 지도자들이 '독일어 맞춤법(Rechtschreibung)의 신 규정에 대한 공동 선언'에 서명하였다. 이로써 1901년 Konrad Duden이 제기했던 독일어 정서법의 계속적인 발전에 대한 요구는 오늘날 실현될 수 있는 단계에 도달했다. 그리고 독일어 정서법 (Orthographie)을 보다 쉽게 습득하여 사용할 수 있게 하며 오늘날의 요구들에 부응하는 관청의 규칙 총서를 마련하려는 다년간의 노력이 좋은 결실을 맺게 되었다. 앞으로 만하임의 독일어 연구소(IdS)에 있는 '국제 독일어 맞춤법 위원회'가 독일어권 내에서 맞춤법의 통일성을 유지하는 데 노력하게 될 것이다. 맞춤법 개정은 다음 여섯 영역으로 구성된다: 1) 음성과 철자의 배열(외래어 포함), 2) 띄어쓰기와 붙여쓰기, 3) 이음표를 사용한 철자법, 4) 대문자 표기와 소문자 표기, 5) 구두법, 6)

분철법.

 오늘날까지 통용되고 있는 공식적인 맞춤법은 1901/1902년에 시작된 것이다. 이 맞춤법은 1901년에 베를린에서 열린 제2차 맞춤법 회의에서 의결되었고, 1902년에는 규칙 총서로서 출판되었으며 독일에서는 법령의 형식으로 공식적으로 발표되었다. 새 규정은 1902년의 규정과 그 이후의 모든 보완 규정들을 대체한다. 새 규정은 맞춤법을 단순화하기 위해 노력했으며 기본 규칙의 적용 범위를 넓히고 체계성을 높였다. 독일어 맞춤법은 독일어 정서법의 전통을 침해하지 않으면서 보다 쉽게 학습할 수 있고 또 보다 쉽게 다룰 수 있게 되었다.

 비인 학술 회의라는 이름으로 1986, 1990년에 이어 1994년에 세 번째로 정치적인 차원에서 독일어 정서법 개정에 대한 국제 회의가 개최되었다. 오스트리아 교육·예술부의 초청으로 1994년 11월 22일부터 24일까지 개최된 협의회에 벨기에, 독일, 덴마크, 이탈리아/남티롤, 리히텐슈타인, 룩셈부르크, 오스트리아, 루마니아, 스위스 및 헝가리의 대표단들이 참여하였다. 회의 참가자들 모두 개정안에 동의하였다. 이로써 거의 100년만에 처음으로 독일어 맞춤법을 계속 발전시킬 수 있는 실질적인 기회가 생겨났다.

 비인 회의에서 지명된 국제적인 편집진들이 비인 회의의 결정 사항을 규칙 총서에 포함시키고 특히 어휘 목록을 완성한 후에, 관청의 규칙 총서를 위한 개정안이 1995년 4월 13일에 독일, 오스트리아, 스위스의 주무 관청에 전달될 수 있었다. 오스트리아와 스위스 정부가 새 규정안에 즉각 동의한 반면에, 소수의 독일 정치가들은 몇몇 바뀐 단어 철자법에 대해 이의를 제기하였다. 다시 격렬한 공개 토론을 거친 후에 주정부 문교부 장관 회의는 1995년 9월말에 최종 심의와 결정을 위해 미해결 문제를 준비하는 일을 주정부 기관장 위원회에 위임하였다. 1995년 11월 30일과 12월 1일의 총회에서 독일의 주정부 문교부 장관들도 마침내 독일어 맞춤법의 새 규정에 동의하였다. 이 결정은 12월 4일에 주정부 수상 회의에서 인가되었다. 그 후 1996년 7월 1일 비인에서 독일어권 국가들과 그 밖의 이해 당사국들의 정치 지도자들이 '독일어 맞춤법의 신 규정에 대한 공동 선언'에 서명하였다.

 규칙 총서는 규칙 외에도 광범위한 어휘 목록을 포함하고 있다. 어휘 목록 속에는 약 12,000여 개의 예를 통해서 현대 독일어의 모든 어간 철자법이 포함되어 있다. 새 규정에 의해 생겨난 모든 철자법도 포함되어 있다.

 1996/97년도 학기의 시작과 더불어 각 학교에서는 새 맞춤법을 가르치는 것이 가능하다. 1998년 8월 1일부터 초급반 언어 수업에서는 새 맞춤법을 의무적으로 도입

해야 하며, 고급반 수업에서는 신·구 맞춤법을 대조적으로 교수해야 한다. 어쨌든 2005년까지는 두 규칙이 병행하여 사용된다. 맞춤법과 구두법이 시험문제의 평가에서 어떤 역할을 하는 경우 신·구 두 규칙은 피수험자가 두 체계를 혼합하여 사용하더라도 똑같이 옳은 것으로 인정된다. 이 규정은 1998년 8월 1일부터 2005년 7월 31일까지의 과도기에도 그대로 유지된다. 1998년 8월 1일부터는 모든 새로운 시험 및 연습 문장들은 새 맞춤법과 구두법으로 출판된다. 구 교재도 개정판을 낼 경우에는 새 맞춤법에 따라야 한다.

한글색인

독문색인

V

Valenzpartner 결합가 동반어 332

Valenzstruktur 결합가구조 356

Valenztheorie 결합가 이론 116

verbale Klammer 동사괄호 329

verbaler Rahmen 동사틀 31, 405

Verbalkomplex 동사복합체 329, 345, 406

Verbalsubstantiv 동사 파생명사 280, 397

Verbzusatz 동사첨부어 30, 329, 345

Vermutung 추측 91, 385

Verners Gesetz 베르너의 법칙 431

Vokalabschwächung 모음약화 현상 434

Volksbuch 민중본 437

Volksepos 민족서사시 377

Volkssprache 민중어 312, 403

Vorfeld 전장 49, 329, 347, 366

Vorgangspassiv 과정수동 47

Vorgangsträger 과정보유자 46

vorsichtige Zurückhaltung 신중한 유보 81

Vorsilbe, Präfix 전철 148

W

Wellentheorie 파동설 433

Wirklichkeit 현실 58, 384

Wortfügung 어휘결합 407

Wortgruppe 어군 331

Wortklasse 품사 359

Wortstellung 어순 11, 30, 327, 404

Wortstellungsprinzip 어순원칙 354

Wunsch 소원 108

Z

Zeitangabe, Temporalangabe 시간첨가어 204, 207

Zeitergänzung 시간보충어 179

Zukunft 미래 76

Zusammenschreibung 붙여쓰기 131

Zusammensetzung 합성어 389

Zustandspassiv 상태수동 47

zweite Lautverschiebung 제2차 음운추이 432

독일어 의존통사론

2001년 12월 26일 인쇄
2001년 12월 26일 발행
역자/ 이점출
발행인/ 김진수
발행처/ 한국문화사
133-122 서울시 성동구 성수1가2동 13-156
전화/ 02)464-7708, 3409-4488
팩스/ 02)499-0846
e-mail/ hkm77@korea.com
등록번호/ 제2-1276호
값15,000원
ISBN 89-7735-884-1 93750